Norbert Wokart

Die Welt im Kopf

Norbert Wokart

Die Welt im Kopf

Ein Kursbuch des Denkens

Verlag J. B. Metzler
Stuttgart · Weimar

Die Deutsche Bibliothek – CIP-Einheitsaufnahme

Wokart, Norbert:
Die Welt im Kopf : ein Kursbuch des Denkens /
Norbert Wokart. – Stuttgart ; Weimar :
Metzler, 1998
ISBN 978-3-476-01643-0

ISBN 978-3-476-01643-0
ISBN 978-3-476-03767-1 (eBook)
DOI 101007/978-3-476-03767-1

© 1998 Springer-Verlag GmbH Deutschland
Ursprünglich erschienen bei J.B. Metzlersche Verlagsbuchhandlung
und Carl Ernst Poeschel Verlag GmbH in Stuttgart 1998

Inhalt

Vorwort

Auch das Denken hat seine Gewohnheiten; denn die Begriffe, die man verwendet, sind einem so vertraut wie die Ansichten, die man mit ihnen formuliert. So wird das Denken mit der Zeit steril, und kaum jemand interessiert sich noch dafür. Doch die Welt ist bunter, reicher, wohl auch änigmatischer, als unsere eingefahrenen Urteile vermuten lassen. Um dies zu erfahren, muss man nur die ausgetretenen Wege verlassen und begriffliche Seitenpfade einschlagen, selbst auf die Gefahr hin, nicht nur manchen Umweg zu gehen, sondern auch ins Dickicht, womöglich gar auf Abwege zu geraten; denn nur durch die »Verschiebung und Transformation der Denkrahmen, die Modifizierung etablierter Werte«, kommt man dazu, »anders zu denken, anderes zu machen und anders zu werden als man ist« (Michel Foucault).

Diese Absicht begründet Form und Inhalt dieses Buches. Ein Lexikon klärt in der Regel über die Herkunft, geschichtliche Entwicklung und gegenwärtige Bedeutung von Begriffen auf und ist dadurch ein Hilfsmittel zur raschen Information. Das kann – schon der besonderen Auswahl und geringen Anzahl seiner Begriffe wegen – nicht der Sinn dieses Buches sein. Deshalb ist es zwar wie ein Lexikon in Stichworte gegliedert, verzichtet aber auf dessen neutrale alphabetische Ordnung – wie übrigens auch auf den Versuch, mit seiner Auswahl wenigstens repräsentativ zu sein. Aufgenommen wurden Begriffe, die für uns bedeutsam sind, auch wenn sie in der Philosophie bisher keine oder nur eine geringe Rolle spielten, während andere fehlen, die früher unabdingbar schienen, zu denen aber das heutige Denken in keiner lebendigen Beziehung mehr steht. Weitgehend unberücksichtigt blieben auch die Begriffe, die der Philosophie von jeher als Leitbegriffe dienen, die aber mehr ein spezielles Fachinteresse erregen als allgemeine Aufmerksamkeit. Die Zuordnung der Begriffe zu den einzelnen Kapiteln entspricht nicht immer den Gewohnheiten, macht aber Zusammenhänge klar, die sonst gern übersehen werden. Solche Zuordnungen sollen die Gedankengänge des Lesers aber nicht in Fesseln schlagen, weshalb die Begriffe durch zahlreiche Verweise in weitere Zusammenhänge eingebunden sind, so dass sie wechselseitig sich erläutern.

Sollte der Leser vieles vermissen oder unzureichend dargestellt finden, so möge er bedenken, dass diese Mängel bei einem solchen Buch gar nicht zu vermeiden sind. Ein wichtiges Ziel ist jedenfalls erreicht, wenn der Leser durch seine Lektüre sowohl über das hinausgelangt, was ihm bisher selbstverständlich schien, wie über das, was ihm hier nur so fragmentarisch geboten werden kann. Wenn er aber vielleicht sogar zu der Auffassung kommen sollte, dass ich mir nicht das zweifelhafte Verdienst erworben habe, nichts zu sagen zu haben und dennoch ein Buch geschrieben und so »die Wahrheit mit ihrem ex nihilo nihil fit zur Lügnerin« gemacht zu haben, wie es Georg Christoph Lichtenberg so hübsch formulierte, dann sei mir dies Verdienst genug.

I. Der Weg allen Fleisches

Einleitung

Nicht geboren zu sein, sei das Beste, das Zweitbeste aber sei, möglichst früh wieder zu sterben. Dieses Spruches wegen, der wie ein Leitmotiv die gesamte Literatur und Philosophie der griechischen Antike durchzieht, hat man den Griechen Pessimismus unterstellt. Sie litten gewiss am Leben, und die Vergänglichkeit des Menschen, seine Hinfälligkeit und Verletzlichkeit warfen ihnen so düstre Schatten, dass das Leben ihnen manchmal nichtig schien. Diese Erfahrung der Leiblichkeit musste umso schwerer wiegen, als sie durch keine Hoffnung auf Erlösung gemildert wurde; denn der griechische Glaube versprach dem Menschen weder hier im Leben noch dort im Tod irgendeinen Trost.

Dass alles eitel sei und ein Haschen nach Wind, lesen wir auch in der Bibel, die als Summe aller Weisheit den Schluss zieht, dass die Ungeborenen es besser hätten als die Lebenden oder Toten. Selbst die hoffnungsfrohe Botschaft des Christentums hat diese Klage nicht verstummen lassen, obwohl sie dem Elend dieser Welt ein Jenseits gegenüberstellt, in dem der Mensch von allen Übeln erlöst sein soll; denn das Irdische bleibt trotz dieser vagen Hoffnung ein Jammertal, voller Sorgen und Plagen, geprägt von Alter, Krankheit, Angst und Tod. Auch in anderen, uns scheinbar fernen Kulturen begründete die Leibverfallenheit des Menschen ähnlich bittere Ansichten über das Leben, und so fand der altchinesische Dichter Li-Tai-Po das grelle Bild vom Affen, der »im Mondschein auf den Gräbern hockt«, und dessen »Heulen hinausgellt in den süßen Duft des Lebens«. Gustav Mahler hat diesen Text in seinem »Lied von der Erde« mit den musikalischen Mitteln seiner Zeit so eindringlich nachempfunden, dass kein Zweifel bleibt, wie verständlich die zentrale Klage von Li-Tai-Po »Dunkel ist das Leben, ist der Tod!« über die Kulturen und ein Jahrtausend hinweg geblieben ist.

Die Klage über die Nichtigkeit des menschlichen Lebens hat sich stets mit besonderer Inbrunst in der Kunst ausgesprochen, als verschwände mit der ästhetischen Verklärung zugleich der Schmerz. Nur scheinbar Klügere suchten ihr Heil in vernünftigen Überlegungen, als ob die Philosophie als Heilmittel oder wenigstens als Sedativ taugen könnte. Das berühmteste Beispiel solcher Gutgläubigkeit ist die am Ausgang der Antike verfasste Schrift des Boetius, die schon in ihrem Titel »Trost der Philosophie« ihre Absicht offenbart, die ihre Überzeugungskraft aber allein daraus bezieht, dass sie von einem zum Tode Verurteilten geschrieben wurde; denn vernünftige Überlegungen, die meistens doch nur aufs Vernünfteln hinauslaufen, spenden keinen Trost, wie jeder weiß, der es je damit versuchte und ehrlich genug war, sich nicht selbst betrügen zu wollen.

Die Wahrheit ist, dass Trost nicht möglich, aber auch nicht nötig ist; denn die Leiblichkeit unserer Existenz ist nicht nur die Ursache all unserer Gebrechen und Leiden, sondern ebenso auch die Grundlage unserer Freuden und aller Lust. Die nachtdunkle Erde und der lichte Tag, die Schönheit der Körper und der Klang der Stimmen, die Anmut der Kinder und die Zartlichkeit der Liebenden, der Duft des Frühlings und die Reife des Herbstes, das salzige Meer und die fruchttragenden Gärten, die Lust des Tätigseins und die Süße der Ruhe, der Trost der Musik und der Balsam der Stille, sie sind uns nur gegeben, weil wir leiblich, für Leibliches empfänglich und nur dadurch glücklich sind. Wer die Leiden des Lebens und die Vergänglichkeit des Menschen beklagt, muss auch das bekennen und anerkennen, dass unser Leben zwar zwiespältig, dadurch aber auch menschliches Leben ist. Ein anderes kann man sich denken, haben wir aber nicht, und so müssen wir es hinnehmen, wie es eben ist – mit seinen Freuden, aber auch mit seinem Schmerz.

Dennoch tätig zu sein und sich die Genüsse des Lebens nicht vergällen zu lassen, ist die einzig sinnvolle Konsequenz daraus. So dachten die Griechen, so empfand es der biblische Prediger, und so erklärt sich auch Li-Tai-Po's krasses Ineinander von bitterster Trauer und Todesbefangenheit einerseits und von ekstatischem Lebensdurst und wilder Lust an der Schönheit der Erde andererseits. Diese beiden Seiten unserer Existenz lassen sich voneinander gar nicht trennen, und es ist daher so töricht, wegen der Schattenseiten unserer Existenz ihrer Freuden nicht mehr froh zu werden, wie es töricht ist, sich im Genuss des Lebens nicht doch auch seiner Schatten und dunklen Seiten bewusst zu sein.

Alltag

»Ein Leben ohne Feste«, befand der griechische Philosoph Demokritos nicht ohne Witz, sei »wie ein langer Weg ohne Gasthäuser.« Dieser Vergleich leuchtet jedem ein, der schon einen langen Weg ging, womöglich noch bei schlechtem Wetter und ohne Möglichkeit zu erholsamer Rast und Einkehr. Der Spruch lobt allerdings die Rast auf Kosten des Weges, der nur noch unter dem Aspekt betrachtet wird, mühsam und beschwerlich zu sein, und er diffamiert das alltägliche Leben, weil er nur seine Unterbrechungen, die sporadischen Feiertage und seltenen Feste als erfreuliche Momente gelten lässt. Nimmt man solche Sprüche ernst, findet das wahre Leben nicht im Alltag statt, sondern in Ausnahmesituationen als mehr oder weniger rarer Sonderfall. – Dieses Lied klingt uns sehr vertraut, und wenn wir behaupten, der Alltag sei grau, und uns auf Urlaub, Ferien und ein paar erholsame Tage freuen, singen wir nur einen neuen Text auf eine alte Melodie.

Wir verstehen gut, dass der antike Mensch noch kein Wandervogel war. Für die Schönheit der Natur hatte er, dem selbst der Begriff der Landschaft fremd war, einfach keinen Blick, und nach überflüssiger körperlicher Anstrengung stand ihm schon gar nicht der Sinn, da er wesentlich länger und härter arbeiten musste als wir. Wir verstehen daher auch, dass er sich nach ein paar Feiertagen sehnte, nach ein wenig Glanz und Glück jenseits von Mühe und Schweiß und Acker und Markt, auch wenn er unser reiches Unterhaltungsangebot und unsere vielfältigen Freizeitvergnügen noch nicht kannte. Erstaunlich ist jedoch, dass auch wir noch so empfinden, und dass wir uns auf die Ferien- und Urlaubstage freuen, als wäre das die Zeit, in der man einmal wirklich Mensch sein kann, frei von Sorgen und unbeschwert von den Pflichten des Alltags. Erstaunlich ist dies vor allem deswegen, weil wir doch davon überzeugt sind, dass sich der Mensch vor allem in seiner Familie, in Geselligkeit und Freundschaft, in seiner Arbeit, im Streben nach Karriere und in seinen beruflichen Erfolgen verwirkliche. Das sind aber alles Bereiche, die im Wesentlichen das ausmachen, was wir Alltag nennen.

Natürlich verläuft der Alltag in der Regel nicht sehr aufregend und spektakulär. Er bewegt sich in vertrautem Gelände und auf eingefahrenen Gleisen, im festen Wechsel von Arbeit und Freizeit, Wachen und Schlafen und mit den immergleichen Handgriffen und Gewohnheiten. Deshalb sagt man ja auch, etwas sei »nicht alltäglich«, wenn man ausdrücken will, dass es »selten« oder »einmalig« sei. Zwar ist unser Alltag bunter und abwechslungsreicher als der früherer Generationen – denn was früher außergewöhnlich war, ist heute gewöhnlich geworden, und heute ist üblich, was einst etwas Besonderes war –, aber er ist dennoch bloß unser Alltag, in dem alles Routine ist. Doch diese Routine erleichtert auch das Leben; denn wenn alles vertraut ist, muss man sich nicht immer wieder neu besinnen, um sich zurechtfinden, und wenn alles nach einem bestimmten Schema abläuft, muss man nicht immer wieder neue Entscheidungen treffen. Man weiß, was der Ehepartner mag, und was er hasst, wo im Bücherregal dieses oder jenes Buch steht, wo der Bäcker ist und wo die abendliche Kneipe; man kennt die Gegend, die Leute und die Regeln, nach denen das Leben abläuft.

Erkauft wird diese Entlastung freilich mit einer gewissen Oberflächlichkeit; denn man kennt zwar alles, was einem im Alltag begegnet, weiß aber kaum etwas Genaues darüber. Manchmal könnte man zum Beispiel wirklich nicht sagen, ob das Haus an der Ecke, an dem man täglich vorübergeht, drei oder vier Stockwerke hat, und man ist sich auch nicht sicher, ob die Bedienung im Kaffeehaus, mit der man doch täglich ein paar Worte wechselt, braune oder blaue Augen hat. Durch die alltägliche Begegnung erlahmt die Aufmerksamkeit für das, was einem begegnet; denn was regelmäßig geschieht, muss nicht immer wieder neu bemerkt werden. Dadurch verlieren die

Dinge ihre Bedeutsamkeit, sie werden selbstverständlich und manchmal sogar gleichgültig. Aber die Entlastung durch die Alltagsroutine böte nun andererseits auch die Möglichkeit, sich mit einzelnen Dingen näher zu befassen und sich gründlicher auf Menschen und Verhältnisse einzulassen, als man es gewöhnlich tut. Da wäre dann Raum für ein intensives Leben, für geistige und mentale Abenteuer, für Reize, Überraschungen und Sensationen, die im gewohnten Gang des Lebens keinen Platz mehr haben.

Doch der Alltag ist schon anstrengend genug und kostet Zeit, Kraft und Nerven, und das gilt heute noch mehr als früher; denn die Sichtung und Nutzung des Angebots an → Unterhaltung, Sport und Kultur kostet zusätzliche Energien und ist mit neuem Stress verbunden. So zehren die Lebenskräfte, die man im Alltag verbraucht, die Entlastung durch die übliche Routine weitgehend wieder auf, weshalb wir mit Recht nicht mehr sagen, wir lebten den Alltag, sondern wir müssten ihn *bewältigen*. In diesem Ausdruck schwingt mit, dass der Alltag mit Problemen und Risiken verbunden ist, was heute unter anderem heißt, dass alles verstrahlt, vergiftet, zerstört, zumindest kompliziert sein könnte, so dass kaum einer noch sagen kann, er lebe einfach so in den Tag hinein. Daher ist die Bereitschaft nicht sehr groß, sich über die alltäglichen Belange hinaus zu engagieren; denn das wäre mit neuen Anstrengungen verbunden, von denen man glaubt, im Alltag gerade schon genug zu haben. Somit trägt die Entlastung durch die Alltagsroutine keine Früchte, und es wird nur die emotionale Verarmung spürbar, die der Trott des Gewohnten und die Wiederkehr der immergleichen Abläufe mit sich bringen. Verschärft wird diese Situation dadurch, dass es auch für die Lebensbereiche, die nicht durch eigene Gewohnheiten strukturiert sind, Schemata und Institutionen gibt, die Entscheidungshilfen anbieten, so dass man auch hier von eigenen Anstrengungen weitgehend entlastet wird. Die → Mode beispielsweise macht Vorschläge, wie man sich einrichten, kleiden oder geben soll, und wechselnde Trends sorgen dafür, dass man weiß, wie man sich vergnügen, wie man empfinden oder denken soll. Diese doppelte Entlastung hat zur Folge, dass die Gelegenheiten für eine bewusst entschiedene Lebensführung zurückgehen, wo-

durch freilich auch die Chance für Abenteuer, Irritationen und
Widersprüche, für Risse, Sprünge und Brüche, die das Leben
erst reizvoll machen, sinkt. Da ist dann eben kein Platz mehr
»für Levkoien, für warmes Leben, Zungenkuss, Seitensprünge,
alles, was das Leben ein bisschen üppig macht«, worauf Gottfried Benn noch hoffte.

Ist aber alles gewöhnlich und ohne tiefere Bedeutung, und
wird alles, was gestern der Fall war, auch morgen wieder der
Fall sein wird, dann wird das Leben monoton. Daher trägt ein
Gedicht des griechischen Lyrikers Konstantinos Kavafis, das
die Zeilen enthält:

> Was kommt, lässt sich leicht vermuten:
> es ist das Gestrige, das langweilig Gestrige.
> Und so scheint das Morgen kein Morgen mehr zu sein,

ausdrücklich den Titel »Monotonia«. Entsprechend schrieb der
französische Historiker Fernand Braudel in seiner »Sozialge-
schichte des 15. bis 18. Jahrhunderts«, die Alltagsroutine zehre
»in monotoner Wiederholung die kurze Lebensspanne der
Menschen« auf. In dieser Monotonie stumpft der Mensch
schließlich selber ab; denn wenn die Welt nichts mehr zu bieten
hat, stirbt die → Neugier, und es wachsen im Untergrund die
Melanome der Müdigkeit und der → Melancholie. Erst auf
diesem Hintergrund von gleichgültig gewordener Welt und
stumpfer Apathie wird der Alltag so grau, wie wir von ihm
behaupten, er sei es schon durch sich selbst, und das erst nährt
jene diffuse Sehnsucht nach einem anderen Leben, das im
normalen keinen Platz zu haben scheint. Da scheint es dann
eine Lösung zu sein, allem wenigstens von Zeit zu Zeit zu
entfliehen, auszuspannen, sich zu erholen und, weit weg von
Familie und Beruf, sich nur auf sich selbst zu besinnen.

Dieses Bedürfnis nach Flucht aus dem Alltag nutzen zwei
Parteien, die man sonst nicht zusammen an der Arbeit sieht, für
ihre eigenen Zwecke aus, wobei ihre Interessen aber sehr unter-
schiedlich sind; denn die einen kommen aus der Stille ihrer
Studierstuben, die anderen aus dem geschäftigen Betrieb der
Urlaubsindustrie. Jene schütten ihre graue Theorie über den
Alltag, bis er selber grau und trübe und der Alltagsmensch nur
ein Schatten des wahren Menschen ist. So verfuhren gleicher-

maßen Hegel und Marx, Schopenhauer und Nietzsche, doch durch besonderen Eifer zeichnete sich Martin Heidegger aus, der das alltägliche Leben als indifferent, durchschnittlich, bodenlos und nichtig, kurz, als »uneigentlich« diffamierte, »wo das lauteste Gerede und die findigste Neugier den ›Betrieb‹ im Gang halten, da, wo alltäglich alles und im Grunde nichts geschieht.« Es ist daher kein Wunder, dass Heidegger behauptete, nicht der einzelne, reale Mensch sei »das ›realste Subjekt‹ der Alltäglichkeit«, sondern das abstrakte »Man«; denn der Einzelne lebe im Alltag nicht wirklich sein Leben, da er denke, rede und handle, wie »man« denke und handle, daseinsvergessen und seiner selbst entfremdet. In solchen Thesen artikuliert sich aber keineswegs die Klugheit eines Philosophen, sondern sein Ressentiment gegen die großstädtisch geprägte Zivilisation und die »Massen«, wobei sich Heidegger mit Zeitgenossen einig weiß, die sonst diametral entgegengesetzte Interessen haben. Schließlich ging es zum Beispiel auch dem frühen Georg Lukács in seinem Buch »Geschichte und Klassenbewusstsein« um die Rettung des Subjekts aus der »Unmittelbarkeit des gedankenlosen Alltags«. Und wenn Ernst Jünger vom heroischen Einzelnen in der Ausnahmesituation des Kämpfers und Kriegers schreibt, so entspricht auch das Heideggers Versuch, die philosophische Existenz als das weniger utopische als elitäre Subjekt des »eigentlichen« Lebens zu bestimmen.

Dagegen erheben die Vertreter der Urlaubsbranche weder höhere Ansprüche, noch wollen sie die Menschen diffamieren. Elitärer Dünkel verbietet sich schon deswegen, weil sie das Geschäft interessiert, das sich mit der Unzufriedenheit der Menschen mit ihrem Alltag und mit ihrer Sehnsucht nach einem anderen Leben machen lässt, und da sie besser als Philosophen wissen, wie man Menschen überzeugt, malen sie nicht den Alltag grau, sondern bunt, was nicht alltäglich ist. So schildern sie eine fröhlich-unbeschwerte Welt, in der grundsätzlich die Sonne scheint, stets gute Laune herrscht, sich immer etwas ereignet, und in der viele Aktivitäten und mannigfache Abwechslungen dafür sorgen, dass ein Nachdenken über den Sinn dieses Verfahrens gar nicht erst einsetzt. Der Sehnsucht nach einem anderen Leben wird hier ihre Erfüllung durch den

Konsum, in der → Freizeit und den Ferien versprochen, diesem »Musse-Ideal eines überarbeiteten Jahrhunderts: wo man einmal nach Herzenslust faulenzen und blödsinnig und kindisch sein darf«, wie Nietzsche spottete.

Ob die philosophische Existenz ein geeignetes Mittel wäre, um das alltägliche Leben zu überhöhen, mag dahingestellt bleiben, interessiert auch niemanden sehr, doch was die Werbestrategen für Urlaub und Erholung versprechen, lässt sich leicht überprüfen. Kommt man nämlich aus dem Urlaub nach Hause, merkt man schnell, dass der Alltag immer noch grau ist, und dass die Ferientage das Leben insgesamt nicht wesentlich erhellen konnten. Die bloße Flucht aus dem Alltag und der Ausbruch aus dem gewohnten Leben stillen nicht wirklich die Sehnsucht nach einem anderen Leben, weshalb Max Horkheimer in seinen »Notizen« schrieb: »Der Begriff ›Ferienlaune‹ denunziert den Alltag wie die Ferien und das Leben, das in sie auseinanderfällt. Dass man das Glück als eine der Zeit anzupassende Stimmung empfindet, lässt erkennen, wieweit es damit her ist: vorgeschriebenes Glück. Dem Alltag aber gebührt das Possenspiel des Ernstes, der von sich weiß, dass das Glück anderswo zu suchen ist.« Wer aber versucht, radikal aus seinem gewohnten Leben auszusteigen, macht auch bald die Erfahrung, dass ein anderes Leben keinen anderen Menschen aus ihm macht; denn auch das neue Leben mündet in die Normalität, das heißt, in die alte Alltäglichkeit. Der Elan, mit dem man nach neuen Ufern aufbrach, erlahmt, es schleifen sich wieder Gewohnheiten ein, neue zwar, aber eben doch Gewohnheiten und alltägliche Routinen, und so sieht man im neuen Leben den Alltag einkehren, den man floh. Mit solchen Fluchten in ein anderes Leben verschiebt man also nur das → Glück auf den Sankt-Nimmerleins-Tag.

Es bedarf aber eigentlich keiner solchen Erfahrung, um zu wissen, dass es kein wahres Leben außerhalb des Alltags gibt. Wenn er uns auch nicht immer genügt, so müssen wir doch mit ihm zurechtkommen und in ihm finden, was wir gewöhnlich anderswo suchen. Mit Recht forderte daher Henri Lefebvre, dass man »von der Alltäglichkeit ausgehend das Alltägliche innerhalb des Alltäglichen aufheben« müsse. Durch diese Transformation wird der Alltag für das Bewusstsein, was er

faktisch schon ist, nämlich der Bezugspunkt zur Verwirklichung *aller* Lebensmöglichkeiten, nicht nur des Alltagsdenkens
und der Alltagspraxis, sondern auch der Momente, in denen
das Alltägliche aufgehoben zu sein scheint, während es in
Wahrheit nur zu Bewusstsein kommt. Daher sind auch die
Mittel zur Aufhebung des Alltäglichen ganz unspektakulär. Es
genügt, alltägliche Dinge und Situationen überhaupt wieder zu
registrieren und sie bewusst zu erleben. Dadurch gewinnen sie,
die für den Alltagsblick blass und verschwommen bleiben, eine
deutliche Kontur. Ein Hilfsmittel für diese Transformation
kann die Begeisterung oder die Erfahrung der → Ekstase sein;
denn diese sprengt den kontinuierlichen Lebens- und Erlebens-
zusammenhang und führt eine Steigerung des Lebensgefühls
herbei, die im normalen Vollzug des Alltags undenkbar ist.
Auch die ästhetische Erfahrung kann dazu dienen; denn die →
Kunst wirft einen ungewohnten Blick auf die scheinbar vertraute Welt und distanziert sich so von ihr – und plötzlich ist
das Unauffällige wieder auffällig, die vertraute Welt fremd, und
Erfahrungen und Erkenntnisse sind möglich, die das gewohnte
Leben nicht kennt. Diese Wirkung der Kunst hatte der späte
Georg Lukács im Sinn, als er schrieb, jedes Kunstwerk sei
utopisch »im Vergleich zum empirischen Sosein der Wirklichkeit, die es wiederspiegelt, aber als Utopie im wörtlichen Sinne,
als Abbild von etwas, das immer und nie da ist.« Das Kunstwerk ist also kein Kulturgut zum Vergnügen und unbeschwerten Genuss gebildeter Kreise, die es vielmehr seiner utopischen
Intention wegen oft als anstößig, wenn nicht gar als »zersetzend« empfinden. Indem es aber Anstoß erregt und irritiert,
erfüllt es seinen Zweck. Eine vergleichbare Wirkung kann die
philosophische Erkenntnis haben; denn die Theorie, zu der sie
dem Philosophen vom Fach so oft gerinnt, mag grau sein, das
→ Denken selber ist es nicht.

In solchem Nichtalltäglich-Werden des Alltags wird er endlich ernst genommen als Raum unmittelbarer Erfahrung und
gegenwärtig gelebten Lebens; denn das unmittelbare, in seine
Gegenwart versunkene Leben erlebt man seiner Alltäglichkeit
wegen fast nie bewusst, was Blaise Pascal schon in der Mitte
des 17. Jahrhunderts rügte, als er schrieb: »Niemals halten wir
uns an die Gegenwart.« Wir seien statt dessen entweder mit der

Vergangenheit beschäftigt oder mit der Zukunft. Es sei aber »Torheit, in den Zeiten umherzuirren, die nicht unsere sind, und die einzige zu vergessen, die uns gehört, und Eitelkeit, denen nachzusinnen, die nichts sind, und die einzige zu verlieren, die besteht«.

Warten

Die Philosophen vom Fach haben den Begriff des Wartens bisher ignoriert. Er war ihnen offenbar zu banal, zu unscheinbar, zu still. Die Wahrheit, die Freiheit oder die Vernunft, das sind die Kesselpauken und die Trompeten der Philosophie, und mit ihnen lässt sich leicht ein bedeutender Lärm erzeugen. Hätte sich da einer mit der begrifflichen Triangel des Wartens abgegeben, hätte er gewiss keinen rauschenden Beifall geerntet. Wer also nach den Spuren sucht, die das Warten in der menschlichen Reflexion hinterlassen haben könnte, muss sich außerhalb der Philosophie umsehen. Glücklicherweise haben nun früher die Dichter ein wenig vom Warten gesprochen und später die Psychologen ein wenig mehr. Eines der bekanntesten Lieder des volkstümlichen Berliner Komponisten Walter Kollo beginnt zum Beispiel mit den Versen:

> Warte, warte nur ein Weilchen,
> bald kommt auch das Glück zu dir.

Bekannt ist auch, dass die Berliner am liebsten eine Parodie dieses Liedes auf den nicht weniger bekannten Massenmörder Haarmann sangen:

> Warte, warte nur ein Weilchen,
> bald kommt Haarmann auch zu dir.
> Mit dem kleinen Hackebeilchen
> macht er Hackfleisch auch aus dir.

Zur Lyrik wurde hier, was jeder schon prosaisch weiß, dass man nämlich immer auf etwas wartet, und dass man auf das Glück nicht anders wartet als auf den Schrecken. Warten gehört offenbar so unvermeidlich zum Leben wie das Befinden oder das Wetter, das immer ist, auch wenn man üblicherweise auf besseres wartet. Das Warten ist in das Leben so integriert, dass es kein Leben ohne Warten gibt, weshalb Robert Walser seinen Helden Jakob von Gunten in seinem gleichnamigen Roman sagen lässt: »Das eine weiß ich bestimmt: wir warten! Das ist unser Wert. Ja, wir warten, und wir horchen gleichsam ins Leben hinaus, in diese Ebene hinaus, die man Welt nennt.« Das Warten ist der »Wert«, der uns Menschen in der Welt gegeben ist.

Solche beiläufigen Hinweise auf die existentielle Bedeutung des Wartens finden sich in der Literatur häufiger. Hans Sahl zum Beispiel fasst seine Erfahrungen des Exils in dem Roman »Die Wenigen und die Vielen« in die Sätze zusammen: »Überall warten Menschen, warten auf etwas, ein Wort, eine Antwort, die ihnen sagt, was sie tun sollen, um nicht mehr warten zu müssen. Und wieder heißt es: noch nicht! Wartet noch etwas! Vielleicht ein Jahr. Vielleicht tausend Jahre. Und so wird alles wieder nur ein Provisorium gewesen sein. Provisorisch haben wir gelebt, provisorisch werden wir sterben.« Sahl beschreibt hier die Situation reinen Wartens, einen Zustand, der nicht alltäglich ist und deshalb an einer so extremen Situation wie dem Exil dargestellt werden muss; denn im Exil warten Menschen zwar noch auf etwas Bestimmtes, auf ein Wort oder eine Geste, die vielleicht ihr Warten beenden könnte, doch sie werden immer wieder auf das Warten zurückverwiesen, und so wird ihre Situation allmählich → absurd. Diesen Aspekt hat Samuel Beckett in seinem Stück »Warten auf Godot« eindrucksvoll vorgeführt; denn da warten die beiden Tramps Estragon und Wladimir auf einen, mit dem sie sich verabredet haben, von dem sie aber nicht wissen, ob er je kommen wird. Sie warten und warten und verlieren darüber das Bewusstsein, dass sie herkamen, um auf etwas Bestimmtes zu warten, und so warten sie schließlich nur noch. Diese Absurdität des Wartens, die mit Sinnlosigkeit nicht identisch ist, gewinnt im Neuen Testament einen geradezu → eschatologischen Rang; denn das Warten ist für die Bibel nicht nur ein ganz zentrales Thema, sondern eine Voraussetzung für die Auferstehung: Dass nur der gerettet und das Himmelreich gewinnen werde, der wachsam sei und ausharre »bis ans Ende«, das versichern uns schließlich gleich drei der vier Evangelisten.

Im Alltag tritt das Warten freilich nicht so unverfälscht auf, wie es die Literatur darstellen kann; denn man wartet meistens, weil man etwas *erwartet*. Wenn das Baby auf die Mutterbrust wartet, das Kind auf die Ferien, der Erwachsene auf die Karriere, und der Greis auf den Tod – auch wenn der manchmal noch auf sich warten lassen könnte –, dann erwarten sie alle, dass sich etwas Bestimmtes ereignen werde. Und auf dieselbe Weise wartet der Freund auf die Freundin, der Gast auf das Essen, der Patient auf den Arzt und der Kunde auf die Bedienung. Auch wenn man tätig ist, wartet man noch und erwartet zugleich; denn bei der Arbeit wartet man auf den Feierabend, und während eines Konzertes wartet man auch noch auf einen längst fälligen Brief. In der Regel wartet man sogar gleichzeitig auf ganz Verschiedenes; denn während man mit seiner Arbeit beschäftigt ist und auf den Feierabend wartet, wartet man zugleich auf den längst fälligen Brief, auf die immer noch ausstehende Steuererstattung und eben auch auf besseres Wetter, manchmal sogar noch auf ein Wunder. In diesen mit Erwartungen gefüllten Wartesituationen wird einem nicht eigens bewusst, dass man wartet; denn das Erwarten übertönt das Warten, da es mit starken Emotionen verbunden ist. Man wartet zum Beispiel voller Vorfreude auf die Bescherung oder ungeduldig auf einen verspäteten Zug. Erfüllt sich die Erwartung, ist man froh, im anderen Fall erlebt man eine → Enttäuschung. Muss man aber allzu lange auf die Erfüllung einer großen Erwartung warten, kann das zu schweren seelischen Blessuren führen, wie jeder weiß, der zu lange auf seine Karriere oder die Erfüllung eines Herzenswunsches warten musste. Ein bekanntes Beispiel ist Schopenhauer, der über seinen späten Ruhm das Verdikt »Zu-spät« fällte und völlig verbittert nur noch von der »Komödie« seines Ruhmes sprach.

Den starken Affekten, die mit dem Erwarten verbunden sind, hat das pure Warten nichts Vergleichbares entgegenzusetzen. Es ist nämlich nicht nur mit keinen Emotionen verbunden, sondern tötet Emotionen geradezu ab, wodurch sich auch das Zeit- und Weltgefühl verändert; denn beim Warten entleert sich die Zeit, alles scheint zu erstarren und man selbst nicht mehr voran zu kommen. Man hat dann das Gefühl, auf der Stelle zu treten. Dieser Zustand zunehmender mentaler Öde ist nur in seinen harmloseren Formen mit dem Begriff der → Langeweile angemessen zu beschreiben. Vielleicht ist diese Entleerung der Zeit auch der Grund, weswegen man glaubte, dem Warten eine eschatologische Tendenz zusprechen zu dürfen. Wer diesen Glauben aber nicht hat, muss versuchen, sich schleunigst aus der Leere der Zeit retten, sonst ertrinkt er in ihr. In ihrem Roman »Das siebte Kreuz« schrieb daher Anna Seghers, wenn man zum Warten verurteilt sei, ergreife »man *gegen die Zeit* die seltsamsten Maßnahmen«, wobei die wohl witzigste ist, dass man sogar zum Mörder an der Zeit werden könnte. Jedenfalls kennt die deutsche Sprache die Redensart, dass man die Zeit totschlagen wolle.

Was an diesem Zustand quält, ist allein die Leere der Zeit, nicht die mögliche Vergeblichkeit des Wartens; denn ob das Warten ein Ziel hat, ob man also etwas *erwartet*, hat für das Warten und seine affektiven Wirkungen keine Bedeutung. Dennoch sind weder das Quälende des Wartens noch die mögliche Enttäuschung einer Erwartung die Gründe dafür, weswegen man niemanden warten lassen sollte, nicht den Bekannten bei einer Verabredung, den Bewerber auf Antwort oder den Besuch darauf, vorgelassen zu werden. Wer warten lässt, degradiert vielmehr den Wartenden vom handelnden Subjekt zum passiven Objekt; denn wer wartet, »hält Ausschau« »passt auf« oder »wacht«, wie uns die Etymologie belehrt. Um anderen solche Empfindungen des Ausgeliefertseins zu ersparen, bedarf es der Pünktlichkeit, die deshalb sogar einmal, nach einem angeblichen Bonmot von Ludwig XVIII., als »Höflichkeit der Könige« galt. Diese Höflichkeit ist also keine bloße Etikette und Demonstration guter Manieren, sondern Ausdruck dafür, dass man den anderen als Subjekt anerkennt, womit die Forderung von Kants kategorischem Imperativ, nie jemanden »bloß als Mittel zum beliebigen Gebrauche für diesen oder jenen Willen«, sondern stets und »jederzeit als Zweck« zu betrachten, auf ganz unspektakuläre Weise erfüllt wird.

Man kann auf alles Mögliche warten: generell auf bessere Zeiten, auf eine günstige Gelegenheit oder den rechten Zeitpunkt oder schlicht darauf, dass überhaupt etwas passiert; speziell auf Straßenbahnen oder Busse, auf die Bedienung oder einen Anschluss, auf einen Anruf oder eine Absage. Man wartet, dass etwas beginnt oder aufhört, das Konzert, die Beerdigung, der Vortrag, das Fußballspiel oder darauf, dass einer überhaupt anfängt oder endlich fertig wird. Vielfach wartet man darauf, dass etwas frei wird, ein Stuhl, die Toilette, eine Telephonverbindung, und heute wartet man nicht zuletzt immer öfter auf freie Fahrt. An diesen Beispielen sieht man, dass das Warten und seine speziellen Formen zeit- und kulturgebunden sind, und dass die Zivilisation fortwährend die Gelegenheiten zum Warten vermehrt. Daher warten wir heute in Situationen, die sich kein Mensch im letzten Jahrhundert und schon gar kein Steinzeitmensch hat vorstellen können. Die Zivilisation hat dadurch nicht nur die Vergeblichkeit vermehrt, weil man immer mehr Gelegenheiten hat, zu warten und damit auch zu erwarten, sie hat vielmehr auch eine gewisse Wartekultur hervorgebracht, indem sie spezielle Räume und feste Plätze wenigstens für bestimmte Disziplinen des Wartens schuf. Dieser Kultur verdanken wir Einrichtungen wie das private Wartezimmer, den öffentlichen Wartesaal, die Wartehalle, die Warteschlange oder die abstrakte Warteschleife und, nicht zu vergessen, die rote Ampel. Spätere werden diese Auswahl um weitere, heute noch undenkbare Möglichkeiten bereichern.

Dieser zunehmenden Wartekultur entspricht freilich die Mentalität moderner Menschen immer weniger; denn je mehr Gelegenheiten zum Warten wir haben, desto unfähiger scheinen wir zu sein, dieses Geschäft mit Anstand zu betreiben. Warten zu können, Geduld zu haben, etwas reifen zu lassen und nichts über das Knie zu brechen, gelten heute als Tugenden aus der Mottenkiste der Kulturkritik, obgleich jeder weiß, dass wir diesen Tugenden die fruchtbarsten, schöpferischsten Einfälle verdanken. Wir bewundern zwar, wie stoisch und unbeeindruckt Menschen, die in die westliche Zivilisation noch nicht ganz eingebunden sind, zu warten verstehen, doch unsere Hast und Ungeduld erklären wir dennoch zu positiven Merkmalen unserer schnelllebigen Zeit, was für uns durchaus nicht im Widerspruch zu der Tatsache steht, dass uns nichts mehr ängstigt als das Wissen um unsere → Vergänglichkeit. Es scheint ein grundlegendes Dilemma der modernen Zivilisation zu sein, dass mit der Vermehrung der Wartemöglichkeiten eine Verminderung unserer Wartefähigkeit einhergeht. Vielleicht liegt das aber auch nur daran, dass wir nicht mehr warten können, ohne zugleich etwas zu erwarten. Wir warten schließlich nicht nur, bis der Zug kommt, sondern erwarten auch, dass er pünktlich kommt. Dann aber hätte Marie von Ebner-Eschenbach mit ihrem Aphorismus Recht: »Warten lernen wir gewöhnlich erst, wenn wir nichts mehr zu erwarten haben.« Das ständige Erwarten beweist freilich ein Anspruchsdenken, das die ökonomischen Banalitäten weit übertrifft, die man gewöhnlich mit diesem Begriff verbindet. Es ist sicher kein schlechter Zufall, dass die Geduld des Esels, den wir als genügsam kennen, für uns zum Sprichwort wurde.

Langeweile

Lange fand die Langeweile keine besondere Aufmerksamkeit. Sie dämmerte im Schatten größerer philosophischer Begriffe vor sich hin, und niemand kam auf die Idee, ihr eine tiefere Bedeutung beizumessen. Da klingt es dann fast wie ein Scherz, wenn nun Benno Hübner in seiner »Meta-pysik der Langeweile« behauptet, die Langeweile sei der »meta-physische Beweg-Grund schlechthin«; denn dass bestimmte Begriffe wie das Sein, die Freiheit oder das Denken eine große Reputation genießen, das ist ja bekannt, und man ist von deren fundamentaler Bedeutung allein schon deswegen überzeugt, weil sie von allen behauptet wird. Doch dass nun auch ein so unscheinbarer Begriff wie die Langeweile einen solchen außerordentlichen Rang haben soll, daran muss man sich erst noch gewöhnen.

Doch Begriffskarrieren dieser Art kommen öfter vor, hat doch schon Martin Heidegger die Angst zur Grundbefindlichkeit erklärt, und Ernst Bloch die Hoffnung zum Prinzip, einen Titel, den dann Hans Jonas auch für die Verantwortung reklamierte. Solche Erhebungen sind heute also fast schon üblich, und sie sind auch keine bloßen Marotten von Denkern, die sich mit ausgefallenen Thesen wichtig machen wollen, sondern haben unmittelbar mit der geschichtlichen Situation der Philosophie unserer Zeit zu tun; denn da diese heute nicht mehr mit dem Anspruch auftreten kann, durch bloßes Denken eine systematisch abgerundete Welterklärung vorzulegen, versuchen manche, den systematischen Geist bisheriger Philosophie wenigstens rudimentär dadurch zu bewahren, dass sie bestimmte Begriffe zum allgemeinen Prinzip erheben und sie zur Grundlage des Verständnisses von Mensch und Welt insgesamt erklären. Bedenkt man dies, wird man nicht mehr so sehr darüber staunen, auch die Langeweile in den erlauchten Kreis der Grundlagenbegriffe aufgenommen zu finden, zumal sie sowieso schon seit einiger Zeit ein gewisses, wenn auch immer bescheidenes Interesse der Philosophen auf sich gezogen hatte.

Dieses Interesse beruhte auf ihrer Nähe zu dem altehrwürdigen Begriff der → Melancholie und begann spätestens mit der mittelalterlichen Philosophie und ihren Begriffen der acedia (Überdruss, Ekel) und des taedium vitae (Überdruss am Leben). Über Pascal und Schopenhauer bis zu Sartre erlosch dieses Interesse nicht mehr. Der eigentliche Kronzeuge ist aber Kierkegaard, der in »Entweder-Oder« im Ton des Johannes-Evangeliums befand: »Am Anfang war die Langeweile«. Aus diesem Anfang entwickelte er dann eine komplette Genealogie der Langeweile. »Die Götter«, schrieb er nämlich, »langweilten sich, darum schufen sie die Menschen. Adam langweilte sich, weil er allein war, darum wurde Eva geschaffen. Von diesem Augenblick an kam die Langeweile in die Welt und wuchs an Größe in genauem Verhältnis zu dem Wachstum der Volksmenge. Adam langweilte sich allein, dann langweilten sich Adam und Eva gemeinsam, dann langweilten sich Adam und Eva und Kain und Abel en famille, dann nahm die Volksmenge in der Welt zu, und die Völker langweilten sich en masse.« Aus lauter Langeweile hätten sie schließlich den babylonischen Turm gebaut, was ein erschreckender Beweis dafür sei, »wie sehr die Langeweile schon überhand genommen hatte.« Doch die Menschen hätten nicht aufgehört, sich zu langweilen: »Und welche Folgen hatte nicht diese Langeweile! Der Mensch stand hoch und fiel tief, erst durch Eva, dann vom babylonischen Turm.«

Diese ironische Geschichte, die übrigens Friedrich Nietzsche in »Der Antichrist« ganz ähnlich wiederholte, hat einen ernsten Hintergrund; denn der Hinweis auf den babylonischen Turm, der hier als Pars pro toto für die menschliche Zivilisation überhaupt dient, macht deutlich, dass die Langeweile für Kierkegaard nicht irgendeine beliebige Befindlichkeit des Menschen ist, sondern eine ausgezeichnete, die für die Entwicklung der menschlichen Kultur insgesamt verantwortlich sein soll. Benno Hübner erklärte sie deshalb mit ausdrücklicher Berufung auf Kierkegaard zum »Hauptschlüssel nicht nur zum Verständnis des heutigen, sondern zum Verständnis des Menschen überhaupt«. Als der eigentliche »Beweggrund für menschliche Projektion, Projekt, Idealismus, Kultur und so weiter«, soll die Langeweile Ursache für alle Erscheinungen sein, die über die bloße Natur hinaus gehen, wobei das generalisierende »Und-so-weiter« allerdings anzeigt, dass es Hübner mit der begrifflichen Exaktheit nicht so genau nimmt. Entsprechend dürftig ist sein Resultat; denn es läuft am Ende darauf hinaus, in der geschundenen Erde »wieder Gaia zu erkennen und zu verehren«, was jeder ökologisch achtsame Mensch schon von sich aus weiß, auch wenn er Hübners gelehrte Anspielung und mythologische Verbrämung vielleicht nicht versteht. Hübners Ergebnis ist zudem höchst problematisch, weil die »Verehrung« der geschundenen Erde als Hauptprinzip menschlichen Handelns jeden anöden muss, der auch nur ein wenig Geist sein eigen nennen darf.

Mit Geist hat Langeweile nämlich durchaus zu tun, und diese Erkenntnis artikulieren viele Schriftsteller, Dichter und Denker, für die stellvertretend Max Frisch zitiert sein soll, in dessen »Tagebuch 1946–1949« es heißt, es sei falsch, anzunehmen, ein Mensch von Geist »könne sich nicht langweilen. Geist ist die Voraussetzung der Langeweile.« Diese Beziehung ist der Grund, weswegen die Langeweile überhaupt so hoch bewertet werden konnte, obgleich ihre Bedeutung einzig dem Geist abgeborgt ist, ist sie doch die unmittelbare Folge des Zustandes, in dem der Geist sich ödet, weil es ihm an Anregung und Beschäftigung mangelt, weil ihm »wenig Wechsel der Vorstellungen« geboten wird, wie Kant in seiner »Anthropologie« schrieb. Kant fügte hinzu, die Langeweile sei »ein höchst widriges Gefühl«; denn sie sei im Grunde »die Anekelung seiner eigenen Existenz aus der Leerheit des Gemüths an Empfindungen, zu denen es unaufhörlich strebt«. Diese Leere des Gemüts und der daraus wachsende Lebensüberdruss werden gewöhnlich als der eigentliche Kern der Langeweile angesehen, was auch die Redewendungen, es sei einem öde oder etwas öde einem an, nahelegen; denn das Wort »öde« leitet sich von einer Sprachwurzel her, deren Grundbedeutung »von etwas weg, fort« ist, und die damit unmittelbar auf Leere verweist, wovon die Leere des Gemüts nur ein besonders Fall ist.

Angesichts des Lebensüberdrusses und seiner möglichen fatalen Folgen müssen alle Bemühungen scheitern, die Langeweile metaphysisch zu überhöhen und in ein romantisches Licht zu tauchen. Exemplarisch zeigt sich dies bei Martin Heidegger, der in seinem Vortrag »Was ist Metaphysik?« mit seinem bekannten Taschenspielertrick der Eigentlichkeit versucht, zwischen einer gleichsam banalen Langeweile, die uns in alltäglichen Situationen heimsuchen soll, und einer angeblich »eigentlichen Langeweile« zu unterscheiden. Er wird darüber sogar poetisch, wenn er schreibt: »Die tiefe Langeweile, in den Abgründen des Daseins wie ein schweigender Nebel hin- und herziehend, rückt alle Dinge, Menschen und einen selbst mit ihnen in eine merkwürdige Gleichgültigkeit zusammen. Diese Langeweile offenbart das Seiende im Ganzen.« Nun hat sich noch niemandem in der Langeweile das Seiende im Ganzen offenbart, es ging im schlimmsten Fall sogar als Ganzes verloren, aber daraus kann man ja nicht folgern, dass dann eben noch niemand die »eigentliche« Langeweile erfahren habe; denn in diesem Fall wäre sie für uns völlig uninteressant, da wir uns nur für das interessieren müssen, was uns wirklich begegnet und betrifft. Mit der Einführung des Begriffes der »eigentlichen« Langeweile wird die wirkliche und von jedem erfahrbare in ihrer Bedeutung herabgesetzt und ihre Wirkung bewusst bagatellisiert; denn wir langweilen uns nicht nur harmlos in alltäglichen Situationen, etwa beim → Warten, wir wissen vielmehr, dass Menschen vor Langeweile umkommen können. Deshalb können Isolation und Reizlosigkeit als besonders perfide Foltermethoden angewendet werden, wobei ein Mensch langsam, aber unaufhaltsam in seinem personalen Kern zerstört wird. Langeweile kann apathisch machen oder aggressiv und so mächtig werden, dass man des Lebens insgesamt und all seiner Freuden, Reize und Anregungen überdrüssig wird, so dass es als gänzlich leer und nichtig erfahren wird. Doch diese Erfahrung führt zu keiner bloß »merkwürdigen« Gleichgültigkeit, wie Heidegger beschönigt, sondern zu einer bisweilen tödlichen. Mancher → Selbstmord hat in nichts anderem als in Langeweile seinen Grund.

Für das Verständnis der Langeweile ist entscheidend, dass sie die Empfindung *innerer,* nicht äußerer Leere ist. Dadurch erklären sich nämlich zwei scheinbar konträre Erscheinungen. Zum einen müssen Mangel an Abwechslung und Ereignislosigkeit des Lebens, die im → Alltag häufig vorkommen, nicht zwangsläufig zum Gefühl der Langeweile führen. Diese können in Meditation, bewusster Lebensbeschränkung oder religiöser Askese sogar gesucht und als Glück erfahren werden. Langeweile entsteht erst dann, wenn die äußere Leere zugleich als innere Leere erfahren wird. Dann erst dehnt sich die Zeit und wird dem Ausdruck gerecht, lange Weile zu sein. Diesen Bezug zur Zeit artikuliert sonderbarerweise nur das deutsche Wort, was sein großer Vorzug gegenüber den entsprechenden Ausdrücken anderer Sprachen ist; denn weder das lateinische taedium, noch das französische ennui, weder das italienische noia noch das englische boredom beziehen sich auf die Zeit. Ablenkung, Anregung, Abwechslung, das sind die probaten Mittel gegen die Langeweile aus äußerer Leere, und wem sie genügen, dem wird die Zeit kurzweilig, was auch erklärt, wie Kant bemerkte, »warum Zeitverkürzungen mit Vergnügen für einerlei genommen werden«. Jüngere oder überhaupt neugierige und geistig interessierte Menschen, deren Geist stets neuer Ereignisse als mentaler Nahrung bedarf, werden deshalb leichter von Langeweile befallen als andere und sind stärker als diese auf Abwechslung angewiesen.

Zum anderen aber garantieren weder die Fülle äußerer Ereignisse noch die Vielfalt der Abwechslungen, dass man von der Langeweile verschont wird. Das belegt schon die Erfahrung, dass sich Kinderjahre dehnen, während die späteren Jahre immer schneller zu vergehen scheinen, bis sie regelrecht dahinfliehen, obgleich sie doch mit Arbeit, Sorgen und Vergnügungen gewöhnlich gut ausgefüllt sind. Doch da irgendwann einmal alles erlebt, bekannt und vertraut ist, und sich alles wiederholt, verliert sich der Reiz der Abwechslung. Thomas Mann schrieb daher in seinem Roman »Der Zauberberg«, Langeweile sei »eine krankhafte Kurzweiligkeit der Zeit infolge

von Monotonie: große Zeiträume schrumpfen bei ununter-
brochener Gleichförmigkeit auf eine das Herz zu Tode erschreckende Weise zusammen; wenn ein Tag wie alle ist, so
sind sie alle wie einer.« Deshalb kann auch inmitten pulsieren-
den Lebens und voller Aktivität innere Leere und Langeweile
empfunden werden; denn wenn allzu viel sich ereignet, wird
nichts mehr festgehalten, nichts mehr zum inneren Erlebnis,
und die Zeit hat keine Fülle mehr und keine Dichte. Diese
Langeweile in Form krankhafter Kurzweiligkeit durch eine
weitere Steigerung der Aktivitäten beheben zu wollen, ist ganz
kontraproduktiv, da sie ja das Ergebnis allzu großer Betriebsamkeit ist.

Moderne Kulturkritiker halten diese Langeweile durch Betriebsamkeit für ein Charakteristikum unserer Zeit, wobei sie
die vielfältigen Aktivitäten und immer spektakuläreren Sensationen in → Freizeit und Urlaub, bei Sport, Spiel und →
Unterhaltung als Hinweise darauf nehmen, dass wir ihrer wirklich bedürfen, weil wir uns sonst zu Tode langweilten, gemäß
einer Beobachtung von Montesquieu, alle Fürsten langweilten
sich, und der Beweis sei, »dass sie auf die Jagd gehen«. Die
Kulturkritik erklärt also auch noch das moderne Lebensgefühl
mit der traditionellen Sicht der Langeweile als eines »widrigen
Gefühls«, was die Brauchbarkeit dieser kulturkritischen Theorien von vornherein entwertet; denn mit der Heraufkunft der
Moderne, mit der Erfahrung des sich beschleunigenden Lebens,
mit der Zunahme der Technisierung und der Hektik zunächst
des großstädtischen, dann des Lebens überhaupt, änderte sich
die Einstellung zu einigen Lebensverhältnissen grundlegend,
und so entdeckte man nicht nur die positive Bedeutung der
Langsamkeit, sondern auch, dass die Langeweile nicht nur eine
missliche Empfindung ist.

Da sich diese Auffassung erst unter den modernen Lebensbedingungen entwickeln konnte, sind die Zeugnisse dafür noch
relativ jung und häufen sich erst in den letzten Jahrzehnten. So
lässt der Wiener Dichter Peter Altenberg in seinem Buch »Wie
ich es sehe« (1896) eine junge Frau nicht sagen: »Ich fühle nur,
dass das Leben, so wie es ist, langweilig ist«, wie man es
traditionell erwarten würde, sondern, »dass das Leben, so wie
es ist, gar keine Melancholie übrig lässt, keine Langeweile und

keine Sehnsucht.« Die Langeweile ist hier also nicht mehr die Empfindung der Eintönigkeit und geistigen Leere, sie bietet ganz im Gegenteil die Möglichkeit, zur Besinnung und zu sich selbst zu kommen. Diesen Aspekt hat in unseren Tagen der Schauspieler Rolf Boysen in seinem Buch »Nachdenken über Theater« noch eindeutiger formuliert. In einer Reflexion über angeblich »langweilige« Spielpläne schreibt er nämlich: »Was heißt denn ›langweilig‹? Langeweile ist ein hohes menschliches Gut, das mehr und mehr durch künstlich erzeugte Pseudo-spannung verdrängt wird. ›Lange weilen‹ zu können, ist die Tugend der Weisen. Heinrich von Ofterdingen kommt einem in den Sinn, bei dem man lange weilen möchte ... Also wirklich: ›langweilig‹ ist das fadenscheinigste Argument, das es gibt. Es macht freie Bahn für blinden Aktionismus.«

Wenn diese Beobachtungen stimmen, muss man daraus folgern, dass der Mensch heute die Langeweile nicht so sehr deswegen fliehe, weil er die Abwechslung der Eintönigkeit vorziehe, sondern weil er vor sich selber fliehen möchte. Bestätigt wird das durch eine Bemerkung von Friedrich Nietzsche in »Die fröhliche Wissenschaft«, wo er von der Begierde spricht, etwas zu tun, vor allem bei denen, welche »die Langeweile und *sich selber* nicht ertragen können«. Wer die Langeweile gänzlich flieht, muss sich daher schließlich selbst verfehlen; denn »wer sich völlig gegen die Langeweile verschanzt, verschanzt sich auch gegen sich selber: den kräftigsten Labetrunk aus dem eigenen innersten Born wird er nie zu trinken bekommen.«

Angst

Vor mehr als vierzig Jahren schrieb Günther Anders: »Angst ist heute zur Ware geworden; und *über* Angst spricht heute jedermann.« Dieser Satz ist gegenwärtig noch richtiger, als er es zur Zeit seiner Niederschrift schon war; denn das Reden über die Angst hat mittlerweile fast epidemische Ausmaße angenommen. Das bedeutet freilich nicht, dass auch die Angst in unserer Zeit zugenommen hätte, und dass wir über das bisher übliche Maß hinaus von ihr betroffen wären, zumal das ständige Gerede über sie ihr schließlich auch den Schrecken nimmt. Günther Anders hat seine Feststellung deshalb sogleich mit dem Zusatz ergänzt: »Aber *aus* Angst sprechen nur sehr wenige.« Vergegenwärtigt man sich die heutige Spaß- und Freizeitkultur, die fröhliche Welt der Werbung, des unbeschwerten Konsums und glücklichen Lebens, deren Botschaften, aller kritischen Bedenken zum Trotz, nicht auf taube Ohren, wohl aber auf hohle Köpfe stoßen, dann könnte man in der Tat zu der Meinung kommen, der ketzerische Philosoph habe mit seiner Behauptung Recht, wenn er auf die Frage: »Wo ist unsere Angst?«, antwortete: »Ich finde keine«, und die These aufstellte, wir lebten im »Zeitalter der Unfähigkeit zur Angst«. Allerdings blieb Anders die Antwort auf die Frage schuldig, worin denn diese sonderbare Diskrepanz zwischen dem Sprechen über die Angst und deren faktischen Empfindung begründet sein könnte, so dass man diesem Problem schon selber nachforschen muss, um zu verstehen, welchen Stellenwert sie für uns heute tatsächlich hat.

Die deutsche Sprache verfügt neben dem Wort »Angst« auch noch über das Wort »Furcht«. Beide Ausdrücke werden in der Alltagssprache nicht unterschieden und meinen denselben Sachverhalt. Ersetzte man zum Beispiel in dem Märchen »Von einem, der auszog, das Fürchten zu lernen« das Fürchten durch Ängstigen und in der Erzählung »Die Angst des Tormanns beim Elfmeter« die Angst durch Furcht, so änderten sich keineswegs Sinn und Inhalt dieser Geschichten. Allerdings wird das Wort »Angst« heute immer häufiger verwendet, das Wort »Furcht« immer weniger, und so ist »Angst haben« der normale Terminus geworden, während kaum noch jemand sagt, er fürchte sich. Aus dieser Tatsache kann man freilich nicht schließen, dass sich die Menschen weniger fürchteten als früher und sich statt dessen immer mehr ängstigten. Diese Meinung kann sich auf nichts weiter als auf unseren Sprachgebrauch stützen, hat aber keine sachlich gerechtfertigte Ursache und ist eine bloße Marotte unserer Zeit. Der Anlass dazu ist allerdings hochphilosophisch. Schon im letzten Jahrhundert erhob nämlich der dänische Philosoph Sören Kierkegaard die Angst in den begrifflichen Adelsstand und gab ihr den Status eines philosophischen Fachbegriffs. In seinem Buch »Der Begriff Angst« schrieb er, man müsse die Angst unterscheiden »von Furcht und ähnlichen Begriffen, die sich auf etwas Bestimmtes beziehen, wohingegen Angst die Wirklichkeit der Freiheit« sei. An diese Unterscheidung knüpften dann in unserem Jahrhundert vor allem Martin Heidegger und Jean-Paul Sartre an. Heidegger verstand dementsprechend die Angst als eine ausgezeichnete Befindlichkeit des Menschen, in der sich sein »Frei-sein für die Freiheit« offenbare und definierte sie als vollständigen Zusammenbruch der »alltäglichen Vertrautheit« des Menschen mit der Welt, als prinzipielles »Un-zuhausesein«, während er unter der Furcht eine »an die ›Welt‹ verfallene, uneigentliche und ihr selbst als solche verborgene Angst« verstand.

Diese Unterscheidung ist populär und Allgemeingut mindestens der gehobenen Alltagssprache geworden. Allerdings wurde sie dadurch auch simplifiziert; denn Heideggers Bemerkung, die Furcht sei im Grunde auch nur eine Form der Angst, wird gewöhnlich unterschlagen, und so macht man aus beiden zwei völlig getrennte Sachverhalte. Unter Angst versteht man demnach die Grundbefindlichkeit des Menschen in der Welt und unterscheidet sie strikt von der Furcht als bloßer Reaktion auf eine innerweltliche Gegebenheit. Nach dieser Sprachregelung fürchtet man sich beispielsweise vor einem Hund, vor dem bevorstehenden Examen oder der drohenden Arbeitslosigkeit. In der Angst hingegen soll die ganze Welt bedeutungslos werden, nichts mehr Halt bieten, und es dem Menschen insgesamt un-heimlich werden. Bei dieser Abwertung der Furcht und Aufwertung der Angst will natürlich niemand noch so etwas Triviales wie Furcht empfinden, vielmehr muss, was den Menschen beunruhigt, immer schon den Ehrentitel der Angst tragen, und so hat sich schließlich die Angst als Allerweltsbegriff für alle möglichen Zustände der Beunruhigung etabliert. Die strikte begriffliche Trennung von Angst und Furcht hat aber nur heuristischen Wert. Beide Ausdrücke bezeichnen gedankliche Extreme, die in der Wirklichkeit rein und ohne Beziehung aufeinander kaum auftreten, wofür gerade Heidegger ein ausgezeichneter Zeuge ist. Es gibt sicher keine Furcht, in die nicht ein Gran Daseinsangst gemischt ist, und keine Angst, die sich nicht an einer vielleicht sogar ganz banalen Befürchtung entzündet. Zwischen beiden bestehen fließende Übergänge, so dass man sie nur als graduelle Unterschiede ein und derselben Sache verstehen kann.

Leben heißt, irgendeinen festen Grund zu haben, auf den man sich stellen und von dem aus man zwar nicht die Welt aus den Angeln heben, sie sich aber immerhin verständlich machen kann. Die Möglichkeit solcher → Orientierung ist eine unabdingbare Lebensnotwendigkeit, ohne die noch nicht einmal tierisches Leben möglich wäre. Wird sie auch nur in Teilbereichen erschüttert, reagiert der Mensch mit Angst und Furcht als den natürlichen Reflexen auf alle Arten der Beunruhigung und Verunsicherung. Schon Aristoteles, der diese Phänomene zum ersten Mal systematisch untersuchte, wobei er Angst und Furcht aber nicht voneinander unterschied, definierte sie als eine Verwirrung, die aus der Vorstellung eines drohenden Übels vor allem dann entstehe, wenn dieses Übel nahe sei und womöglich gar mit Vernichtung drohe. Im extremsten Fall kann dem Menschen natürlich auch alles fragwürdig werden. Selbst die scheinbar sichersten Werte, die ältesten Traditionen oder lieb gewordenen Rituale können dann ihre Funktion, Mittel zur Daseinsorientierung zu sein, verlieren. Sogar die eigenen Überzeugungen eines Menschen, sein innerstes Erleben und Empfinden können ihm fremd werden, womit ihm alles entgleitet, was er ist und hat. Dann wird das Dasein wirklich als Ganzes erschüttert.

Bestimmte Anlässe können das Gefühl, auf sicherem Boden zu stehen, besonders leicht erschüttern. Da reicht es manchmal schon aus, dass etwas neu und ungewohnt ist. Doch der üblichste Anlass für Verunsicherungen ist der Einbruch des Unbekannten und Fremden, durch den das Vertrauen in das zufällig Gewohnte prinzipiell fragwürdig wird, weshalb man gewöhnlich versucht, Fremdes entweder fernzuhalten oder nur so weit zuzulassen, als man es assimilieren kann. Unsere heutigen Probleme mit dem Fremden, das man wegen der zunehmenden Globalisierung der Welt nicht mehr vermeiden kann, sind deutliche Belege für die Stärke dieser Verunsicherung. Überhaupt sind alle Umbruchsepochen, in denen die vertraute Welt sich entweder still auflöst oder mit Getöse zusammenstürzt, Zeiten der Verunsicherung, so dass es nicht wunder nimmt, dass in ihnen die Angst zum Thema wird. Das war der Fall zur Zeit des

Niedergangs der griechischen Polis, in der die Sophisten die Geltung aller bisherigen Werte, die sowieso schon fragwürdig geworden waren, theoretisch ausdrücklich bestritten, deren faktischen Zusammenbruch die Zeitgenossen dann ja auch in den Erschütterungen des Peloponnesischen Krieges erlebten. Als Reflex dieser Ereignisse konzipierte bald darauf Aristoteles in seiner »Rhetorik« die erste systematische Theorie der Angst, über deren grundlegende Beschreibungen wir auch heute im Prinzip noch nicht hinaus gekommen sind. Eine andere Umbruchzeit war die lange Phase des Niedergangs des römischen Weltreiches, in der nicht nur eine ganze Kultur mit einer umfassenden Weltsicht und funktionierenden Organisation zusammenbrach, sondern mit ihr auch jedes Weltvertrauen der Zeitgenossen, was sich in den damaligen philosophischen Schulen und im Aufkommen der christlichen Religion deutlich widerspiegelt. Der Satz: »In der Welt habt ihr Angst; aber seid getrost, ich habe die Welt überwunden« (Joh 16, 33), ist der präzise Ausdruck der damaligen Weltangst.

So problematisch die Orientierungslosigkeit für den Menschen auch ist, in ihr erfährt er doch auch seine → Freiheit; denn die Einsicht, dass man sich an nichts wirklich halten könne, kommt nicht ohne ihre Zwillingsschwester, dass man eben deswegen auch an nichts gebunden sei. Jean-Paul Sartre hat die Angst deshalb ausdrücklich als die Möglichkeit bezeichnet, seiner Freiheit inne zu werden. Allerdings hat er diese Möglichkeit als eine bloß »*gedankliche* Erfassung« der Freiheit verstanden, was dem Phänomen nicht gerecht wird. Die großartige Metapher, die Sören Kierkegaard fand, Angst sei der »Schwindel der Freiheit«, ist da, unbeschadet der Tatsache, dass sie nur ein poetischer Ausdruck ist, weitaus treffender. Erfährt der Mensch aber seine Freiheit in der Angst, dann ist diese keine Unvollkommenheit und nichts, das man möglichst schnell wieder überwinden müsste. Sie ist vielmehr ein unverzichtbares Element erfüllter menschlicher Existenz, weshalb Kierkegaard entschieden behauptete, der Mensch werde »durch die Angst gebildet«, und es sei deshalb »das größte Unglück, sie nie gehabt zu haben«.

Doch die Erschütterung durch die Angst und die in ihr aufscheinende Wirklichkeit der Freiheit werden in der Regel

nicht als Chance begriffen, nicht als ausgezeichnete Möglichkeit, mündig zu werden, alle bisherigen Befangenheiten des
Menschen hinter sich zu lassen und zu einem deutlicheren
Bewusstsein der Freiheit selber zu gelangen. An dieser Erfahrung wird vielmehr nur aufgefasst, dass ihre Größe mit der
Größe ihrer Gefahren korreliert, und so hat der Mensch mit
unguten Gefühlen Angst und will sie möglichst schnell wieder
los werden. Angesichts der Schrecken, die der Mensch selber zu
verbreiten im Stande ist, ist es freilich verständlich, wenn
schließlich der amerikanische Präsident Franklin Roosevelt in
der Endphase des letzten Weltkrieges »freedom from fear«
sogar als eine der unverzichtbaren Freiheiten des Menschen
bezeichnete.

Solche Auffassungen der Angst stützen sich aber immer nur
auf das Moment der Beunruhigung in ihr, die als menschenun-
würdig empfunden wird, zumal die Angst solche Ausmaße
annehmen kann, dass sie den Menschen vollständig lähmen
und sein Denken und Handeln blockieren kann. Das sind
Situationen, in denen, psychologisch gesprochen, eine Phobie
zur Panik wird, zum alles beherrschenden Inhalt einer Existenz,
und in denen der Mensch gleichsam aus Angst in der Angst
»versinkt«, wie es Kierkegaard formulierte. Weil der Mensch in
diesem Zustand keine Perspektive und keine Lösung mehr für
sich sieht, kann ihm der → Selbstmord als einziger Ausweg
erscheinen und als verschwiegene Hintertür zur Flucht vor der
Angst. Dieses radikale Programm haben wir mit anderen, weniger spektakulären Möglichkeiten ergänzt, die es zwar erlauben, weiter zu leben, ohne dass wir aber noch fragen, was
ein Leben, das sich so sehr der Angst und damit dem Bewusstsein der Freiheit zu entziehen versucht, eigentlich noch wert sei.
Heute gelten vielmehr Angst, Verunsicherung, Verzweiflung
und ähnliche Empfindungen als Störungen, fast schon als
Krankheiten, jedenfalls als etwas, das man überwinden kann
und deshalb auch überwinden sollte. In diesem Bestreben un-
terstützen uns ganze Heerscharen von Therapeuten und Seelen-
führer, die den Wunsch nach Sicherheit als lukrative Geschäfts-
basis nutzen, ohne sich Skrupel darüber zu machen, dass sie
vielleicht auch Führer in die Unmündigkeit sind. Man will
schließlich nur Spaß haben und glaubt, ein Recht aufs Glück zu

haben, weshalb man das Leben in eine ununterbrochene Abfolge von Aktionen und Abenteuern, in eine Mischung aus → Unterhaltung und Konsum verwandeln möchte. Besinnung ist dabei nicht mehr vorgesehen, Betäubung heißt das Programm. Ein solcher Betrieb, in dem schließlich alle mehr oder weniger reibungslos funktionieren, kann natürlich den Eindruck erwecken, in seinem Bannkreis habe niemand Angst. Doch mit Betriebsamkeit wird die Angst nur niedergehalten und aus dem Bewusstsein verdrängt, weshalb die Behauptung von Günther Anders, heute spräche man zwar *über* Angst, aber nicht *aus* Angst, durchaus nicht stimmt. Eher ist das Gegenteil richtig; denn die Macht, die wir der Unterhaltung und Betäubung einräumen, ist ein unmittelbarer Beleg für die Übermacht der Angst in unserem Leben, allerdings auch der Grund dafür, dass wir die Wirklichkeit der Freiheit auch nur noch rudimentär erfahren.

Leid

Bedenkt man, dass den Menschen rund 30000 verschiedene Krankheiten plagen können, und dass unter den etwa 100000 Befindlichkeiten rund die Hälfte sich als Missbefinden erweisen, zu denen sich noch mannigfaltige Katastrophen, zahlreiche Unglücksfälle und Schicksalsschläge aller Art gesellen können, die zwar alle einmal enden, aber nur durch wieder neues Leid, nämlich durch → Sterben und → Tod, versteht man, weshalb Paracelsus den Menschen definierte als einen, »der es muss gedulden«. So sehr ist der Mensch ins Leiden eingesponnen, dass er sich sogar seine Götter und Heroen nicht ohne Leiden denken kann. Bekanntlich hinkte der Gott Hephaistos, und der große Held Herakles beendete sein Leben voller Mühen und Plagen, einschließlich eines Wahnsinnsanfalls, schließlich auf dem Scheiterhaufen.

Jeder hat also sein Päckchen zu tragen, wobei es freilich der religiös empfindende Mensch zunächst ein wenig schwerer hat als der unreligiöse, muss er sich doch die Frage stellen, was von einem → Gott zu halten ist, der so viel Leid geschaffen oder zugelassen hat. Der christliche Glaube verweist als Antwort auf den Sündenfall und die Erbschuld des Menschen, womit der Mensch zum eigentlichen Urheber des Leidens wird, was zwar Gott entlastet, gleichzeitig aber das Leid zu einer Strafe Gottes erklärt. Es ist natürlich unpassend, Gott so menschliche Regungen wie Rach- und Strafgelüste zu unterstellen, doch auch das ließ sich regeln, und so wurde der Leid verhängende Gott schließlich zum mit-leidenden Gott umgedacht und der Gottesbegriff im Lauf der Zeit so weit geläutert, dass er von »menschlicher Kritik und Vernünftelei« nicht mehr getroffen werden konnte, wie der Theologe Hans Küng triumphierend verkündete. An dieser Art Argumentation ist freilich nur interessant, dass die Bemühungen um eine vernünftige Beurteilung des Leidens zur bloßen »Vernünftelei« herabgesetzt werden, während die religiöse Begründung des Leids selber zu allerlei »vernünftelnden« Erläuterungen greifen muss, um das Leid zu einem wesentlichen Moment der Heilsabsicht Gottes und zu einem unabdingbaren Teil der Lebensbewährung erklären zu können. Für die Religion, aber auch für alle Philosophen, die sich an einem solchen religiösen Modell orientieren, ist deshalb der entscheidende Punkt, wie der Mensch mit dem Leiden umgeht, gemäß der Auffassung von Augustinus, es komme darauf an, »nicht was, sondern wie einer leidet«. Leidet er nämlich auf rechte Weise, wird das Leid zum »schnellsten Ross, das zur Vollkommenheit trägt«, wie zu Beginn des 14. Jahrhunderts Meister Eckhart schrieb. So bekommt das Leiden einen Sinn innerhalb der Geschichte der → Erlösung, und jeder Fromme kann sein Päckchen leichter tragen.

Der mühselig-beladene Mensch unterscheidet sich also vom Esel, der doch auch seinen Packen tragen muss, dadurch, dass er nach dem Sinn seiner Lastenträgerei fragt. Dieses Bedürfnis nach einer Erklärung ist verständlich, weil Leiden das Lebensgefühl trübt oder das Leben im Ganzen unerträglich macht, aber es ist doch auch sonderbar, da niemand zum Beispiel nach dem Sinn des Anstiegs eines Weges fragt. So etwas wird als normale Welterscheinung hingenommen, zumal es drüben ja auch wieder abwärts geht. Ohne dieses lästige Hinauf und angenehme Hinab könnte es ja auch keine Bergesgipfel, Alpentäler, Wiesenhänge, Rebenhügel oder Flüsse geben. Ski und Rodel fielen natürlich im wörtlichen Sinne ebenfalls flach.

Krankheiten, Enttäuschungen, Versagen oder Depressionen sind nun aber genauso normale Welterscheinungen, ohne die es unser Leben gar nicht geben könnte, so dass es ganz sinnlos ist, nach einem *weiteren* Sinn zu fragen. Das Leid ist für das Leben so konstitutiv wie die Freude und die Genüsse, und dieses Faktum kann man einfach akzeptieren, zumal kein noch so sinnig ausgesponnener Sinn das Leiden erträglicher macht, wenn es wirklich ernst damit wird. Diese Erfahrung machte der amerikanische Rabbiner Harold Kushner nach dem frühen Tod seines Sohnes: »Weder Menschen noch Bücher«, resümierte er, hätten in seiner Situation helfen können; denn »keiner der Autoren bemühte sich, die Verstörtheit und die Qualen der Eltern eines sterbenden Kindes zu lindern. Sie gaben Antworten auf von ihnen selbst gestellte Fragen, aber sie hatten keine Antwort für mich.«

Der schon erwähnte Kirchenlehrer Augustinus schrieb dem Menschen ohne viel Federlesens nicht nur die Schuld an dem Übel zu, »das er selbst verursacht«, sondern auch an dem, »das er erleidet«, woran man wieder einmal sieht, wie sehr ein frommer Sinn den Kopf benebeln kann; denn wenn man auch bereit ist, das Leiden als integralen Teil menschlicher Existenz hinzunehmen, so muss man doch darauf beharren, dass von solcher Art Leid wie dem Tod oder blinden Schicksalsschlägen jenes Leid zu unterscheiden ist, das der Mensch selbst und ganz allein zu vertreten hat, zum Beispiel Gewalt und Krieg, Bosheit und Dummheit, Unrecht und Vorurteile. Im ersten Fall erfährt der Mensch das Leid, ohne es im geringsten beeinflussen zu können, im zweiten fügt er es selber zu oder erleidet es von anderen, und erst das stellt die Frage nach dem Beitrag des Menschen. Gewöhnlich verhandelt man diese Frage unter dem Gesichtspunkt von Gut und → Böse, wobei man die Wahl hat zwischen den gleich willkürlichen Annahmen, dass der Mensch von Grund auf böse sei und bleibe, dass er von vornherein gut sei, oder dass er drittens für beides Talent habe und also auch besserungsfähig sei. Kant zum Beispiel geht von einem »Hange zum Bösen in der menschlichen Natur« aus, der aber, mit tatkräftiger Unterstützung des Gebotes, dass wir »bessere Menschen« werden sollten, endlich durch den »Sieg des guten Princips über das böse« überwunden werden könne.

Nun kann man aber weder einen moralischen Fortschritt des Menschengeschlechts erkennen, was die moralische Erscheinung unseres, also des fortgeschrittensten Jahrhunderts zu Genüge belegt, noch taugen die Kategorien von Gut und Böse überhaupt zur Erklärung der realen gesellschaftlichen Situation des Menschen. Man bedarf ihrer auch nicht, wenn es nur darum geht, einen konkreten Urheber von Leid dingfest zu machen, einen, der → Schuld auf sich geladen hat, und an dem man womöglich sein Mütchen kühlen kann, freilich ohne dass durch diese Suche nach einem Sündenbock irgend etwas gebessert würde. Übersehen wird dabei allzu leicht, dass der Mensch in seiner Rolle als Bösewicht und Urheber von Leid unter Umständen selbst nur ein – wer weiß, wodurch – Getriebener ist, der so frei nicht handelt, wie man ihm gern unterstellt. Mit diesem Problem ist jeder Richter befasst, der die Schuld eines Angeklagten zu beurteilen und dabei auch die Umstände des Angeklagten, seine vergangenen und gegenwärtigen Lebensverhältnisse und die Geschichte seiner Sozialisation, zu berücksichtigen hat. Mit der Achtsamkeit auf solche Bedingungen wird nicht geleugnet, dass einer schuldig sein kann, doch anerkannt, dass er vielleicht auch in seiner Rolle als Täter noch ein leidendes Opfer ist, und dass dies im Einzelfall oft nicht sauber zu trennen und gerecht zu entscheiden ist.

Ein Beispiel solcher Verstrickung von Leid-zufügen und Leid-tragen gibt Roman Frister in seinem Buch »Die Mütze oder Der Preis des Lebens«, in dem er seine Erfahrungen als KZ-Häftling verarbeitet. Er schildert darin unter anderem, wie er von einem Mithäftling vergewaltigt wurde, wobei der Täter ihm noch seine Mütze entwendete, was seinen sicheren Tod bedeutet hätte; denn wer ohne Mütze zum Morgenappell antrat, wurde unweigerlich erschossen. Um sein Leben zu retten, stahl er einem schlafenden Mithäftling dessen Mütze und sah am anderen Morgen zu, wie jener für ihn erschossen wurde. Das Leid, das er damit über den anderen, aber zugleich als Schuld auch über sich selber brachte, war der Preis für sein Weiterleben. Wer aber könnte schon entscheiden, ob dieser Preis zu hoch war, und wer wollte ihm vorwerfen, dass er sich nicht habe erschießen lassen wollen? Dass es Gegenbeispiele gibt, Beispiele für erstaunliche Menschlichkeit, Großmut und Tapferkeit, mag man loben, ändert aber an der Situation im konkreten Falle nichts.

Hatte Luther solche Verstrickungen im Sinn, als er seine Gnadenlehre entwarf? Nach dieser Lehre liegt es nicht in des Menschen Hand, gerecht zu sein; denn die Menschen »werden ohne Verdienst gerecht aus seiner Gnade durch die Erlösung« (Röm. 3, 24). Wenn es aber eine Gnade ist, gerecht zu sein, dann muss man auch schließen, dass die Menschen auch daran keine Schuld haben, wenn sie ungerecht sind oder werden. Jedenfalls scheinen manche der von Menschen gemachten und daher angeblich vermeidbaren Leiden gar nicht so vermeidbar zu sein, wie man es sich wünschte. Sich eine Welt zu denken, die ohne Fehler und Schwächen des Menschen wäre, ohne seine Unzulänglichkeit bei seinen Einsichten und Entschlüssen, ohne seine Gleichgültigkeit anderen gegenüber und ohne seine triste Ergebenheit in die Umstände und scheinbar ausweglose Situationen, das hieße, sich ein Paradies zu denken. Bei all dem Leid, das der Mensch tragen muss, ist dies vielleicht das tiefste Leid, dass er selber Urheber von Leid sein kann, ohne dass man immer genau entscheiden könnte, ob er dies aus freien Stücken ist, oder ob er dabei nicht auch nur ein Getriebener ist. Ein Handlanger eines dämonisierten Begriffs vom Bösen ist er dadurch nicht, eher eine tragische Figur, als den ihn jedenfalls die griechische Tragödie begriff, weshalb vielleicht nichts Richtigeres über den Menschen zu sagen ist als das, was Sophokles in seiner Tragödie »König Oidipus« schrieb:

Weh, ihr Geschlechter der Menschen,
wie muss ich euer Leben
doch für nichts erachten!

Die Konsequenz, die Sophokles zog, war zwar typisch griechisch, kann aber als allgemein gültig gelten, nämlich dass man keinen Sterblichen glücklich preisen könne.

Akzeptiert man, dass wir mit dem Leiden leben *müssen*, so heißt das nicht, dass man das Schreckliche und Unerträgliche des Leidens verkennen oder leugnen will. Die Akzeptanz ist jedoch der erste Schritt auf dem Weg, mit dem Leid schließlich leben zu *können*, und daraus mag vielleicht sogar die Erkenntnis erwachsen, dass Leid unter Umständen die → Grenzen und

Beschränkungen des gewöhnlichen Lebensvollzuges erweitern kann. André Gide schrieb zum Beispiel, dass Krankheiten »Schlüssel« sein könnten, die »gewisse Tore öffnen können«. Es gebe jedenfalls »einen Gesundheitszustand, der uns nicht erlaubt, alles zu verstehen«. Aus solchen Erfahrungen kann man freilich nicht den Schluss ziehen, dass man für manches Leid geradezu dankbar sein müsse; denn dass bestimmte Erkenntnisse aus Leiden geboren werden, bedeutet nicht, dass sie *nur* daraus gewonnen werden könnten. Erkennen kann man aber an solchen Erfahrungen, wie groß die moralische Schwäche des Menschen ist, wenn ihn gerade kein Leid quält.

Man muss daher fürchten, dass unsere Kräfte auch nicht reichen werden, um auch nur das Leid, das wir selbst verursachen, zu verhindern. Aber das entbindet uns nicht davon, uns immer wieder neu darum zu bemühen, Leid, das aus bewusster Absicht oder aus Gedankenlosigkeit und Unachtsamkeit in die Welt gebracht wird, so weit wie möglich zu minimieren, auch wenn man sich bewusst sein muss, mit dieser Aufgabe wohl nie endgültig zu Rande zu kommen. Doch sich um die Verringerung des Leids erst gar nicht zu bemühen, bedeutete, weit größeres Leid hinzunehmen, als nötig ist. Dabei erfordert es nicht viel, aus den Erfahrungen, dass Menschen verhungern, während andere im Überfluss leben, dass Menschen gequält und ermordet werden, während andere ihren Spaß haben, dass Menschen die primitivsten Rechte vorenthalten werden, während wir um Petitessen streiten, – es erfordert nicht viel, aus diesen Erfahrungen die rechten Konsequenzen zu ziehen und gesellschaftliche Verhältnisse zu schaffen, die allen ein menschenwürdiges Leben ermöglichen; denn es sind Verhältnisse denkbar – und zum Teil sogar schon verwirklicht –, durch die der Trägheit des Menschen, seiner Dummheit und individuellen Bosheit weitgehend ihr Tätigkeitsfeld entzogen wird. Einen Sieg des Guten über das Böse bedeutet das nicht, aber es ist eine reale Verbesserung der menschlichen Lebensbedingungen.

Vergänglichkeit

Die Klage, dass alles endlich und vergänglich sei, dass nichts für immer Bestand habe, ist so alt wie die Menschheit selbst. Schon in dem babylonischen Gilgamesch-Epos, einem der ältesten literarischen Werke überhaupt, lesen wir die resignierten Verse:

> Der bittre Tod ist wahrlich unausweichlich.
> Baun wir ein Haus, das ewig steht, und siegeln
> für ewige Dauer eine Tafel wir?
> Wenn Brüder Erbschaft teilen, ist's für ewig?
> Sogar der Hass im Lande – währt er ewig?
> Und steigt der Strom hinflutend immerdar?
> Nicht gibt's Beständigkeit seit ewigen Tagen.

Es ist dieselbe Erfahrung, die den Psalmisten ausrufen lässt, seine Tage seien »vergangen wie Rauch«, und die den Prediger Salomo klagen lässt, alles sei »eitel«; denn man gedenke derer nicht, »die früher gewesen sind und derer, die hernach kommen; man wird auch ihrer nicht gedenken bei denen, die noch später sein werden.« Verständlich sind uns diese Klagen, weil sie unsere eigenen Erfahrung artikulieren.

Wenn auch der → Tod, der so gewiss ist wie das Amen in der Kirche, die wohl schmerzlichste Erfahrung der Vergänglichkeit ist, so ist er doch nicht die einzige. Das ganze Leben ist von dieser Erfahrung so durchtränkt, dass keine seiner Äußerungen vom Vergehen der Zeit verschont bleibt. Jugend und Gesundheit sind flüchtige Güter; jede Lust vergeht einmal; kein Glück hat lange Bestand; keine Liebe bleibt, was sie einst war. »Auch das Schöne muss sterben«, klagte Schiller im klassischen Versmaß der Elegie; selbst Götter seien da machtlos und könnten nur darüber weinen, »dass das Schöne vergeht, dass das Vollkommene stirbt.« Gegen diese Allmacht der Vergänglichkeit versuchen wir, unserer beschränkten Existenz wenigstens einen Schein von Dauer zu geben, und dazu müssen noch die armseligsten Mittel herhalten. Ein wenig Nachruhm muss da schon genügen, zu dem es bei den meisten aber auch nicht reicht; denn nicht jeder ist ein Mozart oder Napoleon oder kann wie Gilgamesch auf die – freilich auch nur begrenzt haltbaren –

Mauern der Stadt Uruk schauen, deren Bau er veranlasste, und die seinen Ruhm verkündeten. Also wollen die übrigen wenigstens öffentlich machen, dass sie existierten, und so malen sie auf viele Wände und schnitten es wohl »gern in alle Rinden« ein, dass sie hier waren. Dieses Bedürfnis kennt keine Kulturschranken, und so haben sich zum Beispiel auf einer Mauer des abgelegenen Katharinen-Klosters im Sinai in multikultureller Eintracht eine Gerda aus Gelsenkirchen, ein José aus Barcelona, ein Henry aus Boston und ein Ikutaro aus Kumamoto *verewigt* – jedenfalls so lange, bis die Mauer eines Tages renoviert werden wird.

Das Gedenken, das man mit solchen Mitteln erreichen kann, ist nämlich nur von kurzer Dauer. Mit dem welkenden Lorbeer verblasst oft auch schon der Ruhm, alle Mauern werden einmal abgebrochen, alle Bäume irgendwann gefällt, und dann wird auch der vergessen, der auf so vergängliche Weise Späteren von seiner Existenz Nachricht geben wollte. Unter diesen Umständen hört man es gern, wenn uns die Religion versichert, wir seien viel zu bescheiden, wenn wir uns mit so begrenzten Formen von Unvergänglichkeit zufrieden geben wollten, da der Wunsch nach Dauer und echter Unvergänglichkeit durchaus erfüllt werden könne. Die Religionen und alle anderen Institutionen, die mehr zu wissen vorgeben, als man wissen kann, lösen nämlich gleich alle → eschatologischen Fragen und verheißen uns entweder ein jenseitiges ewiges Leben oder den Eingang ins Nirwana, wobei in beiden Fällen mit der Vergänglichkeit der Dinge die Vergänglichkeit selber vergangen sein wird. Weniger gründlich denken diejenigen, die von einer unendlichen Zahl von Wiedergeburten träumen; denn dabei bleibt die Vergänglichkeit selber erhalten, weil sie sich mit jeder Wiedergeburt eines vergänglichen Wesens erneuert und bestätigt. Mit Blick auf diese gedankliche Schwierigkeit nannte Hegel die Vergänglichkeit des Endlichen »die hartnäckigste Kategorie des Verstandes«, weshalb für ihn der entscheidende Punkt auch darin lag, ob »beim Sein der Endlichkeit beharrt wird, die Vergänglichkeit bestehen bleibt, oder ob die Vergänglichkeit und das Vergehen vergeht«. Es ist allerdings in jedem Fall eine Sache des → Glaubens, Versicherungen von Unvergänglichkeit Vertrauen zu schenken, weswegen keine noch so subtile philosophische Spekulation über die Frage, ob das Vergehen das Einzige sei, was man über das Endliche sagen könne, »die Trauer der Endlichkeit« (Hegel) vertreiben kann.

In einem eigenartigem Widerspruch zu diesem Drang nach Unvergänglichkeit steht der Wunsch, etwas möge endlich aufhören oder wenigstens schneller vergehen. Anlässe für diesen Wunsch gibt es reichlich: Wie dehnen sich zum Beispiel doch die schlaflosen Nächte, die Stunden endlosen → Wartens oder die Augenblicke der → Angst. In solchen Situationen ist es uns ganz lieb, zu wissen, dass alles vergänglich ist und einmal enden wird. Manches aber bleibt dennoch präsent und will nicht vergehen, obgleich es eigentlich längst vergangen ist wie beispielsweise alte → Schuld; denn diese bleibt und quält in der → Erinnerung und löst sich nicht einfach von alleine auf, und es nützt auch nichts, sie vergessen zu wollen; als verdrängte bleibt sie stets präsent – jedenfalls so lange, als Schuldiger oder Schuldner sich ihrer erinnern.

Trotz des Wissens, dass alles Irdische vergehen wird, nennen wir einiges dennoch unvergänglich. In diesem Fall bedeutet die Unvergänglichkeit aber nicht mehr als die herausragende Größe einer Sache, und deshalb kann der vergängliche Ruhm auch unvergänglich heißen. Die ihn tragen, nennt man entsprechend »groß«, und zwar quer durchs Alphabet von Alexander dem Großen über den Großen Kurfürsten bis zu Peter dem Großen und dem Großen Zampano. Auf dieselbe Weise bezeichnen wir auch Werke großer Meister als unvergänglich, die aber dennoch einmal vergessen sein werden. Gibt man der Menschheit noch einige hunderttausend Jahre, wird schließlich alles und jeder gleichermaßen aus dem Gedächtnis gestrichen sein, und es wird keine Rolle spielen, ob einer Aristoteles oder Meier, Schmidt oder Hitler hieß. Anderes nennen wir aber auch ganz ausdrücklich und wie zur Bekräftigung vergänglich, was dann aber nicht mehr sagen will, als dass es nicht viel wert sei. In diese Abteilung der Billigprodukte gehört, was vom sittlichen Standpunkt aus schon immer als fragwürdig galt, etwa der Ruhm oder die Ehre, die Lust oder das Glück. Diese Absicht, gewisse Lebenserscheinungen moralisch herabzusetzen, offenbart zum Beispiel das Buch, das Friedrich Eberhard Collin im frühen 18. Jahrhundert schrieb, und dem er den Titel

gab: »Der grosse Ernst des thätigen Christenthums aller vergänglichen Welt- Spiel- und Tanz-Lust entgegen«.

Dehnt man diese Vorstellung der Wertlosigkeit auf alles
Irdische aus, wird das Irdische mit dem Vergänglichen identisch, wodurch die Welt insgesamt ihren Wert einbüßt. Sie ist
dann höchstens noch brauchbar als Beispiel für die Nichtigkeit,
als bloßer Abglanz des eigentlich Wahren, Schönen und Guten
wie bei Platon und seinem Höhlengleichnis oder beim alten
Goethe, der in seinem späten »Versuch einer Witterungslehre«
(1825) sich Platons erinnerte und schrieb: »Das Wahre, mit
dem Göttlichen identisch, lässt sich niemals von uns direkt
erkennen, wir schauen es nur im Abglanz, im Beispiel, im
Symbol«, weswegen er am Ende seines »Faust« einen Chorus
mysticus singen lässt:

> Alles Vergängliche
> ist nur ein Gleichnis.

Für Menschen mit weniger Neigung fürs Spekulative und
Transzendente ist das Vergängliche aber mehr als nur ein
Gleichnis und Symbol, ist es doch die einzige Form von Existenz, die wir kennen, und von der wir wirklich wissen. Darum
ist alles Vergängliche nicht wertlos, auch das geringste nicht,
sondern in seiner Einmaligkeit und Unwiederholbarkeit so un-
schätzbar wertvoll, dass man nur mit Bestürzung daran denken
kann, wie leichtfertig, wie gedanken-, sorg- und lieblos wir mit
unserem Leben, mit unserer Zeit, unseren Begabungen und
Möglichkeiten, aber auch mit den anderen Lebewesen, den
Dingen und der Natur insgesamt umgehen. Wir verschwenden
all dies, als läge nichts an ihm, und als ließe sich alles ersetzen.
An diesem Verhalten kann man erkennen, wie wenig ernst wir
doch die Vergänglichkeit nehmen, die uns angeblich so sehr
schreckt, und wie sehr wir in Wahrheit, klammheimlich und
ohne Anleihe bei religiösen Vorstellungen von einem ewigen
Leben, davon ausgehen, dass es mit uns nicht wirklich einmal
ein Ende haben wird.

Sterben

Wir fürchten den → Tod, daher kam uns das Sterben abhanden; denn es ist der letzte Schritt zu ihm. Leichen sehen wir zwar viele, auch manche Art zu sterben, doch wir sehen das meistens nur im Fernsehen als Unterhaltung, in seltenen Fällen auch einmal auf der Straße als Sensation, doch unmittelbar und realistisch in allen Phasen erleben wir das Sterben nicht mehr mit. Man stirbt gewöhnlich für sich allein, im Pflegeheim oder im Krankenhaus, weshalb heute, da mehr Menschen leben als je zuvor – und also auch mehr sterben –, ein Sterbender ein rarer Fall ist, dem wir erst als Trauerfall, *nach* seinem Sterben, wieder begegnen. Wir haben das Sterben entsorgt und aus unserem Blick gerückt wie Müll, wie Unrat, mit dem man nichts mehr zu schaffen haben möchte. Das ist unsere moderne Art, das Bewusstsein unseres eigenen Todes von uns fern zu halten.

Diese Kunst der Verdrängung von Tod und Sterben hatte sich schon immer ihre zeitgemäßen Formen geschaffen. Die griechischen Philosophen versuchten zum Beispiel, die Gewissheit des Sterbens durch die stete Präsenz dieses Gedankens abzuschwächen, weshalb Platon die Philosophie als eine geeignete »Einübung ins Sterben« empfahl; denn sie lehre den Menschen sein ganzes Leben hindurch, in seiner Individualität und in seinen Leidenschaften abzusterben. Real war das Sterben freilich nicht so gemütlich, wie es in diesem Programm erscheint, kamen doch zu Platons Zeit – und bis in die Moderne hinein – die meisten Menschen durch Krankheiten, Hunger, Naturkatastrophen oder Unglücksfälle, im Krieg oder durch Mord und Totschlag ums Leben. Dennoch zieht sich Platons Auffassung wie ein Leitmotiv durch die ganze Geschichte der Philosophie und findet sich bei so unterschiedlichen Geistern wie Epikur oder Cicero. Der französische Philosoph Michel Montaigne widmete diesem Thema im 16. Jahrhundert sogar einen eigenen Essay mit dem Titel: »Philosophieren heißt, sterben lernen«. Heute nennt man so ein Verhalten allerdings Rationalisierung.

Aufs Ganze gesehen interessierten sich die Philosophen aber weniger für das Sterben als für den Tod, wenn sie beides überhaupt unterschieden, und das wenige, das sie dennoch über das Sterben zu sagen wussten, kommt kaum über Allgemeinplätze oder sonderbare Formulierungen hinaus, lohnt also nicht die Auseinandersetzung. Was soll man beispielsweise von Schopenhauers Bekenntnis halten, er glaube, »wir werden im Augenblicke des Sterbens inne, dass eine bloße Täuschung unser Daseyn auf unsere Person beschränkt hatte«? Und was soll man zu Ludwig Marcuses Behauptung sagen: »Man stirbt, wie man lebte«? Gilt das ohne Ansehen der Person auch für die vom Herztod plötzlich Überraschten oder für alle unschuldigen Opfer von Katastrophen und Gewalt? Und wenn Heidegger zwischen Verenden, Ableben und Sterben unterscheidet und das Sterben »als Titel für die *Seinsweise*, in der das Dasein *zu* seinem Tode *ist*,« bezeichnet, dann hätte ihn nur jemand rechtzeitig darauf aufmerksam machen sollen, dass man zwar sein Leben im Bewusstsein seines unausweichlichen Todes führen kann, dass das Sterben aber dennoch keine Seinsweise, sondern der letzte Vorgang jeder Seinsweise ist.

Dabei gäbe es gute Gründe, über die letzte Phase des Lebens ernsthaft nachzudenken, zumal heute, da durch die medizischtechnische Fortschritte das Sterben verlängert und aufgeschoben werden kann, so dass wir heute noch nicht einmal mehr sagen können, zu welchem Zeitpunkt das Sterben wirklich zu Ende und der Tod unwiderruflich eingetreten ist. Zwar empfehlen manche Mediziner und Anthropologen, den Eintritt des Hirntodes als Todeszeitpunkt zu definieren, aber der Hirntod ist, so irreversibel er auch ist, doch nur ein Teil des Sterbevorganges und damit immer noch ein Teil des Lebens. Wie problematisch, ja wie irrsinnig die Folgen solcher aus Hilflosigkeit geborenen Definitionen sein können, demonstrierten unfreiwillig jene Ärzte, die bei einer hirntoten schwangeren Frau, also bei einer medizinisch Toten, fundamentale Lebensfunktionen künstlich aufrecht zu halten versuchten, bis man die Geburt ihres Kindes hätte einleiten können. Nachdem aber Frau und Kind überraschend starben, sagten diese Ärzte in einer Pressekonferenz, noch kurz vor dem Exitus hätten Mutter und Kind »völlig gesund« gewirkt. Welch frohe Botschaft! Die Frau war tot, aber gesund! Diese Absurdität, die noch nicht einmal jemandem auffiel, belegt, wie weit unsere mentale und moralische Kompetenz hinter unserer technischen einherhinkt, und

diese Diskrepanz zwischen technischem Können und moralischem Wissen wird durch die Entwicklung einer → Bioethik
und die Einsetzung von Ethikkommissionen nicht verringert.
Auch wenn die Angst vor dem Tod größer sein mag, die vor
dem Sterben ist meistens bohrender, da jene durch die Idee
eines Weiterlebens nach dem Tod oder durch die Vorstellung,
jemand habe »seinen Frieden gefunden«, gemildert werden
kann. Vergleichbares gibt es für das Sterben nicht, da es sich
noch im Leben ereignet, und die Furcht nicht unberechtigt ist,
es werde mit Krankheit, Hilflosigkeit und Siechtum einher-
gehen und mit Schmerzen und Einsamkeit verbunden sein,
zumal den Sterbevorgang heute in der Regel fremde Personen
begleiten. Beunruhigend ist auch, dass technische Apparaturen
eine intensive Zuwendung zum Sterbenden suggerieren, während sie doch ganz offensichtlich nur die Hilflosigkeit unserer
Gesellschaft dem Sterbenden gegenuber demonstrieren. Früher
trat jedenfalls der Arzt ganz selbstverständlich vom Kranken-
bett zurück, wenn er mit seiner Kunst am Ende war, was er an
der »facies Hippocratica«, dem erstmals durch den antiken
Arzt Hippokrates beschriebenen Gesicht eines vom Tod ge-
zeichneten Menschen, erkannte. An die Stelle des Arztes trat
dann der Seelsorger, der mit Sterbekerze, Sterbegebeten und
Weihungen seine eigene Sterbekultur entfaltete. Darüber mag
man heute denken, wie man will, unbestreitbar ist, dass dadurch die Angst und Einsamkeit des Sterbenden gemildert und
den Angehörigen ein gewisser Trost gespendet wurde, das Sterben also ein menschlicheres Gesicht hatte als heute.
Unsere heutigen Bemühungen auf dem Gebiet der Sterbe-
begleitung schwanken zwischen Sterbehilfe und Sterbenach-
hilfe. Bezeichnenderweise ist die Sterbehilfe ein Stiefkind in der
ärztlichen und pflegerischen Ausbildung, was nicht zuletzt
darin begründet ist, dass sich der Arzt – entsprechend den
Erwartungen der Gesellschaft – als Gegner von Krankheit und
Sterben versteht, so dass er den Tod eines Patienten als eigenes
Versagen erfahren muss. Allerdings setzt seit einiger Zeit ein
Umdenken ein, was sich zum Beispiel daran zeigt, dass man
dem Sterbenden wenigstens die Schmerzen und die Erfahrung
der Einsamkeit ersparen möchte. Das geschieht vor allem in
speziellen Sterbekliniken, in denen engagiert versucht wird,

dem Sterbenden seine Würde bis zu seinem Tod zu wahren; denn die Idee, dass der Mensch am besten in seinem vertrauten häuslichen Umfeld sterben sollte, lässt sich wegen der Belastung der Angehörigen und ihrer Unfähigkeit zur fachgerechten Behandlung in der Regel nicht verwirklichen. Wo freilich die Grenze zwischen der Hilfe zu einem sanften Tod und der Euthanasie liegt, das ist so schwierig zu bestimmen wie die Grenze zwischen der in einigen Ländern erlaubten passiven und der fast überall verbotenen aktiven Euthanasie. Doch selbst eindeutige juristische Regelungen lösen das eigentliche Problem nicht, und es werden daher immer wieder Situationen auftreten, wo Menschlichkeit und Gesetz in Konflikt geraten.

»Keinen Sterblichen nenn' ich glücklich«, singt der Chor in einer Tragödie des griechischen Dramatikers Sophokles, und ehe wir bedenken, warum man dieser Meinung sein kann, stimmen wir zu. Die Sterblichkeit ist aber gewiss nicht dafür verantwortlich zu machen, dass wir nicht glücklich zu nennen sind, ist sie doch die Voraussetzung für all unsere Freuden, für die Lust am Leben und die Fähigkeit, die Schönheit der Natur in ihrer ganzen Zerbrechlichkeit empfinden zu können. Unsterblich zu sein, unter Bedingungen, die sich lohnten, also ohne Leid und Krankheit, Enttäuschung, Schuld und miese Stimmung, das wäre kein irdisches Leben mehr, das wäre der Himmel. Doch bevor einer dahin gelangt – wenn er denn daran glaubt! –, muss er erst einmal sterben.

Absurd

Was man als unverständlich, widersinnig oder gar als abwegig bezeichnen will, nennt man absurd. Alles, was diesen Stempel trägt, ist von vornherein schon diffamiert und im Grunde abgelehnt, weshalb sich mit dem Verdikt: »Absurd!« jede Diskussion beenden und jedes Unternehmen schon im Ansatz ersticken lässt. Etwas mehr Mühe mit seinem Urteil muss sich machen, wer etwas »ad absurdum« führen will; denn dazu muss einer immerhin Argumente beibringen und nachweisen, dass die Voraussetzungen einer Behauptung zu widersprüchlichen oder unsinnigen, mithin zu absurden Ergebnissen führen.

Bei diesem Sprachgebrauch hat das Wort »absurd« eine für die Bedürfnisse des täglichen Lebens brauchbare Bedeutung. Es hat darüber hinaus aber noch eine andere Bedeutung, die in der Alltagssprache freilich selten verwendet wird, zumal sich die dazu passenden Themen eher für eine intellektuell gehobene Unterhaltung, wenn nicht gar für gepflegte Partygespräche eignen. Diese Bedeutung verbirgt sich hinter der Formulierung, ein Mensch, eine Situation oder das Leben selber sei absurd, wobei man sich in der Regel keine großen Gedanken darüber macht, was »absurd« hier eigentlich heißen soll. Die gewöhnliche Bedeutung eignet sich für diese Zusammenhänge jedenfalls nicht so recht.

Will man sich diese andere Bedeutung verständlich machen, muss man sich ihre philosophische Herkunft vergegenwärtigen; denn die unmittelbare Heimat dieser und ähnlicher Wendungen ist die Philosophie des 20. Jahrhunderts, genauer die französische atheistische Philosophie, durch die Worte wie »Absurdität« und »absurd« nicht nur zu philosophisch bedeutsamen Begriffen, sondern gleich zu Schlüsselbegriffen des modernen Lebensgefühls überhaupt befördert wurden. Das gilt zum Beispiel für die ganze moderne → Kunst, die das Hässliche und Absurde thematisiert, so dass sie mit den schönen Künsten von einst nicht mehr viel gemein hat. Das Gefühl der Absurdität wächst für diese Philosophie aus der Erfahrung, dass zwischen dem Bedürfnis nach Begründung und der Willkürlichkeit und Unbegründbarkeit der Welt, zwischen der Sinnsuche des Menschen und der Unmöglichkeit, überhaupt einen → Sinn des Lebens entdecken zu können, eine unüberbrückbare Diskrepanz bestehe. Albert Camus, der die Entwicklung dieses Begriffs des Absurden wesentlich mitprägte, spricht von einer Trennung, einem Bruch zwischen der Vernunft »des Menschen, der fragt, und der Welt, die vernunftwidrig schweigt«. Der gewöhnliche Alltag »mit dem immerselben Rhythmus – das ist die meiste Zeit ein bequemer Weg. Eines Tages aber erhebt sich das ›Warum‹, und mit diesem Überdruss fängt alles an.« Da erkenne man dann »das Lächerliche dieser Gewohnheit des Lebens«, das Fehlen jedes tieferen Grundes zum Leben und die Sinnlosigkeit der täglichen Verrichtungen.

Solche philosophischen Überlegungen haben gewöhnlich nur

eine geringe öffentliche Wirkung, doch in diesem Fall wurden sie selbst für ein breiteres Publikum interessant, weil sie mit der alltäglichen Lebenserfahrung verknüpft und so allgemein nachvollziehbar wurden. Für Jean-Paul Sartre zum Beispiel offenbaren sich die Sinnlosigkeit des Daseins und die Kontingenz der Welt unmittelbar in der Empfindung des Ekels oder der → Langeweile, und das sind Erfahrungen, die jeder kennt, so dass er natürlich auch annehmen muss, er sei von der Absurdität des Lebens unmittelbar betroffen. In solch düsteren Zusammenhängen erhält Camus' dramatische These, der → Selbstmord sei die eigentlich angemessene Reaktion auf die Erfahrung der Absurdität einen Schein von Plausibilität. Mit Selbstmord meint Albert Camus allerdings nicht nur den Selbstmord im üblichen Sinn, also den körperlichen Tod, sondern auch den geistigen oder philosophischen Selbstmord, den er etwa den Existentialisten unterstellt, wobei er vor allem an den dänischen Theologen und Philosophen Sören Kierkegaard aus der ersten Hälfte des letzten Jahrhunderts denkt. Doch der leibliche Tod löst das Problem der Sinnlosigkeit der menschlichen Existenz so wenig wie der philosophische Selbstmord; denn er beendet nur die Möglichkeit, noch weiter danach zu fragen. Daher ist für Camus die einzig wirklich angemessene Haltung der Absurdität gegenüber das Aushalten der Sinnlosigkeit des Lebens und die heroische Revolte gegen das Schicksal.

Damit entspricht der Schauspieler im Drama der Absurdität der Dramatik des Stücks; denn der absurde Mensch ist der revoltierende Mensch, der an seiner Situation nicht verzweifelt, sondern sie heroisch bejaht. Camus glaubt, in der Figur des Sisyphos, der es übrigens schon in der Antike zu einer Bühnenfigur gebracht hatte, das angemessene Symbol für den absurdheroischen Menschen gefunden zu haben. Sisyphos, der mythische König von Korinth, wurde bekanntlich von den Göttern dazu verdammt, einen Steinblock auf einen Berg rollen zu müssen, der ihm aber kurz vor dem Gipfel aus den Händen gleitet und nach unten stürzt, so dass Sisyphos wieder hinabsteigen muss, um ihn von neuem nach oben zu rollen, was sich nun unablässig wiederholt. Dieses Schicksal, behauptet Camus, nehme Sisyphos klaglos an und sei deswegen ein »glücklicher« Mensch. Sehr überzeugend ist dieser Schluss allerdings nicht, und es ist auch nicht philosophisch zwingend, dass die Absurdität des Lebens als dramatische Situation dargestellt werden muss, auf die der Mensch mit theatralischen Mittel reagieren müsste. Zu erklären ist das vielmehr damit, dass die Philosophen des Absurden in der Regel Schriftsteller oder gar Dramatiker waren, und so wurde der dramatische Gestus von ihnen gleichsam berufsbedingt in die Philosophie hineingetragen. Die Aufgabe der Philosophie ist es aber gewiss nicht, Sensationen zu kreieren, sondern philosophische Situationen zu analysieren. Ob man diese dann als dramatisch empfindet, ist allein Sache der jeweiligen Mentalität.

Wenn man jedenfalls bedenkt, dass in den westlichen Industriegesellschaften die Zahl der Selbstmorde seit Jahren zunimmt, und zwar nicht nur, weil Menschen ihre Einsamkeit, Depressionen oder Krankheiten nicht mehr ertragen oder sich aus peinlich-unangenehmen Situationen einfach davonschleichen wollen, was ja immer üblich war, sondern vermehrt bei Jugendlichen und Kindern, die hierzu am wenigsten Anlass haben dürften, dann kann man diesen philosophischen Begriff des Absurden nicht mehr so wichtig nehmen; denn dass so viele Jugendliche in ihrem Leben offenbar keinen Sinn mehr sehen, das liegt ja nicht an der möglichen Absurdität des Schicksals, sondern an der wirklichen der modernen Gesellschaft, in der diese Jugendlichen leben müssen und doch nicht leben können.

Diese gesellschaftliche Absurdität wird vor allem als Widerspruch zwischen den hehren sozialen oder moralischen Ansprüchen und den harten Fakten der Verwahrlosung, der sozialen Ausgrenzung, der gesellschaftlichen Ungerechtigkeit, der Zerstörung der Lebensressourcen und der individuellen wie kollektiven Aggressivität erfahren. Im Gegensatz zu der philosophischen Absurdität kann man diese gesellschaftliche aber nicht einfach hinnehmen oder heroisch ertragen wollen, es sei denn, man flüchte sich in den Zynismus, den manche als Lebenserfahrung oder gar als Pragmatismus ausgeben wollen. Wenn aber Menschen, die für solche Lügen nicht geschaffen sind, zu der subjektiven Überzeugung kommen, dass man nichts gegen die Absurdität der Gesellschaft unternehmen könne, kann ihnen der Selbstmord schon als sinnvolle Lösung erscheinen.

Man muss daraus aber folgern, dass wir in der Vermittlung des Wissens versagen, dass man sich mit einer solchen Gesellschaft nicht abzufinden habe, und dass die Erkenntnis ihrer Strukturen und die Auflehnung gegen sie die ersten Schritte aus dieser Absurdität bedeuten. Wenn man nämlich etwas aus Camus' Überlegungen lernen kann, dann dies, dass das Absurde nur Sinn hat, »als man sich mit ihm nicht einverstanden erklärt.«

Camus' Hinweis auf Sören Kierkegaard, aber auch die Erwähnung des Selbstmordes verweisen auf den Bereich, in dem der Begriff des Absurden zunächst und eigentlich zu Hause ist, nämlich auf die Religion und die Theologie. In der Theologie taucht der Begriff zum ersten Mal in der bekannten Formulierung »Credo quia absurdum est« auf, was soviel bedeutet wie: Ich glaube, weil es absurd ist. Diese Formulierung, die oft, aber fälschlicherweise Tertullian, einem christlichen Schriftsteller zwischen dem 2. und 3. Jahrhundert, zugesprochen wird, und die während der ganzen patristischen und scholastischen Theologie eine wichtige Rolle spielte, hat in neuerer Zeit eben durch Kierkegaard ihre präzise Bedeutung gewonnen; denn für Kierkegaard kann nur das zum Gegenstand des → Glaubens werden, was nur als Unbegreifliches zu begreifen ist; denn andernfalls kann man es ja wissen und braucht es nicht zu glauben.

Gegen einen auf solche Weise absurden Glauben protestierte allerdings wenig später Friedrich Nietzsche in seiner bekannt bissigen Art: »Zu der Demuth, welche spricht: credo quia absurdum est und ihre Vernunft zum Opfer anbietet, brachte es wohl schon Mancher: aber Keiner, so viel ich weiß, bis zu jener Demuth, die doch nur einen Schritt davon entfernt ist und welche spricht: credo quia absurdus sum.« Nietzsche verzerrt also die lateinische Formel: Ich glaube, weil *es* absurd *ist*, in die Wendung: Ich glaube, weil *ich* absurd *bin*. Das kann man als einen bloßen Kalauer verstehen, man kann darin aber auch einen Hinweis sehen, das Wort »absurd« nicht allzu dramatisch zu nehmen; denn es hat hier auch nur die Bedeutung von töricht, abwegig und widersinnig, die man gewöhnlich damit verbindet. Das existentialistische Pathos dieses Wortes ist damit schon abgewiesen, ehe es entwickelt war und für einige Zeit zur Mode werden konnte.

Grenzsituation

Manchmal fehlt einem das rechte Wort, das einen Sachverhalt genau bezeichnen könnte, und man muss ein neues bilden. Das ist immer der Fall, wenn etwas, dem man bisher keine Beachtung schenkte, zum ersten Mal als eigenständiger Sachverhalt erkannt wird. Ist diese Entdeckung nicht nur für ein spezielles Fachinteresse von Bedeutung, sondern besitzt sie eine gewisse allgemeine Relevanz, geht das neue Wort auch in die Alltagssprache ein und wird dann bald nicht mehr als Terminus technicus empfunden. Es muss allerdings meistens noch den Bedürfnissen des Alltags angepasst werden, indem seine ursprüngliche Bedeutung verändert wird, was gewöhnlich heißt, dass es vereinfacht wird, wodurch es aber erst richtig brauchbar wird. Ein klassisches Beispiel für eine solche Entwicklung ist das Wort »Grenzsituation«, das aus der modernen Wissenschaftssprache in den allgemeinen Sprachgebrauch überging und nun dort so selbstverständlich verwendet wird, als handle es sich um einen alten, längst eingeführten Begriff. In Wahrheit ist dieses Wort noch ganz jung und ein Kind unseres Jahrhunderts. Es geht auf Karl Jaspers zurück, der es zum ersten Mal in seiner 1919 erschienen »Psychologie der Weltanschauungen« verwendete. In diesem Buch auf der Schwelle zwischen Psychologie und Philosophie als den beiden Hauptinteressensgebieten des jungen Karl Jaspers ist dieser Begriff eigentlich schon fertig ausgebildet. Was in der späteren dreibändigen »Philosophie« hinzukam, diente nur noch seinem Ausbau und der Vertiefung.

Eine Grenzsituation ist ein spezieller Fall von Situation überhaupt, wobei Jaspers unter Situation jede konkrete »sinnbezogene Wirklichkeit« versteht, die für den Menschen »Vorteil oder Schaden, Chance oder Schranke« bedeuten kann. Eine solche Wirklichkeit ist einerseits erkenn- und erklärbar, also ein Gegenstand theoretischen Interesses, andererseits aber auch gestalt- oder manipulierbar und damit ein Betätigungsfeld für die menschliche Praxis. Nun gibt es aber auch Situationen, die, wie Jaspers schreibt, »mit dem Menschsein als solchen verknüpft, mit dem endlichen Dasein unvermeidlich gegeben sind«. Man kann ihnen also nicht ausweichen, aber auch nicht aus ihnen »heraus«, weshalb sie für die menschliche Praxis nicht verfügbar sind. Man kann höchstens »vor ihnen die Augen schließen«. Diese besonderen Situationen nennt Jaspers Grund- oder Grenzsituationen, wobei das Wort »Grenze« ausdrücken soll, dass diese Situationen auf etwas verweisen, was jenseits des normalen alltäglichen Lebensvollzuges liegt, weshalb diese Situationen »als Ganzes nicht durchsichtig« sind und es auch nie werden können.

Grenzsituationen haben für den Lebensvollzug eine wesentliche Funktion; denn normalerweise lebt man dahin, ohne dass man sich große Gedanken um den → Sinn des Lebens und um sich selber macht. Doch die Erfahrung der Grenzsituation reißt den Menschen aus seinen Gewohnheiten. Da werden dann die Gewissheiten des Alltags fragwürdig, die Welt verliert ihr vertrautes Gesicht, das eingespielte Leben gerät aus den Fugen, und die gewohnte → Orientierung gelingt nicht mehr. So offenbart sich in Grenzsituationen »die Fragwürdigkeit des Seins der Welt und meines Seins in ihr«, und nach dieser Erfahrung »ist mein Leben für mich ein anderes als mein Sein, sofern ich nur da bin«. Wegen dieser besonderen Wirkung konnte Jaspers auch sagen: »Grenzsituationen erfahren und Existieren ist dasselbe.« Nun ist aber schon die Tatsache, dass man überhaupt in einer geschichtlich bestimmten Situation ist, eine Grenzsituation, gewissermaßen die erste und grundlegende schlechthin, ohne dass man ihr doch diese besondere Funktion zusprechen kann, vom bloßen Dahinleben zur wirklichen Existenz zu führen; denn sonst wären wir dort alle schon angelangt. Deshalb exemplifiziert Jaspers seine Theorie über die Grenzsituationen auch nur an bestimmten Einzelphänomenen wie dem → Leid, dem Kampf oder der → Schuld, ganz besonders aber an den sogenannten → eschatologischen Fragen wie dem → Tod. Bei dieser Subsumierung von Lebensumständen unter den Begriff der Grenzsituation herrscht aber eine gewisse Unsicherheit, wenn nicht gar Willkür; denn wenn der Tod eine Grenzsituation ist, dann ist es die Geburt nicht weniger, wie übrigens, wenn man es streng nimmt, alle andere Lebensverhältnisse auch, die den Menschen in seiner Natürlichkeit bestimmen. Dadurch bekommt dieser Begriff aber einen solchen Umfang, dass er unscharf wird und seine Bedeutung verschwimmt.

Diese schon in dem wissenschaftlichen Begriff angelegte Unschärfe nimmt in der Alltagssprache noch erheblich zu, weil hier der Ausdruck der Grenzsituation ganz unpräzis gebraucht und auf alles Mögliche angewendet wird. Gerade die entscheidende Bestimmung, dass Grenzsituationen allgemeine, mit dem Leben selbst gegebene Situationen seien, wird in der Alltagsrede ignoriert; denn da versteht man unter Grenzsituation jeden außergewöhnlichen Zustand, jede besonders belastende Situation und jede extreme Lebenslage. Als typisches Beispiel für diesen Sprachgebrauch sei nur der Buchtitel zitiert »Grenzsituationen menschlichen Lebens. Hilfen für behinderte Menschen«. Eine Behinderung ist aber ein individuelles, besonderes Schicksal und gerade deswegen keine Grenzsituation im strengen Sinn. Hingegen ist die Verletzbarkeit des Leibes, die jederzeit zu körperlichen, intellektuellen oder seelischen Behinderungen führen kann, eine allgemeine Situation und damit eine echte Grenzsituation, auch wenn für die einen Menschen nur virtuell der Fall ist, was für die anderen schon akut geworden ist.

Dass dieser Begriff in der Alltagssprache seine präzise Bedeutung verlor, ist nicht auf die philosophische Unkenntnis des modernen Menschen zurückzuführen, die zwar für manches, aber auch nicht für alles verantwortlich zu machen ist. Diese Entwicklung ist sogar aus philosophischen Gründen höchst verständlich, schließlich war es doch ein besonderes Anliegen der Existenzphilosophie, den Menschen in seiner einmaligen geschichtlichen Situation zu begreifen, und es ist faktisch nur eine Konsequenz aus diesem Ansatz, wenn in der Alltagssprache jedem Menschen zugestanden wird, auch seine ganz individuellen Grenzsituationen zu haben; denn wodurch zerbricht, was bisher verlässlich schien, und wodurch ein Mensch zu einem tieferen Verständnis seiner Existenz kommt, das muss nicht unbedingt eine Grenzsituation im strengen Sinn sein, das kann jede beliebige Situation sein, selbst eine lächerliche und absonderliche; denn was »mit dem Menschsein als solchem verknüpft« ist, ist immer nur mit einem individuellen Leben gegeben. Daher verdient der Alltagsbegriff der Grenzsituation, trotz seines noch größeren Umfanges, sogar den Vorzug vor dem philosophischen Fachbegriff; denn in ihm ist, in Übereinstimmung mit der Erfahrung, anerkannt, dass jede mögliche Situation den Menschen aus dem Trott des Alltags reißen kann. Man kann es eine List der Vernunft nennen, dass sie solche erfahrungsgesättigte Erkenntnisse dem Alltag selber vorbehält, ein proletarischer Zug ist es allemal.

Selbstmord

An einem Novembertag des Jahres 1995 stand in allen Zeitungen die Nachricht, der französische Philosoph Gilles Deleuze habe sich aus dem Fenster seiner Pariser Wohnung gestürzt, nicht zuletzt deshalb, weil der Siebzigjährige, schon seit Jahren krank und unter schlimmen Atembeschwerden leidend, es unter seiner Würde fand, hilflos auf seinen → Tod zu warten. Bei einer solchen Zeitungsmeldung erinnert man sich zurück an die antike Anekdote, der Philosoph Empedokles habe sich das Leben nehmen wollen und sei in den Krater des Ätna gesprungen. Der Zusatz zu dieser Geschichte, der Philosoph habe mit diesem Selbstmord seine Himmelfahrt fingieren wollen, der Schwindel sei aber alsbald aufgeflogen, weil der Vulkan die Sandalen des Empedokles wieder ausgespieen habe, artikuliert allerdings ernsthafte Zweifel an der Achtbarkeit der Beweggründe des Philosophen. Und man erinnert sich an einen anderen antiken Philosophen namens Peregrinos Proteus, der sich nachweislich aus lauter Geltungssucht öffentlich verbrannte, was Lukianos zu einer bissigen Satire veranlasste, der es Peregrinos zu verdanken hat, dass er mitsamt seiner Dummheit in unserem Gedächtnis weiterlebt.

Diese Geschichten belegen, dass sich Philosophen nicht nur theoretisch mit dem Selbstmord auseinandersetzten, sondern ihn auch praktizierten, und zwar offenbar so häufig, dass er ihnen sogar anekdotisch zugesprochen wurde. Eine Erklärung dieses Phänomens könnte in Albert Camus' These liegen, der Selbstmord sei das einzige »wirklich ernste philosophische Problem«, weil er nämlich die Grundfrage der Philosophie beantworte, ob sich das Leben lohne oder nicht. Man kann diese These aber mit guten Gründen bezweifeln, wobei nicht der geringste ist, dass sich die meisten Selbstmörder, einschließlich

Gilles Deleuze, Empedokles und Peregrinos, aus keinerlei philosophischen Erkenntnissen umbrachten. Das ergibt sich schon aus der Popularität des Selbstmordes, also aus der hohen Zahl der Kandidaten; denn seit vielen Jahren kommen, wenigstens in Deutschland, mehr Menschen durch Selbstmord um als durch Verkehrsunfälle. Wer es aber nicht nötig fand, sein Leben an philosophischen Einsichten zu orientieren, was für die meisten gilt, der braucht auch für seinen Tod keine philosophische Erkenntnis.

Die Geschichten und Anekdoten um den Philosophenselbstmord belegen aber auch, dass die Gründe für einen Selbstmord nicht immer aus dem Gebiet der Tragödie stammen müssen, manche kommen direkt aus dem Fundus des Satyrspiels. Und das ist vielleicht eine der ernüchterndsten Erkenntnisse, der man sich der Problematik dieses Themas wegen nicht gerne stellt, die aber durch die moderne Suizidologie, einen noch jungen Forschungszweig innerhalb der Sozialwissenschaften, bestätigt wird. Peter Freudell berichtet in seiner »Epikrise zu 700 Selbstmordversuchen« (1965) von seinem Erstaunen »über die Banalität der Gründe und über die Leichtfertigkeit des Entschlusses zum Selbstmord« und resümiert: »Es tun sich nicht die Abgründe und tragischen Klüfte menschlichen Seelenlebens auf, sondern es offenbaren sich die banalen Unzulänglichkeiten.« Dieses nüchterne Resümee leugnet nicht, dass es ernste, traurige und tragische Anlässe zum Selbstmord gibt, aber es ist doch auch ein Hinweis darauf, dass man den Selbstmord, unbeschadet seiner persönlichen Schrecklichkeit, nicht unangemessen mystifizieren und überhöhen sollte.

Häufig genannte Beweggründe für einen Selbstmord sind Hoffnungslosigkeit und Krankheit, Armut und Einsamkeit, Furcht vor Siechtum, Versagen oder Schande, aber auch → Langeweile und die damit verwandte Erfahrung, dass das Leben insgesamt leer und sinnlos, also → absurd sei. Als Ergebnis rationaler Überlegung vollzieht sich schließlich der Bilanzselbstmord, gewissermaßen in der Nachfolge des römischen Schriftstellers Petronius, der selbst ein Selbstmörder war und im 1. Jahrhundert n. Chr. schrieb, mache man genau Bilanz, sei überall nur Schiffbruch zu vermelden. Ein überzeugter Anhänger dieser merkantilen Gesinnung war Schopenhauer, der feststellte, viele machten ihrem Leben ein Ende, »sobald es dahin gekommen ist, dass die Schrecknisse des Lebens die Schrecknisse des Todes überwiegen«.

So verschieden die Gründe für einen Selbstmord auch sind, sie laufen zuletzt doch auf das hinaus, was die österreichische Schriftstellerin Hertha Kräftner 1951, noch blutjung, aber kurz vor ihrem Selbstmord in dem lapidaren Satz zusammenfasste: »Ich will nicht mehr.« Einen solchen Entschluss, der auch die nächste Umgebung eines Menschen in eine nur schwer zu bewältigende Situation aus Hilflosigkeit, Überforderung, Angst und Schuldgefühlen bringt, hat man als Akt menschlicher → Freiheit hinzunehmen, auch wenn die mitfühlende Anteilnahme an einem Menschen nicht umhin kann, seine vermuteten oder direkt ausgesprochenen Gründe für sein Nicht-mehr-wollen im Verhältnis zu seiner Situation, seinen Erfahrungen, Hoffnungen und Verzweiflungen zu beurteilen, wobei man den eigenen Anteil, einschließlich seines möglichen Versagens sicher nicht unberücksichtigt lassen wird.

Etwas ganz anderes ist es aber, den Selbstmord selber moralisch bewerten zu wollen. Gewöhnlich ist das sogar die erste Frage, die man sich stellt, während sie in Wahrheit völlig belanglos ist und im Grunde nur die Hilflosigkeit der Gesellschaft vor diesem Phänomen enthüllt. Die Unsicherheit in der Bewertung des Selbstmordes zeigt sich schon in dem teils beschönigenden, teils verhüllenden Sprachgebrauch; denn viele Menschen empfinden schon das Wort »Selbstmord« als unangemessen, weil es ein religiöses Vorurteil und eine veraltete Rechtsauffassung spiegele, weshalb sie lieber von Selbsttötung oder Selbstvernichtung sprechen, wenn sie nicht gleich auf das lateinische und daher scheinbar neutrale Suizid ausweichen oder gar von Freitod reden. Doch wirklich frei, also wohlüberlegt und für recht befunden, ist ein solcher Tod wohl nur selten, worauf schon die Leichtfertigkeit, mit der sich viele für ihn entscheiden, und die Banalität ihrer Gründe hinweisen. Die Entscheidung für ein bestimmtes Wort ist daher auch nebensächlich, und die Wahl des Wortes »Selbstmord« bedeutet nicht zwangsläufig eine Abwertung oder gar Verurteilung, schließlich unterstellen wir dabei auch nicht die Heimtücke, die sonst eine der wesentlichsten Voraussetzungen dafür ist, dass man etwas einen Mord nennt.

Auf die Frage nach der moralischen Bewertung des Selbstmordes gibt es keine verbindliche Antwort, und so nehmen die
bisher gegebenen die extremsten Positionen ein. Während die
antike Ethik den Selbstmord nicht ablehnte, ihn sogar unter
bestimmten Umständen für ehrenvoll hielt (ähnlich der Bewertung des Harakiri in Japan), ist das Urteil der christlichen
Kirche eindeutig. Sie lehnt den Selbstmord grundsätzlich ab,
weil er gegen göttliches Gebot verstoße, wie schon der Kirchenlehrer Augustinus befand, weshalb sie den Selbstmord
schließlich sogar zum Verbrechen erklärte, dem Selbstmörder
die Bestattung in geweihter Erde und die Totenmesse verweigerte und sein gesamtes Vermögen dem Staat zusprach. Georges Minois weist in seinem Buch »Geschichte des Selbstmords« darauf hin, dass diese Haltung nicht reflektiert ist,
indem er nämlich zu bedenken gibt, ob nicht der Opfertod Jesu
(wie übrigens mancher Märtyrertod auch) als eine Suizidhand-
lung gewertet werden müsse, da Jesus wusste, was ihm bevor-
stand, in seinen Tod einwilligte und sich ihm nicht entzog, was
durchaus möglich gewesen wäre. Die offizielle Kirche hat an
eine solche Interpretation aber nie gedacht und daher jeden
Selbstmörder einfältigen Herzens verurteilt.

Das hat lange nachgewirkt, und so strich erst im Jahre 1790
Frankreich – als erstes christliches Land – den Selbstmord aus
der Liste der Verbrechen, später folgten Preußen und Öster-
reich, während in England versuchter Selbstmord noch bis zum
Jahre 1961 als Vergehen bewertet und strafrechtlich verfolgt
wurde. Noch länger wirkte die Abwehr der Kirche in den
Köpfen nach, und ein Rest dieser Haltung ist bis heute spürbar,
wenn zum Beispiel eine moderne »Encyclopedia of Religion
and Ethics« fast erleichtert anmerkt, viele Selbstmorde seien
»nicht moralischer Natur, sondern ausschließlich Sache des
Spezialisten für Geisteskrankheiten«; denn dadurch ist das, was
ein moralisches Problem zu sein schien, nur noch eine Krankheit, und darüber hat nicht der Theologe sein Urteil zu fällen,
sondern der Arzt seine Diagnose zu stellen. Diese biologische
Theorie hat schon der seinerzeit einflussreiche Jean Etienne
Dominique Esquirol in seinem Buch »Des maladies mentales«
(1838) in die Welt gesetzt, in dem es heißt: »Der Mensch
nimmt sich nur das Leben, wenn er wahnsinnig ist, und der

Selbstmörder ist wahnsinnig.« Wie verständnis- und wie gnadenlos diese Theorie wirken kann, zeigt sich an dem Gutachten »Über Selbstmord im Heer«, das Gottfried Benn im Dienste der Wehrmacht erstellte, und in dem er unter anderem schrieb: »Die Selbstmörder werden nicht in allen, aber in den meisten Fällen zu der Bilanz des Bionegativen gehören, also in der Richtung der Entartung und der Substanzauflösung liegen.« Ohne Not, aber den Zeiten entsprechend (das Gutachten entstand 1940) fügte er den zynisch-opportunistischen Satz hinzu: »Man könnte daher im Selbstmord sehr wohl einen rassischen Eliminationsprozess erblicken, und insofern wird man den Selbstmord keineswegs von vornherein als unmoralisch, weder im individuellen noch im volkhaften Sinne, bezeichnen können.«

Die Aufklärung befreite den Selbstmord zwar vom Ruch religiöser Verfehlung, nahm ihm aber nicht den Makel persönlichen Scheiterns oder sozialer Verantwortungslosigkeit, der den Selbstmörder auch heute noch in ein schiefes Licht stellt. Die Verachtung und Ausstoßung gilt dabei aber wohl nicht so sehr dem, der sein eigenes Leben für wertlos hält, als vielmehr dem, der dadurch den anderen Anlass gibt, womöglich am Wert ihres eigenen Lebens zu zweifeln. Das erklärt auch zum nicht geringen Teil die Häme des Publikums, das dem auf einem Dach oder einer Brücke stehenden Selbstmörder zuruft: »Spring doch endlich!« Ungerügt bleibt oft auch die Schizophrenie, dass in der Ablehnung des Selbstmordes das Leben hoch geschätzt wird, das im Vollzug staatlich sanktionierter Todesstrafe und militärischer Tötungserlaubnis für nichts erachtet wird. Typisch für die Blindheit gegenüber diesem Widerspruch ist Hegels Auffassung in seiner »Rechtsphilosophie«, in der er einerseits dekretiert, »dass ich als dies Individuum nicht Herr über mein Leben bin«, und andererseits den Ukas erlässt, wenn der Staat »das Leben fordert, so muss das Individuum es geben«.

Einige Philosophen der neueren Zeit fordern, teils in missverstandener Nachfolge Schopenhauers, teils in offenem Widerspruch zu ihm, das individuelle Problem des Selbstmordes zur kollektiven Selbstvernichtung der Menschheit zum Zweck einer »allgemeinen Welterlösung« (Eduard von Hartmann) auszu-

weiten. Der Philosoph Philipp Mainländer war der Haupt-
propagandist der »völligen Vernichtung« der Menschheit im
letzten Jahrhundert, in unserem ist es Ulrich Horstmann mit
seiner »anthropofugalen« Philosophie, die auf der Behauptung
gründet, wir wüssten alle, »dass wir ein Ende machen müssen
mit uns und unseresgleichen, so bald und so gründlich wie
möglich – ohne Pardon, ohne Skrupel und ohne Überlebende.«
Bei dieser globalen Vernichtung der Menschheit kann natürlich
von Selbstmord eigentlich keine Rede sein, bei dem jeder nur
für sich und keiner für alle entscheiden kann. Der allgemeine
»Selbst«-mord erschleicht sich daher nur von dem individuellen einen Schein von Sinn. Wenn Horstmann schließlich diese
Form der → Erlösung als »Endlösung« bezeichnet und schreibt,
dass sich schließlich sogar die verstocktesten Lebensanhänger
»wenn nicht mit anthropofugalem Frohlocken, so doch ohne
Gegenwehr und Bestürzung – jenem sanften Transport in die
Vernichtung überantworten, die aller Not ein Ende bereitet«,
dann zeigt sich, dass er der Qualität seiner Gedanken noch
nicht einmal selber traut. Er hätte sonst nicht nötig, mit peinli-
chen Assoziationen, die er wohl für kühne Tabubrüche hält, ein
problematisches Thema für billige Effekte zu missbrauchen.

Tod

»Hin ist er, meine Damen und Herren!« Mit diesem lapidaren
Satz beginnt Robert Walser seine fiktive »Grabrede« und
spricht damit aus, was die übliche funebre Rhetorik, die sich an
Sarg und Grab weniger entfaltet als entblößt, vergessen machen
will. Indem sie nämlich an das Leben und Wirken des teuren
Toten erinnert, vermeidet sie, nackt und unmittelbar sagen zu
müssen, weswegen man beisammen ist. Doch mit seinen offenen Worten über den Tod steht Walser nicht allein, er setzt
damit eine lange und große Tradition fort, die schon mit der
griechischen Dichterin Sappho einsetzt, die um 600 v. Chr.
lakonisch schrieb: »Wenn du stirbst, ist es aus«. Ähnlich nüchtern und ohne den Zuspruch einer Illusion formulierte ein
deutsches Volkslied rund zweitausend Jahre später:

Es ist ein Schnitter, heißt der Tod,
hat Gwalt vom großen Gott.
Heut wetzt er das Messer,
es schneidet schon besser,
bald wird er dreinschneiden,
wir müssen's erleiden.

Solche knappen, auf jeden Trost und jede Sentimentalität verzichtenden Aussagen gehören zum Besten, was man über den Tod sagen kann. Aber nüchterne Worte über die nüchterne Wahrheit des Todes sind außerordentlich selten, auch wenn sie aus allen Zeiten und Kulturen stammen. Das meiste von dem, was Theologen, Philosophen oder Psychologen über den Tod – die erste und dringlichste aller → eschatologischen Fragen – gedacht und geschrieben haben, ist angesichts des schlichten Es-ist-aus des Todes banal, und es wirkt umso banaler, je dramatischer es sich gibt, und je mehr Worte man dabei macht, desto weniger werden sie dem Tod gerecht. Heute ist es aber ganz besonders schwer, über den Tod zu sprechen, weil eigentlich alles, was man darüber sagen kann, längst gesagt und so oft wiederholt worden ist, dass man es gar nicht mehr hören kann, und es ist schließlich auch nicht zu erwarten, dass noch grundlegend neue Einsichten zu diesem Thema gewonnen werden könnten. Was unter diesen Umständen überhaupt noch zu sagen, aber zu sagen auch immer wieder nötig ist, ist die Erinnerung daran, dass das meiste, was man über den Tod denkt, ihm ganz unangemessen ist, vor allem deswegen, weil man damit nur das Bewusstsein vom Tod erträglich machen möchte und selbst noch da trösten will, wo Trost nicht möglich ist; denn wenn wir vom Tod auch sonst nichts Sicheres wissen, so wissen wir doch ganz gewiss, dass wir ihm nicht entrinnen werden.

Am sinnvollsten ist daher noch der Rat, sich mit dem Wissen um unsere → Vergänglichkeit im Leben einzurichten, wie Sigmund Freud empfahl, der zur Zeit des Ersten Weltkrieges in Anspielung auf das bekannte lateinische Zitat schrieb: »Si vis pacem, para bellum. Wenn du den Frieden erhalten willst, so rüste zum Krieg. Es wäre zeitgemäß, ihn abzuändern: Si vis vitam, para mortem. Wenn du das Leben aushalten willst, richte dich auf den Tod ein.« Mit dieser Mahnung, die in Freuds Übersetzung allerdings auch eine Spitze gegen das Leben selbst enthält, wird der Tod aus jener Ecke hervorgeholt, in die ihn die Verdrängung stellt, die ihn am liebsten als ein einmaliges, in der Zukunft liegendes Ereignis begreifen möchte, das einen immer nur dann berührt, wenn wieder einmal ein »Todesfall« eingetreten ist. Nun aber ist der Tod in das Leben selbst gestellt, auch wenn er kein Teil des Lebensprozesses ist wie das → Sterben, das zwar die letzte Phase des Lebens, aber eben deswegen immer noch ein Teil des erfahrbaren Lebens ist. Folgt man Freuds Rat, dann wird das Wissen um den Tod das Leben ganz und gar durchtränken, wodurch aber auch nur einer alten Erkenntnis Rechnung getragen wird, die ein mittelalterliches Kirchenlied so ausdrückt, dass wir »mitten im Leben vom Tode umfangen« sind. Das Leben wird dadurch nicht negiert, sondern erhält als je einzigartiges und unwiederholbares Leben erst seinen wahren Wert

Das Wissen, dass wir im Leben vom Tod umfangen sind, ist keine genuin christliche Erkenntnis, man findet es zum Beispiel auch bei dem griechischen Tragiker Euripides, der in seinem »Bellerophontes« mit jenem leicht zweifelnden Ton, dem das Wissen um die Wahrheit anzuhören ist, schrieb: »Wer weiß, ob nicht das Leben hier ein Sterben ist.« Nichts anderes meinte auch Martin Heidegger, wenn er als philosophischer Mystagoge ein wenig verklausuliert schrieb: »Das Dasein stirbt faktisch, solange es existiert.« Wenn allerdings ernst genommen würde, dass das Leben ein Gang zum Tode ist, sähe das Leben anders aus, als es sich die meisten einrichten, und die menschliche Gesellschaft hätte eine andere Struktur. In seinen »Notizen« äußerte Max Horkheimer den Verdacht, »dass eine richtigere Menschheit unendlich viel mehr im Bewusstsein des Todes leben würde. Alles erschiene in seinem Licht, ohne darum bitter zu schmecken.«

Der Aufforderung, das Leben im Angesicht des Todes zu führen, widerspricht nicht die Erkenntnis des französischen Aphoristikers La Rochefoucauld, dass man den Tod in gewisser Hinsicht ignorieren müsse, wenn man leben wolle, da man »weder die Sonne noch den Tod unverwandt anschauen« könne; denn hier kommt alles auf das bescheidene Wort »unverwandt« an, das klarstellt, dass La Rochefoucauld nicht empfiehlt, den Tod zu übersehen, sondern sich nicht *pausenlos* mit ihm zu beschäftigen. Aber auch diese Haltung, sich des Todes zwar bewusst zu sein, sich dadurch aber nicht am Leben hindern zu lassen, ist nicht sehr verbreitet; denn die meisten Menschen leben mit der festen Überzeugung, das Leben müsse einen Sinn haben. Weil der Tod aber gerade den → Sinn des Lebens in Frage stellt, wird das Leben selbst fragwürdig. Wenn das Leben mit dem Tod endet, wenn dieser alles ausstreicht, was uns ausmacht, dann hat es doch wirklich keinen Sinn mehr, dass uns für die kurze Spanne unseres Lebens ein hochentwickeltes Bewusstsein, ein intensives Gefühlsleben und die Erfahrung, ein eigenständiges Individuum zu sein, mitgegeben ist. Diese Sinnlosigkeit begründet die Angst vor dem Tod, und diese Angst, die man nicht mit der Todesangst verwechseln darf, ist so groß und einzigartig, dass die Thanatologie, die Wissenschaft vom Sterben und vom Tod, alle anderen Ängste auf sie glaubt zurückführen zu können. R. Ochsmann brachte diese Auffassung in seinem Buch »Angst vor Tod und Sterben« auf die knappe Formel: »Ursprünglichste Quelle der Angst ist der Tod.«

Verstopft man diese Quelle, nimmt man dem Menschen mit der Angst vor dem Tod mittelbar auch alle anderen Ängste. Zwei Wege gibt es zu diesem Ziel: Man kann den Tod verdrängen, und man kann versuchen, ihn zu überhöhen, indem man ihm einen Sinn verleiht, der jenseits des Lebens liegt. In beiden Fällen ist ein hoher Preis zu zahlen; denn der Mensch muss im ersten Fall nicht nur seine Wirklichkeit beschränken, sondern sich auch selbst betrügen, im anderen aber seine Zuflucht zu bloßen Hoffnungen, manchmal auch zu dürrsten Illusionen nehmen, was dann einen merkwürdigen Kontrast zu seiner sonstigen Rationalität bildet. Die dogmatischen Konstrukte der Religionen belegen diese Hoffnungen ebenso wie die privaten Überzeugungen, die zum Beispiel in Todesanzeigen mit ihrer Metaphorik von Schlaf und »Ruhe sanft« und Wiedersehen ihren oft skurrilen Ausdruck finden.

Wer das Bewusstsein vom Tod verdrängen will, dem stehen vielfältige Mittel zur Verfügung, doch raffiniert sind sie gewöhnlich nicht, manche sind sogar ausgesprochen simpel. Ein klassisches Verfahren der allersimpelsten Art stammt aus dem Garten des Philosophen Epikur, der behauptete, man könne die Angst vor dem Tod dadurch überwinden, dass man richtig über ihn denke, wobei er als Argument vorbrachte, der Tod beträfe uns, genau genommen, überhaupt nicht, da er nicht sei, wenn wir seien, und wir nicht seien, wenn er sei. Die spitzfindige Botschaft hört man wohl, überzeugend ist sie aber nicht; denn das angebliche Argument überspringt den entscheidenden Punkt, dass wir uns nämlich vor dem Tod nicht erst im Tode ängstigen, sondern eben jetzt, mitten im Leben. Was uns vor dem Tode schaudern lässt, ist doch unser jetziges Wissen, dass wir einmal nicht mehr sein werden, und das lässt sich durch kein Argument hinwegvernünfteln. Wenig überzeugend ist auch das Verfahren, dem Tod einfach aus dem Weg zu gehen, indem man alle Situationen meidet, bei denen er einem unvermutet entgegenkommen könnte. Diese Haltung erfordert einen gewissen Aufwand, weil man ständig auf der Hut sein, sich stets beschäftigen und ablenken muss, indem man sich interessante Aufgaben stellt, in seinen Geschäften aufgeht oder sich in wechselnde Vergnügungen stürzt. Diese Methode ist aber so unwürdig, hasenfüßig und anstrengend noch dazu, wie sie löchrig ist; denn eine einzige Unachtsamkeit oder auch nur ein dummer Zufall genügt, und man steht vor dem, den man vermeiden wollte, wenn etwa der Nachbar starb, und man nun bei der Beerdigung erscheinen muss.

Der andere Weg, die Angst vor dem Tod zu überwinden, wird noch häufiger beschritten, zumal er ausgeschildert ist. Es ist der Weg der Sinngebung des Todes, um die sich Organisationen kümmern, die als Religionen eine umfangreiche Dogmatik zur Verfügung haben; denn dem Tod einen Sinn zu geben, erfordert komplizierte ideelle und begriffliche Konstrukte, die ein einzelner gar nicht zu Stande brächte. Der Sinn des Todes wird dabei grundsätzlich in der → Erlösung von der irdischen Existenz gesehen, die mit ihren Mängeln und Beschränktheiten, mit ihren vielfältigen Problemen, Schmerzen und Leiden von vornherein auf keinen großen Beifall rechnen kann. Dieser Erlösung korrespondiert als eigentliches Ziel der Eintritt in eine andere, bessere Existenz, zu der der Tod die Schwelle sein soll. Manche Religionen denken sich diesen Vorgang als ein ein-

maliges Ereignis, andere als ein wiederholbares, als einen Umweg über die Wiedergeburt, was aber keinen prinzipiellen Unterschied macht; denn in jedem Fall wird das Leben zu einem
bloßen Vorspiel herabgesetzt, dem das eigentliche Spiel oder
vielmehr der Ernst erst folgen soll. Schon in der Antike raunte
man, dass der Leib das Grab der Seele sei, aus dem sie sich
durch den Tod befreie, doch zu einer systematischen Theorie
wurde diese Lehre erst durch die großen Religionen wie den
Buddhismus, das Christentum oder den Islam.

Ludwig Feuerbach bezeichnete den Glauben an ein jenseitiges Leben in seinen »Gedanken über Tod und Unsterblichkeit« (1830) höhnisch »ein Ballspiel«, bei dem sich das Individuum wegwerfe, »um von Gott sich wieder zugeworfen zu
werden«, womit aber der »wahrhafte, wirkliche und vollständige Tod« nicht anerkannt sei; denn für diesen Glauben sei der
Tod doch nichts anderes »als das lederne Schetteredeng eines
Postillions, der für die Poststation des künftigen Curriculum
vitae frische Pferde bestellt!« Die großen Religionen haben es
wegen ihres Einflusses und ihrer großen Meinungsmacht allerdings nicht nötig, auf solche Bedenken einzugehen, und so
ziehen die Kamele, während die Hunde kläffen, unerschüttert
weiter, sichtlich in der Überzeugung, sie zögen nicht bloß durch
die Wüste. Doch der Glaube an ein Weiterleben nach dem Tod
kann nicht aus der Welt schaffen, dass der Tod das Ende dessen
ist, war allein wir kennen, und woran wir deshalb ehrlichen
Herzens hängen, nämlich das ganz normale, mangelhafte, be-
glückende, bedrückende, zauberhafte, elende, irdische Leben,
und darum fällt es schwer, sich mit dem Tod und einer anderen,
noch nicht einmal sicher verbürgten Existenz anzufreunden.
Man versteht da fast schon den verzehrendem Hass, mit dem
mancher den Gedanken an den Tod bekämpft, als ändere seine
Entschlossenheit etwas an dessen Unerbittlichkeit. Einen solchen eher grotesken als tragischen Kampf, wahrlich eines Don
Quichotte würdig, kämpfte Elias Canetti. Seine »Aufzeich-
nungen 1942–1985« sind mit hasserfüllten Worten wider den
Tod gespickt, wobei er sich der Voraussetzung dieses Hasses
durchaus bewusst ist: »Mein Hass gegen den Tod setzt ein
unaufhörliches Bewusstsein von ihm voraus; es wundert mich,
wie ich so leben kann.« Fast einsichtig schreibt er aber auch:

»Warum wehrst du dich gegen die Vorstellung, dass der Tod in den Lebenden schon da ist? Ist er nicht in dir?«, doch nur, um sofort den Helm wieder festzubinden: »Er ist in mir, weil ich ihn zu attackieren habe. Dazu, zu nichts anderem brauche ich ihn, dazu habe ich ihn mir geholt.« Aber, lieber Herr Canetti, was kümmert solche Tapferkeit den Tod?

Das einzige, was wir – und das auch erst seit kurzem – wider den Tod vermögen, ist, ihm ein Schnippchen zu schlagen, indem wir ihn ein wenig manipulieren; denn dank medizinischer und technischer Fortschritte können wir heute den Todeszeitpunkt mitbestimmen, und das ändert natürlich die Haltung zum Tod. Deutlich wird das bei der Debatte um den sogenannten Hirntod, der zwar als Teil des Sterbevorgangs die Schwelle markiert, von der es kein Zurück mehr in das Leben gibt, doch der noch nicht der Tod selber ist. Die Frage ist nun, ob das Sterben seinen natürlichen Verlauf nehmen soll, oder ob wir jemand schon in der Schlussphase seines Sterbens für tot erklären wollen, etwa zum Zweck der Organentnahme. Man kann der Meinung sein, dass es die Würde eines Sterbenden verletze, wenn das natürliche Eintreten seines Todes verhindert werde. Doch die Rede vom »natürlichen« und vom »würdigen« Tod ist fragwürdig, weil ein solcher Tod schon immer das unnatürlichste Ende des Lebens war. Man starb früher weit häufiger durch Unglücksfälle, an Seuchen und Krankheiten, wegen mangelhafter Ernährung oder fehlender Hygiene, auch im Krieg oder durch Mord und → Selbstmord als an Altersschwäche. Bedenkt man die hohen Zahlen der heutigen Kriegsopfer, der Verkehrsunfälle, der Drogentoten oder Selbstmörder, dann muss man zugeben, dass wir es immer noch nicht gemütlicher haben als unsere Vorgänger, und dass der unnatürliche Tod auch heute noch der natürlichste ist, wobei niemand moniert, dass bei all diesen Todesarten von Würde keine Rede sein kann. Da fragt man sich, ob all die erbitterten Debatten um den Hirntod und um die Würde der Sterbenden vielleicht nicht nur Ablenkungen sind, bloße Hinweise darauf, wie angstbesetzt das ganze Thema ist. Angesichts des Todes liegt die Würde des Lebens doch nicht in letzten Minuten und deren besonderen, meist zufälligen Umständen, sondern einzig in dem Bewusstsein, dass jedes Leben gewesen sein wird, und dass es nicht mehr zurückgenommen werden kann.

II. Aus der Büchse der Pandora

Einleitung

Die Redensart von der Büchse der Pandora geht auf eine
ziemlich obskure Geschichte zurück, die uns der griechische
Dichter Hesiod (um 700 v. Chr.) überlieferte. Nach dieser
Geschichte entwendete Prometheus das Feuer, um es den Menschen zu bringen, worauf Zeus, der den Raub des Feuers
rächen wollte, den Menschen die mit allerlei Reizen ausge-
stattete Pandora schickte. Dieser Name bedeutet zwar die »Al-
lesgebende«, aber Gutes brachte sie nicht, sondern ein Gefäß,
das nur alle Übel und Leiden dieser Welt enthielt, die beim
Öffnen des Gefäßes herausflogen – sonderbarerweise mit Aus-
nahme der Hoffnung, worauf man sich bis heute trotz allen
Nachdenkens und Forscherfleißes keinen rechten Reim machen
kann. Diese Geschichte hat aber jedenfalls dieselbe Funktion
wie die biblische Geschichte von Eva und dem Apfelbaum im
Garten Eden; denn beide erklären, wie die Übel in die Welt
gekommen sind – und beide erklären es auf dieselbe unbekümmert frauenfeindliche Art.

Seither ist die Büchse der Pandora der bildliche Ausdruck für
alles Üble und Schlechte in der Welt, wobei man darüber
streiten kann, was man dazu rechnen muss. Man kann zum
Beispiel der Meinung sein, bei rechtem Licht besehen sei eigentlich alles von Übel, wofür Petronius, der Verfasser eines satiri-
schen Romans aus dem 1. Jahrhundert n. Chr., den schönen
Ausspruch fand, wenn man genau Bilanz mache, sei überall nur
Schiffbruch zu vermelden. Doch der Wahrheit kommt wohl
näher, wer annimmt, dass es zwar Dinge und Verhältnisse gebe,
denen man partout nichts Positives abgewinnen könne, dass es
andererseits aber auch wieder Dinge gebe, die einfach schön,
erfreulich und herzerwärmend seien, so dass man auch die Übel

leichter tragen könne. Mit dieser Haltung befindet man sich nicht nur in Übereinstimmung mit der eigenen Lebenserfahrung, sondern auch mit der Tatsache, dass die meisten ihr Leben, allen Übeln zum Trotz, nicht einfach wegwerfen, sondern leben.

Es gibt nun aber noch eine andere Sorte von Sachverhalten, und wahrscheinlich bilden sie sogar die Mehrheit, bei denen Positives und Negatives untrennbar miteinander verschlungen sind, bei denen man aber vielleicht nur die eine Seite registriert. Dabei dürfte es keinen großen Schaden anrichten, wenn man etwas für rundum bedenklich hält, wiewohl es auch gute Seiten hat. Anders sieht es jedoch aus, wenn man den Pferdefuß nicht bemerkt, der auch solche Dinge und Verhältnisse zieren kann, die einem besonders viel bedeuten. Hier auf die Webfehler, Haken und Ösen aufmerksam zu machen, sieht freilich niemand gern. Wer lässt schon schlecht machen, woran sein Herz hängt, und wer lässt sich nehmen, woran er glaubt? Umso nötiger ist es, gerade hier die Schattenseiten zu beleuchten, zumal es nicht viel Mühe macht, sie zu erkennen. Dazu ist nämlich nicht mehr erforderlich, als sich den Schlaf der Gewohnheit aus den Augen zu reiben.

Bewusstsein

Der Physiker und Philosoph Ernst Mach berichtet von zwei Erlebnissen vermeintlicher Fremdwahrnehmung, als er sich nämlich zweimal im Spiegel gesehen, sein Spiegelbild zunächst aber für einen anderen gehalten habe. Dazu schreibt nun ein Philosoph unserer Zeit: »Schon bevor Mach merkte, dass er es selber war, waren Subjekt und Objekt seiner beiden Wahrnehmungen identisch, nämlich Mach, aber damals waren diese als solche noch kein Selbstbewusstsein.« Dieser Satz ist ein gutes Beispiel für das zum Teil ärgerliche Reflexionsniveau bei dem zugegebenermaßen immer noch rätselhaften Phänomen des Bewusstseins; denn an der philosophischen Erklärung zu Machs Beobachtungen ist ein entscheidender Punkt schlicht falsch. Machs Wahrnehmungen hatten nämlich nichts mit seinem Selbstbewusstsein zu tun. Dass er nicht sogleich erkannte, dass er sich sah, betraf nur sein Bewusstsein und dessen Inhalte. Er war sich durch diesen Irrtum aber nicht weniger seiner selbst bewusst, als wenn er gleich erkannt hätte, dass er sich sah, und auch die alltagssprachliche Erweiterung, er habe »sich selbst« gesehen, macht aus dem Akt des Bewusstseins noch keinen des Selbstbewusstseins. Diese Redeweise verstärkt schließlich nur das Reflexivpronomen. Doch unser Philosoph behauptet ungeniert, seine auf so zweifelhafte Art gewonnenen Ergebnisse zum Verständnis des Bewusstseins durchkreuzten »die bisherigen Auffassungen der Philosophen vom Selbstbewusstsein.« Man kann also nur davor warnen, sich durch die Lektüre von Fachliteratur Klarheit über das Phänomen des Bewusstseins verschaffen zu wollen. Wer das versucht, kann genauso gut Staub wischen in der Wüste.

Die gerade erwähnten »bisherigen Auffassungen« über das Bewusstsein stehen in noch keiner langen Tradition. Sache und Bezeichnung sind jungen Datums und setzen Descartes' Unterscheidung von Subjekt und Objekt voraus. An dieser Dichotomie wird seither die Struktur des Bewusstseins abgelesen, obgleich schon die sprachliche Formulierung von Bewusstseinsakten auf eine komplexere Struktur hinweist. Die Sprache geht nämlich von einem Subjekt (Ich) und von *zwei* Objekten aus, einem Dativobjekt (mir) und einem Genitivobjekt (eine Sache). Beim intentionalen Bewusstsein (»Ich bin mir einer Sache bewusst«), fallen Subjekt und Dativobjekt zusammen, denen ein Drittes als Sache gegenübersteht. Beim Selbstbewusstsein (»Ich bin mir meiner bewusst«) sind alle drei identisch. Es sagt sich freilich leicht, dass etwas mit einem anderen identisch sei, aber diese Formulierung verschleiert, wie groß das Problem ist, das sie begreifen will. Fichte schrieb in seinem »Versuch einer neuen Darstellung der Wissenschaftslehre«, wenn man sage, man sei sich seiner selbst bewusst, unterscheide man ein denkendes Ich von dem im Denken gedachten. Damit man das aber könne, müsse »abermals das Denkende in jenem Denken Object eines höheren Denkens seyn, um Object des Bewusstseyns seyn zu können, und Du erhältst sogleich ein neues Subject, welches dessen, das vorhin das Selbstbewusstseyn war, sich wieder bewusst sey.« Auf diese Weise käme man in einen unendlichen Prozess und mit seiner Vorstellung vom Bewusstsein nie zu Rande. Da es nun aber Bewusstsein gebe, müsse es auch ein Bewusstsein geben, »in welchem das Subjektive und das Objektive gar nicht zu trennen, sondern absolut Eins und dasselbe sind.« Aber dann fügte Fichte den desillusionierenden Satz hinzu: »Ein solches Bewusstseyn sonach wäre es, dessen wir bedürften, um das Bewusstseyn überhaupt zu erklären.«

Dass der Möglichkeit für ein solches Bewusstsein grundsätzliche Schwierigkeiten entgegenstehen, erkannte schon Emil du Bois-Reymond, der Begründer der experimentellen Physiologie, der 1872 feststellte, »dass nicht allein bei dem heutigen Stand unserer Kenntnis das Bewusstsein aus seinen materiellen Bedingungen nicht erklärbar ist, was wohl jeder zugibt, sondern dass es auch der Natur der Dinge nach aus diesen Beobachtungen nicht erklärbar sein wird.« Die Versuche, dieses Bewusstsein dennoch zu erklären, führten zu einer solchen Bedeutungsvielfalt von Bewusstsein, dass man heute nicht mehr von einem einheitlichen Bewusstseinsbegriff reden kann. Bewusstsein kann nämlich als anthropologische Grundkategorie verstanden werden (als Gattungs- oder Klassenbewusstsein, als individuelles oder kollektives Bewusstsein), als innerlich erfahrbare Wirklichkeit (Bewusstseinszustände), als Bewusstsein von etwas (Fremd- oder Gegenstandsbewusstsein) oder reflexiv als Ich- oder Selbstbewusstsein. Diesen unterschiedlichen Vorstellungen ist eigentlich nur gemeinsam, dass Bewusstsein zur Selbstsituierung von Subjekten und zu ihrer → Orientierung in der Welt unerlässlich ist. Das erklärt auch, weshalb die neueste Theorie, nach der Bewusstsein und Sprache nur zwei Wörter für denselben Sachverhalt sein sollen, nicht befriedigen kann; denn wir können zwar eine Sache nur aussprechen, wenn sie uns bewusst ist, aber dass »Tiere schweigen, während Menschen reden«, was Hubert Schleichert für einen starken Beleg seiner Identitätsthese hält, hindert Tiere nicht, sich ebenfalls in der Welt zu orientieren, wobei noch gar nicht berücksichtigt ist, dass sie womöglich auch noch reden.

Bewusstsein zu haben ist zwar eine Vorgabe unserer Existenz, kann aber als Belastung und als Fluch erfahren werden, da es auch die Ursache dafür ist, dass wir uns als Fleisch erfahren, oder christlich gesprochen, als Kreatur, als stets gefährdete und schließlich vergängliche Wesen. Da träumt dann

mancher den Traum, wie angenehm es wäre, sich dessen nicht
bewusst zu sein, und flüchtet, um diesem Traum wenigstens auf
Zeit nah zu sein, in → Ekstase und Rauschzustände, die am
billigsten mit Drogen zu haben sind, und so singt Gottfried
Benn in seinem Gedicht »Kokain«, das Lob der Droge:

> Den Ich-Zerfall, den süßen, tiefersehnten,
> den gibst du mir . . .

Kurz nach Entstehung dieses Gedichtes beendete der junge
Philosoph Alfred Seidel sein Buch mit dem Titel »Bewusstsein
als Verhängnis«, in dem er den Wert des Bewusstseins grundsätzlich bezweifelte; denn dessen Wirkung sei nur »Auflösung
und Schwächung«, wobei Seidel zur Erklärung dieser These auf
die Erstarrung vor der Kompliziertheit des Lebens, auf die
Hemmung vor der Tat und den Ekel vor der Banalität hinwies.
Als populären Ausdruck dieser Erkenntnis zitierte er die Redensart, jemand sei »von des Gedankens Blässe angekränkelt«,
als literarischen die Figur des Hamlet, der »gehemmt« sei und
sich nur »in steten Überlegungen und Bedenken« ergehe, vor
der Tat aber ausweiche. Seidel schloss daher, dass die Reflexion
nur eine »Flucht vor dem Leben und Selbstentschuldigung vor
sich« selber sei. Weil aber in der Einbildungskraft als Ideal stets
gegenwärtig bleibt, was durch keine Tat in die Realität über-
führt wird, kann diese Diskrepanz bei empfindsamen Naturen
zur → Melancholie führen und über sie zur Selbstvernichtung
wie bei Seidel selber. In seinem letzten Brief an den Nervenarzt
und Psychologen Hans Prinzhorn, den Herausgeber seines Werkes, schrieb er, es sei seine »teuflische Aufgabe« gewesen,
aufdecken zu müssen, dass das Bewusstsein ein Verhängnis sei,
und wer sein Buch gelesen habe, werde selbst sagen, dass mit
dieser Erkenntnis »kein Mensch mehr leben kann.« Nach diesem Brief erhängte er sich an einem Baum in der Erlanger
Anstalt.

Diese Kritik am Bewusstsein aus unmittelbarem Leiden an
ihm wird ergänzt durch philosophische, grundsätzliche Überlegungen; denn die in der Moderne zunehmenden Zweifel an
dem cartesianischen Modell von Subjekt und Objekt erschüt-
terten das Fundament des Bewusstseinsbegriffs so sehr, dass
seine weitere Verwendung fragwürdig wurde. Schon bei Nietz-

sche ist das Bewusstsein aus seiner führenden Position verdrängt, da er »den grössten Theil des bewussten Denkens unter
die Instinkt-Thätigkeiten« rechnete, womit er weit moderner
dachte als der um fünfzig Jahre jüngere Alfred Seidel, der dem
Instinkt das Bewusstsein entgegensetzte, und der den unbewussten Mensch instinktsicher nannte. Das entspricht der traditionellen Sicht der Dinge, während Nietzsche glaubte, das
Bewusstsein sei in keinem »entscheidenden Sinne dem Instink-
tiven *entgegengesetzt*«, selbst »das meiste bewusste Denken
eines Philosophen« sei »durch seine Instinkte heimlich geführt
und in bestimmte Bahnen gezwungen.« Mit dieser Kritik wird
das Bewusstsein zwar nicht obsolet, aber seine Kompetenzen
werden doch erheblich beschnitten.

Diese kritische Haltung wird in der heutigen Kognitionswissenschaft so sehr radikalisiert, dass einige Forscher sogar
glauben, ihre empirisch gewonnenen Ergebnisse berechtigten
zu der Frage, ob ein »weiteres Theoretisieren« über das Bewusstsein, wie der Mediziner Martin Kurthen in seiner Studie
»Das Problem des Bewusstseins in der Kognitionswissenschaft«
schreibt, überhaupt noch einen Nutzen habe. Kurthen blendet
dabei aber auch alle Ergebnisse *bisherigen* »Theoretisierens«
aus; denn »der reichhaltige Bewusstseinsbegriff der klassischen
Philosophie – vor allem des deutschen Idealismus – soll hier
nicht zugrundegelegt werden.« Die Konsequenz ist, dass Kurthen nicht nur ständig die Begriffe »Bewusstsein« und »Selbstbewusstsein« verwechselt, sondern auch nicht merkt, wie sehr
er hinter den Ergebnissen des bisherigen Nachdenkens einherhinkt, und wie unbedarft er mit den Regeln begrifflichen Denkens umgeht. So führt er zum Beispiel »vier mutmaßliche
Gründe für das Verschwinden des Bewusstseins« an und nennt
als dritten das Faktum, dass »die empirischen Erklärungsmodelle intelligenten Handelns, die ohne Rückgriff auf einen
Bewusstseinsbegriff auskommen,« immer differenzierter und
angemessener würden, als hinge das Bewusstsein an der *Intelligenz* und verlöre mit dessen empirischer Erklärung seine philosophische Berechtigung. Kurthens Aussage belegt indes nur,
dass man intelligentes Handeln auch ohne den Begriff des
Bewusstseins erklären kann, wobei man sich aber immer noch
darüber verständigen muss, was dann »Intelligenz« bedeutet.

In keinem Fall ist mit solchen Erkenntnissen, die innerhalb ihrer wissenschaftlichen Geltung nützlich sein können, auch zugleich etwas über das Phänomen des Bewusstseins selbst gesagt, und abgeschafft ist es dadurch schon gar nicht; denn wenn man vielleicht auch »kein Bewusstsein braucht«, wie Kurthen schreibt, um intelligent zu handeln, so braucht man es doch, um ein Lebewesen mit Bewusstsein zu sein. Solange wir uns aber als bewusste und selbstbewusste Wesen erfahren, und solange die Chimäre »Bewusstsein« auch noch solche Konsequenzen haben kann wie bei dem jungen Seidel, so lange ist Bewusstsein keine bloße Chimäre.

Freiheit

Kein anderer Begriff wird so häufig und mit solcher Emphase beschworen wie die Freiheit. Sie gilt als hoher Wert und ist deswegen ein beliebtes Thema für philosophische Traktate und religiöse Erbauungsschriften, aber auch Inhalt vieler politischer und demagogischer Parolen. Menschen sehnen sich nach ihr, und ganze Völker haben um sie gekämpft oder wurden für sie geopfert. Zu diesem Pathos passt allerdings nicht so recht, dass »Freiheit« und »frei« auch Allerweltswörter sind, deren Anwendungspalette vom Freispruch über den FCKW-freien Kühlschrank bis hin zum Freibier reicht. Wer sich aber kundig machen möchte, was es mit diesem begrifflichen Zwielicht für eine Bewandtnis habe, und was demnach unter Freiheit genau zu verstehen sei, wird bald die Erfahrung machen, dass es zwar eine außerordentlich umfangreiche Literatur zu diesem Thema gibt, die Freiheit aber dennoch einer der unklarsten und strittigsten Begriffe der Philosophie ist.

Dieses Problems ist man sich schon lange bewusst. Schon in der ersten Monographie über die Freiheit, in Lorenzo Vallas Schrift »Über den freien Willen« (1438–42), steht der Satz, es gebe keine Frage, »deren Antwort mit größerer Dringlichkeit gewusst werden müsste und zugleich weniger gewusst wird«. Valla bezweifelt sogar, dass überhaupt jemand die Lösung des Freiheitsproblems kenne, und glaubt, dass man sie vielleicht »niemals kennen« werde. Rechten Aufschwung nahm diese

Erkenntnis allerdings erst, als die Freiheit mit dem deutschen Idealismus zum Hauptbegriff der Philosophie avancierte. Doch selbst Hegels kritische Bemerkung, die Idee der Freiheit sei »unbestimmt, vieldeutig und der größten Missverständnisse fähig« und keine sei »mit so wenigem Bewusstsein geläufig«, führte nicht dazu, dass diese Missverständnisse ausgeräumt wurden; denn sonst hätte Wilhelm Weischedel in unserem Jahrhundert nicht immer noch feststellen können, bei dem Begriff der Freiheit herrschten noch immer »Verwirrung und Unklarheit«. Dabei ist das Versagen ausgerechnet bei diesem Thema ganz unbegreiflich; denn es wird viel gewusst über die Freiheit und noch mehr darüber geschrieben, und man hantiert so unbefangen mit diesem Begriff, als seien die Kategorien, mit denen man ihn erklärt, längst bewiesen und ausgemacht, obwohl in dem anhaltenden Streit, was Freiheit wirklich sei, das Mangelhafte der gewöhnlichen Auffassungen offenkundig wird.

Eine dieser Ansichten ist, dass Freiheit eine Eigenschaft sei, ein mögliches Attribut des Menschen, das sich in der Fähigkeit des Willens manifestiere, sich selbst Gesetz oder autonom zu sein. Eigenschaften machen aber weder den Kern einer Sache aus, noch müssen sie notwendigerweise vorhanden sein, und so stellt sich als erste und wichtigste Frage, ob es die Freiheit überhaupt gebe, und wie man das beweisen könne; denn schließlich kann man den Menschen nur dann zur → Verantwortung ziehen, wenn er frei ist und frei handelt. Diese inquisitorische Absicht erklärt, weshalb man der Freiheit ein solches Gewicht beimisst: Sie ist als Prinzip und Grundlage für jede Art von Ethik unverzichtbar. Doch diese Bürde macht der Freiheit auch den krummen Buckel; denn sie wird nun durch den sorgenvollen Blick darauf, ob man auch verantwortungsvoll handle, in ihrer Entfaltung gehemmt und kann nur noch, wie der Philosoph Walter Schulz ohne jeden kritischen Unterton bemerkt, »eine gebundene Freiheit« sein, weswegen man schrankenlose zwar wünschen, aber nicht haben könne. Dass sie zudem schade, wenn man sie nicht recht gebrauche, das erzählt ja auch schon die Bibel in der Geschichte vom Sündenfall, und der Broterwerb – jedenfalls der im eigenen Schweiße – und das Kinderkriegen sind ja in der Tat mühselig. So ist man unversehens mit der Freiheit zur Moral, wenn nicht gar zur Theologie gekommen. Sonderbarerweise stößt sich aber niemand an dieser seltsamen Konstruktion, dass man die Freiheit zwar für einen hohen Wert erklärt, dass man aber dennoch glaubt, sie beschränken zu müssen. Bei jedem anderen Wert, bei der Gerechtigkeit, der Liebe oder der Mäßigung, empfände man hier einen Widerspruch.

Diese Haltung wird aber verständlicher, wenn man bedenkt, wie ambivalent die Freiheit wenigstens in der Moderne erfahren wird. Wenn Nicolai Hartmann schreibt, die Freiheit sei »eine zweischneidige Gabe«, weil der Mensch durch sie »von innen bedroht« und damit »das aus sich selbst heraus gefährdete Wesen« sei, dann ahnt man, dass die Freiheit mehr sein muss als eine zufällige Eigenschaft, und die Richtung, in die man dabei zu denken hat, deutete schon Ludwig Feuerbach im letzten Jahrhundert an, als er von der neueren Philosophie sagte, ihr Fundament sei zwar die Freiheit, doch für die meisten Philosophen sei diese »nur ein Attribut, ein Adjektiv des Wesens. Sie sprachen das Wort der Freiheit nicht voll und selbständig aus. Erst Kant, Fichte, Jacobi erhoben das Wort zu einem Substantiv, zum Hauptwort ihrer Philosophie«. Dieser grammatischen Beförderung des *Wortes* »Freiheit« vom Adjektiv zum Substantiv entspricht bei dem *Begriff* der Freiheit der Wechsel vom Akzidenz zur Substanz. Hegel spricht das direkt aus, wenn er schreibt, »die Substanz, das Wesen des Geistes« sei die Freiheit. Er setzte erklärend hinzu: »Jedem ist es unmittelbar glaublich, dass der Geist auch unter anderen Eigenschaften die Freiheit besitze; die Philosophie aber lehrt uns, dass alle Eigenschaften des Geistes nur durch die Freiheit bestehen, alle nur Mittel für die Freiheit sind, alle nur diese suchen und hervorbringen; es ist dies eine Erkenntnis der spekulativen Philosophie, dass die Freiheit das einzige Wahrhafte des Geistes sei.« Diese Erkenntnis, dass die Freiheit die Substanz des Geistes sei, ist die große und kühne Entdeckung der idealistischen Philosophie.

Diese Idee wurde allerdings schon früher einmal gedacht, wenn auch noch nicht unter dem Titel der Freiheit. Geboren wurde sie zur Zeit der Renaissance durch den italienischen Philosophen Giovanni Pico della Mirandola, der den Unterschied zwischen dem Menschen und den anderen Geschöpfen darin sah, dass der Mensch nicht auf ein bestimmtes Wesen und Verhalten festgelegt sei, sondern »alle möglichen Samen und Keime allerlei Lebens« in sich trage, so dass er alles → Mögliche werden könne. Zwar sei er immer schon bestimmt, da er in eine bestimmte Zeit und in bestimmte Umstände hineingeboren und durch seine persönliche Eigenart geprägt sei, aber diese Bestimmungen seien keine unüberwindbaren Schranken und kein endgültiges Schicksal für ihn, sondern blieben immer nur Möglichkeiten, da sie jederzeit aufgelöst und durch andere ersetzt werden könnten, weswegen Pico den Menschen ein »Chamäleon« nannte. Diese Eigenheiten des Menschen, zwar bestimmt, aber nicht festgelegt zu sein und daher alles wieder aufgeben zu können, bezeichnete Hegel dann ausdrücklich als Momente der Freiheit. Die Freiheit enthalte nämlich einerseits »das Element der reinen Unbestimmtheit«, da man nur frei sei, wenn man an nichts Bestimmtes gebunden sei, andererseits meine Freiheit aber auch die Möglichkeit, wählen zu können, oder die Fähigkeit »zur Unterscheidung, Bestimmen und Setzen einer Bestimmtheit als eines Inhalts und Gegenstands«. Indem man sich für etwas entscheide, beschränke man sich zwar, da man anderes, das man auch hätte wählen können, aufgebe, doch keine Wahl binde den Menschen, da jede Bestimmung nur eine Möglichkeit sei und als bloß Mögliches jederzeit wieder aufgegeben werden könne. So liege die Freiheit »weder in der Unbestimmtheit noch in der Bestimmtheit, sondern sie ist beides«, nämlich »die Einheit dieser beiden Momente«. Diese nie abgeschlossene und aufzuhebende *Bestimmbarkeit* macht für Hegel die »Substantialität« der Freiheit aus.

Ist die Freiheit aber die Substanz des Geistes, kann sie dem Menschen nicht fehlen. Sie ist also weder zu erwerben noch zu verlieren, kann auch nicht vermehrt oder vermindert werden, weshalb Hegel auch nur von einem Fortschritt *im Bewusstsein* der Freiheit sprach. Wenn die Freiheit aber als Substanz gedacht wird, stellt sich die Frage, wieso man sie dann überhaupt verneinen und von Unfreiheit sprechen kann. Da der Mensch immer auf irgendeine Weise bestimmt ist, kann sich die Verneinung jedenfalls nicht auf dieses Moment beziehen, und so bleibt nur übrig, dass die Vorsilbe »Un-« die Fähigkeit oder den Willen des Menschen negiert, sich anders zu bestimmen oder bestimmen zu können, als er ist. Unfreiheit ist daher identisch mit der Fixierung auf eine einzelne Bestimmung. Diese Möglichkeit gibt es nicht nur, sie ist sogar relativ häufig. Doch mit dieser Fixierung löst sich auch das Bewusstsein auf, immer neu bestimmbar zu sein und hierin seine Freiheit zu haben, und so erfüllt auch die Unfreiheit beide Momente der Freiheit, nämlich Bestimmungen zu setzen und andere dafür aufzulösen. Sie ist daher kein Gegensatz zur Freiheit, nicht das Andere und von ihr Ausgeschlossene, sondern eine bestimmte Art, wie sich die Bestimmbarkeit oder Freiheit realisiert. In der Unfreiheit begegnet der Freiheit eine ihrer Möglichkeiten.

Deshalb kann man Freiheit auch nicht mit Selbstbestimmung oder → Autonomie gleichsetzen; denn der Mensch kann auch dann unfrei sein, wenn er sich selbst bestimmt, dadurch nämlich, dass er einen festen Inhalt für sein Leben und einen Sinn für seine Existenz gefunden, sich in der Welt also definitiv eingerichtet hat. Dabei kann alles Mögliche zu seiner Bestimmung dienen, der Beruf oder der Konsum, die Mode oder die Religion, jede Ideologie und beliebige Überzeugung. Um Zweifel an der einmal gefundenen Bestimmung erst gar nicht mehr aufkommen zu lassen, darf man sich dann allerdings keinen Irritationen mehr aussetzen und sich auf nichts Fremdes mehr einlassen. Die Selbstgewissheit wird insbesondere durch Utopien gefährdet, weshalb die Phantasie verpönt ist, und der Geist als zersetzend gilt; denn die kleine Insel der eigenen Überzeugung erfüllt nur so lange ihre Aufgabe, bergende Heimat zu sein, als man sich nicht an den Strand setzt und hinausspäht auf das offene Meer, hinter dessen Horizont andere Inseln und ganze Kontinente liegen könnten.

Dieses Verständnis der Freiheit hat zwei Konsequenzen: Erstens ist der Mensch grundsätzlich frei, weil kein eigenes Handeln und kein fremder Zwang die Möglichkeit zerstören kann, dass er bestimmbar ist; denn jeder Zwang setzt diese Möglichkeit nicht nur voraus, sondern bestätigt sie. Auch das → Ausgrenzen, Unterdrücken und Vernichten von Menschen sind nur möglich, *weil* der Mensch bestimmbar oder – wenn man das in diesem Zusammenhang lieber hört – manipulierbar ist. Diese

Möglichkeiten *beweisen* daher seine Bestimmbarkeit. Das ist die Wahrheit von Hegels Satz: »Der Mensch, vom Geschick unterjocht, kann sein Leben verlieren, die Freiheit nicht.« Jede attributive Freiheit kann fehlen oder verloren gehen; politische, moralische und sonstige Freiheiten mögen schöne Errungenschaften sein, notwendige sind sie nicht, sie sind sogar ausgesprochene Raritäten; alle Verhältnisse können sich ändern und auflösen, doch die substantielle Freiheit als ihre Voraussetzung nicht. Die zweite Folge ist die völlige Gleichgültigkeit der Freiheit gegen alle Werte und Überzeugungen; denn wenn alles Verhalten, das gute und schlechte, verantwortliches und nicht verantwortetes, sinnvolles und sinnloses in der Freiheit begründet ist, dann sind mit der Berufung auf sie alle Handlungen, die ehrenwerten sowohl wie die unehrenhaften, normale wie perverse, gleichermaßen legitimiert. Noch in dem partikularsten und herabgesunkensten Freiheitsverständnis ist ein Rest dieser Einsicht bewahrt; denn alle Theorien von der Notwehr bis zum gerechten → Krieg und der Staatsräson werden mit dem Streben nach und dem Erhalt der Freiheit gerechtfertigt. In ihrem Namen werden Kriege geführt, und rühmt man sich seiner Greueltaten, im Namen der Humanität hätte man da seine Begründungsschwierigkeiten. Deshalb haben alle Philosophen von Platon an bis in unsere Zeit ihre Staatstheorien nicht auf die Freiheit, sondern auf die → Gerechtigkeit gegründet.

Angesichts des Elends und der Inhumanität unserer Welt könnte man es natürlich für zynisch halten zu sagen, der Mensch könne deswegen nicht unfrei sein, weil auch Unfreiheit eine Art sei, wie sich die Freiheit realisiere. Doch es geht hier nicht um die Moral, auch nicht um politische oder rechtliche Freiheiten, sondern um die Freiheit als substantielle Grundlage menschlicher Existenz, und da Unterdrückung nur eine Art ist, wie der Mensch bestimmt werden kann, ist auch diese Möglichkeit ein Ausdruck seiner Freiheit. Auch die andere Konsequenz, dass sich im Namen der Freiheit *alle* Handlungen rechtfertigen lassen, kann irritieren; denn man fragt sich doch, woher dann überhaupt noch gültige Prinzipien für die Verwirklichung einer humanen Gesellschaft kommen sollen, wenn selbst solche Begriffe wie die Freiheit dafür nicht taugen sollen.

Wegen solcher Bedenken will man sich die liebgewordenen Vorstellungen von Freiheit nicht nehmen lassen, weshalb man ihr destruktives Potential aus ihr herausnimmt, um daraus den Gegenbegriff der Unfreiheit zu konstruieren. Da hat man einen Teufel zu seinem lieben Gott und kann sich über alles Mögliche empören, ohne je die Freiheit für die Zustände verantwortlich machen zu müssen. Doch keine Empörung über die Unfreiheit hat diese je zu verhindern oder auch nur zu erklären vermocht, und so erweist sich die moralische Entrüstung nur als der unbegriffene Schrecken vor der Freiheit.

Dabei haben Philosophen immer wieder auf die Ambivalenz der Freiheit hingewiesen. Schelling zum Beispiel ging ausdrücklich davon aus, dass die Freiheit »ein Vermögen des Guten und des Bösen« sei, und in unserem Jahrhundert schrieb Nicolai Hartmann, Schellings Formel zitierend, es wäre ein Irrtum, »zu meinen, es gebe eine Freiheit zum Guten allein. Eine solche vielmehr wäre Unfreiheit. Alle wirkliche Freiheit ist Freiheit zum Guten *und* zum Bösen zugleich.« Hätte man solche Einsichten je ernst genommen, hätte man über die Freiheit allerdings nicht mehr die beliebten Sonntagsreden halten können. Das → Böse und – korrelativ dazu – das Gute sind also immanente Folgen der Freiheit, was aber nicht heißt, dass sie auch innere Momente von ihr waren; denn die Freiheit ist moralisch abstinent und liegt *vor* aller Unterscheidung von Gut und Böse. Man kann es daher nicht ihr anlasten, wenn sie, statt zur Steigerung und Verbesserung unserer Welt eingesetzt zu werden, dazu benutzt wird, mehr zu zerstören als aufzubauen. Wegen ihrer moralischen Indifferenz kann die Freiheit also weder ein Wert noch ein Unwert sein.

Die Freiheit ist vor allem kein Zustand, den man erst herstellen müsste, woran Pädagogen gerne glauben – die dann Freiheit als Unfreiheit konstituieren; denn die Freiheit ist immer schon da als der Prozess des Bestimmtseins, des Auflösens von Bestimmungen und des Setzens von neuen. Ihre Struktur, Prozess zu sein, erklärt auch, weswegen jede Situation, jede Erfahrung und Empfindung mit der Zeit schal wird, so dass man sie entweder aufgeben oder sich trotz veränderter Umstände wieder neu für sie entscheiden muss. Bei einer besonderen Bestimmung bleiben und in ihr seinen Schrebergarten Eden haben zu wollen, ist der Tod mitten im Leben. Ihn sterben alle, die ihre Leidenschaften, Hoffnungen und Wünsche begraben, sich als Nachbar der → Zufriedenheit zur Ruhe setzen und sich damit abfinden, wer sie sind, und wie die Welt nun einmal ist. Solche Menschen hatte Ludwig Tieck im Sinn, als er in seinem Roman »Franz Sternbalds Wanderungen« schrieb: »Viele suchen schon gar nicht mehr, und diese sind die Unglücklichsten, denn sie haben die Kunst zu leben verlernt, da das Leben nur darin besteht, immer wieder zu hoffen, immer zu suchen, der Augenblick, wo wir dies aufgeben, sollte der Augenblick unsers Todes sein.« Der Tod ist nämlich die einzige Bestimmung des Menschen in der Welt, die wirklich dauerhaft ist, ob sie auch eine befriedigende sei, kann mit einem Peut-être versehen werden.

Das Bedürfnis nach stabilen Verhältnissen und vertrauten Umständen findet seinen Ausdruck im Bild der Heimat, die Fremdheit den ihren in der Vorstellung der Heimatlosigkeit. Literarisch ist dieser Gedanke schon in Homers »Odyssee« gestaltet worden. Bereits im ersten Vers stellt Homer seinen Helden mit dem bezeichnenden Epitheton »der Vielwendige« vor, ein Hinweis darauf, dass Odysseus nicht nur klug und verschlagen ist, sondern sich auch immer auf Neues einlassen, nie mit Erreichtem zufrieden sein und nie sesshaft werden wird. In der Fremde sehnt er sich zwar, »auch nur den Rauch von Ithakas heimischen Hügeln steigen zu sehen und dann zu sterben«, doch was macht er denn in Ithaka, als er endlich angekommen ist? Er sitzt am Herd und pflügt und sät und verzehrt den Ertrag seiner Güter, und langsam wächst die Leere im Herzen. Das Heimweh, das ihn nach Hause trieb, hat zum Fernweh sich verwandelt. Der Seher Teiresias hatte Odysseus ja noch fernere Mühen prophezeit, von denen uns die nur noch in Spuren erhaltene »Telegonie« berichtet. Die Heimat war nur Etappe, Odysseus' unruhiger, vielwendiger Sinn treibt ihn weiter und erweist sich als sein wahres Schicksal. Darum führte der griechische Schriftsteller Nikos Kazantzakis Homers Geschichte in unserem Jahrhundert angemessen fort, als er die Heimatlosigkeit des Odysseus zum Kern seiner eigenen »Odyssee« machte. Gleich zu Beginn erscheint Odysseus als Fremder in der Heimat. Schweigend sitzt er während des Festmahls zur Feier seiner Rückkehr am Tisch. Ihm wird klar, dass er »Anker warf, um in Heimatruh' zu faulen.« Also baut er wieder ein Schiff und fährt mit einigen Getreuen wieder hinaus aufs Meer, und wie einst hält ihn nichts an einem Ort, befriedigt ihn kein Ruhm und keine Tat. Er kommt nach Kreta, aber auch von dort bricht er wieder auf zu den Quellen des Nils, und schließlich fährt er bis »zu der Erde Enden«. Am Schluss sieht man ihn einsam im Boot sitzen mit dem Tod an Bord, nun erst »von seiner eignen Freiheit frei«. Er löst sich auf in Dunst und Nebelschwaden und entschwindet unserem Blick.

Weil im Leben jede Situation einmal vergeht, weil sich alles irgendwann auflöst, nie etwas rund und voll wird, sind Fremdheit und das Bedürfnis nach Dauer, Fülle und Geborgenheit die ständigen Begleiter des Menschen. An diesem Widerspruch zwischen Bedürfnis und Realität ist schon mancher zerbrochen, zumal im Sog des Verschwindens des Vertrauten dem Menschen alles fremd werden kann, sogar er sich selbst. Dieser Möglichkeit hat man ihrer Bedrohlichkeit wegen den Geruch des Krankhaften angehängt, doch auch sie rechtfertigt die Hoffnung auf bessere Verhältnisse, weil die bestehenden dadurch die schlechteren sind, dass sie fest gegründet zu sein scheinen. Die Sehnsucht nach Dauer und Geborgenheit, nach Fülle und Vollendung nannte Platon »Eros«; denn es sei »das Streben nach dem Ganzen, was man Liebe nennt«. In seinem Buch »Symposion« schildert Platon die Zeugung des Eros, dessen Mutter Penia sei, also Dürftigkeit und Mangel, während sein Vater Poros sei, der die Fähigkeit symbolisiert, für alles Mittel und Weg zu finden, stets Pläne zu schmieden und Auswege zu ersinnen. So habe Eros als mütterliches Erbe, dass er »barfuß und heimatlos« sei, aber vom Vater her sei er ein gewaltiger Ränkeschmied, der stets versuche, seinem Mangel abzuhelfen. Darum lebe er bald im Glück, bald im Elend, da ihm immer wieder alles unter den Händen zerrinne. Diese Struktur bezieht Platon unmittelbar auf den Menschen und schreibt daher, man spreche vom Menschen, als bliebe der immer derselbe, aber sein Charakter, seine Überzeugungen, Bedürfnisse und Gefühle wechselten ständig: »Nichts von alledem bleibt dasselbe, sondern das eine entsteht, und das andere löst sich auf.«

Platons später Bewunderer Marsilio Ficino, der Hauptver-

treter der platonischen Akademie in Florenz, erläuterte in seinem Kommentar »De amore« vom Jahre 1469 auch diese
Geschichte von der Geburt des Eros, wobei sich Ficino vor
allem für die Heimatlosigkeit des Eros interessierte. Sie ist für
ihn die Ursache dafür, dass Eros unheimlich sei, weswegen
Platon zu Recht von dessen dämonischer Natur gesprochen
habe. Diese Erfahrung der Unheimlichkeit, des Außersichseins
oder Nicht-bei-sich-seins bezeichnete Ficino zum ersten Mal als
→ Angst, und diese Idee griff im 19. Jahrhundert der Theologe
und Philosoph Kierkegaard wieder auf, ohne sich allerdings
direkt auf Ficino zu beziehen. Die Frage, wie sich der Geist zu
sich selbst und zu seinen Bedingungen verhalte, beantwortete
Kierkegaard mit dem Satz: »Er verhält sich als Angst. Seiner
selbst ledig werden kann der Geist nicht; sich selber ergreifen
kann er auch nicht, so lange er sich selbst *außerhalb seiner*
hat.« Angst ist somit die Erfahrung, außer sich zu sein und
nichts zu haben, woran man sich halten kann; denn mit jeder
Bestimmung entziehen sich alle anderen Möglichkeiten, die
sich in der konkreten nicht verwirklichten, und mit jeder weiteren wiederholt sich dieser Prozess. In diesem ständigen Aus-
bleiben von Möglichkeiten, die aber doch die eigenen sind, liegt
das zutiefst Erschreckende der Freiheit. Doch dieser Angst ist
der Mensch unentrinnbar ausgesetzt; denn es gibt keine Möglichkeit zur Flucht aus der Freiheit. So hat der Mensch, wie
Kierkegaard weiter schrieb, das Abenteuer zu bestehen, »das
Sich-ängstigen zu lernen, damit er nicht verloren sei, entweder
dadurch, dass ihm niemals angst gewesen, oder dadurch, dass
er in der Angst versinkt«, wobei Kierkegaard ausdrücklich
auch an die Möglichkeit des → Selbstmordes dachte.

Doch gelingendes Leben, das die Angst besteht, und im
Selbstmord misslungenes sind relativ seltene Phänomene, und
der Alltag ist weder beglückend noch tragisch, sondern gewöhnlich, und darum ist der Mensch eben doch verloren, da
sich die Sehnsucht nach Ganzheit und Vollendung durch die
Erfahrung der Angst in die Sehnsucht nach Überwindung der
ängstigenden Situation verwandelt, und das ist die Geburt des
Versuchs, sich mit einer festen und sicheren Bestimmung aus
der Angst zu retten. Dieses Streben, die Freiheit in der Unfreiheit aufzuheben, ist der Freiheit immanent, und diese Ten-

denz kann selber nicht aufgehoben werden, ohne die Freiheit aufzuheben. Mit diesem Dilemma zwischen einer Freiheit, die sich selbst zerstören kann, und dem freiheitszerstörenden Versuch, sie daran zu hindern, müssen wir leben. Es gelingt uns schlecht. Doch weil das so ist, verdienen die Menschen Nachsicht für alle Übel dieser Entwicklung, und billig ist von ihnen das nicht zu erwarten, was sie kaum zu sein vermögen: frei und glücklich zugleich.

Schuld

»Felix culpa«, »glückliche Schuld«, singt die Kirche in der Osternacht. Nietzsche aber nannte das Bewusstsein der Schuld eine »düstre Sache«. In solchen Extremen bewegt sich die Beurteilung eines der wichtigsten Moralbegriffe. Nun mag man aber weder die Schuld (Adams) »glücklich« nennen, wiewohl sie Gottes Erlöserwerk auf Erden möglich machte, da dies nicht nötig gewesen wäre, hätte die Schuld erst gar nicht stattgefunden, noch mag man Nietzsches Urteil von der Schuld als einer »düstren Sache« teilen; denn beide Aussagen sind ideologisch eingefärbt und von denselben religiösen Vorstellungen geprägt, durch die sie ihr jeweiliges und nur scheinbar widersprüchliches Kolorit erhalten. Nun kommt zwar Nietzsche über den religiösen Schuldbegriff nicht recht hinaus, da er allzu sehr auf dessen Abwehr fixiert ist, aber er weist doch immerhin auf den inhumanen Pferdefuß des Schuldbewusstseins hin, während andere Philosophen erst gar nicht über diesen Begriff hinausgehen *wollen*, was man schon an dem unangenehmen Predigerton merkt, den sie sogleich anschlagen, sobald sie auf Schuld zu sprechen kommen.

Die religiöse Vorstellung von Schuld ist im Milieu des → Bösen angesiedelt, im begrifflichen Umkreis von Sünde und Verstrickung, von Sühne, Gnade und → Erlösung. In solchen Zusammenhängen ist der Mensch von vornherein ein Sünder und damit immer schon schuldig, weswegen in der Einleitung zu dem schmalen Band »Das kann ich Dir nie verzeihen!«, den die beiden Seelsorger Karin Finsterbusch und Helmut Müller 1996 herausgegeben haben, der Satz steht: »Auch der vorlie-

gende Band trägt der gewachsenen Einsicht Rechnung, dass
Leben inmitten von Leben, das leben will (Albert Schweizer),
nie ohne persönliche Schuld möglich ist.« Entsprechend beginnt Eugen Drewermann seinen Beitrag zu diesem Band mit
dem apodiktischen Satz: »Wir Menschen sind schuldig von
Grund auf.« Diese perverse Neigung, sich schuldig zu fühlen,
ehe man überhaupt etwas getan hat, pflegte vor allem der
Pietismus, der die ganz besonders Frommen dazu anhielt, das
eigene Herz und seine sündigen Regungen ängstlich-aufmerk-
sam zu belauschen und womöglich alle moralischen Fortschritte und Rückfälle täglich aufzuzeichnen. Dass der pietisti-
sche Geist dadurch zu einer der Quellen wurde, aus denen sich
die Entwicklung der Gattung des Tagebuches speiste, ist zwar
literarisch interessant, aber ein schwacher Trost für die vielen
Verwüstungen, die dieses Schuld- und Sündenbewusstsein in
die Welt brachte. Wer annimmt, dass der Mensch für Unfehl-
barkeit nicht geschaffen und also *schuldfähig* ist, und wer
überdies sich selbst nicht als unschuldig empfindet, muss deswegen noch lange nicht glauben, dass er »von Grund auf«
schuldig sei, und dass Leben »nie« ohne persönliche Schuld
möglich sei.

Gegen ein solch »düstres« Verständnis moralischer Schuld
versuchte Nietzsche, die Entstehung und Entwicklung dieses
Begriffes aufzuklären, wobei er zu dem ernüchternden Ergebnis
kam, der moralische Begriff der Schuld habe »seine Herkunft
aus dem sehr materiellen Begriff ›Schulden‹ genommen«, weshalb Nietzsche fortfuhr: »In *dieser* Sphäre, im Obligationen-
Rechte also, hat die moralische Begriffswelt ›Schuld‹, ›Gewissen‹, ›Pflicht‹, ›Heiligkeit der Pflicht‹ ihren Entstehungsheerd, –
ihr Anfang ist, wie der Anfang alles Grossen auf Erden, gründlich und lange mit Blut begossen worden.« Letzteres ist nun
nicht zu bestreiten und auch dies nicht, »dass jene Welt im
Grunde einen gewissen Geruch von Blut und Folter niemals
wieder eingebüsst« hat; denn Schuld rief immer und ruft auch
heute noch allzu leicht nach Rache und Strafe. Nietzsche nahm
diesen Ursprung und seine Wirkungen zum Anlass, das Bewusstsein der Schuld, also das schlechte Gewissen, in Bausch
und Bogen zu verwerfen. Doch weder die Herkunft des moralischen Schuldbegriffs noch seine theologische Interpretation

und die daraus resultierenden Folgen rechtfertigen diesen radikalen Schritt.

Dass der moralische Schuldbegriff aus dem materiellen entstand oder mit dessen Hilfe interpretiert wurde, erklärt, weshalb sie einige Besonderheiten gemeinsam haben, insbesondere die, dass sie dasjenige an der Vergangenheit sind, was von sich aus gegenwärtig bleibt, selbst dann, wenn man es verdrängen und vergessen will. Das gilt sowohl für den Fall, dass ein Einzelner Schulden hat oder schuldig wurde, wie für den Fall, dass eine Gruppe, Nation, Kultur oder Epoche schuldig wurde oder etwas schuldig bleibt. Schuld verschwindet immer nur, wenn sie ausgeglichen wird. Im Fall materieller Schuld ist das relativ einfach, man zahlt seine Schulden zurück oder leistet für das Geschuldete einen bestimmten Ersatz, wobei man früher nach dem Schema verfuhr: »Aug' um Auge, Zahn um Zahn.« Uns erscheint diese Regelung hart, aber sie verhinderte, unangemessen hohen Ausgleich zu fordern. War ein solch direkter Ausgleich nicht möglich, wurde dem Schuldigen zur Strafe ein anderes Übel zugefügt nach dem Regel: »Wer Leid verursacht, soll selber leiden.« Früher regelte man auch moralische Schuld nach diesem Prinzip des Ausgleiches und der Vergeltung. Mit der Vergeltung wird aber nur das Bedürfnis nach Rache befriedigt und nicht bedacht, dass man dadurch selber schuldig wird; denn wenn Schuld durch Zufügen von → Leid entsteht, kann man Leid nicht mit neuem Leid ausgleichen wollen, ohne eben selber Schuld auf sich zu laden.

Moralische Schuld lässt sich also nicht so einfach ausgleichen wie materielle Schulden, was aber nicht heißt, dass sie nun für alle Zeiten bestehen müsste; denn es gibt durchaus Möglichkeiten, sie zu tilgen. Diese erwachsen daraus, dass jede Schuld eine Außen- und eine Innenseite hat, weil durch eine Schuld einerseits die Beziehung zu anderen Menschen verletzt, andererseits aber auch die eigene Integrität und Identität gestört wird, was sich als schlechtes Gewissen äußern kann. Diese Verflechtung von Außen und Innen verhindert zwar, dass eine moralische Schuld von allein vergeht, gibt aber zugleich eine zweifache Chance zu ihrer Tilgung. Die eine besteht darin, dass man seine Schuld einsieht und eingesteht, wodurch wenigstens die Störung der eigenen Identität aufgehoben wird, selbst dann, wenn der andere einem nicht vergeben will. Diese Einsicht und das Eingeständnis, schuldig geworden zu sein, werden manchmal sogar als die einzige Möglichkeit angesehen, um Schuld aus der Welt zu schaffen. Man orientiert sich dabei an dem religiösen Begriff der Sünde, zu deren Tilgung Reue notwendig ist. Jedenfalls erklärte das Trienter Konzil (1545–63) ausdrücklich die Reue zum ersten und notwendigsten Bestandteil des Bußsakramentes. Doch damit endet auch schon die angebliche Gemeinsamkeit von Schuld und Sünde; denn wer mit schweren unbereuten Sünden dahingerafft wird, steht unweigerlich vor dem Höllentor, nicht aber der, der seine Schuld nicht mehr bekennen konnte; denn dem bleibt immer noch die Möglichkeit, dass ihm seine Schuld von dem vergeben wird, an dem er schuldig wurde.

Einen solchen Fall hat Sophokles exemplarisch in der Tragödie »Aias« dargestellt. Aias, der an den Griechen vor Troja schuldig geworden war, sollte noch als Toter dafür büßen und zwar dadurch, dass er nicht bestattet werden sollte. Das war das Schlimmste, was einem Toten damals angetan werden konnte. Diesem Beschluss, der in der Tragödie selbst als »verblendet« bezeichnet wird, widersprach einzig Odysseus, obwohl er doch des Aias größter Feind gewesen war. Odysseus argumentierte, dass man sich zu einem so großen Hass nicht hinreißen lassen dürfe, zumal man bedenken müsse, dass man selbst einmal in diese Lage kommen werde, als Toter auf die anderen angewiesen zu sein. Im anderen Menschen erkannte er sich also selbst, weshalb er den Vorwurf, er sorge sich offenbar nur um sich selbst, mit der Frage abwehren konnte: »Für wen soll ich denn mehr sorgen als für mich?« Odysseus setzte sich mit seiner Haltung durch, worauf am Ende der Tragödie der Bruder des Toten Dike anruft, die Personifikation des menschlichen Rechts, das die Grundlage für das gesellschaftliche Zusammenleben bildet. Dike solle diejenigen bestrafen, die solches Unrecht an einem Toten begehen wollten. Hier spricht Sophokles seine Überzeugung offen aus: Schuld muss man vergeben können, sonst zerstört man mit dem Recht die notwendige Grundlage menschlichen Zusammenlebens.

Nun erlebt man häufig, dass jemand nicht vergeben und vergessen will, als wäre beides das Gleiche. Vergessen soll aber gar nichts werden, schon deshalb nicht, damit sich die Schuld vielleicht nicht wiederholt; denn nur wenn sie in → Erinnerung bleibt, bleibt auch das Bewusstsein lebendig, wie leicht der Mensch in Situationen kommen kann, in denen er schuldig wird. Diese Erinnerung dient also nicht dazu, weiter mit dem Finger auf einen Schuldigen zeigen zu können, sondern mahnt an die eigene Gefährdung durch Schuld. Doch wie Schulden irgendwann einmal verjähren, so muss auch moralische Schuld einmal enden, was nichts anderes heißt, als dass der Geschädigte irgendwann einmal verzeihen muss, ganz besonders dann, wenn der schuldig Gewordene seine Schuld einsieht; denn mehr kann er schließlich nicht tun. Schwierig wird es erst, wenn einer mit sich im Reinen ist und weder sich in seiner Identität verletzt fühlt noch glaubt, anderen geschadet zu haben. Da kann man ihm noch so viel Schuld zusprechen, wie man will, er fühlt sich nicht schuldig und kann seine Schuld daher auch nicht gestehen. Durch moralisierende Vorhaltungen wird er höchstens noch verstockt, und so scheint seine Schuld nie enden zu können. Da muss dann der Geschädigte für ihn eintreten, indem er ihm irgendwann einmal verzeiht – großmütig, wie man früher sagte. Sieht er sich dazu nicht in der Lage, wird er unter Umständen selber schuldig; denn er spricht dem anderen dann eine so große Schuld zu, dass sie nie vergeben werden kann. Aber alle Schuld ist menschliche Schuld, Schuld nach Menschenart und Menschenmaß, und unterliegt damit auch dem Gesetz der → Vergänglichkeit. Also ist jede Schuld im Prinzip auch zu verzeihen, zumal dann, wenn man sich bewusst macht, dass man vielleicht auf dieselbe oder auf noch schlimmere Weise hätte schuldig werden können. Wer dies nicht bedenkt, missbraucht die Schuld des anderen, um selber besser dazustehen.

Allerdings gibt es Fälle so schwerer Schuld, dass man als Außenstehender schwerlich darauf beharren kann, das Opfer müsse in jedem Fall verzeihen. Wer wollte zum Beispiel von den Eltern eines missbrauchten und ermordeten Kindes fordern, sie sollten dem Täter verzeihen? Schon gar nicht kann man Vergebung fordern, wenn einer seine Schuld nicht eingestehen will oder kann, und sich dadurch doppelt schuldig macht. Der ehemalige SS-Obersturmbannführer Eichmann, der bis zuletzt von keiner persönlichen Schuld wusste, ist ein gutes Beispiel für diese Haltung. In solchen Fällen Vergebung fordern zu wollen, hieße, Menschen zu überfordern und sich selbst das Recht einer moralischen Instanz über sie anzumaßen. Wer so urteilte, urteilte selbstgerecht, aber nicht billig; denn er hätte kein Verständnis für die Menschen, die in so schwierigen, fast ausweglosen Situationen sind. Diesen Begriff der Billigkeit nannte Aristoteles, der ihn in die ethische und rechtliche Diskussion einführte, »eine Korrektur des nach den Gesetzen Gerechten«; denn jedes Gesetz und jede Norm berücksichtigt nur die Mehrzahl der Fälle, nicht aber jede Besonderheit, und daher reichen die üblichen Regeln für die gerechte Beurteilung konkreter Fälle nicht immer aus. Es bleibt eine Unschärfe und eine Grauzone, die von keinen Begriffen, Regeln oder Normen erfasst wird, weswegen es in vielen Fällen ungerecht wäre, rigoros nach einer Regel zu verfahren. Hier tritt die Billigkeit ein, und deshalb darf man auch Schuld und Schuldvergebung nicht immer streng und mechanisch nach der Moral messen.

Jeder darf also darauf hoffen, dass er billig beurteilt werde. Doch ein Recht auf diese Art Beurteilung hat keiner; denn darin liegt ja der Sinn der Forderung nach Billigkeit. Damit steht man aber vor einem Dilemma, weil die Hoffnung auf billige Beurteilung sowohl der hegen darf, der nicht verzeihen will, wie der, dem nicht vergeben werden soll. Dieses Dilemma ist nicht aufzuheben, eben weil Menschen bei ihrer Beurteilung von anderen Menschen abhängig und auf deren nur menschliche Einsicht, Souveränität und Großherzigkeit angewiesen sind. Absolutes mag es im Himmel geben, hier auf Erden aber ist alles relativ und unzulänglich, und so bleibt als einzig sichere Erkenntnis, dass nur derjenige den ersten Stein werfen kann, der ohne Schuld ist – also keiner.

Zufriedenheit

In dem Märchen vom Fischer und seiner Frau spielt der Butt die Hauptrolle. Er ist der Drahtzieher aus der Tiefe und nicht zufällig ein verwunschener Prinz, also ein Vertreter der herrschenden Klasse. Deren Wertschätzungen bestimmen daher auch den Ablauf der Geschichte, an deren Ende das Elend ihres Beginns steht, womit sie den die Verhältnisse stabilisierenden Satz bestätigt, dass man mit dem zufrieden sein solle, was man habe. Dieser Forderung korrespondiert die Haltung des Fischers, der mit seinem steten Bedenken, man solle sich mit dem Erreichten zufriedengeben, demütig und dumm verinnerlicht hat, was seinen Interessen nicht dient. So spiegeln sich die Interessen der Herrschenden in den Köpfen der kleinen Leute als Moral. Gegen dieses Komplott vertritt die Frau die Stimme der Vernunft. Sie hat durchschaut, dass ihr Zufriedensein nur ihr Bescheidensein bedeutet und verweigert sich dieser Zumutung. Dass sie scheitert, liegt nicht in der Natur der Sache, sondern – und hier entlarvt sich die Moral des Märchens selbst – in der Macht des Butt.

Wie anders stellt sich hier die Zufriedenheit dar als in der zur frommen Gesinnung geronnenen Meinung, die Hauptsache sei, dass man zufrieden sei. Ehrlichen Herzens kann keiner dieser Überzeugung sein, dahinter steckt also nur eine Ideologie, die sich die Menschen haben einreden und aufschwatzen lassen, bis sie schließlich selber glaubten, dass etwas Wahres an ihr sei. Ihren Anschein von Wahrheit bezieht diese Ideologie daraus, das die Zufriedenheit immer mit dem Begriff des → Glücks verbunden wird, wobei diese Symbiose als so gewiss gilt, dass sie selbst wissenschaftlichen Untersuchungen über die Zufriedenheit zu Grunde gelegt wird. Das belegt zum Beispiel das Institut für Glücksforschung e. V. (so etwas gibt es wirklich!), das seine erste wissenschaftliche Tagung unter das Thema stellte »Glück und Zufriedenheit«. Welche Interessen hinter dieser begrifflichen Verbindung stehen, zeigt sich manchmal ganz unverblümt, etwa wenn die Deutsche Gesellschaft zur Förderung der Freizeitwissenschaft (auch das gibt es!) anregte, das Institut für Glücksforschung möge sich doch einmal mit dem Thema der → Freizeit beschäftigen; denn dieser Lebensbereich sei für das Glück und die Zufriedenheit der Menschen sehr bedeutsam. Die Herren der Vergnügungsparks, Hotelketten und Sportartikel haben wohl erkannt, welches marktwirtschaftliche Potential in der Unzufriedenheit liegt, und deshalb suggerieren sie, das Angebot der Freizeitindustrie sei im Stande, die Menschen froh und glücklich zu machen. Träfe das zu, verlören die Herren freilich die Grundlage ihres Geschäfts, und so benutzen, verwalten und befördern sie in Wahrheit die Unzufriedenheit und machen sie zu einer sicher sprudelnden Einnahmequelle.

Denn mit Glück hat Zufriedenheit nicht das Geringste zu tun, ist sie doch nur das Gefühl, das sich einstellt, wenn alle Bedürfnisse befriedigt und keine Wünsche mehr offen sind. Dieser Zustand, der mit keinem Hochgefühl verbunden sein muss, was für die Empfindung des Glücks aber unabdingbar ist, ist auf Dauer angelegt; denn niemand wäre mit einem flüchtigen Augenblick Zufriedenheit zufrieden. Das Glück hingegen bleibt ein Glück, selbst wenn es kurz ist, weshalb selbst noch die spätere Erinnerung daran mit angenehmen Empfindungen verbunden ist. Wenn Hölderlin seine Elegie »Stuttgart« mit dem Satz beginnt: »Wieder ein Glück ist erlebt«, dann drückt die Formulierung aus, dass dieses Glück abgeschlossen ist, dass es aber auch als vergangenes seinen Charakter als Glück bewahren wird. Hingegen wäre der Satz: »Wieder eine Zufriedenheit ist erlebt«, blanker Unsinn; denn wer seine Lage als Zufriedenheit definiert, meint einen gegenwärtig anhaltenden Zustand, keinen abgeschlossenen und vergangenen. Der Sozialpsychologie Peter M. Hohmann nennt daher zwei Voraussetzungen für wirkliche Zufriedenheit: »Am zufriedensten sind Menschen vermutlich dann, wenn sie erhalten können, was sie brauchen, und zugleich wissen, wie sie dies auch in Zukunft bekommen können.« Das »vermutlich« dieses Satzes kann man getrost durch das Wort »sicher« ersetzen; denn man hat noch keinen erlebt, der sich ohne diese beiden Bedingungen als zufrieden bezeichnet hätte.

Die wirklich ernsten Zweifel richten sich aber nicht gegen die unklare begriffliche Einordnung der Zufriedenheit, sondern gegen ihr unbedachtes Lob; denn wenn Menschen unter der Voraussetzung anhaltender Zufriedenheit auch wirklich zufrieden sein sollten, bleibt doch immer noch zu fragen, ob ein solcher Zustand überhaupt erstrebenswert ist. Erste Zweifel sind schon darin begründet, dass anspruchslose Menschen am leichtesten zufriedenzustellen sind, und Zufriedenheit am schnellsten dadurch zu erreichen ist, dass man seine Bedürfnisse reduziert und minimiert, wodurch die Chance, sie zu befriedigen, in eben dem Maße steigt, wie die Bescheidenheit wächst. Genügsamkeit oder gar Entsagung gelten nicht umsonst als Königswege zur Zufriedenheit, weshalb in jede Zufriedenheit ein Gran Resignation hineingemischt ist; denn wer mit sich und der Welt zufrieden ist, gibt seine → Freiheit hin für ein Linsengericht. Diese Haltung geißelte Hegel schonungslos als »Lächeln des Selbstgenügens und gemütlichen Behagens«; denn Zufriedenheit sei »nur die Billigung meines eigenen Seins, Tuns und Treibens«, weshalb er sie eine »Philisterempfindung« nannte. Damit sprach er aus, dass Zufriedenheit im Grunde immer Selbstzufriedenheit ist, und dass die saubere Unterscheidung, nach der jene als Ideal zu erstreben, diese als Laster zu verdammen sei, nur die Identität beider kaschieren soll. Solche sprachlichen Differenzierungen werden immer dann vorgenommen, wenn eine zweifelhafte Haltung ideologisch gerettet werden soll, und so schätzt man etwa die Gläubigkeit, während man die Leichtgläubigkeit verdammt. Doch die sprachliche Erweiterung bedeutet in solchen Fällen keine Spezifizierung, sondern immer nur eine begriffliche Verstärkung.

Der resignative Rückzug auf die Zufriedenheit hat nicht nur private Folgen. Der Zufriedene verliert auch das Gespür für die Probleme der anderen, weshalb ihn selbst die drängendsten sozialen, politischen oder ökologischen Aufgaben schließlich nicht mehr berühren. Er hat die Welt akzeptiert, wie sie ist, und spürt keinen → Zorn mehr und keine Wut, die die besten Antriebe dafür sind, die Ungerechtigkeit und das Elend aus der Welt zu treiben. Man muss daher allen misstrauen, die Zufriedenheit predigen; denn entweder treibt sie – schlimm genug – die Dummheit um oder – schlimmer noch – der Eigennutz. Wer zufrieden ist, der ist stillgestellt, und so kann jeder Butt, nicht nur im Märchen, seine Absichten ungestört verwirklichen. Man darf daher nicht den frommen Sinn bewundern, mit dem Paul Gerhardt, der Dichter vieler evangelischer Kirchenlieder, rät: »Gib dich zufrieden und sei stille.« Achten muss man hingegen den freien Sinn, mit dem Kurt Tucholsky die Fahne der Empörung hochhielt: »Wir, die nie Zufriedenen, stehen da, wo die Männer stehen, die die Waffen gegen die Waffen erheben, stehen da, wo der Staat ein Moloch geheißen wird und die Priesterreligion ein Reif um die Stirnen.« Und warum nimmt

Tucholsky die Unbequemlichkeiten und Anfeindungen einer solchen Haltung in Kauf? Damit »die Menschen glücklich sind – um ihrer selbst willen«; denn das Glück ist kein Gottesgeschenk, sondern hängt unweigerlich an solcher Art von Unzufriedenheit.

Wer nicht nur still und zufrieden, sondern menschenwürdig und vielleicht sogar glücklich leben will, der kann mit keinem Zustand zufrieden sein, der muss immer wieder Grenzen überschreiten und manchmal sogar die Verhältnisse radikal umstürzen. Die Unzufriedenheit mit dem, was ist und wie es ist, ist der Sauerteig des Lebens, und das Bedürfnis nach dem Wechsel der → Moden und Stile, der Reize und Erfahrungen ist ebenso ein Beleg dafür wie die → Langeweile anhaltender Gleichförmigkeit oder das Grau, das die Seele trübt, wenn nichts sich ändert. Das unsterbliche literarische Symbol der mit dem Leben selbst gegebenen Unzufriedenheit ist die Figur des Faust, und was er vom Menschen sagt, kann man als Quintessenz des Lebens nehmen:

Im Weiterschreiten find' er Qual und Glück,
er, unbefriedigt jeden Augenblick!

Qual und Glück sind die Vorder- und Rückseite der Münze des Lebens, und dieses ist ohne jene nicht zu haben. Die Unlösbarkeit dieser Verbindung begründet zwar die Unzufriedenheit des Menschen mit dem Leben und der Welt, aber mit der Zufriedenheit schlösse er zwar die Qual, aber mit ihr auch das Glück aus. Angesichts dieser fatalen Situation sollte man Christian Morgensterns Aufforderung gedenken: »Sei nie mit dir zufrieden, so dass deine Zufriedenheit nur dazu dient, dich zu neuer Unzufriedenheit zu stärken.«

Melancholie

Melancholie ist einer der ältesten, schon aus der Antike stammenden Begriffe zur Beschreibung eines psychopathologischen Sachverhalts, der, dem griechischen Worte nach, zwar leicht an der schwarzen Verfärbung der Galle zu erkennen sein soll, sachlich aber immer unscharf und vieldeutig blieb, zumal er als eine mentale Anlage, als melancholisches Temperament, oder als wirkliche Krankheit verstanden werden konnte. Die fortschrittlichen Methoden der modernen Medizin und Psychologie verstärkten die Unklarheit über dieses Krankheitsbild so sehr, dass die Bezeichnung »Melancholie« zunehmend unbrauchbarer wurde, weshalb E. Kraepelin zu Beginn des 20. Jahrhunderts glaubte, die Melancholie werde »voraussichtlich als Krankheitsform gänzlich verschwinden«, während gleichzeitig der Psychiater G. L. Dreyfus davon überzeugt war, die Geschichte der Melancholie sei die Geschichte der Psychiatrie.

Von solchen Meinungsdifferenzen unberührt, erlebt die Melancholie seit längerem eine neue Blüte, was sich aber nicht so sehr auf ihre alte medizinische Bedeutung bezieht als auf ihre philosophische, die aber auf eine nicht minder ehrwürdige Tradition zurückblicken kann. In dieser philosophischen Hinsicht ist Melancholie eine Gefühlslage, eine mehr oder weniger vorübergehende Stimmung, wobei dann selbst die Räume, Töne, Landschaften oder Wetterlagen, die diese Stimmung befördern, melancholisch genannt werden können. Dieses Verständnis geht letztlich auf Platons Begriff des → Wahns zurück und wurde schon früh mit dem Nimbus düsterer Erhabenheit umgeben; denn schon in der Antike entdeckte man in den fluchbeladenen großen Heroen, die ein beleidigter Gott mit Wahnsinn schlug, Züge krankhafter Melancholie, so dass das melancholische Temperament schließlich zur schicksalhaften Veranlagung des schöpferischen, insbesondere des künstlerischen Genies wurde. In den Aristoteles – allerdings zu Unrecht – zugeschriebenen »Problemen« ist diese Ansicht die selbstverständliche Voraussetzung der Frage: »Warum sind alle außergewöhnlichen Männer, ob Philosophen, Staatsmänner, Dichter oder Künstler, offenbar Melancholiker gewesen?« Diese Auffassung wurde dann für lange Zeit zur herrschenden Lehre. Sie prägt selbst noch Goethes Gedicht aus seiner Sammlung »Sprichwörtlich«:

Zart Gedicht, wie Regenbogen,
wird nur auf dunklen Grund gezogen;
darum behagt dem Dichtergenie
das Element der Melancholie.

So wird das Leid zum Lied. Doch Gottfried Benn, selbst ein Betroffener, stellte sich am Ende seines Lebens in seinem Essay »Altern als Problem für Künstler« die Frage, ob die ästhetische Bewältigung und sprachliche Formulierung nicht eine unangemessene, eine ganz und gar »untiefe« Reaktion sei, ob »nicht vielleicht schweigend an der menschlichen Substanz leiden – tiefer« sei. Wie angebracht eine solche Skepsis ist, erfährt man an den Versen von Jacob Haringer:

> Aber auch das tiefste Erdenleid
> ward kein Leid; es ward bloß zum Gedicht.

Manchmal wurde es auch zur Musik. Berühmt sind Beethovens letzter Satz aus dem Streichquartett Op. 18, Nr. 6, der ausdrücklich den Titel »La Malinconia« trägt, oder das »Largo« aus seiner Klaviersonate Op. 10, Nr. 3, das er selbst als »Schilderung des Seelenzustandes eines Melancholischen« deutete. Diese Werke artikulieren exemplarisch die konventionelle, der künstlerischen Existenz verpflichtete Gebärde der Melancholie, bleiben allerdings auch in ihr befangen. Das änderte sich aber radikal in Beethovens späten Werken, vor allem in seinen letzten Streichquartetten, die in ihren langsamen Sätzen Gedanken an die Vergänglichkeit und Gefühle tiefsten Schmerzes in dichtesten musikalischen Formeln und in großer Pracht ausbreiten, und in denen sich kein heroisches oder künstlerisches Verständnis von Melancholie ausspricht, sondern ein ganz allgemein menschliches, das der junge Beethoven weder im Sinn hatte noch auszudrücken fähig gewesen wäre. Diese Alterswerke machen sinnlich erfahrbar, dass die Melancholie eine Frucht tiefer und langer → Enttäuschung ist, Ausdruck erlittenen Lebens, das sich durch einen Hang zur Kontemplation und durch Empfindsamkeit und Einbildungskraft auszeichnet; denn dadurch wird allererst der Bereich erschlossen, an dem sich die Melancholie bildet, erneuert und vertieft.

Beethoven steht mit dieser Auffassung einer auf Nachdenken und Kontemplation gegründeten Melancholie in einer großen Tradition, die einen ihrer Höhepunkte in Albrecht Dürers Kupferstich »Melencolia I« hat. Dieser Stich zeigt die in Meditation versunkene Figur der Melancholie mit einer uralten Ausdrucksgeste, nämlich mit der in die Hand gestützten Wange, die neben

Trauer und Müdigkeit vor allem schöpferisches Nachdenken signalisiert. Dieser allegorischen Darstellung entsprechen die Worte des italienischen Humanisten Cristoforo Landinos, eines nur wenig älteren Zeitgenossen Albrecht Dürers, der in seinen »Camaldulenser Gesprächen« schrieb, dass »trüber Sinn und Überdruss die ständigen Begleiter tiefer Forschung« seien. In diesen Worten und in Dürers Bild spricht sich die Erkenntnis aus, dass die Melancholie die psychische Antwort auf die bewusst erlebte und reflektierte Erfahrung der Welt ist oder, allgemeiner ausgedrückt, eine natürliche Folge des → Bewusstseins selbst.

Wollte man also für die Melancholie eine treffende Formel geben, die freilich keine zureichende Definition ist, könnte man sagen, Melancholie sei die aus Welterfahrung und Nachdenken geborene Trauer darüber, dass die Welt und das Leben nicht befriedigen, weil die Realität dem Ideal so wenig entspricht. In seiner Studie »Melancholie und Aufklärung« schreibt dazu Hans-Jürgen Schings: »Widersprüche zwischen vorstellenden und tätigen Kräften, zwischen Wunsch und Mittel, zwischen Einsicht und Schwäche, zwischen Phantasie und Willen – sie kulminieren im Widerspruch zwischen Ideal und Realität.« Paradigmatische literarische Fälle solcher Seelenlage sind Goethes Werther oder, noch eindeutiger, wenn auch nicht mit so durchschlagender öffentlicher Wirkung, der Anton Reiser von Karl Philipp Moritz. Die Melancholie beider Figuren hat ihren Ursprung und historischen Ort in der Sinnkrise, die aus der Erkenntnis entstand, dass sich die Hoffnungen der Aufklärung nicht erfüllten und auch nicht erfüllen würden. Sie gründet in der Erfahrung einer Gesellschaft, deren Grundsätze und Erscheinungsbild den Verheißungen einer aufklärerischen Vernunft Hohn sprechen, und je mehr einer die Idee des richtigen Lebens erinnert, desto stärker muss dann auch das Bewusstsein der Nichtigkeit des Bestehenden sein.

Die Erfahrung solcher Diskrepanzen kann dazu führen, dass man den Willen zur Veränderung für vergebens und jedes Handeln und Engagement in der Welt für sinnlos hält, so dass man sich nicht mehr dazu aufrafft, energisch die Realisierung seiner Ideale zu betreiben und einzufordern. Dann vergiftet die Melancholie die Seele und stürzt den Menschen in Lethargie

und → Langeweile. Karl Philipp Moritz sprach in diesem Zusammenhang von »Seelenlähmung« und »Resignation«, die er
selber gut kannte, wie wir aus den Erinnerungen eines seiner
Freunde wissen, der berichtet, Moritz habe manchmal ganze
Tage »in einem untätigen Hinbrüten auf dem Bette« verbracht
und sich dafür selbst verabscheut. Dieser Zustand der Lethargie erklärt auch, weshalb sich der Melancholiker so gern
mit der literarischen oder künstlerischen Aufarbeitung seiner
Erfahrungen begnügt und sein ganzes Bemühen in der Regel
»bloß zum Gedicht« führt. Dem desillusionierten Menschen
bleiben zur Kompensation der Enge der Verhältnisse und der
stagnierenden gesellschaftlichen Wirklichkeit nur noch Natur
und Poesie, und seine Träume von einem unmittelbaren und
ganzheitlichen Leben werden ihm zu einflusslosen Gegenbil-
dern der Realität. Melancholie macht den Menschen dann ganz
wehrlos, und er *erleidet* in ihr gewissermaßen die Passivität, die
er im Zustand der → Zufriedenheit durch aktiven Entschluss
selbst bewirkt. Das macht diese so verächtlich, jene so tragisch.

Erinnerung

Seit dem Versuch während der Zeit des Nationalsozialismus,
die europäischen Juden zu vernichten und ihre Kultur aus dem
Gedächtnis auszustreichen, gibt es Streit darüber, wie das Gedächtnis an dieses einzigartige Verbrechen angemessen zu wahren sei. Und seither hat der Begriff der Erinnerung in Deutschland einen ganz besonderen Klang; denn er ist für den gesellschaftlichen Diskurs unentbehrlich geworden, und selbst die
aus Schändlichkeit oder, im besten Fall, aus Scham geborenen
Versuche, es mit dem Erinnern nun genug sein zu lassen, bestätigen mit ihrer abwehrenden Haltung, welche besondere
Bedeutung das Erinnern für das Selbstverständnis eines ganzen
Landes hat.

Nach all dem, was die Jahrhunderte zuvor über diesen Begriff gedacht hatten, war nicht zu vermuten, dass er einmal eine
solche Bedeutung erlangen würde. Zwar hatte schon Platon
den griechischen Begriff der Anamnesis, der sowohl Erinnerung

wie Gedächtnis bedeuten kann, in die Philosophie eingeführt, und er spielte seither eine beständige, aber doch immer bescheidene Rolle in der Hitliste philosophischer Begriffe. Auch als Erinnerung später in die psychologische und physiologische Fachsprache übernommen wurde, war sie nur für die fachwissenschaftliche Diskussion von Interesse. Von einer gesellschaftlichen Relevanz dieses Begriffes konnte aber keine Rede sein, obgleich seine Bedeutung für die Entwicklung der Erfahrung und für die seelische Befindlichkeit des Menschen schon immer und die des Verdrängens als einer besonderen Form des Erinnerns spätestens seit Sigmund Freud klar war.

Dass man den wahren Rang dieses Begriffes so lange verkennen konnte, liegt nicht zuletzt an einer seit der Antike üblichen Metaphorik, nach der man sich das Gedächtnis wie einen Speicher vorzustellen hat und das Erinnern wie einen Zugriff auf diesen Speicher. Bedenklich ist dabei nicht das metaphorische Reden selbst; denn »wer über Erinnerung spricht, kommt dabei nicht ohne Metaphern aus«, wie die Literaturwissenschaftlerin Aleida Assmann mit Recht schreibt. Bedenklich ist vielmehr die Art der Metaphorik, die ihren Gegenstand ja nicht bloß umschreibt, sondern sachlich konstituiert. Die alte, raumorientierte Vorstellung eines Speichers wurde durch den modernen Vergleich des Gehirns mit der Funktionsweise eines Computers und dessen Zugriffs auf Datenbanken noch verfestigt, obgleich die modernen Neurowissenschaften dieses Modell längst ad absurdum geführt haben. Diese irrige Vorstellung suggeriert eine feste, vom Menschen nicht zu beeinflussende Verbindung zwischen der Vergangenheit, der Speicherung dieser Vergangenheit im Gedächtnis und der Vergegenwärtigung dieser Vergangenheit durch die Erinnerung. Nach diesem Modell ist das Erinnern wesentlich auf die Vergangenheit bezogen und lässt nur Nachfragen darüber zu, ob man etwas erinnert oder vergessen hat. Das entscheidende Problem ist daher auch nur, ob das jeweils Erinnerte mit den historischen Fakten übereinstimmt oder nicht.

An dieser Vorstellung ist aber nur richtig, dass sich der Inhalt des Erinnerns auf die Vergangenheit bezieht, das Erinnern selbst vollzieht sich jedoch in der Gegenwart und wird durch gegenwärtige Ereignisse hervorgerufen. Deshalb kann die Erinnerung aber auch die Gegenwart auslöschen und an ihre Stelle treten. Der spanische Schriftsteller Jorge Semprún, der das KZ-Buchenwald überlebte, berichtet von einem Abendessen bei Freunden, als er mitten in der lebhaften Unterhaltung in ein Stück Schwarzbrot gebissen habe: »Und da geschah es, dass der leicht säuerliche Geschmack des Schwarzbrotes und das langsame Kauen des sich zu Klumpen ballenden Brotes ganz unvermittelt wieder die Erinnerung an die herrlichen Augenblicke wachrief, wenn wir im Lager unsere Brotration verzehrt hatten«. Ganz erstarrt sei er dagesessen, und habe auf die Frage, was er denn hätte, doch nicht sagen können, »dass ich gerade im Begriff gewesen war, weit weg von ihnen vor Hunger zu sterben, vor Hunger zusammenzubrechen«. Seine Gegenwart war für einen Augenblick nicht die der anderen, sondern seine erinnerte Vergangenheit.

Die erinnernde Vergegenwärtigung eines Vergangenen kann sogar zum Zentrum und primären Inhalt des Lebens werden, womit Gegenwart und Zukunft gleichermaßen bedeutungslos werden. So haben Augustinus und in seiner Gefolgschaft die ganze mittelalterliche Theologie die Vergegenwärtigung des menschlichen Ursprungs aus Gott, das gläubige Hinhören auf die Botschaft der Offenbarung als einzig nötige Sorge des Menschen gelten lassen wollen. Die Suche nach neuen Kenntnissen von der Welt galt ihnen nicht nur als überflüssig, sondern als gefährlich, und so trat die memoria in Opposition zur Befriedigung menschlicher Wissbegierde und → Neugier. Diese Reduktion ist hochproblematisch, aber auch nicht recht durchdacht; denn in die Erinnerung fließen immer auch die unmittelbaren Bedürfnisse, Wünsche, Hoffnungen, Ängste und Emotionen, aber auch die → Lügen dessen ein, der sich erinnert, und so kann es keine Erinnerung geben, die nicht durch die Gegenwart und Zukunft mitbestimmt ist. Selbst noch die aktuellen kulturellen und politischen Vorstellungen über die Vergangenheit gestalten das persönliche, individuelle Erinnern mit, und so wird die Vergangenheit aus dem Horizont der Gegenwart und der erhofften oder befürchteten Zukunft immer wieder neu konstruiert. In unseren Erinnerungen, schreibt deshalb Theodor Adorno in seinen »Minima Moralia«, »verflicht unauflöslich das Vergangene sich mit dem Gegenwärtigen«, so dass man von einer »Wechselwirkung von Jetzt und Damals« sprechen muss. Wegen dieser Wechselwirkung ist keine Erinnerung »garantiert, an sich seiend, indifferent gegen die Zukunft dessen, der sie hegt; kein Vergangenes durch den Übergang in die bloße Vorstellung gefeit vorm Fluch der empirischen Gegenwart«.

Es ist daher unzureichend, nur nach der Wahrheit der Erinnerung und nach ihrer Übereinstimmung mit objektiven Fakten zu fragen. Auch als falsche ist sie noch »wahr«, insofern nämlich Erinnerungen Sinnzusammenhänge konstituieren, die es ermöglichen, die durch die Vergangenheit hindurch gegangene Gegenwart zu verstehen und zu bewerten, sie mithin zu rechtfertigen oder zu verwerfen. Erst dadurch stiftet das Erinnern eine Identität für die Gegenwart, was auch darin zum Ausdruck kommt, dass sich Erinnerungen vielfach in Emotionen und Gefühlen artikulieren, also in Situationen unmittelbarer Gegenwart. So kann man Gewissensbisse als Erinnerungen verstehen, die den Menschen bedrücken, Gefühle der → Schuld als Erinnerungen, in denen einer sich selbst anklagt, und Dankbarkeit als freudige Erinnerung.

Der Gegensatz zum Erinnern ist das Vergessen. Es ist ein naturwüchsiger Vorgang, den man willentlich nicht steuern kann. Deshalb schrieb im 17. Jahrhundert der spanische Philosoph Baltasar Gracián, es sei »mehr ein Glück als eine Kunst« etwas vergessen zu können, vor allem weil wir uns »der Dinge, welche am ehesten fürs Vergessen geeignet sind«, am besten erinnern. Erinnern aber ist unsere eigene Leistung, weshalb wir es auch manipulieren können. Angenehme Erinnerungen werden dabei gern verklärt und überhöht, schmerzliche oder peinigende verdrängt. Verklärung und Verdrängung sind also besondere Formen des Erinnerns, keine Gegensätze dazu, weshalb sie jederzeit bewusst gemacht werden können. Diese Möglichkeit wird zur therapeutischen oder psychiatrischen Behandlung genutzt, bei der man davon ausgeht, dass die (verdrängten) Erinnerungen eines Menschen seinen gegenwärtigen Zustand prägen und verständlich machen. Schon der psychoanalytische Ahnherr Sigmund Freud schrieb: »Was wir unseren Charakter nennen, beruht ja auf den Erinnerungs-Spuren unserer Eindrücke«. Das Verdrängte verschwindet aber nicht, sonst wäre es nicht mehr nötig, es zu verdrängen, vielmehr wirkt es in den Untergeschoßen des Bewusstseins fort, quält und tyrannisiert den Menschen, so dass er bisweilen seelisch erkrankt. Daher sei es nötig, fuhr Freud fort, »alle Erinnerungs-Lücken des Kranken auszufüllen, seine Amnesien aufzuheben«. Daraus zog Max Scheler die philosophische Konsequenz, wenn er zum Erinnern anmerkte, es sei »der Anfang der Freiheit von der heimlichen Macht der erinnerten Sache oder des erinnerten Ereignisses.« Das Erinnern ist damit eine notwendige Voraussetzung für einen aufrechten Umgang mit sich und seiner Vergangenheit, und dadurch kann es dann auch eine Zukunft geben, die diesen Namen verdient, weil sie nicht schon mit verdrängten Erfahrungen vorbelastet ist.

Wie das individuelle, so hat auch das kollektive Bewusstsein seine spezifischen Erinnerungen, und so bewahren Begriffe, Metaphern und Vorurteile die Erfahrungen, Hoffnungen und Irrtümer der ganzen Menschheit auf. In ihnen steckt, wie sich Georg Christoph Lichtenberg notierte, »die Philosophie unserer Vorfahren«. Sie stecken dort allerdings unbewusst und unreflektiert, während das bewusste kollektive Erinnern, bei dem man sich mit öffentlichen Feiern und Denkmälern seiner Identität versichert, mindestens ebenso sehr wie das individuelle unter das Kapitel der Verklärung und Verdrängung fällt. Deshalb steht auch unsere eigene Geschichte so sehr unter dem Bann des mehr Verdrängten als Erinnerten, dass man wohl kaum sagen kann, Deutschland stünde mit seiner Vergangenheit am »Anfang der Freiheit von der heimlichen Macht der erinnerten Sache«; denn die Vergangenheit vergeht erst dann, wenn sie nicht präsent bleiben muss. Ein Fall für die → Vergänglichkeit wird sie erst, wenn sie als – also nur noch – als Erinnerung besteht.

Hoffnung

»Wer von Hoffnung lebt, stirbt an Verzweiflung.« Dieses italienische Sprichwort lässt keinen Raum für Illusionen, während der italienische Dichter Dante seine Inschrift über dem Eingang zur Hölle mit der Drohung schließt: »Lasst, die ihr hier eingeht,

alle Hoffnung fahren!« Mit diesen beiden Sätzen ist der ganze
Umkreis abgemessen, wie man sich zur Hoffnung stellen kann,
wobei das Sprichwort mehr die antike Auffassung und Dante
eher die christliche wiedergibt. Ganz rein treten diese beiden
Ansichten in der Realität aber wohl kaum auf; denn wer hofft,
der zweifelt sicher auch, und wer verzweifelt, dem wäre gewiss
lieber, er hätte noch etwas zu hoffen.

In der griechischen Antike wurde die Hoffnung zunächst
ganz neutral als Erwartung von Zukünftigem verstanden, wobei sie mit keinen positiven Gefühlen verbunden war wie bei
uns. Aber selbst gegen diesen neutralen Begriff regte sich bereits in der archaischen Frühzeit die Skepsis, und so warnte
schon um 700 v. Chr. Hesiod vor der »leeren« oder »nichtigen«
Hoffnung, und seither begleitet dieses Epitheton den Begriff der
Hoffnung bei den Griechen. Diese kritische Haltung gegen alle
Erwartungen, Annahmen und Meinungen hinsichtlich der Zukunft nahmen auch die späteren griechischen Dichter ein. Pindar spricht von »dreister« oder »schamloser« Hoffnung und
Erwartung, die einem dazu verführe, prahlerisch nach vielerlei
Dingen zu trachten, und der Tragiker Sophokles lässt seinen
Aias sagen, er lege keinen Wert auf die Weisheit eines Sterblichen, der sich doch nur »an leeren Hoffnungen« erwärme.
Epikur, der griechische Philosoph um die Wende des 3. Jahrhunderts v. Chr., warnte gar vor jeder Zukunftserwartung, sei
sie nun eine Hoffnung oder eine Befürchtung. Wer sein Leben
halbwegs anständig meistern wolle, dürfe »nicht in den Fehler
verfallen, das Zukünftige entweder als ganz sicher anzusehen
oder von vornherein an seinem Eintreten völlig zu verzwei-
feln.« Und noch im 2. Jahrhundert n. Chr. mahnte der römische Kaiser Marc Aurel: »Lass die leeren Hoffnungen und hilf
dir selbst, wenn dir etwas an dir liegt, solange es noch möglich
ist.« Bei diesem ausgeprägten Bewusstsein der Vergeblichkeit
aller Hoffnungen wären Schillers Verse über die Hoffnung
undenkbar gewesen:

> Sie wird mit dem Greis nicht begraben;
> denn beschließt er im Grabe den müden Lauf,
> noch am Grabe pflanzt er die Hoffnung auf.

Wer so in jeder Zeile vom Grabe spricht, hat die Hoffnung
wohl wirklich nötig, nicht zuletzt die, dass ihn die Hoffnung
auf Erlösung nach seinem »müden Lauf« nicht enttäuschen
werde.

Doch bleiben wir noch ein wenig bei den Griechen! Simple
Pessimisten, etwa vom Schlage eines Schopenhauer, waren sie
nämlich nicht. Wenn sie auch von der Eitelkeit aller Hoffnungen überzeugt waren, so war ihnen doch auch bewusst,
dass sich Erwartungen und Vermutungen auf eine mehr oder
weniger große Wahrscheinlichkeit berufen können, weshalb sie
annahmen, man könne durchaus eine rational begründete →
Meinung über die Zukunft gewinnen, ohne dass man sich
deswegen gleich als unverständiger Mensch entlarven müsste.
Deshalb unterschied der Philosoph Demokrit zwischen unmöglichen und sinnvollen Erwartungen: »Die Hoffnungen der richtig Denkenden sind erreichbar, die der Uneinsichtigen unmöglich.« Selbst wenn dieses Zitat nicht von Demokrit sein sollte,
was manche Forscher glauben, so stammt es doch wenigstens
aus seiner Zeit. Übersehen sollte man jedoch nicht, dass der
Satz seine Klugheit nur erschleicht, da er das Problem offen
lässt, was denn *richtiges* Denken sei. Selbst der ältere Pindar
mahnt zuweilen, trotz seines bitteren Wortes von der »scham-
losen« Hoffnung, zu »guter« Hoffnung, und Sophokles mit
seinem Verdikt über die »leere« Hoffnung lässt im »König
Oidipus« den Chorführer sogar sagen: »Habe Hoffnung,
Herr!«

In solch aufmunternden Worten spricht sich die Erwartung
aus, dass der Mensch von der Zukunft nicht nur Neutrales
oder gar Übles, sondern auch Gutes erwarten dürfe, und diese
Ansicht kommt dem apokalyptischen Verständnis der Hoffnung im Alten Testament schon sehr nahe. Doch während sich
die rational begründbare Voraussicht der Griechen aus der
gegenwärtigen Wirklichkeit heraus nur auf das zukünftig
Wahrscheinliche richtet, bezieht sich die Hoffnung des Juden-
tums über alle irdische Gegenwart und Zukunft hinaus auf den
verheißenen → Gott. Natürlich hängen auch die Inhalte dieses
Hoffens auf Gott von der persönlichen und geschichtlichen
Situation der Menschen ab und richten sich deshalb zum Teil
auf ganz handfeste Hoffnungen, etwa auf die Befreiung aus

Not oder Krankheit oder auf die Errettung von Feinden, doch diese Hoffnung bleibt bei solchen Petitessen nicht stehen, sondern findet ihre Erfüllung erst im Vertrauen auf das umfassende Heilsgeschehen, das eine → Erlösung von allen irdischen Übeln verspricht; denn da sich diese Hoffnung personal auf Gott bezieht, enthält sie das Moment des Vertrauens, das im griechischen Verständnis der Hoffnung völlig fehlt. Da die griechische Sprache aber nicht zwischen »vertrauen« und »glauben« unterscheidet, ist für die Bibel das *Vertrauen* auf Gott identisch mit dem → *Glauben* an Gott.

An diesen vertrauenden Glauben knüpft dann die christliche Lehre der Hoffnung an; denn auch die Christen verstehen die Hoffnung als Vertrauen auf Gott, ein Vertrauen, das auch nicht durch die Wahrscheinlichkeiten erschüttert werden kann, die man sich aus der gegenwärtigen Situation auf die Zukunft hochrechnen kann. In seinem »Brief an die Römer« schreibt daher Paulus: »(Nur) in der Hoffnung sind wir gerettet; denn Hoffnung, die man (erfüllt) sieht, ist keine Hoffnung. Wie kann man denn hoffen, was man sieht?« Paulus illustriert seine Auffassung durch das Beispiel des Abraham, der »wider alle Hoffnung auf die Hoffnung vertraute«, dass er nämlich der Vater vieler Völker werde, was angesichts seines Alters schon eines gefestigten Glaubens bedurfte. Neben dieser offiziellen Lehre christlicher Hoffnung entfaltete sich, gleichsam apokryph und im kirchlichen Untergrund, eine christliche Tradition, die weniger das Moment des Vertrauens und der Zuversicht als die apokalyptisch-chiliastischen Inhalte der Hoffnung ins Bewusstsein rückte. Die Erwartung, dass es mit der Welt zu Ende gehe, brachte vor allem um die Jahrtausendwende manche ernsthaften, aber auch manche obskuren Bewegungen hervor, etwa die Flagellanten, die Albigenser oder die Katharer. In diesen kirchenkritischen Traditionen stehen im 12. Jahrhundert Joachim von Fiore und im 16. die Schwärmer und Wiedertäufer und ein Mann wie Thomas Münzer. Diese Bewegungen waren den Herrschenden in Staat und Kirche deswegen besonders verdächtig, weil sie die apokalyptischen Hoffnungen mit sozialrevolutionären anreicherten und Veränderungen einforderten, die die weltliche Erscheinungsform der Kirche bedrohten, weswegen man sie mit Feuer und Schwert auszurotten versuchte.

Wenn es zunächst auch gelang, diese Bewegungen gewaltsam zu unterdrücken, so vermochte die Gewalt doch nicht, die Hoffnung der Menschen auf bessere Zustände auszureißen. Es ist daher kein Wunder, dass sich die Philosophie, die bis zum 20. Jahrhundert nichts Wesentliches zum Thema der Hoffnung beizutragen wusste, vor allem diesen sozial-revolutionären Tendenzen zuwandte, als sie sich endlich doch mit diesem Thema beschäftigte. Deshalb knüpfte Ernst Bloch, durch den die Hoffnung überhaupt erst zu einem zentralen Begriff der Philosophie wurde, ausdrücklich an die Schwärmer, an Joachim von Fiore oder Thomas Münzer an. Bloch nannte die Hoffnung ein »Prinzip«, weil er sie nicht als Tugend oder als Affekt verstand, sondern als Leitlinie einer »Ontologie des Noch-Nicht-Seins«; denn dass etwas *noch nicht* ist, dass es in der Natur »Noch-Nicht-Gewordenes« und im Menschen »Noch-Nicht-Bewusstes« gibt, begründe erst die Hoffnung, dass es werden könnte, weshalb Bloch die Natur das »In-Möglichkeit-Seiende« nannte und vom »Selbsterweiterungstrieb« des Menschen sprach, wobei beide miteinander korrespondieren und so zusammenwirken, dass sich schließlich als Endergebnis ein utopisches Sein realisiert, in dem die Entfremdung von Subjekt und Objekt, von Mensch und Mensch und von Existenz und Welt aufgehoben sein wird. Bloch fand einen »Vor-Schein« dieser Hoffnung in allen Lebensäußerungen, im Hunger sowohl wie in den Trieben überhaupt, in den Träumen, den Märchen, dem Reiz der Reise oder in den Sozialutopien, der Musik und den Religionen.

Gegen diese gewaltige »Hofferei« haben andere Philosophen allerdings heftigen Protest eingelegt. Günther Anders, der diesen spöttischen Ausdruck prägte, sagte in einem Interview vom Jahre 1986 sogar den Satz: »Ich glaube, Hoffnung ist nur ein anderes Wort für Feigheit.« Deswegen habe man Hoffnung »nicht zu machen, Hoffnung hat man zu verhindern. Denn durch Hoffnung wird niemand agieren.« Das ist zwar eine eher polemische als sachliche Auseinandersetzung, aber Anders trifft doch einen wesentlichen Punkt; denn da jede Hoffnung enttäuscht werden kann, wie Bloch selbst sagte, besteht auch die Möglichkeit der → Enttäuschung jener Hoffnung, die sich am »Noch-Nicht-Sein« entzündet. Man kann sich auf sie so wenig verlassen wie auf jede andere, weshalb Anders als brauchbareres Mittel zur Veränderung der bestehenden schlechten Zustände unserer Welt statt der Hoffnung die → Gewalt empfahl; denn »dass Gewalt – wenn mit ihrer Hilfe Gewaltlosigkeit durchgesetzt werden soll und nur mit ihrer Hilfe durchgesetzt werden kann –, unsere Methode sein muss, das ist wohl nicht abstreitbar.« Wenn aber die Gewalt gegen die Hoffnung antreten, und jene gegen diese am Ende Recht behalten sollte, blickte die Welt in eine wirklich hoffnungslose Zukunft, und so bleibt uns wohl nichts anderes übrig, als alle allzu großen Hoffnungen auf die schlichte Erwartung zurückzunehmen, dass wir die Probleme des Tages meistern werden, was zwar ein bescheidenes Ziel ist, aber unsere Kräfte auch nicht übersteigt.

Mit diesem Ziel erhält auch die Gegenwart ihren eigenen Wert zurück, der ihr genommen wird, wenn sie nur unter dem Blickwinkel des Noch-Nicht betrachtet wird, und wenn sie nur der Vor-Schein eines Eigentlichen sein soll, das weder ist noch unmittelbar bevorsteht. Die Gegenwart ist aber nichts, das nur überwunden werden muss, obgleich das Ungenügende an ihr, das auf Verbesserung drängt, ins Auge springt. Darum wollen wir weder an Verzweiflung sterben noch alle Hoffnung fahren lassen.

Dummheit

Wenn die Philosophen, also die Freunde der Weisheit, über die Weisheit schreiben, wer soll dann eigentlich über die Dummheit schreiben? Da es aber allgemein als Zeichen von Dummheit gilt, sich für weise zu halten, wäre sie dann nicht ein angemessenes Thema für die, die sich dafür halten? Sie könnten sich dadurch doch als wirklich weise erweisen. In dieser subtilen Dialektik liegt vielleicht auch die Lösung des Problems, weshalb sich die Philosophie bisher so wenig ernsthaft mit der Dummheit beschäftigte. Schon Robert Musil musste in seinem Vortrag über die Dummheit vom Jahre 1937 feststellen, dass ihm auf der Suche »nach Vorgängern in der Bearbeitung der Dummheit auffallend wenige bekannt geworden sind.« Und das ist doch ein erstaunliches Faktum angesichts der weltweiten Verbreitung dieses Phänomens.

Lässt auch die *philosophische* Beschäftigung mit der Dummheit zu wünschen übrig, so fehlt es doch nicht an der *literarischen*. Von Lukianos, dem griechischen Schriftsteller aus dem 2. Jahrhundert n. Chr., bis zu Johann Nestroy, dessen gesamtes Werk eine intensive Auseinandersetzung mit der Dummheit ist, hat dieses Thema das Interesse aller Spötter, Satiriker und Misanthropen erregt. Selbst den ernstesten Philosophen war die Dummheit weniger ein Thema als ein Mittel, hin und wieder die literarische Feder zu spitzen und statt mit Argumenten mit bissigen Kommentaren und groben Sottisen zu fechten. Wenn etwa Hegel, bekanntlich selbst ein Schwabe, schreibt: »Dumm sind die Schwaben nicht, aber Esel sind sie,« dann hat man zwar nichts zum Denken, wohl aber etwas zum Lachen. Am bekanntesten ist aber immer noch das spöttische Lob, das Erasmus von Rotterdam in seinem »Theür und künstlich Büchlin Morie Encomion das ist ein Lob der Thorhait« der Dummheit zollte. Doch solche ironischen oder sarkastischen Darstellungen haben naturgemäß wenig Interesse an einer eingehenden Analyse ihres Begriffs, und ihre Absicht ist eher das Vergnügen als die Erkenntnis.

Das Wenige aber, das sonst noch über dieses Thema geschrieben wurde, kommt zum größten Teil darin überein, dass die Dummheit ein mehr oder weniger großer, im Extremfall wohl auch der völlige Mangel an Intelligenz sei. Typisch für diese Auffassung ist die Untersuchung über die Dummheit, die der Mediziner und Anthropologe Horst Geyer vorlegte, und die den Untertitel trägt »Ursachen und Wirkungen der *intellektuellen Minderleistungen* des Menschen«. Dass diese Zuordnung problematisch ist, beweist der Autor selber, dadurch nämlich, dass er sich gezwungen sieht, ganze Kapitel über »Dummes Verhalten *trotz normaler* Intelligenz« oder sogar über »Dummes Verhalten *infolge zu hoher* Intelligenz« zu schreiben. Bedenklich ist aber auch, dass man sich bis heute auf keinen verbindlichen Begriff von Intelligenz hat einigen können, der es erlaubte, auch die Dummheit besser oder vielmehr überhaupt erst zu verstehen. Am verbreitetsten ist immer noch die auf den Psychologen und Philosophen William Stern zurückgehende

Auffassung, Intelligenz sei die Fähigkeit eines Lebewesens, sich an *neue* Aufgaben und Lebensbedingungen anpassen zu können, so dass die Dummheit vor allem darin bestünde, neuen Aufgaben und ungewohnten Situationen nicht gewachsen zu sein. Dumme reagierten somit ungefähr so wie der Ochse vor dem neuen Scheunentor, während die Erfahrung lehrt, dass die wahre Dummheit auch schon vor dem alten Tor scheitern kann. Was aber den Ochsen anlangt, so muss man ihn in Schutz nehmen, diffamieren wir doch an ihm als dumm, was wohl eher Ausdruck kluger Lebensvorsicht ist.

Doch die These, Dummheit sei ein Mangel an Intelligenz, gilt als so gewiss, dass sie selbst noch der modernen evolutionären Erkenntnistheorie zu Grunde liegt. Diese Theorie schlägt allerdings eine charakteristische Volte ins allgemein Menschliche; denn sie versucht, den Grund für das Maß der menschlichen Intelligenz schlechthin zu bestimmen. Sie sucht deshalb nicht nur eine Antwort auf die Frage, weshalb wir so klug sind, wie wir es sind, sondern auch auf die Gegenfrage, die dem Buch des Erkenntnistheoretikers Nicholas Rescher den deutschen Titel gab, warum wir nicht klüger sind, als wir es sind. Man könnte natürlich genauso gut fragen, warum wir so dumm sind. Diese durchaus nicht ironisch gemeinte Frage findet ihre Antwort in der Beobachtung, dass die Evolution ein Vorgang ist, bei dem Kosten und Nutzen von Entwicklungen offenbar ständig und penibel im Gleichgewicht gehalten werden. Nicholas Rescher kommt daher zu dem Schluss, dass wir mit einer größeren Intelligenz »im sozialen Umgang miteinander benachteiligt (wären), da wir uns nicht mehr zur Kooperation genötigt fühlen würden«. Weil wir aber an allen Ecken und Enden erfahren, »dass wir einfach nicht klug genug sind, allein zurechtzukommen«, sind wir zur Zusammenarbeit gezwungen, und so gesehen ist die Beschränkung unserer Intelligenz kein Mangel, sondern eine Bedingung für das ordnungsgemäße Funktionieren einer menschlichen Gemeinschaft. An dieser Argumentation zeigt sich aber auch, dass die evolutionäre Erkenntnistheorie unter Dummheit etwas anderes versteht als die Alltagssprache; denn für diese ist die Dummheit immer nur eine mögliche Eigenschaft einzelner Individuen, die immer in Relation zu den Geistesgaben der anderen steht, während sich die evolutionäre Erkenntnistheorie mit dem rechten Maß menschlicher Intelligenz überhaupt, also mit der Intelligenz der menschlichen Gattung, beschäftigt, für die man sich im Alltag gewöhnlich nicht besonders interessiert.

Dass die Dummheit nur ein Mangel an Intelligenz sein könnte, das widerlegt übrigens schon die alltägliche Erfahrung, dass Dummheit und Intelligenz manchmal nah beisammen wohnen, so dass ein Mensch bei sonst voll entwickeltem rationalen Sinn dennoch ganz unvernünftig, ja ausgesprochen dumm sein kann. Der erwähnte griechische Schriftsteller Lukianos erfand für diese Spezies Mensch den schönen Namen der Morosophen, der Dummweisen, deren in Wissenschaft und Verwaltung häufig anzutreffende Sonderform wir als Fachidioten kennen. Auch der erstaunlich umfangreiche Schatz vieler Sprachen an Sprichwörtern über Dumme und die Dummheit weist in eine andere Richtung; denn der bloße Mangel an Intelligenz findet schon in den zahlreichen Witzen über die Deppen, Irren und Idioten sein primitives Gelächter. Da bedarf es nicht mehr der Sprichwörter, denen es auch nicht so sehr um das Gelächter, als um eine Erkenntnis geht, und die damit eine Funktion haben, die über das bloße Amüsement hinausreicht. Dass die dümmsten Bauern die dicksten Kartoffeln ernten, dass gegen Dummheit kein Kraut gewachsen sei, oder dass mit der Dummheit selbst Götter vergebens kämpften, wie bereits Friedrich Schiller schrieb, das beklagt alles keinen Mangel an Intelligenz, sondern, mit schon leicht resigniertem Unterton, die großen Erfolge derer, denen es doch gerade an wachem Sinn und Erfahrung, an Einsicht und Überblick, also an Urteilskraft und Urteilsfähigkeit mangelt.

Mit Recht schrieb daher Immanuel Kant in seiner »Kritik der reinen Vernunft«, der Mangel an Urteilskraft sei »eigentlich das, was man Dummheit nennt«. Unter der Urteilskraft verstand er aber das Vermögen, etwas Besonderes unter ein Allgemeines (eine Regel, ein Prinzip oder ein Gesetz) zu subsumieren, wodurch Erfahrungen allererst beurteilt, in einen Zusammenhang gebracht und verständlich gemacht werden können. Man könnte daher auch sagen, Dummheit bedeute soviel wie einen Mangel an Verständnis, sei es für sich und seine eigene Situation, sei es für andere und ihre Empfindungen oder für die jeweiligen Umstände und schließlich für die gesamte Welt. Diese Bedeutung hatte auch der Dichter Ernst Moritz Arndt im Sinn, als er 1844 die Dummheit als »echt schwäbische Tugend« bezeichnete und zum rechten Verständnis dieser norddeutschen Schmähung süddeutscher Mentalität anmerkte, man müsse dabei »nur bei der ursprünglichen Bedeutung des Wörtleins dumm stehenbleiben, wo es eigentlich das Starre, Taube bedeutet, was fremde Töne und Art nicht vernehmen noch aufnehmen kann.«

Über den Mangel an Urteilsfähigkeit täuscht die vorhandene Intelligenz freilich leicht hinweg, wobei man nicht nur die Dummheit eines anderen, die man doch ganz gern diagnostiziert, übersehen kann, sondern sich noch viel mehr über seine eigene zu täuschen vermag, gerade weil man glaubt, durch sein profundes Wissen und seine vielfältigen Kenntnisse vor ihr geschützt zu sein. Wenn zum Beispiel Horst Geyer in seinem oben erwähnten Buch über die Dummheit kategorisch befindet: »Hohe Intelligenz ist beim weiblichen Geschlecht am wenigsten erforderlich«, oder als unumstößliche Wahrheit verkündet »dass die klugen, gar zu klugen Frauen ihrer eigentlichen Bestimmung, eben Frau zu sein, nicht vollauf genügen wollen oder besser noch: können«, dann nährt das doch den Verdacht, dass der Autor seinem Thema näher stehen könnte, als ihm lieb sein dürfte.

Nun hatte schon Kant bemerkt, dass die Urteilskraft ein eigenes Talent darstelle, das im Grunde nicht belehrt werden könne, weshalb er sogar davon überzeugt war, einem Mangel an Urteilskraft sei eigentlich »gar nicht abzuhelfen«, wobei sich natürlich die Frage stellt, ob es den Fall absolut hoffnungsloser Urteilsunfähigkeit überhaupt gegen könne; denn ein gewisses Maß an Urteilskraft ist eine unabdingbare Voraussetzung schon für die bloße biologische Existenz des Menschen. Andererseits glaubte Kant aber auch, dass einer die »Naturgabe« der Urteilskraft, wenn er sie denn besitze, immer noch üben und trainieren müsse, woraus man folgern muss, dass die Dummheit die unausweichliche Folge bei Versäumnissen in der Entwicklung und Förderung der Urteilskraft sei. Daher sind die eigentlichen Wurzeln der Dummheit auch nicht so sehr in der Konstitution des einzelnen zu suchen als vielmehr im sozialen und gesellschaftlichen Bereich seiner Bildung und Erziehung.

Max Horkheimer und Theodor W. Adorno haben am Gleichnis der Schnecke gezeigt, wie dieser gesellschaftliche Mechanismus der Produktion und Verstärkung der Dummheit funktioniert. Stoße man nämlich einer Schnecke auf ihr Fühlhorn, ziehe sie es zurück und warte danach einige Zeit, ehe sie es wieder ausfahre. Je öfter man dies wiederhole, desto länger werden die Zeiträume, ehe sie sich nach dem Schrecken wieder rege, und wenn sich diese Erfahrungen häuften, werde sie schließlich »scheu und dumm«. Dem Menschen gehe es aber in vergleichbarer Situation nicht anders, woraus die beiden Philosophen den Schluss zogen, »jede partielle Dummheit eines Menschen« bezeichne einen Punkt, an dem er »gehemmt anstatt gefördert wurde«. Trotz solcher Einsichten wird die Dummheit gewöhnlich aber immer noch als ein bloß individuelles Schicksal und persönlich zu verantwortendes Manko angesehen, und wenn man es recht bedenkt, scheint es, dass man die gesellschaftlichen Bedingungen dieses Phänomens, die man leicht sehen kann, wenn man nur will, einfach nicht sehen *wollte*. Dieses Verhalten entspricht dem auch sonst zu beobachtenden Drang, dem einzelnen möglichst viel → Verantwortung zuzuschieben, um sich und die Gesellschaft, der man zugehört, von Verantwortungen weitgehend zu entlasten.

Dadurch aber, dass die Urteilskraft eingeübt werden muss, bekommt sie eine besondere Nähe zum moralischen Verhalten; denn auch dieses kann nicht belehrt, sondern muss geübt und trainiert werden. Sie ist deshalb nicht nur das Mittelglied zwischen Verstand und Vernunft, nicht nur die Verbindung zwischen der Fähigkeit, Begriffe zu bilden und zu urteilen, und dem Vermögen, diese Urteile dann in einer prinzipiellen Einheit zu verknüpfen, sie ist vielmehr auch das Zwischenglied zwischen Erkennen und Handeln. Diese Mittelfunktion hat dann natürlich in gleichem Maße auch die Dummheit als Mangel an Urteilskraft, weshalb auch sie in beiden Bereichen ihr verderbliches Unwesen treibt. Hinsichtlich des ersten Bereichs bleibt sie aber immer ein individuelles Problem, während sie im Spannungsfeld von Erkennen und Handeln oft weitreichende soziale Folgen haben kann, so dass sie hier nur als moralischer Mangel zu begreifen ist. Fehlende Sensibilität im Verständnis und im Umgang mit anderen Menschen, Gleichgültigkeit oder gar mangelnde → Solidarität sind Erscheinungen dieser Art von Dummheit, vorausgesetzt, sie sind nicht bewusste Entscheidungen und somit bloß Ergebnisse eines schäbigen Charakters.

Wegen solcher tief in das soziale Leben eingreifender Wirkungen kann man die beliebte Auffassung nicht teilen, dass ein gewisses Maß an Dummheit auch seine guten Seiten habe, da sie einem manches vom Leibe halte, was für einen verständigeren Menschen ein Problem darstelle. Für die private Seelenruhe mag die Dummheit ja dieselbe Schutzfunktion haben wie eine solide Fettschicht für das Gemüt, doch auf moralischem oder sozialem Gebiet erweist sich eine solche Dickfelligkeit nicht als Glück, sondern als Desaster, und je höher einer auf der sozialen Leiter aufgestiegen ist, desto gravierender werden dann auch die sozialen Auswirkungen seiner Dummheit sein.

Diese Beziehung zum sozialen Bereich ist der Grund, weswegen die Dummheit schließlich in unserem Jahrhundert auch als massenpsychologisch interessantes Phänomen entdeckt wurde. Robert Musil sprach zum Beispiel in seinem schon erwähnten Vortrag von dem Überlegenheitsgefühl der Dummheit, wenn der Mensch »im Schutz der Partei, Nation, Sekte oder Kunstrichtung auftritt und Wir statt Ich sagen darf.« Im → Wir hat der einzelne aber seine Urteilsfähigkeit schon abgelegt und aufgegeben, während das Wir oder, etwas zugespitzter, die Masse keinerlei Urteilskraft besitzt und deswegen besonders leicht verführbar ist, wobei sie den einzelnen unversehens mit in den Strudel ihrer eigenen Urteilslosigkeit reißt. Eine zusätzliche Facette hat die Dummheit als Massenphänomen in neuester Zeit bekommen; denn die moderne kulturkritische Auseinandersetzung mit den Massenkommunikationsmitteln und ihrem zunehmenden Einfluss auf das Leben des einzelnen und der Gesellschaft erklärt das Niveau, auf dem die Medien das menschliche Bedürfnis nach → Kunst und → Unterhaltung kommerziell befriedigen, mit dem Begriff (ungewollter oder vielleicht sogar gewollter) Volksverdummung. In der Tat ist eine entwickelte Urteilsfähigkeit für den ungetrübten Genuss der angebotenen Art von Unterhaltung und Zerstreuung eher hinderlich. Sie wird von den Medien daher auch nicht gefördert. Die bekannte Formel für das traurige Ergebnis dieser Sorte Befriedigung lautet, dass wir uns noch zu Tode amüsieren könnten. Auch wenn dies eine polemisch zugespitzte Formulierung ist, so macht sie doch auf eine Entwicklung aufmerksam, die nicht nur die Selbstbestimmung des einzelnen Menschen, sondern am Ende auch die Konzeption unserer gesellschaftlicher Organisationsformen bis hin zur Demokratie bedrohen könnte.

Wahn

Der Rinderwahn, der in aller Munde und durch vieler Munde auch in manchen Hirnen ist, erinnert daran, dass wir unter Wahn und Wahnsinn vor allem Phänomene aus dem Gebiet der Medizin verstehen, wobei allerdings die Frage, was Wahn, medizinisch gesehen, genau sein soll, von den offiziellen Lehr- und Handbüchern entweder gar nicht oder kontrovers beantworten wird, so dass ein »Psychiatrischer Untersuchungskurs« sogar ausdrücklich feststellen musste: »Eine allgemein gültige Definition, die das Wesen des Wahns umfassend und befriedigend beinhaltet, gibt es nicht«, nicht ohne freilich hinzuzusetzen, »obwohl Wahn im konkreten Fall gut zu erkennen und vom normalen Erleben und von anderen psychopathologischen Phänomenen unterscheidbar ist.« Die Probleme mit der Definition sind allerdings schon im historischen Erbe dieses Begriffs angelegt; denn der Wahn als psychische Störung und seelische Erkrankung ist nur das schäbige Ende einer Karriere, die einst glanzvoll mit der philosophischen Erhebung des Wahns in den Stand der Göttlichkeit begonnen hatte.

Der Urheber dieser Heiligsprechung ist Platon, der in seiner Schrift »Phaidros« erklärt, die Mania oder der Wahn sei nicht einfach nur etwas Schlimmes, er vermittle uns vielmehr »die wertvollsten unserer Güter«; denn er sei von Gott gesandt, weshalb der vom Wahn Betroffene im Zustand des Enthusiasmus sei, was wörtlich »von Gott erfüllt« heißt, und was wir angemessen mit »Besessenheit« übersetzen; denn der im Wahn Verzückte ist nicht mehr bei sich selbst, sondern in → Ekstase, was ebenfalls nur heißt, dass er außer sich sei. Platon erwähnt vier verschiedene Erscheinungsformen solcher Besessenheit, die uns heute freilich nicht alle in gleicher Weise überzeugen und betreffen. So können wir kaum noch etwas mit der Verzückung des prophetischen Wahns anfangen, mit dem Platon seine Aufzählung beginnt. Die Prophetin in Delphi, die Priesterinnen im Heiligtum von Dodona oder die Sibylle, die göttlich inspiriert Großes, aber als Menschen im nüchternen Zustand nur Dürftiges bewirkt haben sollen, überzeugen heute allenfalls noch Anhänger der → Esoterik. Die Erfahrungen christlicher Ekstatiker jedoch, auf die man vielleicht auch verweisen könnte, gehören nicht in diesen Zusammenhang, da sie eher privater Natur sind und jedenfalls durch Weissagungen noch nichts »Gutes für manches Haus und manche Stadt« bewirkt haben, wobei man überdies daran zweifeln kann, ob diese Erfahrungen überhaupt religiöser Natur sind.

Von größerer Bedeutung könnte für uns der von Platon an letzter Stelle genannte erotische Wahn sein. Damit ist keine geschlechtliche Begierde oder sexuelle Obsession gemeint, da der sexuell begehrende Mensch nicht außer sich ist, sondern durch den Drang, seine Begierde zu befriedigen, auf sich selbst fixiert bleibt. Der erotische Wahn meint hingegen die Erschütterung durch die Liebe und das »fassungslose Erstaunen« über die sinnliche Schönheit, von der ein empfänglicher Mensch hingerissen wird, wie wir ganz richtig sagen, weil damit das Außer-sich-geraten ausgedrückt wird, das für allen Wahn bezeichnend ist. Allerdings verspricht auch Schönheit keine Erfüllung, sie weckt nur eine »Sehnsucht« nach dem Vollkommenen und ist damit, wie Goethe prägnant und präzis sagte, »nicht sowohl leistend als versprechend.« Unser gewöhnlicher Drang nach Erfüllung und Befriedigung verhindert diese Erfahrung der Verzückung allzu leicht.

Am wirkungsmächtigsten war allerdings der Wahn, den Platon an dritter Stelle nennt, nämlich die göttliche Inspiration und Begeisterung des Dichters, ohne die einer bloß ein »Stümper« sei. Diese Vorstellung vom göttlich inspirierten Dichter schien immer wieder von Menschen bestätigt zu werden, die von ihrer Arbeit so besessen waren, dass man sich ihr Verhalten nicht anders zu erklären wusste, als dass sie von einer genialisch-dämonischen Innerlichkeit getrieben seien. Dabei wurde, was Platon nur vom Dichter sagte, später auf den Künstler allgemein übertragen, wobei jener Johann Gottlieb Goldberg, nach dem Bachs »Aria mit verschiedenen Veränderungen« für Klavier benannt ist, ein typisches Beispiel für eine solche Künstlerpersönlichkeit ist. Jedenfalls deutet das wenige, das wir von ihm wissen, auf eine solche manische Besessenheit hin. Zeitgenossen befanden beispielsweise, er sei ein »melancholischer und eigensinniger Sonderling« gewesen, ein »Noten-Fresser«, der »seltene Fähigkeiten« gehabt, doch die meisten seiner Kompositionen als »elende Kleinigkeiten« verachtet und wieder zerstört habe, wiewohl sie teilweise von einer solchen Vollkommenheit sind, dass eine seiner Sonaten sogar unter dem Namen Johann Sebastian Bachs gehandelt wurde. Da passt es gut ins Bild, dass Goldberg im Alter von nur 29 Jahren an »Verzehrung« gestorben ist. Solche genialen, sich an ihrem Werk verzehrenden Künstler wurden aber immer wieder durch andere konterkariert, die nicht weniger genial, fleißig und ihrer Kunst ergeben waren, ohne auch nur im Geringsten den Eindruck göttlichen Wahnsinns zu machen. Goldbergs Lehrer Bach ist dafür selbst ein guter Zeuge.

Trotz der vielfachen Erfahrung einer natürlichen, allen Wahnsinns fernen Begabung gilt der Künstler als Ausnahmetyp, bei dem die Identität und Einheit des Ich besonders leicht zerbrechen könne und die ansonsten feste Verknüpfung der Assoziationen, Gedanken, Empfindungen und Erfahrungen besonders locker sei. Das scheint zum Beispiel der Zeichner Carl Lange zu bestätigen, der neben sein Bild »Ein Beweis göttlicher Gerechtigkeit gegenüber menschlicher Ungerechtigkeit« die Sätze schrieb: »Dieses Bild ist ohne menschliches Zuthun von selbst in der rechten Einlegsohle meines Hausschuhes entstanden und von mir am 26sten. August 1898 entdeckt worden ... Wer die Entstehung dieses Wunders, in dem sich unverkennbar der Wille, die Absicht, der Gedanke einer höheren Macht zu einem bestimmten Zweck aussprechen, erklären kann, erkläre sie. Ich furze darauf ...« Doch das Bild, dem Lange diesen Text beigab, ist für jeden verständlich, sowohl sein sozial-moralisches Thema, wie die Deutung des unabhängigen künstlerischen Schaffensprozesses und die witzig-überlegene weitere Erläuterung, und dieses Verständnis wird auch nicht durch die Tatsache, dass Lange ein Künstler war, noch dass ihm sein Leben entgleist und er vom (religiösen) Wahn besessen war, beeinträchtigt.

Doch aus Angst, sich die grundsätzliche Labilität des Ich und die Nähe des Normalen zum Wahnhaften einzugestehen, erklärt das »normale« Bewusstsein den Wahn gern mit dem Zerfall des Normalen und seiner Degeneration. Diese Degenerationstheorie, die der französische Psychiater Bénédict Augustin Morel zu Beginn des 19. Jahrhunderts entwickelte, verband sich mit der These des französischen Arztes Jacques-Joseph Moreau de Tours, dass Genie und Nervenkrankheit direkt zusammenhingen. Ein zentraler Satz seines 1859 erschienenen Hauptwerkes »La psychologie morbide dans ses rapports avec la philosophie de l'histoire ou de l'influence des névropathies sur le dynamisme intellectuel« dekretiert apodiktisch: »Die Verschlechterung der physischen Natur des Menschen ist eine Voraussetzung zur Perfektionierung seiner geistigen Natur.« Diese Dekadenztheorie hat sowohl Gottfried Benn wie Thomas Mann beeinflusst, dessen Roman »Die Buddenbrooks« nicht nur, wie schon der Untertitel ankündigt, den biologischen »Verfall einer Familie« darstellt, sondern auch den damit verbundenen Vergeistigungsprozess bis hin zur künstlerischen Begabung.

Der Wahnsinn wurde durch diese Theorie dennoch nicht geadelt. Außerhalb der genialen Persönlichkeit blieb er vielmehr immer verdächtig; denn Wahn, Enthusiasmus und Begeisterung widersprechen bürgerlicher Ordnung, Gesetztheit und Kontrolle. Sie sind das Gegenteil jener Tugenden der Selbstbeherrschung und der Nüchternheit, die in allen Lebensbereichen herrschen sollen, in der Lebensplanung und beim Gewinnstreben, beim technischen Fortschritt und bei der weiteren Automatisierung unserer Welt. Angesichts dieser Nüchternheit und Selbstdisziplin wird alles ungewöhnliche Verhalten, alles nur entfernt Wahnhafte zum Anlass bloßer Verwirrungen, was Theodor Fontanes Titel »Irrungen Wirrungen« so präzis belegt, obgleich sich in dieser Geschichte eine Frau nur das Recht nimmt, so zu leben, wie sie selber will. Der Wahn als Irren und Verwirren erklärt auch, weshalb zum Beispiel Richard Wagner, der sich doch selbst als geniale, mit der künstlerischen Besessenheit vertraute Persönlichkeit begriff, seine neue Villa in Bayreuth »Wahnfried« nannte und im Mai 1874 mit dem Spruch taufte:

Hier, wo mein Wähnen Frieden fand,
– »Wahnfried« – sei dieses Haus von mir benannt.

Cosima Wagner, die diese schlechten Verse in ihrem Tagebuch zitierte, setzte zum besseren Verständnis hinzu, die Zusammensetzung beider Worte habe ihren Mann »so mystisch« berührt. »Mystisch« ist diese Verbindung allerdings nur, wenn man nicht weiter nachdenkt und daher auch nicht merkt, wie der vom Haupteingang des Bewusstseins vertriebene Wahn durch den Hintereingang wiederkehrt und in die geistige Enge und Borniertheit führt, die die Kehrseite oder die säkularisierte Form des Enthusiasmus und der Besessenheit ist. Nur dem Schein nach ist diese Enge der ersehnte bürgerliche Friede, wofür Wagners Wahnfrieden und sein gleichzeitiger Rassenwahn selbst das beste Zeugnis liefern. Dieser verbreitete Wahn, bei dem der individuelle Begriff des Genies umstandslos auf ein Kollektiv übertragen wird, dem man praktischerweise selbst zugehört, erklärte der Philosoph und Wissenssoziologe Karl Mannheim damit, dass er ein massenpsychologisches Bedürfnis befriedige, indem er der Mehrheit erlaube, sich als Elite zu fühlen, wobei Mannheim freilich nicht weiter bedachte, dass auch der Begriff der Elite oft nicht mehr als einen Wahn benennt.

Ein massenpsychologisches Bedürfnis unserer Tage befriedigte auch die weltweite, alles Maß überschreitende Trauer um die englische Prinzessin Diana. Dieser Ausbruch von Gefühl trug zwar Züge von Hysterie und Massenwahn, war selbst aber nicht irrational, sondern lässt sich ganz vernünftig erklären als Reaktion auf eine immer unübersichtlicher werdende Welt, die sich in ungezählte Komplexe, Disziplinen, Probleme und mögliche Identitäten aufsplittert, vor denen vereinsamte Individuen ratlos mit ihren unbefriedigten Bedürfnissen und unbewältigten Konflikten stehen. Eine solche Welt ruft nach Gefühlen, die die Komplexität des Lebens vereinfachen und so wieder eine → Orientierung in der Welt ermöglichen, die also lebbar machen, was nicht mehr durchschaubar und vielleicht nicht mehr ertragbar ist, und diese Gefühle werden umso überwältigender und wahnhafter ausbrechen, je chaotischer und undurchsichtiger die Welt ist. Der bis zur Lächerlichkeit gesteigerte Trauerkult um eine unbedeutende, aber in ihrer Rolle als Märchenprinzessin überzeugende Person war ein solcher Ausbruch aus dem Verhängnis, nur noch isoliertes Individuum zu sein. Jedenfalls vermittelte er ein Gemeinschaftsgefühl und das Gefühl menschlicher Solidarität, die in einer Welt narzisstischer Einzelner sonst schmerzlich vermisst wird. Dabei spielt es keine Rolle, dass diese Gefühle auch medial ausgeschlachtet und die Art der Trauer durch die Medien mitorganisiert wurden.

Was wir mit diesem öffentlichen Schauspiel erlebten, war ein Beispiel für jenen Wahn, den Platon im »Phaidros« an zweiter Stelle erwähnt, und den man den »kathartischen«, den reinigenden Wahn genannt hat; denn er befreit von seelischen Lasten und Nöten, die das Gemüt beschweren und das Leben verdüstern, und die, wie Platon schreibt, sogar aus »altem Verhängnis« oder »altem Verschulden« (der griechische Ausdruck meint beides) selbst früherer Generationen stammen können. Ein solches Verhängnis und eine solche Schuld ist nun aber auch die Art, wie wir die Welt, nicht nur die äußere, sondern gerade auch unsere innere, zugerichtet haben, so dass der Ausbruch ekstatischer Trauer als Katharsis und Reinigung dieses Verhängnisses verständlich wird, wenn auch als zur Fratze verzerrter Ausdruck eines Bedürfnisses, das sich in seiner normaler Form nicht mehr befriedigen kann.

Vielleicht vermag unsere gewöhnliche, wenn auch nicht unbedingt natürliche Ungeschicklichkeit zu dieser Art Wahn zu erklären, weshalb manche Vergangenheit einfach nicht vergehen will – trotz aller aufrichtigen Bekenntnisse zu Schuld und aller Versuche zur Wiedergutmachung. Die deutschen Verbrechen zur Zeit des Nationalsozialismus sind dafür ein gutes Beispiel. Die nur verständige Bewältigung solcher Vergangenheiten reicht offenbar nicht aus, um den Menschen, wie Platon bemerkt, für sich selber »heil zu machen für die Gegenwart und für die Zukunft«; denn nur dem, »der auf die rechte Weise außer sich ist, wird die Lösung von seinen gegenwärtigen Leiden zuteil.«

Gewalt

Fast reflexartig bekennt man sich heute dazu, gegen Gewalt zu sein. Diese Ablehnung, die einem das Gefühl verleiht, ein guter Mensch zu sein, mag politisch korrekt sein, vernünftig ist sie deswegen noch lange nicht, zumal man zum Beispiel weiß, dass die Zahl der Gewalttaten durch das Propagieren friedlicher Mittel der Konfliktlösung nicht unbedingt sinkt, manchmal sogar steigt. Hinzu kommt, dass Gewalt ein höchst schillernder Begriff ist, der ganz verschiedene Sachverhalte in sich vereint. Man gebraucht ihn sowohl im Sinne des lateinischen potestas, und dann bedeutet er soviel wie Macht oder Herrschaft, wie im Sinne von violentia, also von gewalttätiger Aggression. Diese letzte Bedeutung hat sich nun in der heutigen Alltagserfahrung und Umgangssprache so durchgesetzt, dass sie für uns der einzig richtige Inhalt des Gewaltbegriffes zu sein scheint, auch wenn das nur für das Substantiv zutrifft, während das entsprechende Adjektiv »gewaltig« die Bedeutung von »mächtig« oder »groß« hat, so dass das dem heutigen Begriff der Gewalt adäquate Eigenschaftswort »gewalttätig« lautet.

Diese neuere Entwicklung hatte zur Folge, dass die Gewalt nur noch als etwas Destruktives verstanden wird, dem man keine positiven Aspekte abgewinnen könne, weshalb man glaubt, dass sie aus der Gesellschaft vollständig ausgereutet werden müsse, wobei man auch noch annimmt, dass dies gelingen werde. Zur Begründung verweist man gern auf die materiellen und immateriellen Schäden aller Formen von Gewalt, sei es individuelle oder allgemeine wie der → Krieg. Niemand will die Leiden und Schäden von Gewalttaten bestreiten, aber es gab immer wieder Theoretiker der Gewalt, die über ihr Thema unvoreingenommen nachdachten und dabei zu Ergebnissen kamen, die die einfache Ablehnung von Gewalt als allzu schlichte Reaktion erscheinen lassen. So war zum Beispiel Hannah Arendt davon überzeugt, dass die Gewalt, wenn sie auch niemals legitim sein könne, unter Umständen doch gerechtfertigt sei, und der französische Soziologe Georges Sorel sprach sogar von der kathartischen, reinigenden Funktion der Gewalt, die eine Lebenstatsache sei, auf die man in bestimmten Situationen gar nicht verzichten könne.

Will man die Gewalt und ihre Funktion in der Gesellschaft verstehen, muss man zunächst einmal akzeptieren, dass sie vorkommt und also auch eine Funktion hat, und man muss im Prinzip auch akzeptieren wollen, dass sie womöglich sogar ein immanentes und nicht eliminierbares Moment wenn nicht des Lebens überhaupt, so doch der menschlichen Kultur ist. Unter diesem Aspekt hat ja mancher auch die biblische Aufforderung gelesen, der Mensch solle sich die Erde untertan machen und über alle Tiere herrschen. Von einer kulturimmanenten Gewalt geht jedenfalls Wolfgang Sofsky aus, der in seinem »Traktat über die Gewalt« schreibt: »Gewalt ist der Kultur inhärent.« Die Kultur werde nämlich nicht nur selber mit Gewalt durchgesetzt, sondern vervielfache auch »das Potential der Gewalt. Sie liefert Artefakte und Institutionen, Einstellungen und Rechtfertigungen.« Gewaltverstärkend wirkt dabei nicht nur die materielle Kultur, etwa durch die Produktion von Waffen, auch die Einrichtungen der sozialen und symbolischen Kultur erhöhen das Ausmaß der Gewalt, weil Institutionen dem Denken und Handeln Dauerhaftigkeit zu verleihen und Konventionen zu begründen suchen, in deren Namen dann alle Abweichungen unterdrückt und bekämpft werden. Schließlich stehen Gruppen mit kollektiven Überzeugungen, Maßstäben und Leitbildern in der Gemeinsamkeit des → Wir zusammen und zugleich in Konfrontation mit anderen. Kein Gott duldet andere Götter neben sich, keine Vernunft anerkennt eine andere, und die meisten Mentalitäten blicken scheel auf ihre Konkurrenten. Mit diesen Bestrebungen wird die Kultur aber zum Prokrustesbett, dem sich gesellschaftliche und individuelle Entscheidungen anzupassen haben.

Auch Georges Sorel zählte die Gewalt zu den elementaren Lebenstatsachen. Darüber hinaus war sie für ihn aber auch ein Zeichen geistiger Gesundheit eines Sozialverbandes, weshalb er die bürgerliche Moral mit ihrer Friedenserziehung und der Verteufelung von Gewalt ablehnte. Er forderte dagegen, dass man die Gewalt, wenn sie schon die Gesellschaft ganz und gar durchtränke, nutzen und für sie fruchtbar machen müsse, was er vor allem am Beispiel des (proletarischen) Generalstreiks demonstrierte; denn da es das Ziel der (bürgerlichen) Macht sei, »die Organisation einer bestimmten sozialen Ordnung aufzurichten, in der eine Minderheit regiert«, müsse »die Gewalt auf die Zerstörung eben dieser Ordnung hinwirken«. Gegen Gewalt hilft eben, gemäß dem Satz von Cicero: »Was könnte denn gegen Gewalt ohne Gewalt getan werden?«, manchmal nur Gegengewalt. Die Gewalt gegen die bürgerliche Macht sollte nicht nur das Klassenbewusstsein des Proletariats stärken, sondern die Menschen insgesamt von aller staatlichen Ordnung und Autorität befreien. Allerdings war sich Sorel auch bewusst, dass diese Gewalt selbst wieder zum Terror werden könne, wenn sie nämlich die Macht erobert habe und sie dann gegen die Unterlegenen anwende. Nicht nur Mussolini, der gelehrige Schüler Sorels, erkannte diese Chance und nutzte sie. Man konnte das auch in den Ländern des ehemals real existierenden Sozialismus erfahren, auch wenn manche sozialistische Theoretiker aus den unterschiedlichsten Fraktionen glaubten, mit der Etablierung des Sozialismus werde die Gewalt überflüssig werden und aus der Geschichte verschwinden. Zu dieser Ansicht verführte sie ihr geschichtsphilosophischer Glaube, dass die Geschichte eine Richtung und ein Ziel habe, so dass notwendigerweise einmal Elend, Leid und Not ein Ende haben würden. Für Georg Lukács zum Beispiel stand die Gewalt, die den Übergang zum Sozialismus erzwingen sollte, zum erstenmal im Dienste des Menschheit, da sie den Menschen aus der Herrschaft ökonomischer Zwänge befreien sollte. Deshalb gestand er zwar zu, dass das Zeitalter, in dem dies geschehe, die Zeit »offen eingestandener, nackter Gewalt-Anwendung« sei, aber er war auch davon überzeugt, dass sich diese Gewalt, wenn sie ihr Ziel erreicht haben werde, selber abschaffen würde. Dieser Hoffnung widerstand die Gewalt aber so sehr, dass sie in den Ländern, die an jener besseren Zukunft bauen wollten, nun nach dem Ende der real-sozialistischen Modelle sogar explosionsartig zugenommen hat.

Gewalt bricht nämlich nicht ohne Grund und unvorbereitet aus. Sie beruht auf einer latenten Gewaltbereitschaft, die jederzeit aktiviert werden kann, wenn sich nur die passenden Anlässe dafür finden. Das gilt für den privaten wie für den öffentlichen Bereich, in dem die Gewalt sogar institutionalisiert und als strukturelle Gewalt auftreten kann: als Mangel an → Gerechtigkeit, als fehlende Chancengleichheit, als einseitige Güterverteilung, als Massenarbeitslosigkeit und andere sozialen Schieflagen. Solche Zustände werden nämlich selbst als Gewalt erfahren, so dass die eigene als bloße Gegengewalt gerechtfertigt zu sein scheint, wobei sie sich aber nicht unmittelbar gegen die Urheber der als gewalttätig empfundenen Zustände richten muss, sie kann Sündenböcke finden, die sich dann gewöhnlich als die Schwächeren herausstellen. Wie weit dabei einige aber nur ihr privates Süppchen kochen und politisch und moralisch Verantwortliche versagen, das gehört in ein anderes Kapitel.

In solchen Erscheinungen zeigt sich die Rationalität der Gewalt, die keine dumpfe Kraft zum → Bösen ist, die sich nicht aus geheimnisvollen Quellen speist und daher – man weiß nicht wie und warum – plötzlich und unverständlich ausbricht. Wir kennen vielmehr die Bedingungen recht genau, aus denen sie entsteht und unter denen sie gedeiht. Und so wird kaum einer als Gewalttäter geboren, die Bereitschaft, Gewalt zu befürworten und praktisch anzuwenden, wird vielmehr in den meisten Fällen erst *gelernt*, wobei die Gründe für die Gewalttätigkeit oft schon in der Kindheit liegen. Dabei gibt es zwei verschiedene Wege zum Lernziel »Gewalt«. Zum einen lernt man durch Vorbilder, wenn das Kind familiäre Gewalt erfährt, und wenn ihm aggressive Verhaltensmuster als normale Möglichkeiten zur Konfliktlösung vorgelebt werden. Zum anderen lernt man Gewalt dadurch, dass man selbst Erfolg mit ihr hat und seine Ziele erreicht, so dass sie eine brauchbare Strategie zur Lösung von Konflikten zu sein scheint. Wenn solch aggressives Verhalten durch wiederholte Erfolge belohnt wird, steigt die Wahrscheinlichkeit, dass man sie in vergleichbaren Situationen wieder anwenden wird.

Solche Gewalterfahrungen in der Kindheit beeinflussen die Entwicklung von Wertvorstellungen, die für das ganze restliche Leben gelten. Amerikanische Untersuchungen haben zum Beispiel einen direkten Zusammenhang zwischen Gewalterfahrungen in der Kindheit und der Bejahung instrumenteller Gewalt im Erwachsenenalter nachgewiesen, und so befürworten solche Menschen das elterliche Züchtigungsrecht und körperliche Strafen in der Erziehung oder die staatlichen Todesstrafe weit stärker als andere. Dieser direkte Gewalttransfer aus dem familiären in den gesellschaftlichen Bereich ist nicht zu unterbinden, aber hier liegt auch die realistische Chance, die zunehmende Gewalt in der Gesellschaft eben durch entsprechende gesellschaftliche Maßnahmen in der Erziehung und Sozialisation einzudämmen; denn wenn man sie schon nicht völlig eliminieren kann, so bleibt doch die Aufgabe, sie aus Interesse an einem möglichst reibungslosen Zusammenleben der Menschen wenigstens zu minimieren.

Doch wie schwierig auch nur dieses bescheidene Programm durchzuführen ist, zeigt sich daran, dass selbst dort, wo man es am wenigsten vermuten würde, Gewaltpotenzial verborgen liegt. Heinrich Heine demonstrierte in seiner Schrift »Zur Geschichte der Religion und Philosophie in Deutschland«, dass noch aus den friedfertigen Religionen und den klugen Thesen der Philosophie eine gefährliche Praxis erwachsen kann. Was er in diesem Zusammenhang schrieb, klingt im Nachhinein wie eine Prophezeiung. Durch die Lehren Kants, Fichtes und Schellings hätten sich nämlich »revolutionäre Kräfte entwickelt, die nur des Tages harren, wo sie hervorbrechen und die Welt mit Entsetzen und Bewunderung erfüllen können. Es werden Kantianer zum Vorschein kommen, die auch in der Erscheinungswelt von keiner Pietät etwas wissen wollen, und erbarmungslos, mit Schwert und Beil, den Boden unseres europäischen Lebens durchwühlen ... Es werden bewaffnete Fichteaner auf den Schauplatz treten, die in ihrem Willensfanatismus, weder durch Furcht noch durch Eigennutz zu bändigen sind ... Doch noch schrecklicher als Alles wären Naturphilosophen, die handelnd eingriffen in eine deutsche Revolution und sich mit dem Zerstörungswerk selbst identifizieren würden.« Heine befürchtete »im Reiche der Erscheinungen dieselbe Revolution«, »die im Gebiete des Geistes stattgefunden. Der Gedanke geht der Tat voraus, wie der Blitz dem Donner.«

Krieg

Der Krieg sei der Vater aller Dinge, schrieb schon der griechische Philosoph Heraklit um 500 v. Chr. Dieser Satz wird seither immer wieder zitiert, allerdings wird er hartnäckig falsch zitiert, da Heraklit nicht vom Krieg als einer gewalttätiger Konfliktaustragung zwischen Staaten und Völkern sprach, er bezog sich vielmehr in metaphorischer Sprache auf unser Verfahren, die gesamte Wirklichkeit begrifflich in Gegensatzpaare aufzulösen, um sie uns verständlich zu machen. Als Beispiele für dieses Verfahren nannte er den Gegensatz von Göttern und Menschen oder von Sklaven und Freien. Dass man Heraklits Satz bis heute so beharrlich missversteht, ist freilich kein Zufall. Kriege haben die ganze menschliche Geschichte begleitet und so sehr bestimmt, dass der Krieg wie ein unausrottbares Naturereignis erscheinen kann, und dieser Auffassung kam Heraklits Satz gerade recht; denn durch ihn wurde der Krieg und seine Notwendigkeit mit der Autorität eines frühen Weisen geadelt. Er konnte nun guten Gewissens als selbstverständlicher Teil des gesellschaftlichen Lebens angesehen und das Verhältnis von Politik und Krieg sogar als »eine Fortsetzung des politischen Verkehrs, eine Durchführen desselben mit anderen Mitteln« (Carl von Clausewitz) aufgefasst werden.

Wie allgegenwärtig der Gedanke vom Krieg ist, zeigt sich nicht zuletzt daran, dass viele Lebensverhältnisse von einer mehr oder weniger deutlichen Kriegsmetaphorik durchdrungen sind. Besonders auffallend, hier aber auch naheliegend, ist das beim Sport, insbesondere bei Mannschaftsspielen wie dem Fußball, wo Begriffe wie Kampf, Gegner, Angriff, Sturm, Schuss oder Bombe sogar Fachtermini sind. Ausdrücke aus dem militärischen Bereich finden sich aber auch in der Politik, bei der man gern von Wahlschlachten spricht oder davon, dass man seine Bataillone sammelt und seine Reihen fester schließt. Andererseits will heute niemand mehr, wenigstens öffentlich nicht, den Krieg befürworten oder gar verherrlichen, weshalb man ausgerechnet im militärischen Bereich auf eine allzu deutliche Sprache verzichtet. Besonders verpönt ist das Wort »Krieg« selbst, man spricht lieber von Verteidigung und vom Verteidigungsministerium, wiewohl dessen Ernstfall dann doch der Krieg wäre. Diese sprachliche Verschleierung ist auch international schlechter Brauch; schickt zum Beispiel die UNO Kampftruppen in ein Kriegsgebiet, dann werden diese offiziell nur internationale Eingreiftruppen genannt.

Früher war es beliebt, Schlachten, gewonnene wie verlorene, als punktuelle Höhepunkte nationaler Geschichte zu begreifen.

Diese Auffassung täuscht darüber hinweg, dass Kriege keine Ereignisse sind, die man isoliert betrachten kann, sondern das Endergebnis einer langen und oft verworrenen Entwicklung, in der ein Konflikt vergebens mit den verschiedensten Mitteln zu lösen versucht wird, wobei Situationen der Eskalation und Deeskalation wechseln können, bis die Beteiligten den Eindruck haben, dass sie mit diesen Mitteln scheitern, so dass schließlich das aggressive kämpferische → Auseinandersetzen eintritt. Dabei kann man wohl nur selten die Aggression eindeutig der einen Seite und ihre bloße Abwehr der anderen zuordnen, so dass auch die Unterscheidung von Angriffs- und Verteidigungskrieg häufig problematisch ist. Da sie aber völkerrechtlich wichtig ist, setzen die Kriegsparteien gewöhnlich alles daran, vor der Völkergemeinschaft als bloßes Opfer dazustehen.

Für die Entstehung und Austragung kriegerischer Auseinandersetzungen sind bestimmte Voraussetzungen nötig. Entscheiden ist zum Beispiel, dass die Parteien strikt zwischen Außen und Innen unterscheiden, ferner aber auch, dass sich eine Gruppe als zusammengehöriger Verband versteht, der sich gegen angebliche Feinde, generell gegen Fremde, zusammenschließt. Diese für Kriege bezeichnende Haltung hat in Wilhelm II. Satz »Ich kenne nur noch Deutsche« ihren typischen Ausdruck gefunden (→ Wir). Dieses Schema von der eigenen Gruppe gegen die Gruppe der anderen gilt übrigens auch für Bürgerkriege. Notwendig ist diese Unterscheidung, weil sie mit der Herabsetzung der anderen schließlich auch die Tötungshemmung herabsetzt, was Voraussetzung jeder Kriegsführung ist. Kriegsvermeidung muss daher stets davon überzeugen, dass man, metaphorisch gesprochen, eigentlich doch im selben Boot sitze. Der Idee nach ist diese Vorstellung im Begriff einer gleichen Würde aller Menschen schon formuliert. Es fehlen aber immer noch alle organisatorischen Bedingungen, um dieser Idee Realität zu verschaffen.

Zu ihrer Unterscheidung hat man Kriege schon immer mit Namen versehen und sich dabei vor allem der kriegsführenden Parteien (Deutsch-Französicher Krieg), des geographischen Raums (Peloponnesischer Krieg) oder ihrer Zeitdauer (Dreißigjähriger Krieg) bedient. Zwei Attribute, die wir auch beim

→ Zorn verwenden, nehmen dabei eine Sonderstellung ein, nämlich die Ausdrücke »gerecht« und »heilig«. Sie sagen mehr, als man mit der bloßen Spezifizierung und Namensgebung eines Krieges meint, und dieses Mehr besteht nicht in einem einzigen Argument, sondern in einem Konglomerat von Gründen. Damit ein Krieg gerecht sein kann, müssen nämlich mindestens folgende Bedingungen erfüllt sein: Erstens muss es einen als gerecht empfundenen Grund für den Krieg geben. Das kann die Verteidigung des eigenen Landes sein oder die Abwendung noch schlimmeren Unheils, als es der Krieg selber ist. Wichtig ist zweitens, dass die Entscheidung für den Krieg durch eine ordentlich eingesetzte Regierung getroffen wird. Drittens darf das Ziel eines gerechten Krieges nur die (Wieder-)Herstellung einer gerechten Ordnung sein, wobei die Folgen des Krieges aber immer in einem vertretbaren Verhältnis zu eben diesem Ziel stehen müssen. Schließlich darf ein Krieg, der gerecht sein soll, nur geführt werden, wenn alle anderen Mittel bei der Konfliktbewältigung ausgeschöpft sind. Diese Einschränkungen werfen aber selbst wieder Fragen auf, die kaum zu klären sind. Was beispielsweise eine gerechte Ordnung sein soll, und wann alle anderen Mittel der Konfliktlösung ausgeschöpft sind, das werden stets strittige Fragen sein. Angesichts der modernen Militärtechnik, die im Extrem alle Lebensgrundlagen zerstören kann, scheint eine Unterscheidung von gerechten und nicht-gerechten Kriegen sowieso nicht mehr möglich zu sein. Um so mehr bedarf es der Anstrengungen, um einerseits Kriegsursachen wie Feindbilder, Hochrüstung, Ungerechtigkeit oder wirtschaftliches Ungleichgewicht zu vermeiden und andererseits geeignete Mechanismen zu entwickeln, die mögliche Konflikte schon im Vorfeld zu lösen erlauben.

Noch problematischer ist es freilich, die angebliche Heiligkeit eines Krieges zu behaupten. »Heilig« ist ein Ausdruck aus der religiösen Sphäre. Untersucht man aber die religiösen Quellenschriften, wird man nur selten auf den Ausdruck »Heiliger Krieg« stoßen. Selbst in den Schriften des Islam, an dem wir einen Hauptbeleg zu haben glauben, kommt dieser Ausdruck nicht vor. Das arabische Wort *dschihad*, das wir mit »Heiliger Krieg« übersetzen, bedeutet in Wahrheit nur die Anstrengung oder das Sich-abmühen. Allerdings wird dieses Mühen oft mit der Wendung »auf dem Wege Gottes« verbunden. Wird aber unter dschihad ausdrücklich eine bewaffnete Auseinandersetzung verstanden, dann hat das nie den Sinn, dass den Andersgläubigen der eigene Glaube aufgezwungen werden soll. Einen dschihad führt man nur, um den Bestand des eigenen Glaubens zu sichern. Erst in neuester Zeit wird dschihad in arabischen Quellen mit dem Wort »heilig« verbunden, aber das scheint nur eine Angleichung an den europäischen Sprachgebrauch zu sein.

Das antike Griechenland kannte hingegen ausdrücklich als heilig bezeichnete Kriege, etwa die Kriege zur Sicherung der Unabhängigkeit des Kultzentrums in Delphi, und auch das Christentum führte mindestens seine Kreuzzüge als heilige Kriege. Im deutschen Sprachraum hat der Ausdruck »Heiliger Krieg« einen ganz besonderen Klang. Als sich nämlich zu Beginn des 19. Jahrhunderts Deutschland, Italien und Spanien in den sogenannten Freiheitskriegen von der Herrschaft Frankreichs befreiten, weckte das eine vaterländische Begeisterung, die sich von religiösem Überschwang nicht eindeutig trennen lässt. Von Ernst Moritz Arndt bis zu Ludwig Uhland, von Max von Schenkendorf bis zu Theodor Körner sangen die Dichter der Freiheitskriege vom Heiligen Krieg, und diese damals verständliche Emphase wirkt heute noch auf manche politische oder soziale Auseinandersetzung und lässt sie ebenfalls, wenn auch selten zu Recht, als eine Art Befreiungskrieg erscheinen.

Kriege sind nur möglich, wenn sich Menschen finden, die sie führen, die sie also nicht nur politisch wollen und organisatorisch betreiben, sondern konkret ausführen. Ohne Generäle gibt es keinen Krieg, ohne Soldaten aber auch nicht. Wenn man aber Menschen als Soldaten gewinnen will, muss man ihre moralischen Bedenken vor dem Krieg und dem Töten zerstreuen, weswegen man die militärische Ausbildung sogar zur Schule der Nation veredeln wollte, obwohl der Zweck der Schule ist, für das Leben auszubilden, nicht das Töten zu lernen. Der Soldat, der aus dieser angeblichen Schule der Nation hervorgeht, ist in Wahrheit auch nur ein zum Mittel herabgewürdigter Mensch. Töten ist aber ein wesentliches Merkmal soldatischer Ausbildung, weshalb der Art. 12a unseres Grundgesetzes ausdrücklich vom »Kriegsdienst mit der

Waffe« spricht. Die Waffe mag zwar das letzte Mittel sein, doch selbst den Frieden kann man nur sichern, wenn die Drohung mit der Waffe glaubhaft ist. Um nun die Bedenken vor dem Töten zu beschwichtigen, wird einerseits der Krieg und das Töten im Krieg heruntergeredet oder gar gerechtfertigt, und andererseits werden die diffamiert und strafrechtlich verfolgt, denen auch das Töten im Krieg als Mord gilt. Das ist aber immerhin eine Auffassung, die sogar im deutschen Strafrecht ihre juristische Begründung findet; denn dort wird das Töten »mit gemeingefährlichen Mitteln« (§ 211 StGB) als Mord bezeichnet. Die meisten Kriegswaffen sind nun aber gemeingefährlich, und ganz besonders ist es natürlich die moderne Kriegstechnik mit ihren Massenvernichtungswaffen.

Das Soldatenhandwerk wurde daher schon immer als mörderisch klassifiziert. Leo Tolstoi bezeichnete sogar schon die bloße Unterhaltung einer Armee als »Vorbereitung zum Massenmord« und war davon überzeugt, dass jeder, der auch nur Steuern für ein Heer zahle oder gar Soldat werde, »nicht nur den Mord gestattet, sondern an ihm teil nimmt«. Bei uns ist nun aber das bekannte Tucholsky-Zitat, Soldaten seien Mörder, umstritten, wobei auch gleich die Abschwächung, Soldaten seien potentielle Mörder, als verwerflich gelten soll. Das ist kein unerheblicher Vorgang; denn »potentiell« heißt möglich oder denkbar, so dass es völlig richtig ist, zu sagen, alle Menschen seien potentielle Mörder. Aber nun sollen ausgerechnet die, die gelernt haben, mit Tötungswaffen umzugehen, ausgerechnet die sollen keine potentiellen Mörder sein. Um diesen Widersinn zu sanktionieren, versucht man sogar, einen besonderen Ehrenschutz des Soldaten durchzusetzen. Dabei wird noch nicht einmal beachtet, dass man keine Ehre *haben*, sondern sie einem nur *gewährt werden* kann. Man kann also gar nicht fordern, dass jemand eine besondere Ehre eines anderen anerkennen müsse, insbesondere dann nicht, wenn man dessen Tätigkeit als unmoralisch empfindet. Aus eigener Erfahrung wusste der Schriftsteller Johann Gottfried Seume: »Ein Soldat kann als Soldat durchaus auf keine Ehre Anspruch machen.« Denn der Mensch als Soldat betreibt ein mörderisches Handwerk. Wer dies auszusprechen als anstößig empfindet, hat wohl begriffen, dass dieser Satz nicht dem einzelnen Soldaten gilt, sondern denen, die den Krieg wieder als Instrument für ihre Politik gebrauchen wollen. Sie rufen nach der Justiz, um zu verhindern, dass über ihre Schande öffentlich gesprochen wird.

III. Der Mensch lebt nicht vom Brot allein

Einleitung

Der biblische Spruch, der Mensch lebe nicht vom Brot allein, sondern von jedem Wort, das aus dem Munde Gottes komme, artikuliert eine Erfahrung, die auch der noch macht, der sie nicht so fromm wie der alttestamentliche Autor formulieren wollte; denn das Brot sichert zwar das nackte Überleben und ist insofern für den Menschen unverzichtbar, doch was der Amöbe zum und als Leben reichen mag, genügt nicht für ein menschenwürdiges Dasein. Ob allerdings nach dem Fressen gleich schon die Moral komme, wie Mackie Messer und Jenny in der »Dreigroschenoper« singen, ist so sicher nicht, lebt mancher doch ganz gut ohne Moral und Religion und sittliche Bedürfnisse, der nicht gut ohne Liebe, Neugier, glückliche Momente oder neue Chancen und dergleichen mehr leben könnte.

Hinter dem Ausdruck »menschenwürdiges Leben« und der leicht dahin gesagten Floskel »und dergleichen mehr« versteckt sich das Problem, dass wir selber nicht so sicher wissen, was wir uns unter solchen Ausdrücken konkret vorstellen sollen. Noch schwieriger ist es, sich mit anderen darüber zu verständigen, weshalb man heftig darüber streiten kann, was auf der Liste unverzichtbarer Sachverhalte und Umstände zu stehen habe. Fragt man danach, antwortet der eine, ihm sei sein Glaube wichtig, für den anderen ist es seine gesellschaftliche Stellung, dem Dritten der Andere, dem Vierten gar sein trautes Heim. Diese Auskünfte sind bemerkenswert, antworten sie doch alle auf etwas, das gar nicht gefragt wurde, nämlich *wofür* es sich zu leben lohne, nicht aber *wovon*. Über diese Frage denken wir in der Regel selten nach, betrachten wir doch auch nur den Bau, nicht den Untergrund, auf dem er errichtet wurde.

Nicht um solche Ziele und Inhalte geht es im Folgenden, sondern um die Grundlagen, von denen wir zehren, auch dann, wenn wir für bestimmte Inhalte leben. Auf Vollständigkeit wird dabei aber von vornherein verzichtet, auch auf allgemeine Rechtfertigungen, weswegen bestimmte Begriffe aufgenommen wurden, während andere fehlen. Viele werden zum Beispiel die Stichworte »Freiheit« oder »Hoffnung« vermissen, und es unpassend finden, dass statt dessen so bedenkliche Begriffe wie »Enttäuschung« oder »Gerücht« aufgenommen wurden. Warum die einen hier stehen müssen, die anderen aber nicht können, kann man konkret bei diesen Stichworten selber nachlesen.

Glück

Der römische Gelehrte Marcus Terentius Varro soll im 1. Jahrhundert vor Christus den Versuch gemacht haben, alle Auffassungen vom Glück, die zu seiner Zeit bekannt waren, zu sammeln, wobei er auf die Zahl 288 gekommen sein soll. Wollte man heute, zweitausend Jahre später, denselben Versuch unternehmen, müsste man gänzlich scheitern, so sehr haben sich mittlerweile die Vorstellungen vom Glück differenziert und vervielfältigt. Wenn solche Versuche daher auch ziemlich unfruchtbar sein mögen, so sind sie dennoch lehrreich, weil sie demonstrieren, wie sehr die Frage nach dem Glück die Menschen bewegt und wie beharrlich sie versuchen, die rechten Wege zu ihm zu finden. Gewiss scheint daher nur zu sein, dass das Streben nach Glück ein im Menschen tief verwurzeltes Bedürfnis ist. Das ganze Ausmaß und die Stärke dieses Verlangens kann man daran erkennen, dass Menschen auf der Jagd nach dem Glück nicht nur willens sind, sich auf alles Mögliche einzulassen und allen Rattenfänger zu folgen, die auch nur einen Schimmer Hoffnung versprechen, man fände in ihrem Gefolge sein Glück, sondern auch bereit sind, sich bei diesem Unterfangen selbst ins größte Unglück zu stürzen.

Betrachtet man die inhaltlichen Bestimmungen, die das Glück ausmachen sollen, fällt auf, dass sie sich fast immer auf konkrete und habhafte Dinge wie Reichtum, Macht, Ehre,

Gesundheit oder langes Leben richten. Das sind Bestimmungen, die älter sind als jede Philosophie, und die sich trotz aller Philosophie bis heute gehalten haben, weil sie menschliche Grundbedürfnisse benennen. Doch Glücksgüter dieser Art sind unsicher, weshalb schon der griechische Philosoph Demokrit zwischen dem 5. und 4. Jahrhundert vor Christus befand, Ruhm und Reichtum beispielsweise seien »kein sicherer Besitz«. Diese kritische Einschätzung zieht sich seither nicht nur durch die gesamte philosophische Literatur, sondern bestimmt auch unseren Sprachgebrauch; denn der Ausdruck »Glück haben« lässt sich ohne Bedeutungsverlust durch die abschätzigen Formeln ersetzen, man habe »Dusel« oder »Schwein« gehabt. Auch die Redensart, dass man »sein Glück machen« könne, gehört in dieses Kapitel; denn man stellt sich dabei auch nur Zufälligkeiten von der Art vor, dass man Karriere machen oder den rechten Lebenspartner finden könne, was sich manchmal dann doch als rechtes Unglück erweist.

Solche Güter können Glücksgefühle auslösen, die sind aber noch nicht das Glück, und sie sind auch nicht mehr wert als beispielsweise das Gefühl der → Zufriedenheit. Dennoch kann man sich schlecht vorstellen, dass man ohne den Besitz solcher irdischen Güter wirklich glücklich sein könnte, und dieser skeptische Vorbehalt ist der Grund dafür, dass die moderne Werbung so erfolgreich auf den Konsum setzen und wahre Wunder durch den Besitz gewisser Produkte und ihren Genuss versprechen kann. Da wird selbst noch der flüchtige Rauch einer Zigarette zum Signum geglückten Lebens und der Abschluss einer Versicherungspolice zur Garantie eines glücklichen Daseins hochstilisiert. Aber gerade dadurch plaudert die Werbung aus, worin sich die tatsächliche Wirkung solcher Güter erschöpft: Sie besteht im bloßen Vergnügen und Wohlbehagen und nicht im Glück; denn Glück und Behagen bezeichnen zwei völlig verschiedene Provinzen menschlichen Befindens.

Die Unsicherheit äußerer Glücksgüter und ihre beschränkte Wirkung sind wesentliche Gründe dafür, dass man schon immer versuchte, das Glück auf ein solideres Fundament zu stellen und eine tiefere Vorstellung von ihm zu gewinnen. Das Glück sollte unabhängig vom äußeren Schicksal und seinen wechselnden Zufällen möglich sein, und so verband man es mit der Person selbst, zunächst nur mit ihren Absichten und Handlungen, sei es nun ein künstlerisches Werk oder eine politische Tat, dann aber auch mit ihren charakterlichen Eigenheiten und sittlichen Grundsätzen. Dadurch glaubte man, vom Glück in einem emphatischeren Sinne sprechen zu dürfen, weshalb man im Deutschen sogar den Ausdruck der Glückseligkeit erfand. Dieser gleichsam edlere, höhere oder tiefere Begriff vom Glück erlaubte es, das gewöhnlichste und heftigste Begehren des Menschen zu seinem Endziel und höchsten Gut zu erklären. Das ist freilich ein etwas windiges Verfahren; denn sein nacktes Interesse moralisch zu adeln, hält man sonst nicht für koscher.

Die Entwicklung zu diesem eigentlichen Begriff des Glücks begann schon in der Antike und findet in der Philosophie des Aristoteles ihren ersten Höhepunkt. Ihm zufolge hat nämlich der Mensch nur insoweit Teil am Glück, »als ihm Tugend und Verstand und entsprechende Tätigkeit beschieden ist«. Später haben die Stoiker (vor allem natürlich die römischen) schlichtweg bestritten, dass man ohne Tugend überhaupt glücklich sein könne, wobei sie aber annahmen, dass die Tugend höchstens in Ansätzen zu verwirklichen sei, wodurch auch das Glück zu einer bloßen Chimäre wurde. Es ist aber nicht nur unbefriedigend, das Glück als Ziel und Endzweck des Menschen zu postulieren und seine Verwirklichung dann doch für unmöglich zu erklären, es beleidigt vielmehr jedes Gefühl für Gerechtigkeit und Billigkeit und ist deswegen kein brauchbarer Weg zum Glück, sondern eher Anlass für Missstimmungen.

Doch diese Bestimmungen, dass Glück mit Tugend notwendig verbunden, wahres Glück auf Erden aber nicht zu haben sei, wurden – wenn auch in einer neuen Interpretation – vom Christentum übernommen und dadurch für lange Zeit zur herrschenden Lehre. So sehr galt der Tugendvorbehalt, dass nicht nur die gesamte philosophisch-theologische Fachliteratur von ihm durchdrungen ist, selbst entferntere Zeugnisse belegen noch seine selbstverständliche Geltung. So schrieb etwa der junge Heinrich von Kleist in seinem »Aufsatz, den sichern Weg des Glücks zu finden«, nur die Tugend sei »die Führerin der Menschen auf dem Wege zum Glück«, und das Glück bestehe allein in dem Genuss, der »in dem erfreulichen Anschaun der moralischen Schönheit unseres eigenen Wesens« liege. Kleist musste allerdings gestehen, dass er gar nicht wisse, welchen genauen Sinn er mit dem Wort Tugend verbinden solle, er hoffe aber, schrieb er in glücklicher Jugendeinfalt, dass sich ihm in Zukunft das Bild der Tugend »in immer deutlicheren Umrissen« darstellen werde. Doch so lange das noch nicht in aller Klarheit geschehen ist, muss man sich auch mit der Verwirklichung des Glücks noch ein wenig gedulden.

Diese Vorstellungen vom Glück mögen ehrenhafter, wohl auch befriedigender sein als jene, die das Glück im Besitz materieller Güter verwirklicht sehen, vielleicht tröstet sich damit aber auch nur, wer nicht fähig ist, sich Ehre, Macht oder Reichtum zu erwerben und sich so auf seine bloße Innerlichkeit zurückgeworfen findet; denn nur, wer noch nicht durch die Erfahrung der Nichtigkeit auch solchen Glücks eines Besseren belehrt wurde, kann sich mit solcher Selbstgenügsamkeit zufrieden geben. Die wahre Sehnsucht fordert aber mehr als nur die Erfüllung einzelner Gefühle und Wünsche oder gar nur die Annäherung an eine solche beschränkte Erfüllung. Will man den Anspruch, den wir mit dem Glück erheben, nicht aufgeben, dann muss man davon ganz absehen, das Glück in bestimmten Erfüllungen finden zu wollen.

Mit der Tradition, das Glück in der Verwirklichung irgendwelcher Inhalte zu sehen, bricht zum ersten Mal Thomas Hobbes im 17. Jahrhundert. Glück ist für ihn nicht die Folge erfüllter Intentionen und genaugenommen auch kein *Zustand*, sondern »der ständige Progress von einer Begierde zur nächsten«, weshalb es überhaupt keine wirkliche und endgültige Befriedigung geben könne, wie sie die Idee der Glückseligkeit suggeriert. Diesen Gedanke hat später Immanuel Kant mit den Begriffen der Lust und Unlust erläutert. Jede Lust schlage nämlich irgendwann einmal in Unlust um und werde langweilig, so dass sich das Glück nur im steten Wechsel von Lust und Unlust, von Vergnügen und Schmerz finde. Allerdings ist es sehr die Frage, ob das Glück überhaupt mit einer solchen ausschließenden Alternative wie Lust und Unlust zureichend erklärt werden kann, zumal es in diesem begrifflichen Umfeld nur als gelungene Abwehr von → Langeweile erscheint, und das ist doch eine etwas karge Vorstellung von Glück.

Versteht man aber Glück als einen Prozess, dann verwandelt sich die Frage, in welchen Inhalten sich das Glück verwirkliche, in das praktische Problem, ob und wie sich dieser Prozess steuern und der Wechsel zwischen lustvollen und lustlosen Momenten so organisieren lasse, dass man am Ende eine positive Bilanz ziehen könne. Die Redensart, jeder sei »seines Glükkes Schmied«, zweifelt nicht an der Möglichkeit einer solchen Erfolgsbilanz, doch die Erfahrung lehrt, dass dazu mindestens ein gerüttelt Maß an Lebensweisheit und Lebenskunst erforderlich ist. Arthur Schopenhauer, der die Möglichkeit eines glücklichen Daseins »von dem höheren, metaphysisch-ethischen Standpunkte« seiner Philosophie aus rundweg verneinte, dessen ungeachtet aber dennoch eine »Anweisung zu einem glücklichen Dasein« verfasste, hat deshalb die »Kunst, das Leben möglichst angenehm und glücklich durchzuführen« als genuine Aufgabe der Lebensweisheit bezeichnet. Der Erfolg seiner »Aphorismen zur Lebensweisheit« verdankt sich nicht zuletzt der Tatsache, dass die Menschen zwar gerne glücklich wären, aber nicht wissen, wie sie dies erreichen sollen; denn solange die Welt ist, wie sie ist, ist es wahrhaftig eine Kunst, glücklich zu sein, eine Kunst, die viel vergessen und verdrängen muss, um unter den gegebenen Umständen ihr Ziel überhaupt verwirklichen zu können. Doch ein Glück, das auf der sorgsamen Verdrängung von Realitäten beruht, auf Täuschung und auf Selbstbetrug, das sich der Wirklichkeit und dem → Alltag, in dem es selten heimisch ist, nicht stellen kann, ohne sich zu gefährden und als Illusion zu erweisen, kann dem Anspruch, Glück zu sein, nicht genügen. Es ist deshalb eine edlere Regung, unter den gegebenen Bedingungen – vor allem derer, die es nicht sehr glücklich getroffen haben – gar nicht glücklich sein zu *wollen*, und unter Umständen macht diese Empfindung den Menschen, wenn man das überhaupt so sagen kann, erst wirklich glücklich. Menschen jedenfalls mit feinen Instinkten und Empfindungen verachten ein solches Glück.

Misstrauisch gegen alle schönen Worte und wohlfeilen Rezepte wird man endlich bescheidener und sucht schließlich da, wo man einzig kompetent ist, nämlich in seiner eigenen Erfahrung, nach Situationen, von denen man behaupten möchte, Glück sei für sie das rechte Wort. Und man wird gewiss auch fündig werden, wenn auch nicht im Sinne irgendeiner spekulativen Großtheorie; denn nichts Besonderes und Ausgezeichnetes findet man da, sondern eher Bescheidenes und Unscheinbares. Es gibt nämlich Augenblicke, in denen das Leben plötzlich wie verwandelt ist, in denen es in einem anderen Licht erscheint und sich gleichsam in *einem* Punkte konzentriert. Es sind flüchtige und dennoch zeitlose oder vielmehr der Zeit enthobene Augenblicke, deren Glück unmittelbar besteht, und die man nicht erst nachträglich verklären muss, wie es mit manchen Zeiten geschieht, die man hinterdrein erst zu glücklichen erklärt, sei es nun die eigene Jugend oder allgemein die angeblich gute, alte Zeit. Dieses Glück kann deshalb auch später in der Erinnerung nicht enttäuscht werden, und das ist vielleicht der stärkste Beleg für die Wahrheit solchen Glücks.

Diese Erfahrung des glücklichen Augenblicks wird durch viele poetische Beschreibungen bestätigt – wobei hier im Vorübergehen angemerkt sein soll, dass man den Werken der Dichter oft Besseres über das Thema »Glück« entnehmen kann als denen der Philosophen. So erinnerte sich Hermann Hesse noch in späten Jahren an einen Morgen seiner Kindheit, an dem ihn gleich beim Erwachen, wie er schrieb, »ein ganz ungewöhnlich holdes und tiefes Gefühl von Freude und Wohlsein« durchströmte. »Dieser Morgen Augenblick«, setzte er hinzu, »war außerhalb der Zeit«, aber er war auch ohne jeden Zweifel ein Augenblick »echten Glückes«. Doch trotz der Kürze und Vergänglichkeit dieses Gefühls war es »tief und ewig genug, um über mehr als sechzig Jahre hinweg mich noch heute zu sich zurückzurufen«. Diesen Charakter des Augenblicklichen und Flüchtigen des Glücks hatte auch Ernst Jünger im Sinn, als er in »Heliopolis« einen Mann schilderte, der in gespannter Unruhe die erste Begegnung mit einer ihm unbekannten Frau erwartete, und der seine Empfindungen in der Erinnerung mit den Worten zusammenfasste: »In dieser Unruhe flog auf mich zu, was man den Augenblick des Glückes nennt, berührte mich wie ein Geschoß.«

Die letzte Bemerkung zielt allerdings schon auf eine andere Besonderheit des Glücks, darauf nämlich, dass es den Menschen unvorbereitet und plötzlich überfällt, eine Eigenheit, die das Glück zunächst in eine bedenkliche Nähe zum Schrecken rückt; denn auch dieser überfällt den Menschen jäh, gesandt von einem Gott, der am hellen Tag, wenn die Hitze brütet und alles ruht, den Menschen trifft und in panischen Schrecken versetzt. Darum gleichen sich auch manche Bilder des Schrekkens und des Glücks. Es gibt Fotografien von Gesichtern, bei denen nicht zu entscheiden ist, sind es nun lachende oder entsetzte und schreiende. Vielleicht muss man auch in dieser Nähe den Grund suchen, weswegen das Wort »Glück« in manchen Sprachen zugleich Glückseligkeit wie schicksalhafter oder schrecklicher Zufall bedeuten kann, zugleich beatitudo wie fortuna, oder eudaimonia und tyche. Doch der Schrecken signalisiert Gefahr und fordert eine Entscheidung, womöglich gar Bewährung. Ganz anders das Glück. Trotz seiner Plötzlichkeit ist es nicht heftig, sondern ein »holdes« Gefühl, wie Hermann Hesse sich erinnerte, das »Freude und Wohlsein« bedeutet. Mögen solche poetischen Worte auch das Risiko der Naivität und des Kitsches in sich bergen, so zeigen sie doch immerhin, dass eine Ästhetik des Schreckens dem Glück am fernsten ist. Darum widerspricht es aller Erfahrung vom Glück, wenn Ernst Jünger versucht, die überraschende Plötzlichkeit seines Eintretens mit der Heftigkeit und Gewalt eines Geschosses zu erklären.

Seiner Plötzlichkeit verdankt das Glück allerdings, dass es weder zu berechnen noch zu planen ist, und seiner Eigenart als flüchtiger Augenblick, dass es auf Dauer auch nicht festzuhalten ist. Fausts Pakt mit Mephistoteles, er sei dem Teufel dann verfallen, wenn er zum Augenblicke sage: »Verweile doch! du bist so schön!«, beruht auf der Täuschung, ein glücklicher Moment bewahre auch dann noch seine Qualität als Glück, wenn er daure. Robert Walser hat diese Besonderheiten des Glücks in seiner zerbrechlichen Sensibilität und seinem wunderlichen Deutsch zusammengefasst und geschrieben, die Situationen des Glücks »stellen sich weder auf Befehl noch auf Wunsch ein; sie sind plötzlich da, können aber ebenso eigensinnig, wie sie herbeizufliegen kamen, wieder verschwunden sein«. In seiner Unscheinbarkeit ist auch begründet, weswegen das Glück den Menschen nicht überwältigt. Es bezaubert und verführt wohl auch, entführt aber nicht in andere Welten, und wenn es auch außergewöhnlich ist, so verliert man im Gefühl des Glücks doch nicht den Zusammenhang mit seinen gewöhnlichen Erfahrungen. Deshalb ist es mit dem extremen Fall der → Ekstase auch nicht verwandt, und vielleicht muss nur der, der den Geschmack des Glücks nicht kennt, in solchen Extremen Befriedigung suchen.

Das Glück sei »eine leichte Dirne«, schreibt Heinrich Heine im »Romanzero« und fährt dann fort:

> Sie streicht das Haar dir von der Stirne
> und küsst dich rasch und flattert fort.

Angesichts dieser Flatterhaftigkeit wundert man sich nicht, dass in einem allegorischen Gedicht aus dem griechischen Mittelalter, dem »Trostbuch vom Unglück und dem Glück«, einem jungen Mann, der stets vom Unglück verfolgt war, im Schloss der Glücksgöttin nicht nur versichert wird, er werde in Zukunft nur noch Glück haben, sondern dass ihm dies auch ausdrücklich in einer Urkunde bestätigt wird, die nach dem Vorbild kaiserlicher Urkunden feierlich mit Siegel und Unterschrift beglaubigt ist. Dem Glück ist eben nicht zu trauen, und getrost nach Hause kann man nur tragen, was man schwarz auf weiß besitzt. Doch uns, die wir nicht Brief und Siegel haben, schreibt das Leben andere Geschichten, solche nämlich, die Heinrich Heine bestätigen.

Ekstase

»Ecstasy« heißt eine beliebte Partydroge, und dieser Name erinnert an ein menschliches Bedürfnis, für das es in unserer rationalen Welt keinen sinnvollen Platz mehr zu geben scheint. Nur eben als Element der modernen Jugendkultur, im schillernden Spiel von Traum und Trance, Drogen und Dröhnung verschafft sich dieses Bedürfnis seine zeitgemäße Befriedigung. Doch dieses Ambiente bestätigt den Eindruck, den viele vom Bedürfnis nach Ekstase sowieso schon haben, dass es sich nämlich dabei um einen Paradiesvogel aus einer etwas anstößigen oder auch längst versunkenen Welt handle. Im Altertum und im Mittelalter war man hierin unbefangener. Man sprach so häufig von ekstatischen Erfahrungen, religiösen Verzückungen und philosophischer Begeisterung, dass man dahinter manches persönliche Erlebnis vermuten muss.

Von der philosophischen Verzückung und dem religiösen Enthusiasmus in den HipHop-Keller und zur Techno-Love-Parade, das scheint nun ein gewaltiger sozialer Abstieg für einen Begriff zu sein, der ehemals für Philosophie und Religion gleichermaßen von größter Bedeutung war. Andererseits gehörten Erfahrungen mit Drogen stets zum Begriff der Ekstase; denn dieses griechische Wort bedeutet wörtlich das Heraustreten und Außersichsein. Mit dieser Grundbedeutung eignet es sich ganz allgemein als Ausdruck für alle Situationen, in denen der Mensch aus seinem normalen und alltäglichen Lebensvollzug herausgetreten ist. Speziell bezeichnet man mit Ekstase aber das menschliche Verhalten, das nicht mehr der Kontrolle des → Bewusstseins unterliegt, weshalb man unter Ekstase gewöhnlich einen geistigen und psychischen Ausnahmezustand versteht, der in der Regel von bestimmten körperlichen Symptomen begleitet wird, die von gesteigerter Aktivität bis zu völliger Passivität und Apathie reichen können. Dieser außergewöhnliche Zustand kann bei allen äußersten Graden der Erregung oder Verzückung, der sexuellen oder religiösen Begeisterung, aber auch der Angst, der Wut, des Schmerzes, extremer Formen der Askese oder beim → Wahn eintreten oder künstlich erzeugt werden.

Dieses Verlangen, hin und wieder alle körperlichen, geistigen, seelischen und gesellschaftlichen Grenzen zu sprengen, ist nicht identisch mit dem Streben nach → Glück, das keine revolutionären, bewusstseinssprengenden Tendenzen hat. Das Bedürfnis nach Ekstase besteht auch, anders als das nach Glück, nicht gleichsam von Natur aus, sondern erwächst erst aus der Unzufriedenheit mit dem immergleichen → Alltag. Es hat dadurch, wie der klassische Philologe Wilamowitz-Moellendorff bei seiner Darstellung des Rauschgottes Dionysos bemerkte, zwar »etwas Krankhaftes«, führt »aber eine Steigerung des Innenlebens« herbei, »deren der Alltagsmensch bedarf, um nicht in dem gewohnten öden Getriebe zu erstarren«. Die Ekstase verspricht also die »Befriedigung eines seelischen Bedürfnisses, das der von der aufreibenden Zivilisation bedrückte Mensch erst recht empfindet«. Ekstatische Erfahrungen sind aber aus allen Zeiten und Kulturen bekannt, weil alle ihren Alltag hatten, nur die Mittel, mit denen man sie herbeizuführen versuchte, sind verschieden. Manche setzten Drogen ein wie die Anhänger des Sufismus (der islamischen Mystik), andere benutzen den Tanz, etwa die Derwische, und wieder andere versuchten, mit Askese, Yoga und anderen körperlichen Übungen zum Erfolg zu kommen.

Ekstatische Begeisterung und Verzückungen, Raserei und Halluzinationen sind uns vor allem aber aus der griechischen Religon vertraut. Nicht nur konnte der Wahrsager und Seher (→ Sehen) seine Einsicht in die Zukunft in ekstatischem Zustand gewinnen, auch die antiken Mysterien sind nicht ohne ekstatische Erfahrungen zu denken. Sie sind besonders mit dem Dionysoskult verbunden, bei dem nicht nur die zum mythischen Gefolge des Dionysos gehörenden Mänaden oder Bakchen in ekstatischer Raserei gedacht wurden, sondern sich auch die wirklichen Teilnehmerinnen dieses Kultes durch Lärmen und Tanzen bis zur vollständigen Erschöpfung in Trance und Ekstase versetzten. Die barbarisch-animalische Wildheit dieses Kultus gipfelte in der Zerstückelung des sich in Tiergestalt offenbarenden Gottes und im Verzehren des rohen Fleisches (Omophagie).

Weil die Griechen mit der Ekstase als kultischer Erscheinung völlig vertraut waren, ist es nicht verwunderlich, dass sich auch die griechische Philosophie schon früh und intensiv mit diesem Phänomen befasste, und es ist nicht zuletzt ihr Verdienst, wenn wir unter Ekstase mehr verstehen als bloßen Rausch oder irgendwelche Zustände der Enthemmung. Besonders fruchtbar waren Platons Überlegungen, für den Ekstase kein Anzeichen von Geistesverwirrung war, sondern Ausdruck höchster philosophischer Erkenntnis. Ekstatisch war für ihn die geistige Schau der Ideen als der vollkommensten Form menschlichen Wissens. Uns, die wir unter Philosophie im allgemeinen nur noch ein wissenschaftliches und womöglich bloß akademisches Fach verstehen, mag ein solcher emphatischer Begriff von Philosophie befremden, ganz fremd ist er uns dennoch nicht. Immerhin liegt noch ein schwacher Abglanz dieses Verständnisses von Philosophie über der Forderung eines zeitgenössischen Autors: »Sich jeden Tag in die Höhe emporschwingen! Zumindest einen Augenblick lang; er kann kurz sein, vorausgesetzt, er ist intensiv« (G. Friedmann). Platon war allerdings davon überzeugt, dass die Schau der Ideen nur wenigen, nämlich den Geweihten und Eingeweihten zuteil werden kann, wodurch die philosophische Erkenntnis in eine gewisse Nähe zu den Mysterien gerückt wird. Er zögert daher auch nicht, die ekstatische Situation mit dem Begriff des Enthusiasmus zu beschreiben, was wörtlich bedeutet, dass ein Mensch von einer Gottheit ergriffen sei. Dieser Zustand wird häufig mit einer gewissen Ehrfurcht betrachtet, was aber im Hinblick auf die dunkle Nachtseite dieses Phänomens zumindest voreilig ist; denn setzt man statt der Götter Dämonen ein, deren Existenz, aller Aufklärung zum Trotz, auch noch unserer Zeit als denkbar erscheint, dann ist man plötzlich nicht mehr bereit, von Enthusiasmus zu reden, sondern nennt das Ergebnis Besessenheit. Diese Verwandtschaft von Enthusiasmus und Besessenheit erklärt auch, weswegen ekstatische Zustände psychopathischen gleichen oder fast unmerklich in sie übergehen können. Eine bekannte Erscheinung auf diesem Grenzgebiet zwischen Ekstase, Enthusiasmus und Besessenheit ist die Stigmatisation, also das Auftreten der »Wundmale Christi« an einer Person.

Jede Religion, die das Göttliche nicht nur als eine innerweltliche Macht versteht, sondern als eine jenseitige, der Welt gegenüber transzendente, steht vor der Frage, ob der Mensch über die bloße Reflexion hinaus das Göttliche auch unmittelbar erfahren könne. Die jüdische und die christliche Tradition haben diese Frage uneingeschränkt bejaht. So wird im Alten Testament mehrfach erwähnt, dass »der Geist des Herrn« über einen Menschen gekommen sei und ihn erfüllt und zu bestimmten Taten veranlasst habe, was den Sachverhalt des ekstatischen Außersichseins und der Gottbesessenheit, also des Enthusiasmus, präzis erfüllt. Im Neuen Testament berichtet schließlich Paulus im 2. Brief an die Korinther von seiner »Entrückung« in den Himmel, was man ebenfalls nur als eine ekstatische Erfahrung verstehen kann. Auch der etwa gleichzeitige und sehr einflussreiche jüdisch-hellenistische Philosoph Philon von Alexandreia spricht ausdrücklich, wenn auch nur theoretisch, von der Ekstase, und da er Elemente der Mysterienreligionen in seine Schriften übernommen hatte, glaubte man sogar einmal, durch ihn seien die Mysterienkulte in die Synagoge eingedrungen.

Diesen Tendenzen zur Einbettung der Ekstase in das religiöse Milieu konnte sich auch die Philosophie nicht verschließen, und so hat sie schließlich Platons Anspruch aufgegeben, der exklusive Ort ekstatischer Erfahrung zu sein. Dieser Verzicht war so radikal, dass wir uns heute alles mögliche, nur nicht die philosophische Erkenntnis als Auslöser ekstatischer Zustände vorstellen können. Der Wandel dieser Einstellung setzt schon mit dem Neuplatonismus ein, einer philosophischen Richtung, die sich nicht nur auf Platon als ihren Ahnvater bezog, sondern auch stark von orientalisch-religiösen Vorstellungen geprägt war. Plotin, einer der Hauptvertreter dieser Schule aus dem 3. nachchristlichen Jahrhundert, soll sogar eigene Erfahrungen mit der Ekstase gehabt und ekstatische Verzückungen viermal erlebt haben. In ihm verbinden sich die beiden sowieso miteinander verwandten Wurzeln ekstatischer Erfahrung, die griechisch-philosophische mit ihrer Absicht der Erkenntniserweiterung und die orientalisch-religiöse mit ihrem Effekt der Erkenntnisüberschreitung, die schließlich den Sieg davon trug. Die religiöse Komponente bei Plotin ist der Grund dafür, dass er die Entwicklung der christlichen Weltanschauung so stark beeinflussen konnte, wobei der christliche Schriftsteller Dionysios Areiopagites (um 500 n. Chr.) ein Hauptvermittler war. Dionysios sah – als guter Christ – das ekstatische Element vor allem in der Liebe am Werk, weshalb er die teils beseligende, teils beunruhigende Erfahrung aller Liebenden, sich nicht mehr selbst zu genügen, sondern, im strengen Wortsinne, aus sich herausgetreten zu sein und sich nach dem anderen zu sehnen, als Ergebnis des ekstatischen Wesens der Liebe verstand, wodurch diese auch in ihrer ganz irdischen Erscheinung überhöht und idealisiert wurde.

So vorbereitet kam der Begriff der Ekstase in der mittelalterlichen Mystik zu seiner wahren Blüte. Ekstase wurde nun nicht mehr als ein eher passiv erlebtes und den Menschen überwältigendes Ereignis verstanden, sondern als ein bewusst herbeigeführtes Erlebnis, das ganz neue und ganz unerhörte Möglichkeiten der Erkenntnis und liebender Einheit mit Gott bieten konnte. Insbesondere ist hier Meister Eckhart zu nen-

nen, der – mit einem Rückblick auf Paulus – die von einem
göttlichen Licht erleuchtete Weisheit mit einer »extasis men-
tis«, einer geistigen Ekstase, verknüpfte, die den Menschen in
einen gewaltigen Affekt versetze, wodurch ihm neue und uner-
wartete Erkenntnisse zuteil würden. In dieser Tradition religiöser Ekstase und daraus entspringender Erkenntnisse stehen
noch jene aus dem schwarzen Amerika stammenden christlichen Gottesdienste, die sich mittlerweile über die ganze christliche Welt verbreitet haben, und deren Ziel es ist, ekstatische
Kollektiv-Erweckungen zu ermöglichen. Die amtliche (europäische) Kirche hielt zu solchen Theorien, besonders aber zu den
entsprechenden Praktiken stets eine gewisse, wenn vielleicht
auch nur auf Unsicherheit beruhende Distanz, was die Ausbreitung ekstatischer Praktiken auf Dauer aber nicht verhindern
konnte.

Diese Reserve ist ein Erbe der Aufklärung, die schließlich zu
dem Ergebnis führte, dass der moderne gebildete Europäer der
Ekstase grundsätzlich skeptisch gegenübersteht. Der Dichter
Peter Altenberg erklärte diese bürgerliche Scheu vor der Ekstase in seiner kleinen Skizze »Sommernacht in Wien« mit dem
Argument, man schäme sich, »begeistert zu sein, aus sich selbst
für Augenblicke herauszutreten, einfach außer sich zu sein!
Jeder hat im Kampf ums Dasein irgendwo eine schäbige Würde
zu bewahren, eine Stellung zu berücksichtigen!« Allenfalls lässt
man heute die Ekstase als Wirkung künstlerischen Erlebnisses
gelten, wodurch sie scheinbar veredelt, in Wahrheit aber ka-
striert wird; denn gerade beim Kunstgenuss können Vernunft
und Bewusstheit nicht beiseite treten, ohne dass das Verständnis für ein Kunstwerk leidet, weswegen der Musikwissenschaft-
ler Martin Geck mit mildem Spott Ludwig van Beethovens
schwierige Konstruktion einer Doppelfuge im Finale seiner 9.
Symphonie kommentiert: »Selbst in höchster Ekstase sollte ein
gebildeter Mensch mindestens zwei Subjekte gleichzeitig verfolgen können!« Dieses Dilemma zwischen der gewünschten
Ekstase und der dazu notwendigen gesteigerten Aufmerksamkeit manifestiert sich auch bei dem Versuch von Michael
Schmidt, »die für Skrjabins Empfindungs- und Gedankenwelt
zentrale Ekstasevorstellung« darzustellen, was ihm aber nur
durch subtilste musiktheoretische Analysen gelingt, zu denen

man beim Hören dieser Musik weder Zeit, noch Lust, noch Aufmerksamkeit hat.

Nachdem der Begriff der Ekstase seit dem späten Altertum fast nur noch in religiösen Zusammenhängen thematisiert worden war, hat er in neuester Zeit doch wieder eine, wenn auch begrenzte, philosophische Bedeutung gewonnen. Martin Heidegger benutzte ihn nämlich, mit einem allerdings sehr künstlich wirkenden Rückgriff auf seine ursprüngliche Bedeutung, zur Erklärung der Zeitlichkeit; denn die Zeit ist in die Phänomene der Zukunft, Gegenwart und Vergangenheit zerteilt und dadurch gleichsam aus sich herausgetreten, weshalb Heidegger diese Phänomene als »*Ekstasen* der Zeitlichkeit« interpretierte. Da der Mensch aber in der Zeit und als geschichtliches Wesen existiert, gewinnt die menschliche Existenz selbst »ekstatische« Bedeutung, und diese ekstatische Existenz des Menschen nannte Heidegger seine »Ausgesetztheit zum Seienden«. Wenn der Mensch dem Seienden aber ausgesetzt ist, scheint Heidegger Recht zu haben, wenn er behauptete, die einzig mögliche Haltung des Menschen in der Welt sei das Sein-Lassen und Sich-Einlassen auf das Seiende. Doch diese Haltung hat zur Folge, dass man die Dinge den Gang gehen lässt, der ihnen selber passend dünkt, was angesichts der möglichen Konsequenzen dieser Gelassenheit (Heideggers eigener Ausdruck) vielleicht doch ein wenig sorglos ist.

Heideggers eigenwilliger Wortgebrauch konnte den Begriff der Ekstase natürlich nicht aus seinem gegenwärtigen philosophischen Tiefschlaf wecken. Da sich aber auch die religiöse Funktion dieses Begriffes fast nur noch in Sekten und oft fragwürdigen Kulten findet, hat die Ekstase auf ihren klassischen Feldern zur Zeit keine Konjunktur. Dafür tobt sie sich nun auf Massenpartys aus, und das ist vielleicht nur die nachgeholte Säkularisation eines ehemals von Geheimnissen umwitterten, religiös geprägten Verhaltens.

Bildung

Die EU-Kommission hatte, was die Öffentlichkeit aber kaum zur Kenntnis nahm, das Jahr 1996 zum »Jahr des lebenslangen

Lernens« ausgerufen, worauf der deutsche Bundesminister für Bildung, Wissenschaft, Forschung und Technologie forderte, alle Bildungsinstitutionen müssten, »an der Schwelle zum 21. Jahrhundert«, die Lernenden befähigen, sämtliche Lebenssituationen für Lernprozesse zu nutzen. Dieses Bekenntnis zur lebenslänglichen Zwangseinschulung, das von einer immer kürzeren Verfallszeit des Wissens ausgeht und nur noch Wegwerfqualifikationen kennt, mag zwar das letzte Wort der Bildungspolitik sein, kann aber keineswegs als Quintessenz unseres Bildungsverständnisses gelten und befindet sich auch nicht in Übereinstimmung mit dem traditionellen Bildungsbegriff; denn bisher war es nicht der Sinn von Bildung, um so tiefer in ihre Abhängigkeit zu geraten, je mehr man versuchte, mit ihrer Hilfe eine größere persönliche Unabhängigkeit zu gewinnen.

Bildung war früher überhaupt kein Begriff der Verwaltungssprache, die heute Politiker und Behörden mit Stichworten wie Bildungsplanung, Bildungsauftrag oder Bildungskatastrophe versorgt. Bildung war vielmehr ein philosophischer und später dann ein pädagogischer Begriff, und das ist er eigentlich immer noch. Befragt man nun aber die heutige Pädagogik zum Problem der Bildung, bekommt man Antworten, die zunächst die Bildungspolitiker zu bestätigen scheinen, die aber dann bei näherem Zusehen doch in eine andere Richtung weisen. Hartmut von Hentig zum Beispiel beginnt seinen Essay über die Bildung mit der These: »Die Antwort auf unsere behauptete oder tatsächliche Orientierungslosigkeit ist Bildung – nicht Wissenschaft, nicht Information, nicht die Kommunikationsgesellschaft, nicht moralische Aufrüstung, nicht der Ordnungsstaat.« Bildung ist also auch für von Hentig eine Schlüsselkategorie unserer Zeit, aber sie steht bei ihm im ausdrücklichen Gegensatz zur modernen Kommunikationsgesellschaft und zu Begriffen wie Wissenschaft oder Information und hat nur wenig mit Lernen oder Fortbildung und noch weniger mit gesellschaftlicher Einordnung zu tun. Ihre vorrangige Aufgabe ist es vielmehr, auf die Frage nach der → Orientierung des Menschen in der Welt eine brauchbare Antwort zu geben.

Zunächst könnte man, verführt durch den bildungspolitischen Aktionismus wie durch von Hentigs moderne Problemstellung, Bildung überhaupt für ein modernes Thema halten, zumal sich der Begriff erst in der zweiten Hälfte des 18. Jahrhunderts als »neuer Ankömmling in unserer Sprache« etablierte, wie der Philosoph Moses Mendelssohn am Ende eben dieses Jahrhunderts formulierte. Doch mit diesem neuen Begriff wurde durchaus kein neuer Sachverhalt bezeichnet, sondern ein alter neu interpretiert. Diesem Begriff entsprach in der griechischen Antike der Begriff der Paideia, bei dem Erziehung, Unterrichtung und Bildung unlösbar miteinander verbunden waren. Unter Paideia verstand man die umfassende Einführung des Menschen in seine Lebenswelt, also den Erwerb von Erfahrungen auf allen möglichen Gebieten, aber auch die Einübung in die herrschende Sitte und schließlich das Wissen um die rechte Ordnung der Gemeinwesens. Als letzte Stufe bezeichnete er auch noch die Einführung in das Wissen um die Gründe des Seienden selbst. Paideia schloss also die Philosophie ein, die als Theorie nach griechischem Verständnis die höchste Form menschlicher Praxis darstellte.

Das liegt unserem Verständnis von Bildung gar nicht so fern; denn auch wir verbinden damit die Vorstellung von Erziehung, von Unterrichtung und von Gebildetsein im engen Sinn. Was uns bei dem antiken Begriff der Paideia dennoch befremden mag, liegt daher nicht an seinen konkreten Inhalten, sondern darin, dass die Bildung vor allem in Deutschland neben der Erziehung zu einer spezifischen Aufgabe der Pädagogen wurde, so dass, was früher allgemeine gesellschaftliche Praxis war, zu einem Gebiet von Spezialisten wurde. Erst dadurch wurde es möglich, das staatliche Bildungssystem überhaupt als eine Dienstleistung für die rationale Gestaltung der Zukunft zu verstehen. Unter diesem Gesichtspunkt stand ja auch die Bildungsreform in Deutschland gegen Ende der sechziger Jahre, die eine angeblich drohende Bildungskatastrophe verhindern sollte. Bei dieser sachlich nicht notwendigen Identifizierung von Bildung mit dem staatlichen Schulwesen wurde Bildung zwangsläufig mit Lernen und Belehrtwerden verbunden und zu einer Aufgabe von Schule und Ausbildung verkürzt. Als dann die herkömmlichen Grundsätze der Erziehung ins Wanken kamen, musste natürlich auch der Bildungsbegriff fragwürdig werden, obgleich er von den Problemen einer zeitgemäßen Erziehung nur mittelbar betroffen ist.

Ein Ergebnis der Reflexion auf zeitgemäße Erziehungsformen war das deutlichere Bewusstsein, dass Erziehung nicht nur in der Vermittlung von positivem Wissen und Handlungsanweisungen bestehe, sondern auch darin, zu wissen, was man zu unterlassen habe. Diese »negative Pädagogik«, die in ihrer extremsten Form sogar einmal als »Antipädagogik« auftrat, bei der die Nichteinmischung in die Entwicklung und inneren Angelegenheiten von Kindern im Zentrum stand, hatte für den Bildungsbegriff zur Folge, dass man auch hier eine positive Bildungstheorie von einer negativen unterschied und letztere erstmals als eigenständigen Bereich würdigte; denn dass auch die Bildung nicht nur eine positive Seite hat, also Bereicherung und Erweiterung bedeutet, sondern auch eine negative wie Prävention, Hemmung, Gegenwirkung und Befreiung, das wurde spätestens seit Schleiermacher zwar immer wieder erwähnt, aber nicht eigentlich reflektiert.

Dabei ist es viel schwerer, Menschen dazu zu bringen, sich dem Bösen und Schlechten aktiv zu widersetzen, als dazu, gewisse Eigenschaften nicht zu haben und auf bestimmte Verhaltensweisen zu verzichten, etwa auf die Neigung zu → Gewalt und Hass oder den Hang, sich selbst für allzu wichtig zu nehmen. Etwas unterlassen zu können, nicht bei allem mitzumachen und dabei zu sein, ist ein wesentlicher Teil der Bildung, zumal in einer Überflussgesellschaft mit ihrem breiten Konsum- und Ideologieangebot, in der Widerstehen-können eine alltägliche Fertigkeit sein muss. Der Fortgang der Bildung besteht also nicht nur in einer steten Erweiterung des Könnens und Wissens, sondern auch in der Beschränkung und Vermeidung von unerwünschten Fertigkeiten. Früher beschrieb man diesen Teil der Bildung mit den Begriffen (praktischer und intellektueller) Zucht und Disziplin, doch das sind Ausdrücke, die ihres historischen Missbrauchs wegen heute abgelehnt werden, ohne dass man sie freilich durch angemessenere ersetzt hätte. Doch die Aufgabe, durch Bildung ein Selbstbewusstsein zu fördern, das der Eingewöhnung in Gehorsam und fremden Willen widersteht, statt dessen aber → Zivilcourage möglich macht, bleibt weiterhin bestehen.

Bildung bezieht sich als Bildung des Individuums umfassend auf die intellektuelle, kommunikative, sittliche, politische, ästhetische und religiöse Praxis. Sie ist daher immer zeitgebunden und muss jeweils an die Erfordernisse der Zeit angeglichen werden. War es zum Beispiel früher ein Zeichen für bürgerliche Bildung, wenn man Bücher las und ein Musikinstrument beherrschte, so muss ein gebildeter Mensch heute auch fähig sein, mit den neuen Medien umzugehen und sie für sich nutzen zu können. Wer weiterhin nur im Stande sein wird, sich etwa im Dschungel von Bibliotheken und Bibliographien zurechtzufinden, dessen Bildung wird hoffnungslos hinter der Bildung dessen herhinken, der fähig sein wird, sich das Internet mit intelligenten Suchroutinen zu erschließen; denn das bedeutet auch die Fähigkeit zur Auswahl dessen, was man selber will oder braucht, bedeutet kommunikative Kompetenz, mediale Skepsis und kluge Zeitökonomie obendrein. Hier weht dann freilich, wie Peter Glotz, der Gründungsrektor der Universität Erfurt, formulierte, »der kalte Wind der Selbstverantwortung«. Angesichts der Probleme, die aus solchen modernen Techniken entstehen, mutet es fast schon ein wenig idyllisch an, wenn sich die pädagogische Kritik beispielsweise immer noch daran entzündet, dass in der schulischen Praxis die rationale Abstraktion vorherrsche, während sich das Wort »Bildung« doch auf das Bild und damit auf das sinnlich konkrete → Sehen beziehe. Dieser »pädagogische Widerwille gegen den Seh-Sinn«, den etwa der Pädagoge Dieter Baacke thematisiert, mag ja immer noch in den Köpfen nisten, unser Hauptproblem ist er gewiss nicht mehr.

Bildung ist aber keine Aufgabe, die sich mit der Formung des Individuums erschöpft, worauf zum Beispiel Immanuel Kant in seiner »Pädagogik« hinwies, in der es heißt, die Kinder sollten »nicht nur dem gegenwärtigen, sondern dem zukünftig möglichen bessern Zustande des menschlichen Geschlechts, das ist: der Idee der Menschheit und deren ganzer Bestimmung angemessen erzogen werden.« Die Bildung des Einzelnen ist also in die Bildsamkeit der gesamten Menschheit eingebettet, weshalb Kant dort, wo er von der Vollkommenheit spricht, »die die menschliche Natur erreichen kann«, ausdrücklich hinzusetzt: »Nicht einzelne Menschen, sondern die Menschengattung soll dahin gelangen.« Damit nähert sich Kants Vorstellung von Bildung dem, was man im westeuropäischen Sprachgebrauch als Zivilisation bezeichnet, was ein Beleg dafür ist, dass der deutsche Sonderweg, Bildung und Kultur gegen den Begriff der Zivilisation auszuspielen, nicht nötig gewesen wäre. Wir können freilich nicht mehr davon ausgehen, dass die Menschheit eine »Bestimmung« habe, mit der sie ihre »Vollkommenheit« erreichen werde, wir müssen uns vielmehr erst darüber verständigen, was wir anstreben wollen, doch dass es dabei um einen »möglichen bessern Zustande des menschlichen Geschlechts« gehen soll, werden wir umso leichter unterschreiben, als wir trotz der vielen Wasser, die seit Kants Zeiten den Rhein hinunterflossen, immer noch weit von ihm entfernt sind.

Erst wenn man sich diese Bedeutung von Bildung vor Augen hält, wird verständlich, wie eng, wie provinziell und wie ungebildet es ist, wenn man seine private, bürgerliche Bildung als einen Besitz versteht, den man genießen und als Statussymbol verwenden kann. Das sind, mit einem Wort, das vor allem durch Friedrich Nietzsches »Unzeitgemäße Betrachtungen« bekannt wurde, wiewohl es schon ein wenig älter ist, rechte Bildungsphilister, die von der Sache, der sie sich rühmen, nichts verstanden haben. In ihrer Haltung kommt nämlich alles zusammen, was der Bildung widerspricht und durch sie eigentlich erst gebessert werden sollte: geistige Bedürfnislosigkeit und Selbstzufriedenheit, Mangel an Geschmack und ästhetischem Sinn, Taktlosigkeit und vulgäre Gesinnung. Da möchte man doch an das Motto erinnern, das der Verlagsbuchhändler Joseph Meyer 1850 seiner »Groschen-Bibliothek der deutschen Klassiker für alle Stände« voranstellte: »Bildung macht frei.«

Sehen

In Homers Epos »Odyssee« begegnet uns mit Teiresias zum ersten Mal die Figur des blinden Sehers, die seither zum Standardpersonal von Mythos und sagenhafter Erzählung gehört. In der paradoxen Bezeichnung dieser Figur wird die einzigartige Bedeutung, die der Gesichtssinn für den Menschen hat, gleich doppelt bestätigt; denn dem blinden Seher fehlt nicht irgendein Sinn, sondern mit dem Sehen derjenige, der zur → Orientierung in der Welt der wichtigste ist, doch gerade dieses

Mangels wegen sieht er das Wesentliche und weiß von Dingen, die die Sehenden sonst nicht wissen. Der blinde Seher ist damit ein Symbol für die enge Verbindung von Sehen und Wissen. In vielen indogermanischen Sprachen besteht dieser Zusammenhang von Sehen und Wissen auch etymologisch. Im Griechischen ist zum Beispiel die Wurzel des Wortes »eidénai« (wissen) mit der von »ideîn« (sehen, erkennen) identisch, und das deutsche Wort »wissen«, dessen Nähe zu dem lateinischen Wort »videre« (sehen) noch offensichtlich ist, bedeutet im Grunde nur »gesehen haben«. Unsere ganze Sprache ist mit dieser etymologischen Verbindung durchtränkt, auch wenn einem gewöhnlich nicht bewusst ist, wieviele Ausdrücke aus dem Bereich des Gesichtssinns eine erkenntnistheoretische Funktion haben. Zu diesen Ausdrücken gehören aus unserer eigenen Sprache *Begriffe* wie Anschauung, Erleuchtung, Gesichtspunkt, Ansicht, Einsicht, Verblendung oder Weltbild, aber auch *Redewendungen* wie »blind für etwas sein« oder »jemandem die Augen öffnen« und schließlich *Sprichwörter* wie das vom blinden Huhn. Andere, ebenso gebräuchliche Begriffe kommen aus dem Lateinischen, etwa Evidenz oder Perspektive, wieder andere aus dem Griechischen, zum Beispiel Horizont, Idee oder Theorie.

Viele dieser Begriffe wurden in die philosophische Fachsprache übernommen, dabei präzisiert und vertieft, und wirkten in dieser verwandelten Form dann oft wieder auf die Alltagssprache zurück. Noch die komplexesten und weitreichendsten Aussagen bedeutender Philosophen sind mit Metaphern aus dem Bereich des Sehens formuliert. Aristoteles zum Beispiel beginnt sein Buch »Metaphysik«, ein Hauptwerk der griechischen Philosophie, mit dem Satz: »Alle Menschen streben von Natur aus nach Wissen,« wobei sich das griechische Wort für Wissen, das er dabei gebraucht, unmittelbar vom Wort für Sehen ableitet. Und Kant schreibt im ersten Satz seiner epochalen »Kritik der reinen Vernunft«: »Auf welche Art und durch welche Mittel sich auch immer eine Erkenntnis auf Gegenstände beziehen mag, es ist doch diejenige, wodurch sie sich auf dieselbe unmittelbar bezieht und worauf alles Denken als Mittel abzweckt, die Anschauung.« Für Kant ist das → Denken also nicht der Zweck der Philosophie, wie man es vielleicht selber verstehen würde, es ist nur ein Mittel, ein Hilfsmittel für die Anschauung, in der sich erst erfüllt, was wir Wissen nennen.

Die Selbstverständlichkeit, mit der wir diese Metaphorik gebrauchen, beweist freilich nicht, dass der Vorgang des Erkennens eine besondere *sachliche* Nähe zum Vorgang des Sehens hätte, was schon deswegen fatal wäre, weil das Sehen nicht nur getreu wiedergibt, was ist, sondern auch eine bedeutende Quelle von Täuschungen und Irrtümern ist. Diese Selbstverständlichkeit bedeutet vielmehr nur, dass der Mensch, der zunächst wie jedes Tier im Sinnlichen und Konkreten gefangen war, seine sich allmählich entwickelnden höheren geistigen Leistungen nicht anders fassen konnte als mit Ausdrücken aus dem Bereich des Sinnlichen und konkret Erfahrbaren. Dass er dabei auf den Sinn zurückgriff, der ihm der wichtigste war, ist nur natürlich. Verfiele eine Maus auf das Denken, versuchte sie wohl, ihre geistige Erkenntnis mit dem Geruchssinn zu verstehen, parallel zu der Vermutung des antiken Philosophen Xenophanes, menschengemachte Götter seien eben menschenähnlich, von Ochsen gemachte wären hingegen ochsenähnlich und die Löwen bildeten sie vermutlich löwenähnlich.

Sich dieser Zusammenhänge bewusst zu sein, verhindert, die Etymologie für bare Münze zu nehmen und die Metaphorik des Sehens zu überdehnen, wobei Wissen und Erkennen mit unangebrachten Assoziationen verfälscht würden. Kants erstaunlichen Satz aus seinem »Opus postumum«, das Denken sei »ein Sprechen und dieses ein höhren«, kann man als Versuch verstehen, die traditionelle Metaphorik aufzubrechen, um so vielleicht angemessener über das Wissen reden zu können. Dass man aber auch mit Hören und Sagen in die Falle der Metaphorik tappen kann, so dass einem Hören und Sehen zugleich vergeht, demonstrierte Heidegger, der das Denken, in seinem zweiten Hauptwerk »Beiträge zur Philosophie (Vom Ereignis)«, mit Metaphern aus diesem Bereich beschrieb. Da ist vom »Anklang« die Rede und vom »Zuruf«, von der »Versagung« und der »Erschweigung«, die in der griechischen Übersetzung als »Sigetik« fast wie eine neue Wissenschaft klingt, so allerdings nicht gemeint sein soll. Dieser ungewohnte und nicht weiter vermittelte Zugang zum Wissen führt dazu, dass Hei-

degger am Schluss konsequenterweise auf Mitteilbarkeit verzichtet. Selbst »Völker und Staaten«, verkündete er, seien »zu
klein«, um die Wahrheit »erdenken« zu können: »Nur die
großen und verborgenen Einzelnen werden dem Vorbeigang
des Gottes die *Stille* schaffen und unter sich den *verschwiege-
nen Einklang* der Bereiten.« – Man kann daran immerhin
lernen, dass man metaphorische Gewohnheiten nicht straflos
missachten und für beliebig nehmen kann.

Die Griechen sind übrigens kein gutes Vorbild, wenn es um
Vorsicht bei der Anwendung metaphorischer Ausdrücke geht;
denn gerade sie parallelisierten das Erkennen so stark mit dem
Gesichtssinn und der Sinnlichkeit, dass es am Ende bloß noch
eine Art geistigen Wahrnehmens zu sein schien, eine passive
Spiegelung von gegebenen Realitäten, wodurch es im Prinzip
nicht über die Leistung des sinnlichen Aufnehmens hinauskam.
Dass es im Gegensatz dazu als eine produktive, wenn auch
nicht unbedingt schöpferische Tätigkeit aufgefasst werden
kann, wie wir es spätestens seit dem deutschen Idealismus
gewohnt sind, kommt einem eben nur in den Sinn, wenn man
es nicht von vornherein bloß am Leitfaden von Sehen und
Sinnlichkeit überhaupt analysiert. Vor allem Platon hat diese
Metaphorik des Sehens ausgiebig benutzt. Seit seinem berühmten Sonnengleichnis aus der Schrift »Der Staat« symbolisiert
die Sonne als Quelle des Lichtes das Prinzip des Erkennens,
wobei seine bis heute wirksame Grundvorstellung war, dass der
erkennende Geist sich zur Idee verhalte wie das Sehen zum
Licht.

Aus diesem Ansatz entwickelte sich später, insbesondere
durch den Neuplatonismus, eine komplexe Lichtmetaphysik,
die ihre verwandelte Fortsetzung in der mittelalterlichen Licht-
symbolik fand. Die Vernunft wurde dabei als lumen naturale,
als natürliches Licht, zum weltlichen Gegenstück des Lichtes
der Offenbarung; denn auch die christliche Spekulation vor
allem der Mystiker, Theosophen und Kabbalisten arbeitete mit
der Metaphorik von Sehen und Licht. Der Begriff des Taborlichtes aus dem orthodoxen Mönchtum stellt dabei eine gewisse Krönung dieser theologischen Spekulationen dar. Bekanntlich wurde Jesus auf einem Berg, den man seit dem
griechischen Kirchenschriftsteller Origines mit dem Berg Tabor

identifiziert, verklärt (Mt 17,1 f), und der Mensch soll nun das
Licht, das Jesus bei dieser Verklärung umstrahlte, durch die
Ausübung bestimmter Praktiken selber erfahren können. Eine
unabdingbare Voraussetzungen dafür ist aber, dass er seinen
Körper, seine Sinne und seinen Geist völlig stillstellt, weswegen
diese Bewegung, die im orthodoxen Mönchtum bis heute lebendig geblieben ist, Hesychasmus genannt wird (nach dem
griechischen Wort hesychía für Schweigen, Ruhe oder Stille).
Diese ekstatische Schau des Taborlichtes erinnert übrigens an
die Erfahrungen des antiken Sehers, der im Zustand der →
Ekstase ebenfalls Lichterscheinungen der Götter hatte, wie wir
aus spätantiken Berichten wissen.

Im Zuge der europäischen Aufklärung des 18. Jahrhunderts,
die sich in ihrem Bestreben, der Versinnlichung der Welt durch
ihre Vergeistigung entgegenzuwirken, auch gegen das analogi-
sche Denken mit seiner traditionellen Symbolik (Metaphorik,
Emblematik) wandte, wurden die gewohnten Bilder durch abstrakte Begriffe ersetzt, so dass auch das metaphorische Reden
vom Sehen und vom Licht seine Bedeutung für die philosophische Erkenntnis verlor. Für die Aufklärer war das Licht
der Vernunft nur noch eine »Redens-Art«, wie Christian Wolff
schrieb, oder gar eine »verblümte Redensart«, wie Johann
Georg Walsch in seinem »Philosophischen Lexikon« von 1726
noch deutlicher befand. Unmittelbar anschaulich wird diese
Veränderung durch das allmähliche Verschwinden der opti-
schen Metapher in philosophischen Werken. Waren zu Beginn
der Aufklärung philosophische Bücher fast regelmäßig noch
mit einem Kupferstich geschmückt, der die Aussage des Buches
symbolisch darstellte, so hat am Ende der Aufklärung kaum
noch ein Buch den überlieferten Bilderschmuck. Ein Bild auf
dem Frontispiz von Kants »Kritik der reinen Vernunft« hätte
der Intention dieses Werkes sogar widersprochen. So hatte am
Ende des 18. Jahrhunderts die Vergeistigung über die Versinnlichung gesiegt.

Doch die Tradition der Metapher vom Sehen war so übermächtig, dass sie selbst in und durch die Aufklärung nicht ganz
unterging, was selbst noch die Epochenbezeichnungen le siècle
des lumières beziehungsweise enlightenment als französische
und englische Ausdrücke für die Aufklärung belegen. Wenn

daher Jean Paul diese Zeit mit der schönen Lichtmetapher charakterisierte: »Die Aufklärung sezt die Fenster ein, die Zensur die Fensterläden«, dann gebrauchte er das rechte Bild. So lebt die Metaphorik vom Sehen fort als ein erkenntnistheoretischer »Archetyp« und brachte daher auch noch in jüngster Zeit neue philosophische Begriffe und Konzepte hervor. Erinnert sei nur an die Bedeutung des »Perspektivischen« bei Nietzsche, für den die Perspektive »die Grundbedingung alles Lebens« war und für den es »*nur* ein perspektivisches ›Erkennen‹« gab, oder an Heideggers Begriff der Lichtung, mit dem er die Vorstellung vom lumen naturale aufgriff und zur Erklärung der existenzial-ontologischen Struktur des Menschen verwendete.

Die Debatte über das Sehen als metaphorisches Modell für das Erkennen ist heute freilich hinter die Diskussion der Probleme zurückgetreten, die sich aus der zunehmenden Visualisierung unserer Welt ergeben; denn von der Biblia pauperum über die bebilderten Flugblätter der frühen Neuzeit und die Illustrierten der bürgerlichen Welt wuchs die Bedeutung des Bildes, bis es durch die Entwicklung von Film, Fernsehen, Video, Werbung, Comics und Computer schließlich seine heutige überragende Geltung erhielt. Gegen alle kulturkritischen, oft nur auf Verunsicherung beruhenden Einwände muss man diese Lust am Sehen verteidigen; denn sie macht Erfahrungen möglich, die man sich früher noch nicht einmal denken konnte, und immerhin bezieht selbst noch das Wort → Bildung seine begriffliche Legitimation von dieser Lust am Bild. Dieser »Schaulust« des Menschen hat Goethe mit dem Lied des Türmers Lynkeus ein literarisches Denkmal setzte:

Zum Sehen geboren,
zum Schauen bestellt,
dem Turme geschworen,
gefällt mir die Welt.

Man darf allerdings auch nicht übersehen, dass das Sehen mittlerweile für viele zur bedeutendsten Quelle ihrer Erfahrung wurde. Diese Beschränkung ist für sich selbst schon bedenklich, wird aber dadurch noch problematischer, dass das Sehen durch die Beschleunigung, mit der die Bilderwelten auf uns einstürzen, auch noch flüchtig wurde. Die mentalen Auswirkungen dieses Prozesses können wir gegenwärtig zwar noch nicht ermessen, aber so viel kann man sagen, dass das reflektierende Denken, das Nachdenken und Bedenken, bei dieser Entwicklung auf der Strecke bleiben könnte; denn das Sehen ist rasch, das Denken aber lahm und braucht seine Zeit. Es könnte daher sein, dass wir einmal zwar mehr sehen und genießen als früher, dass wir aber auch kaum noch etwas wissen und einsehen. Erreicht wäre dann, was Nietzsche in der Vorrede zum »Zarathustra« schrieb: »›Wir haben das Glück erfunden‹ – sagen die letzten Menschen und blinzeln«. Nichts gibt es mehr, das eine Anstrengung lohnte: »Kein Hirt und Eine Heerde! Jeder will das Gleiche.« Und so könnte schließlich auch noch die Sehnsucht sterben. Doch: »›Was ist Sehnsucht? Was ist Stern?‹ – so fragt der letzte Mensch und blinzelt.« Ein müdes Blinzeln wäre alles, was dann noch vom Sehen bliebe.

Enttäuschung

In der Antike mahnte Epikur, man solle seiner Seelenruhe wegen die Zukunft nicht mit Erwartungen belasten, und in der Neuzeit kritisierte Blaise Pascal, dass die Menschen fast ständig mit ihrer Vergangenheit und Zukunft beschäftigt seien, kaum mit ihrer Gegenwart, die ihnen doch als einzige wirklich gehöre. Diese Kritiken sollte man bedenken, sie aber nicht für Evangelien halten; denn indem wir nicht so fest an den »Pflock des Augenblicks« (Nietzsche) angebunden sind wie die Tiere, sondern mit Hilfe der Phantasie durch die Zeiten streifen, bereichern wir unsere Gegenwart mit vergangenen Erfahrungen und erweitern sie um zukünftige Möglichkeiten, die natürlich alle enttäuscht werden und sich als Illusionen erweisen können. Wenn wir von einer Enttäuschung sprechen, meinen wir freilich nicht, dass sich eine Befürchtung als falsch erwies, sondern dass sich eine → Hoffnung nicht erfüllte, was deutlich zeigt, was für uns Enttäuschung ist: eine Pleite, ein Fehlschlag, eine Niederlage.

Bedenkt man die große Anzahl täglicher Irrtümer, Fehleinschätzungen, Luftschlösser und Spekulationen, scheint das Le-

ben sogar aus einer ununterbrochenen Folge solcher Enttäuschungen zu bestehen. Enttäuscht wird man nämlich allenthalben. Das fängt mit dem morgendlichen Blick auf das Wetter
an, geht über die klägliche Konsistenz des Frühstücksbröt-
chens, die schlechten Nachrichten, den geplatzten Termin, ein
nicht gehaltenes Versprechen, eine unehrliche Antwort bis zur
Erkenntnis des eigenen Versagens, und so begleitet uns die
Enttäuschung durch das Leben und wirft ihre dunkelsten
Schatten gerade dann, wenn keine Sonne scheint. Mit Recht
sprach Heinrich Heine von »der kleinen Chronik von Hoffnungen, Nöten, Missgeschicken, Schmerzen und Freuden, Irrtümern und Enttäuschungen, womit der einzelne Mensch sein
Leben verbringt«. Dieser Zustand ist natürlich ein wenig beschämend, und vielleicht ist das der Grund, weswegen man zu
allen möglichen Lebensbereichen, vom Alter über die Ehe, die
Arbeit, das Glück und die Sünde bis zu Zeit und Ewigkeit,
passende Aphorismen, Bonmots, geflügelte Worte und Sen-
tenzen in großer Zahl findet, nicht jedoch zum Thema der
Enttäuschung. Hier gibt es nicht das kleinste Bonmot, nicht
einen einzigen treffenden Satz, der wert wäre, zitiert zu werden.

Jede Enttäuschung schmerzt, hinterlässt eine ungestillte
Sehnsucht, eine Überzeugung, die sich als falsch erwies, eine
Hoffnung, die sich nicht erfüllte. Dennoch kommt man mit den
meisten Enttäuschungen ganz gut zurecht, da sie in der Regel
nur kleine Irrtümer und unbedeutende Fehlgriffe betreffen, und
es sich nicht lohnt, daran große Emotionen zu verschwenden.
Es gibt aber auch Enttäuschungen, die den Menschen bis ins
Mark treffen können, und die an seinem Selbstverständnis
rütteln. Von dieser Art ist die Erfahrung der unaufhebbaren
Diskrepanz zwischen dem idealen Bild, das sich einer von der
Welt, dem Menschen und seiner gesellschaftlichen Organisation gemacht hat, und der diesem Bild nicht entsprechenden
Realität. Die Hilflosigkeit dieser Diskrepanz gegenüber kann
ein Mensch als so unerträglich empfinden, dass er nicht nur
ernüchtert wird, sondern in → Melancholie verfällt, in Apathie
und Verzweiflung, so dass der Schmerz der Enttäuschung all
seine Energien und seinen gesamten Lebensmut auslöschen
kann.

Eine Enttäuschung kann den Menschen aber auch dazu herausfordern, sich ihr zu stellen und auf sie zu reagieren. Der Hass, in den, wie wir sagen, enttäuschte Liebe umschlagen kann, vor allem, wenn sie groß gewesen ist, ist eine solche aktive, wenn auch nicht sehr lobenswerte persönliche Reaktion. Ein Beispiel von welthistorischem Rang ist die Reaktion des frühen Christentums auf die ausbleibende Parusie, auf die Enttäuschung der Erwartung, dass die endzeitliche Ankunft Christi nah bevorstehe; denn diese Erkenntnis zwang die Christen, ihren Glauben den veränderten Bedingungen anzupassen und die charismatischen Inhalte ihres Glaubens zu institutionalisieren, sie also gesellschaftlich, staatlich und juristisch zu organisieren, wodurch sie freilich auch verweltlicht wurden. Ein Beispiel aus der neueren Geschichte ist die Desillusionierung der revolutionären Hoffnungen, die das deutsche Bürgertum mit der französischen Revolution und den Freiheitskriegen verband. Unter dem Druck der Restauration und ausgeschlossen von der Mitgestaltung des öffentlichen Lebens zogen sich die gebildeten Kreise ganz bewusst ins Biedermeier und in jene Innerlichkeit zurück, die die Kunst so wunderbar befruchtete, deren politische Abstinenz aber bis heute ein Problem der deutschen Gesellschaft geblieben ist.

Der überwältigende Schmerz einer großen Enttäuschung ist der Grund, weswegen mancher in Apathie verfällt, hingegen liegt der Grund, weswegen manche Enttäuschung zur Aktivierung aller Kräfte führen kann, darin, dass jede Enttäuschung zugleich eine Ent-Täuschung ist, also eine Erkenntnis, durch die bewusst wird, dass man etwas falsch einschätzte, dass man sich getäuscht und geirrt hatte. Diese Erkenntnis unterscheidet sich von den anderen Erkenntnisarten, etwa das Vorstellen, Denken oder Anschauen, dadurch, dass man diese bewusst und aktiv betreibt, während man jene passiv erleidet. Das begründet wohl auch den Widerstand, den man ihr entgegensetzt, dieses heftige Nicht-wahr-haben-wollen, das auch die angeführten Beispiele sehr gut belegen, zeigen sie doch Menschen, die zwar erkannten, dass ihre Situation anders ist, als sie zunächst glaubten, die aber mit ihren unangemessenen Reaktionen auch demonstrierten, dass ihnen diese Erkenntnis entweder unbequem oder noch nicht recht klar geworden war.

Ent-Täuschen war unter dem Anspruch auf Wahrheit immer schon die Aufgabe und bewusste Leistung der Philosophie gewesen. Wenn zum Beispiel Georg Christoph Lichtenberg schreibt, die ganze Philosophie sei eigentlich nur »Berichtigung des Sprachgebrauchs« oder »Einschränkung der Volksphilosophie«, dann definiert er die Philosophie geradezu als die Enttäuschung der üblichen Meinungen. Allerdings haben auch die Philosophen diesen Aspekt der Ent-Täuschung nicht ausdrücklich reflektiert, sondern sich auf die schmerzliche Seite der Enttäuschung beschränkt, vor allem natürlich die Denker von der Pessimistenfront, deren Vorkämpfer Schopenhauer ausdrücklich empfahl: »Am richtigsten werden wir das Leben fassen als einen desengaño, eine Enttäuschung: darauf ist, sichtbarlich genug, Alles abgesehn.« – Dieser Satz belegt übrigens, dass Pessimismus enttäuschter Optimismus ist – und ein Pessimist ein hoch enttäuschter, also unvorsichtig gewesener Optimist. – Einer der wenigen, die die Erkenntnisfunktion der Ent-Täuschung nicht gänzlich übersahen, war Alfred Seidel gewesen, der zu Beginn des 20. Jahrhunderts schrieb, es sei zwar immer eine »schwere Erschütterung«, wenn den Menschen bewusst werde, dass sie gewöhnlich »unter illusionären Wertungen und Weltbildern ihr Leben aufgebaut hatten«, der aber hinzufügte, »Wahrheitsfanatiker« würden diese Aufklärung »begrüßen«. Erst in den letzten Jahren mehren sich die Hinweise darauf, dass das Erkenntnismoment der Ent-Täuschung in der theoretischen Diskussion erkannt wird, was die zunehmende Zahl der Bücher belegt, die die Enttäuschung im Titel tragen, und deren erklärte Absicht der Nachweis ist, dass jede Enttäuschung und jeder Verlust auch »einen Gewinn mit sich bringen kann: ein Ende ideologischer Täuschungen, einen Akt intellektueller Befreiung aus der nun wirklich selbstverschuldeten Unmündigkeit fester, ideologischer Konstrukte« (Wolfgang Müller-Funk).

Im alltäglichen Leben sind wir zu dieser Erkenntnis oft nicht bereit. Das ist verständlich; denn der → Alltag ist wegen seiner Gleichförmigkeit wenig befriedigend, weshalb Hoffnungen und Erwartungen unser tägliches Brot sind, die natürlich nicht enttäuscht werden sollten. Weil das dennoch laufend geschieht, erfahren wir mehr Enttäuschungen als Ent-Täuschungen. Doch die Alltäglichkeit der Enttäuschungen macht nicht nur deutlich, wie unrealistisch man gewöhnlich die Welt betrachtet, wie wenig pragmatisch man agiert und reagiert, wie leichtgläubig man ist und wie unzufrieden mit sich und seinen Lebensumständen, verständlich wird vielmehr auch, dass Ent-Täuschungen ein lebensnotwendiges Korrektiv für unser Eingesponnensein in Hoffnungen und Erwartungen sind.

Man kann natürlich daran zweifeln, ob es eine großartige Schöpferidee gewesen ist, den Menschen in so vielen Fällen zunächst Hoffnungen hegen zu lassen, um ihn dann später erst durch Ent-Täuschungen mit der Wahrheit bekannt zu machen, doch vielleicht ist das auch gar keine so schlechte Idee gewesen, immerhin hält diese Pendeltaktik das Leben ganz gut in Gang, und es könnte sein, dass wir uns um den eigentlichen Witz des Lebens betrögen, versuchten wir, Situationen zu vermeiden, die die Gefahr der Enttäuschung in sich tragen. An Ratgebern, die eine solche Strategie vorschlagen, ist kein Mangel, schon gar nicht an philosophischen. Epikur mit seiner Mahnung, man solle die Zukunft nicht mit Erwartungen belasten, und Pascal mit seinem Rat, man solle doch in der Gegenwart und nicht so sehr in der Zukunft leben, sind nur zwei Beispiele dafür. Manchmal mögen solche Mahnungen sinnvoll sein, doch sie mahnen mehr dazu, Tier zu sein als Mensch.

Möglich

»Wenn es Wirklichkeitssinn gibt, muss es auch Möglichkeitssinn geben«. Mit diesem Satz überschrieb Robert Musil das vierte Kapitel seines Romans »Der Mann ohne Eigenschaften«, durch das die Charakterisierung der Hauptfigur Ulrich vorbereitet wird; denn dieser Ulrich ist der Inbegriff eines Menschen mit Möglichkeitssinn, entdeckt er doch überall in der Wirklichkeit Möglichkeiten, wie die Welt gedacht oder eingerichtet sein könnte, so dass er die bestehende nicht allzu wichtig nehmen kann. Es ist ihm daher auch nicht möglich, mit festen Vorstellungen und in festgefügten Wirklichkeitsbezügen zu leben, weshalb er im strengen Sinn ein Mensch »ohne Eigenschaften« ist. Mit seinen Überlegungen zum Möglichkeitssinn macht Musil die Bedingungen poetischer Phantasie zum Gegenstand der Poetik selbst, wobei er sich aber auf traditionellem philosophischen Gelände bewegt; denn die Begriffe des Wirklichen und Möglichen gehören zum ältesten Reflexionsbestand der Philosophie.

Zum ersten Mal wurden diese Begriffe und ihre wechselseitigen Beziehungen von der Megarischen Schule untersucht, die der Philosoph Eukleides um 380 v. Chr. begründet hatte, doch systematisch erforscht und in einen begrifflichen Zusammenhang gebracht wurden sie erst von Aristoteles. Auf ihn bezieht sich noch Kant, wenn er erstens die allgemeinsten Begriffe, mit denen wir uns die Welt erklären, mit einem aristotelischen Ausdruck »Kategorien« nennt, und wenn er zweitens unter diese Kategorien die sogenannten Modalitäten rechnet, also die verschiedenen Arten, wie etwas bestehen oder vor sich gehen kann; denn alles Bestehende und alles Denkbare ist entweder wirklich oder nicht wirklich, möglich oder unmöglich, notwendig oder zufällig. Aus der Mittelstellung der Möglichkeit zwischen den beiden Extremen der Unmöglichkeit und der Notwendigkeit entwickelte Aristoteles eine bunte Palette von möglichen Seinsweisen, wobei uns sein Hang zur begrifflichen Vollständigkeit vielleicht pedantisch und befremdlich erscheinen mag, was aber zum großen Teil darauf beruht, dass wir es nicht mehr gewohnt sind, im Denken streng und penibel zu verfahren. Aristoteles unterschied nämlich zwischen folgenden Möglichkeiten: möglich zu sein und nicht möglich zu sein, zufällig zu sein und nicht zufällig zu sein, nicht unmöglich zu sein und unmöglich zu sein, nicht notwendig nicht zu sein und notwendig nicht zu sein, möglich nicht zu sein und nicht möglich nicht zu sein und so weiter bis hin zu den Modalitäten, nicht notwendig zu sein und notwendig zu sein.

Unser heutiges Interesse richtet sich natürlich nicht mehr auf ein so perfektes begrifflichen System, uns interessieren vielmehr die praktischen Konsequenzen, die die vertrackte Ehe zwischen dem Wirklichen und Möglichen für uns hat. Dennoch ist es nicht überflüssig, an die alten begrifflichen Subtilitäten zu erinnern, sieht man an ihnen doch, wie komplex Wirklichkeit und Möglichkeit, Notwendigkeit und Zufälligkeit miteinander verwoben sind, weshalb man von vornherein die Wirklichkeit verfehlen würde, wollte man sie als einen schlichten Gegensatz zum Möglichen oder Notwendigen verstehen. Ein wesentliches Ergebnis der philosophischen Bemühungen um die modalen Beziehungen fasste Hegel in dem Satz zusammen: »Was wirklich ist, ist möglich«. Das scheint eine Binsenwahrheit zu sein; denn was nicht möglich ist, kann auch nicht wirklich werden, weshalb später Nicolai Hartmann das Möglichsein »als ein im Wirklichsein enthaltenes und vorausgesetztes Modalmoment« bezeichnete. Dennoch steckt in dieser scheinbar selbstverständlichen Aussage ein großes Problem. Die Anhänger der Megarischen Schule schlossen zum Beispiel aus solchen Erkenntnissen, dass überhaupt nur das Wirkliche möglich sein könne, dass also nur das möglich sei, was entweder schon wirklich sei oder es zwangsläufig noch werden müsse. So schlicht stellen sich für uns die Verhältnisse nicht mehr dar; denn das Mögliche ist zwar ein inneres Moment der Wirklichkeit, erschöpft sich aber nicht in ihr; denn die Wirklichkeit ist nur die Realisierung einer ganz bestimmten Möglichkeit aus dem Fundus des insgesamt Möglichen. Sie könnte mithin auch ganz anders aussehen. Der zentrale Begriff der → Freiheit, auf den wir uns so häufig berufen, setzt voraus, dass es außerhalb der Wirklichkeit noch andere Möglichkeit gibt, ein Reich noch nicht oder nicht mehr realisierter Möglichkeiten; denn wenn anderes als das Bestehende nicht als real gedacht und ihm entsprechend gehandelt werden kann, ist der Begriff der Freiheit ganz sinnlos.

Der Möglichkeitssinn ist daher »ein Sinn für die mögliche Wirklichkeit«, wie Musil schreibt, weshalb er fortfährt, dieser Sinn ließe sich »geradezu als die Fähigkeit definieren, alles, was ebensogut sein könnte, zu denken und das, was ist, nicht wichtiger zu nehmen als das, was nicht ist.« Mit dieser Definition ist auch die Quelle genannt, aus der der Möglichkeitssinn seine positiven Ansichten gewinnt, nämlich das → Denken, wobei mit Denken nicht das Vermögen zur Reflexion gemeint ist, sondern das intuitive, entdeckende und entwerfende Denken, in dem aufscheint, was bisher unter der Wirklichkeit verborgen war. Dieses Denken in Möglichkeiten errichtete freilich nur Luftschlösser der Spekulation, hätte es nicht an der Wirklichkeit selber sein reales Fundament, sind es doch vor allem die Erfahrung des Ungenügens und der Überdruss an den realen Zuständen, die dazu führen, der Wirklichkeit die Möglichkeit einer anderen, besseren Welt gegenüberzustellen. Deshalb besteht Musil so sehr auf der Einsicht: »Es ist die Wirklichkeit, welche die Möglichkeiten weckt.« Denken und Empfinden, die hier begrifflich unterschieden werden, sind daher auch nicht als getrennte Akte vorzustellen, da es kein Denken ohne Empfindung und kein Erleben ohne begriffliches – wenn vielleicht auch unklar bleibendes – Vorstellen gibt. Diese Verbindung, die das Denken der Möglichkeiten an die Wirklichkeit knüpft, so dass seine Produkte keine »müßigen Hirngespinste« sind, sondern durch die Wirklichkeit selbst gerechtfertigt sind, relativiert natürlich die bestehende Wirklichkeit und gefährdet damit alle, die sich in ihr häuslich eingerichtet haben und aus ihrem kleinen Paradies nicht mehr vertrieben werden wollen. So sorgt der Möglichkeitssinn weithin für Unruhe und wird deshalb, wenn er sich artikuliert, was beispielsweise häufig in der → Kunst geschieht, mit Hass verfolgt und überall da, wo er sich regt, ausgerottet: »Kindern«, schreibt Musil, »die diesen Hang haben, treibt man ihn nachdrücklich aus und nennt solche Menschen vor ihnen Phantasten, Träumer, Schwächlinge und Besserwisser oder Krittler.« Sich selber aber heißen solche Beckmesser Realisten oder Pragmatiker, während sie in Wahrheit beschränkt oder denkfaul sind.

In diesen Akten des Möglichkeitssinns scheint auf, was wir ganz allgemein Utopie nennen, was wir aber besser – mit einem Ausdruck von Ernst Bloch – reale Utopie nennen sollten; denn eine Utopie kann völlig unrealistisch sein und ohne Bezug zur Wirklichkeit, so dass sie keine Chance hat, jemals realisiert zu werden, während eine reale Utopie ausdrücklich eine Möglichkeit bezeichnet, die realisierbar ist, und die allein deswegen schon auf das historisch-gesellschaftliche Sein transformierend wirkt, vorausgesetzt, es ist der Wille vorhanden, dieser Möglichkeit zur Wirklichkeit zu verhelfen. Fehlt dieser Wille, ist die Utopie nicht mehr als ein Mittel zum Ausbruch aus der Wirklichkeit und zur Flucht in Traumwelten, derentwegen man sich um die bestehende Wirklichkeit nicht mehr kümmert. So schnell und so unmerklich kann man aus dem Möglichen ins Reich des Unmöglichen gleiten.

Die Wirklichkeit ist die Basis, auf der Möglichkeiten erst

erdacht, erprobt und endlich realisiert werden können. Sie ist der verlässliche Rückhalt, den man braucht, um sich bei seinem Spiel mit den Möglichkeiten immer wieder auf einen festen Boden zurückziehen zu können. Deshalb lässt sich die Wirklichkeit nicht durch lauter Möglichkeiten ersetzen, und das heißt nichts anderes, als dass die Fähigkeit des Menschen, flexibel zu reagieren, begrenzt ist, was wiederum nichts anderes heißt, als dass der Mensch nur ein bestimmtes Maß an Möglichkeiten erträgt. Wer sich nur noch in Möglichkeiten ergeht, löst die Wirklichkeit ins Virtuelle auf, verliert sie am Ende ganz und mit ihr sich selbst. So wesentlich wie das Bewusstsein, dass die Wirklichkeit anders sein könnte und in Teilen anders werden muss, ist daher auch die Fähigkeit, sich mit einer beschränkten Wirklichkeit abzufinden, Möglichkeiten ungenutzt zu lassen und sich auf begrenzte Ziele zu konzentrieren.

Die sprachliche Form der Möglichkeit ist der Konjunktiv, während der Wirklichkeit der Indikativ entspricht. Nun geht heute bekanntlich der Gebrauch des Konjunktivs zurück, während bei anderen grammatischen Erscheinungen keine Tendenz zur sprachlichen Reduktion zu beobachten ist. Man darf daraus vielleicht schließen, dass der Möglichkeitssinn, der sowieso noch nie sehr verbreitet war, heute ganz auf dem Rückzug begriffen ist. »Fakten, Fakten, Fakten«, ist schließlich ein Losungswort unserer Zeit, auf das sich nicht nur seine Erfinder viel zu Gute halten, das vielmehr auch allgemein überzeugt. Nun erfasst zwar jede Aussage – gesetzt, man irrt und vergreift sich nicht mit seiner Erkenntnis – die Wirklichkeit, aber doch nur nach *der* Seite hin, die sich faktisch realisierte. Aus der Tatsache aber, dass sich etwas realisierte, lässt sich nicht schließen, dass es also auch einen notwendigen Bezug zur faktischen Wirklichkeit habe. Wer dennoch glaubt, es sei als Wirkliches auch das einzig Mögliche, fällt nicht nur auf den Megarischen Standpunkt zurück, sondern offenbart auch seinen mangelhaften Möglichkeitssinn und seine fehlende Phantasie; denn er reduziert die Wirklichkeit auf *die* Möglichkeit, die ihm zugänglich ist, oder die ihm vielleicht auch nur zuträglich zu sein scheint. Wer hingegen im Konjunktiv spricht, beweist mehr Respekt vor der Wirklichkeit und ihren unbekannten Seiten und räumt der Welt noch andere Möglichkeiten ein als die, die

ihm zufällig vor Augen liegen; denn »die indikativische Welt
ist«, wie Armin Ayren in seinem kleinen Essay »Über den
Konjunktiv« anmerkt, »nur ein winziger Bruchteil des Ganzen,
und wahrscheinlich nicht der interessanteste.«

Kunst

Mozarts Streichquartett KV 465 beginnt mit so schrägen Tönen, dass nicht nur seine Zeitgenossen mit Unverständnis darauf reagierten, bis vor kurzem glaubten selbst ernsthafte Mu-
sikwissenschaftler, dass man dieses Quartett im Sinne Mozarts
korrigieren müsse. Auch die handschriftlichen Änderungen in
seinem Streichquintett KV 593 hielt man bis zum Jahr 1961 für
authentisch, einzig aus dem Grund, weil die ursprüngliche
Fassung nicht so klang, wie man es erwartete. Was da stand,
war spröde und provozierend, während man sich Mozart doch
eher anmutig und eingängig dachte. Andere Werke haben es
insofern besser, als man bei ihnen von vornherein mit »Ver-
besserungen« scheitern würde, etwa bei Beethovens Großer
Fuge op. 133. Aggressiv und schneidend-scharf ist hier der Ton
vom Anfang bis zum Ende, die ganze Fuge so zerklüftet, dass
ein Kritiker nach der Uraufführung schrieb, das Stück sei ihm
»unverständlich, wie Chinesisch«. Ganz ähnlich erging es
jüngst den Bewunderern Michelangelos, als dessen Fresken in
der Sixtinischen Kapelle in ihren ursprünglichen Zustand zu-
rückversetzt worden waren. Verschwunden war der gewohnte
edle Firniston, die Bilder leuchteten farbig, fast bunt, so dass
alle Welt sich fragte, ob das noch Michelangelo sei.

Eingriffe und wohlwollende Interpretationen sind Versuche,
widerborstige Werke als Kunstwerke zu retten, von denen gerade angebliche Liebhaber der Kunst erwarten, dass sie einen
Ausblick auf eine heile Welt geben, weshalb sie von der Kunst
fordern, sie solle der hässlichen Welt den schönen Schein ent-
gegensetzen. Nun mag ja manches Kunstwerk schön sein, aber
Egon Schieles Akte sind es sowenig wie die Selbstbildnisse des
Edmund Kalb, und Michael Gielens Quartett »Un Vieux Sou-
venir« oder Sofia Gubaidulinas Sonate »Freuet euch!« verweigern sich rabiat allem Wohlklang und der gefälligen Form;

denn das Reich der modernen Kunst ist nicht das Schöne, sondern die wüste und verwüstete Welt, aus der sie stammt und auf die sie antwortet. Sie ist daher auch nicht mehr mit den Kategorien der klassischen philosophischen Ästhetik zu begreifen, die gerade jene Bereiche aus der Kunst verbannte, die heute ihr Zentrum bilden, nämlich das Hässliche, das Zerstörte und das → Absurde. Alexander Gottlieb Baumgarten, der im 18. Jahrhundert die Ästhetik als philosophische Disziplin allererst begründete, glaubte noch, das Ziel der Ästhetik sei »die Vollkommenheit (Vervollkommnung) der sinnlichen Erkenntnis als solcher. Damit aber ist die Schönheit gemeint. Entsprechend ist die Unvollkommenheit der sinnlichen Erkenntnis als solcher, gemeint ist die Hässlichkeit, zu meiden.« Heute gilt eher das Gegenteil – nicht aus Willkür, sondern weil die Umstände es erzwingen.

Wer dennoch das Wahre, Gute, Schöne liebt, mag sich den röhrenden Hirsch über das Sofa hängen und den schönkorrigierten Mozart hören. Da findet er den Genuss, den die Kunst ihm heute verweigert; denn der Genuss hat seinen Platz nur dort, wo man die Kunst uneigentlich versteht, als Kunsthandwerk und Sachverstand, weshalb man die Kunst des Kochs genießen kann, nicht jedoch die eines Luigi Nono oder einer Ingeborg Bachmann. Wer hier genießt, der irrt. Wie selbstverständlich aber das Ästhetische mit dem Kulinarischen verwechselt wird, offenbaren die Ausdrücke »Ohrenschmaus« oder »Augenweide«, mit denen der Kunstliebhaber sich ein Kunstwerk einverleibt, als wär's ein Stück vom Schwein oder ein halbes Dutzend Austern. Diesem Verständnis von Kunst und des Umgangs mit ihr entspricht die neueste Mode mancher Radiosendungen, die die gefälligsten Teile aus den Klassikern der Musik herausbrechen und unter dem Titel »Kuschelklassik« als Flickenteppich schöner Stellen anbieten. Was spröde, fremd und sperrig ist, lässt man einfach weg, da es sich dem problemlosen Genuss und der Anverwandlung an das eigene Bewusstsein verweigert. Es gebe oder sage einem nichts, sagt man dann und übersieht, dass geistige, also auch ästhetische Erfahrung nur macht, wer sich auf anderes einlässt und sich an es entäußert, wie der Idealismus präziser sagte. Nur wer je vor einem Kunstwerk so versunken war, dass er sich vergaß, nahm

Kunst als Kunst überhaupt erst wahr, und durch solche Entäußerung wird sich auch das Subjekt als Subjekt allererst bewusst.

Es gibt nicht nur wohlwollende, aber verständnislose Reaktionen auf die Kunst, oft genug schlagen ihr auch Hohn und Spott entgegen. Da spreizt sich dann der Unverstand zum Sachverstand auf, und die → Dummheit hält sich für urteilsfähig. Dabei ist gerade bei der Kunst die Urteilsfähigkeit gefordert, zumal sie irritiert und befremdet. Sie bedarf daher der Interpretation, und es gibt keine ästhetische Erfahrung ohne Wissen um die jeweiligen Bedingungen der Kunst und ohne eigene kritische Reflexion. Wer sich beides ersparen möchte, missversteht die Kunst als → Unterhaltung. Wer beispielsweise nicht weiß, wofür die korrespondierenden Celli und Holzbläser am Beginn von »Tristan und Isolde« stehen, und wer nicht weiß, dass die eigentümliche Sexte im Knospenmotiv dieser Oper für Richard Wagner den »Blick« symbolisiert, der die Tragödie erst ins Werk setzt, der weiß eben nicht, was er hört, und was er hört, ist falsch. Adorno schrieb über solche unbedarften Kunstkenner: »Wer nicht weiß, was er sieht oder hört, genießt nicht das Privileg unmittelbaren Verhaltens zu den Werken, sondern ist unfähig, sie wahrzunehmen.« Das gilt von aller Kunst, auch von der ehemals »schön« genannten; denn die Lust an der Kunst, so befand auch Immanuel Kant, sei »nicht eine Lust des Genusses aus bloßer Empfindung, sondern der Reflexion«, weshalb sie »die reflektierende Urtheilskraft und nicht die Sinnenempfindung zum Richtmaße« habe.

Wenn wir dennoch bei manchen Kunstwerken glauben, sie bedürften keiner Interpretation, und man könne bei ihnen auf alle geistige Anstrengung verzichten, dann beruht das einzig darauf, dass wir an den Umgang mit ihnen gewöhnt sind, so dass wir nicht mehr merken, wie sehr auch *die* Werke noch befremden, die uns vertraut geworden sind. Die angebliche Verständlichkeit von Bildern, Texten oder Kompositionen beruht nämlich allein darauf, dass wir die Themen, die sie behandeln, die Motive, mit denen sie ihre Themen gestalten, und die Standpunkte, von denen aus sie die Welt betrachten, schon lange kennen. Wer das nicht berücksichtigt und ein Kunstwerk keiner Erklärung für bedürftig hält, sieht nicht, was er sieht, und hört nicht, was er hört; denn kein Kunstwerk kann an dem gemessen werden, was wir aus Gewohnheit zu verstehen glauben, zumal die heutige Kunst sich nicht nur allen gewohnten Einsichten, Haltungen und Standpunkten verweigert, sondern gegen sie protestiert. Deshalb erfüllt die Kunst auch nicht die Forderungen des → Zeitgeistes, sondern ist im Gegensatz zu ihm modern. Sie stirbt daher auch nicht mit ihm; denn – um noch einmal Adorno zu zitieren –, »nur das je Fortgeschrittenste hat Chance gegen den Zerfall in der Zeit.« Wie wenig Zeitgeist und Moderne miteinander zu schaffen haben, zeigt sich beispielsweise daran, dass zeitgeistgemäße Musicals auf Jahre hinaus ausgebucht sind, während die Komponisten, die sich auf neues Terrain wagen, weitgehend unbekannt sind, und gleichzeitig Schönberg vielen immer noch als moderner Komponist gilt.

Die Dummheit belässt es nicht bei Spott und Hohn, sondern steigert sich zu Hass und Wut, wenn sie nämlich spürt, was Kunst vermag. Man kennt das von allen Diktaturen, totalitären Ideologien und der weltweiten Fraktion der Spießer. Wenn zum Beispiel »Das Schwarze Korps«, die offizielle Wochenzeitschrift der SS, den Dichter Gottfried Benn ein »widernatürliches Schwein« nannte und seine Schriften als »dreckige Schmiereien« diffamierte, dann nicht nur, weil die Verfasser dieses Pamphlets von Benns politischer Einstellung enttäuscht waren, sondern weil sie auch ahnten, wie unbequem Kunst sein und wie sehr sie Idiotie bloßstellen kann. Diese Haltung hat in dem Ausdruck »entartete Kunst« ihren deutschen Namen und in der Vernichtung des angeblich Entarteten ihren Höhepunkt gefunden, ist aber weit davon entfernt, sich mit diesen Exzessen ausgetobt zu haben. Es ist noch nicht lange her, dass ein empörter Politiker öffentlich Kunstplakate von den Wänden riss, womit er öffentlich machte, wie sehr diese Kunst ihn privat getroffen hatten. Andere wehren sich mit allen Mitteln gegen die staatliche Förderung moderner Werke oder beschädigen Kunstwerke, weil sie ihnen missfallen, und weil sie sich für befugt halten, allem, was sie nicht verstehen, das Recht zu bestreiten, sich Kunst auch nur zu nennen, wobei sie besonders ungnädig reagieren, wenn man dem, was ihnen nun einmal gefällt, das Gütesiegel »Kunst« verweigert. Besonders peinlich wird es, wenn die Justiz aufgerufen wird, in Volkes Namen für Recht zu erklären, dass ein Werk kein Kunstwerk sei; denn Volk, Justiz, Verwaltung und Politik sind erste Adressaten der Kritik der Kunst und damit die denkbar schlechtesten Richter in dieser Sache.

Mit jeder empörten Reaktion und mit jedem Verdikt über die Kunst wird aber anerkannt, dass sie ihr Ziel erreicht hat, nämlich mit den üblichen Ordnungsschemata zu brechen und alle Erwartungen zu enttäuschen; denn mit der Kunst bricht das Chaos in die Ordnung unserer Welt ein und zeigt, wie chaotisch diese Ordnung im Grunde ist, und dass die Welt nicht ist, wie sie sein könnte. Darin liegt das Empörende und die Zumutung der Kunst, und das ist die eigentliche Quelle des Hasses und der Wut, die ihr so oft entgegenschlagen. Vielleicht darf man daraus aber auch schließen, dass es die Kunst geben wird, solange Menschen das Ungenügende ihrer Welt empfinden, ein Ungenügen, an dem die Kunst freilich selber dadurch Anteil hat, dass sie keine positive Vorstellung davon geben kann, wie denn die Welt sein könnte oder sollte; denn die Darstellung eines Besseren wirkt immer naiv und kindisch, weshalb sie sich jederzeit denunzieren und eben der Dummheit überführen lässt, die die Kunst doch attackieren will. Erklimmt die Kunst die Höhen der heilen Welt, stürzt sie in die Banalität und wird so armselig wie die Welt, gegen deren Armseligkeit sie protestiert. Sie muss daher jede leichtfertige Versöhnung und jeden falschen Trost verweigern und sich damit begnügen, im Protest nur einen Schein von dem zu geben, was → möglich wäre. Mehr als ein solches Versprechen enthält sie nicht.

Natürlich weiß jeder, »dass es anders werden muss, wenn es besser werden soll« (Lichtenberg). Zu dieser Erkenntnis bedarf es keiner Kunst, aber die Kunst weiß ihre Einsichten sinnlich zu sagen, und so wirkt ihr Appell überzeugender als jede mehr oder weniger elegant formulierte Theorie. Die Philosophie tritt deshalb hier zurück; denn was sie im besten Fall brillant zu sagen weiß, das macht die Kunst dem, der sich um sie bemüht und Augen und Ohren für sie hat, gleich schlagend klar.

Mode

Wenn von Mode die Rede ist, wird gern der Spruch zitiert:
»Kleider machen Leute.« Doch er ist hier ganz fehl am Platz,
da er sich nicht auf die *modische* Kleidung, sondern auf die
gepflegte aus teurem Tuch und von edlem Schnitt bezieht, von
der dann auf ihren Träger geschlossen wird, nach dem Motto,
wo Armani drauf stehe, sei auch Armani drin. In diesem Sinn
hat auch Gottfried Keller die Redensart in seiner gleichnamigen
Novelle verwendet. Wer den Spruch so falsch gebraucht, hat
aber immerhin richtig erkannt, dass das Wort »Mode« seit dem
17. Jahrhundert, in dem es aus Frankreich kommend auch in
Deutschland heimisch wurde, zunächst nur dazu diente, den
Wechsel in der Kleidung und den Accessoires, in der Haar-
tracht und der Kosmetik auszudrücken. Dieses Bedürfnis nach
Wandel in der äußeren Erscheinung ist eine Konkretion des
allgemeinen menschlichen Bedürfnisses nach Veränderung und
Entwicklung überhaupt, das allerdings durch das gegenteilige,
nicht minder starke Bedürfnis nach Beharrung und Dauer konterkariert wird. Und so steht dem schnellen Wechsel der modischen Kleidung und Erscheinung der langsame historische
Wandel von Tracht und Brauch gegenüber.

Treibende Kraft für die modische Entwicklung waren in der
Vergangenheit stets die herrschenden Kreise, die von den unteren Schichten zum Vorbild genommen und nachgeahmt wurden, weshalb sich die Oberschicht mit einer weiteren Modifika-
tion ihrer Kleidung und ihres Lebensstils regelmäßig wieder
von ihnen distanzieren musste. Aus dieser Struktur gewann
Georg Simmel, der sich als einer der Ersten mit der Mode
philosophisch und soziologisch beschäftigte, zwei wichtige
Funktionen der Mode. Sie sei nämlich sowohl »Nachahmung
eines gegebenen Musters und genügt damit dem Bedürfnis nach
sozialer Anlehnung«, befriedige aber auch »das Unterschieds-
bedürfnis, die Tendenz auf Differenzierung, Abwechslung,
Sich-abheben«. Diese letzte Funktion gelinge ihr »einerseits
durch den Wechsel der Inhalte, der die Mode von heute in-
dividuell prägt gegenüber der von gestern und von morgen, es
gelingt ihr noch energischer dadurch, dass Moden immer Klas-
senmoden sind«. Mit diesen beiden Funktionen erfülle die

Mode sowohl »die Tendenz nach sozialer Egalisierung« wie »nach individueller Unterschiedenheit«.

Durch diese beiden Funktionen, Nachahmung und zugleich Ausdruck eigener Individualität zu sein, ist die Antwort auf die Frage, wie man sich der Mode gegenüber verhalten solle, nicht nur strukturiert, sondern auch schon vorgegeben. So kritisierte zum Beispiel Kant das Bedürfnis, stets mit der Mode zu gehen, wobei er als Pietist wie als Aufklärer sprach, wenn er befand, als Nachahmung gehöre die Mode »unter den Titel der *Eitelkeit*, weil in der Absicht kein innerer Wert ist; imgleichen der *Thorheit*, weil dabei doch ein Zwang ist, sich durch bloßes Beispiel, das uns viele in der Gesellschaft geben, knechtisch leiten zu lassen.« Und Hegel erinnerte daran, dass man auf dem falschen Dampfer sei, wenn man glaube, mit der Mode könne man seine Individualität ausdrücken, weshalb er empfahl: »Man lässt sich durch die allgemeine Gewohnheit (Mode) bestimmen, weil es an und für sich äußerlich, gleichgültig ist, hierin nicht eigenen Willen zu haben, sondern gibt dies Zufällige der Zufälligkeit preis«. Damit brach er zwar eine Lanze für die Mode, aber nur, indem er sie als Ausdruck des Gewöhnlichen und völlig Belanglosen abwertete.

Heute hat sich das Problem des angemessenen Umgangs mit der Mode verschärft, weil sie ihr angestammtes Regime über den Kleiderschrank und die Schminktöpfe nicht nur auf die gesamten Konsumgüter, sondern auf alle Äußerungen des privaten und gesellschaftlichen Lebens einschließlich seiner kulturellen Inhalte ausgedehnt hat. Dabei stützt sich ihre Herrschaft allein auf das Neue oder »die Neuigkeit«, die schon für Kant der wahre Inhalt der Mode war. Zweckmäßigkeit, Schönheit, Geschmack, Rücksicht auf das Wohlbefinden und ähnliche Kriterien spielen nur noch eine untergeordnete Rolle, weshalb Modetorheiten zur Mode gehören wie der Sand zum Strand. Das Überraschende und Unglaubliche macht dabei natürlich den größten Effekt, wofür die extreme Aufmachung der männlichen Pariser Stutzer kurz vor 1800, die man zu Recht »Incroyable« nannte, ein ebenso gutes Beispiel ist wie die der weiblichen, die »Merveilleuse« hieß. Der Gebrauchswert einer Sache ist dabei so nebensächlich, dass selbst das, was für einen Benutzer noch uneingeschränkt brauchbar wäre, unter dem

Diktat der Mode völlig wertlos wird. Der Gebrauchswert wird durch den Tauschwert ersetzt, weshalb sogar Artikel auf den Markt gebracht werden können, deren einziger Zweck es ist, modisch zu sein, die also von vornherein keinen Gebrauchswert haben, sondern nur noch Nippes sind.

Nun hat die Mode mit ihrem Prinzip des Neuen zweifellos eine gewisse Berechtigung, da sie sich auf ein Grundbedürfnis des Menschen berufen kann, das allen Lebewesen von Natur aus mitgegeben ist, nämlich die → Neugier. Deshalb hat Hegel auch Recht, wenn er schreibt, es sei »die Vernünftigkeit der Mode, dass sie über das Zeitliche das Recht, es immer von neuem wieder zu verändern, ausübt.« Ohne die wechselnden Moden in der äußeren Erscheinung, im Lebensstil oder der Kunst wäre der → Alltag und das Leben nicht nur weniger bunt, sondern bald auch unerträglich leer. Indem die Mode das Neue aber immer wieder durch das noch Neuere ersetzt, gerät auch sie ins Leere, nämlich in einen leeren Kreislauf des Immergleichen, weshalb Adorno schrieb: »Was an der Kulturindustrie als Fortschritt auftritt, das unablässig Neue, das sie offeriert, bleibt die Umkleidung eines Immergleichen.« Walter Benjamin verschärfte diese Einsicht zu dem Bonmot: »Die Mode ist die ewige Wiederkehr des Neuen.« Sie ist gleichsam ein moderner Sisyphos, der das Neue vor sich her schiebt, bis es ihm, alt geworden, aus den Händen gleitet und den Hang hinabstürzt, worauf er wieder ein Neues emporschiebt, ohne dass ein weiterer Sinn hinter diesem Tun steht als die dauernde Wiederholung.

Diese Schwäche des Modebetriebes ist, vor allem bei dem rasanten Wechsel der Mode in unserer Zeit, gar nicht zu übersehen. Dennoch haben viele Menschen das Bedürfnis, möglichst modisch zu sein und mit der Zeit zu gehen, und manche finden darin sogar ihre größte Befriedigung und ihren Lebenszweck. Verständlich ist dies, weil die Mode nicht nur neu, sondern auch vergänglich ist, und mit diesen Eigenschaften, Neues zu bieten und doch an die → Vergänglichkeit zu mahnen, steht sie, wie Georg Simmel bemerkte »auf der Wasserscheide von Vergangenheit und Zukunft« und gibt dem Menschen eben deswegen »ein so starkes Gegenwartsgefühl, wie wenige andre Erscheinungen«. Diese erhöhte Gegenwartsempfindung intensiviert nicht nur das gesamte Lebensgefühl, sondern macht auch den Träger der Mode zu einem ausgezeichneten Repräsentanten des → Zeitgeistes.

Doch wer nur noch modisch oder »in« sein will und an jedem Trend teilhaben muss, gibt der Mode einen Wert, der seinen eigenen gering erscheinen lässt. Daher ist die Mode, wiederum nach einer Beobachtung von Georg Simmel, der wahre Tummelplatz für Individuen, »welche innerlich unselbständig und ahnlehnungsbedürftig sind«, weshalb Menschen mit Hilfe des Diktats der Mode in Unselbständigkeit gehalten werden können. Simone de Beauvoir erklärte daher mit Recht in ihrem Buch »Das andere Geschlecht«, eine Frau könne sich nicht als autonomes Individuum verwirklichen, wenn sie gesellschaftlich verpflichtet sei, den Modeströmungen zu folgen. Dieser Satz gilt heute nicht nur allgemein, da die Männer den Frauen modisch in nichts mehr nachstehen, sondern auch umfassender als früher, weil sich die Mode mittlerweile auf unseren ganzen Lebensstil bezieht. Vom modischen Menschen bleibt nur noch seine Tausch- und Ersetzbarkeit übrig, und einen eigenen Wert kann nur noch der für sich reklamieren, der fähig ist, das Neue, das Mode werden soll, zu initiieren und zu propagieren, also der Trendsetter. Aber für ihn gilt ganz besonders, was Georg Simmel schon über den einfachen »Modenarren« sagte: »Er geht den andern voran – aber genau auf ihrem Weg.«

Neugier

Auf die Frage, was Gott getan habe, ehe er Himmel und Erde schuf, antwortete Augustinus, er habe »Höllen hergerichtet für Leute, die so hohe Geheimnisse ergrübeln wollen«. Calvin zitierte diesen Satz, den Augustinus selbst als Scherz bezeichnete, ganz ernsthaft und noch dazu in der tendenziösen Fassung, Gott habe »die Hölle für die Neugierigen« geschaffen. Er stellte sich damit in eine Tradition, die schon die antike Philosophie begründet hatte, die aber erst in der frühchristlichen Theologie und – trotz seines Scherzes – gerade in Augustinus, ihren Höhepunkt erreichte. In dem schlechten Ruf, den die

Neugier bis heute hat, findet diese Tradition ihre moderne, säkularisierte Fortsetzung. Diese Vorstellung von der Neugier wurde in neuerer Zeit freilich auch erbittert bekämpft, und so stritt zum Beispiel Nietzsche heftig gegen jede »an Ketten gelegte Art von Geistern« und erklärt es für ein Zeichen des freien Geistes, »neugierig bis zum Laster« zu sein.

Den theologischen Bannfluch gegen die Neugier versteht man besser, wenn man bedenkt, dass das lateinische Wort für Neugier, nämlich curiositas, von cura (Sorge) abgeleitet ist. Zu sorgen hatte sich der Christenmensch vor allem anderen aber um sein Heil, weshalb die Sorge um das Alltägliche und um das, was morgen sein werde, unweigerlich mit dem Glauben an den barmherzigen Gott in Konflikt geraten musste, da Gott schließlich für die Seinen schon sorgen würde wie für die Lilien auf dem Felde. Wenn aber alles, was zur Erreichung des Seelenheiles zu wissen nötig ist, schon in der Bibel offenbart ist, wird jede weitere Sorge zwangsläufig zur bloßen Befriedigung eitler Neugier, eben zur curiositas, die sich nur um Kuriositäten sorgt. Zugelassen war höchstens noch die Neugier, die zum Beispiel als wissenschaftliche Forschung nützliche Kenntnisse verschaffte, wobei sie aber nicht die Grenzen des christlichen Glaubensbekenntnisses überschreiten durfte. Die Theologen waren allerdings zu manchen begrifflichen Verrenkungen gezwungen, um halbwegs plausibel zu machen, was denn nützliche Kenntnis und was bloß Ausdruck von Neugier sein sollte.

Menschen, die in solchen Vorstellungen leben, haben einen anderen Bezug zur Zeit als wir. Wenn nämlich alles, was in dieser Welt geschieht, nur wichtig ist in Rücksicht auf das Heilsgeschehen, dann ist die Welt auf lange Fristen angelegt, und das Jüngste Gericht findet ja auch erst ganz am Ende statt. Dann sind aber auch die Veränderungen und Zufälle in der Welt nicht mehr so wichtig, allenfalls interessant, insofern sie Mittel der Bewährung des Menschen sind. Wirkliche Geltung hat aber nur noch, was von Dauer und damit von hohem Alter ist. Das Alter eines Brauches, einer Lehre oder Institution ist daher auch ein Zeichen ihrer Wahrheit. Die Alten siedeln näher bei den Göttern, behauptete schon Platon, und später wurde vom Christen zum Häretiker, wer von der überkommenen

Wahrheit abweichen, eigene Meinungen haben und Neuerungen einführen wollte. Ganz fremd ist uns diese Haltung nicht, mindestens im Lob auf die gute, alte Zeit ist ein Rest von ihr bewahrt. Doch bis zur frühen Neuzeit war das ganze emotionale und mentale Leben von dieser Haltung durchtränkt, und daher war das Eingedenken und die → Erinnerung ein wesentliches Moment mittelalterlicher Mentalität. Memento mori, gedenke, dass du sterblich bist, war deshalb auch eine charakteristische Losung der Zeit.

Nach der Theorie vom Vorrang des Alten hätte freilich auch die heidnische Religion den Vorzug vor der christlichen verdient, weswegen Augustinus auf den Ausweg verfiel, dass es im Grunde nur eine einzige Religion gebe, die deshalb auch schon »bei den Alten und zwar vom Anfang der Menschheit bis zur Fleischwerdung Christi« bestanden habe. »Von da an begann man die wahre Religion, die bereits existierte, die christliche zu nennen.« Damit war zwar das junge Christentum als dennoch älteste Religion etabliert, aber auch jede Möglichkeit einer kulturellen, gesellschaftlichen oder wissenschaftlichen Entwicklung theoretisch geleugnet. Dieser theoretischen Absage an einen innerweltlichen Fortschritt entsprach seine praktische Behinderung, da jeder, der etwas verändern wollte, die Beweislast für den Sinn und die Notwendigkeit seiner Veränderungsvorschläge trug; denn eine neue Sache war gerade durch ihre Neuheit suspekt. Diese theoretischen und praktischen Schwierigkeiten erklären, weshalb gesellschaftliche und technologische Innovationen damals nur langsam Konturen gewannen und sich noch langsamer durchsetzen konnten.

Mit der Aufbruchstimmung der Renaissance, ihrem Wissensdurst und Forschergeist, setzte ein mentaler Wandel ein, der in Ulrich von Huttens Satz: »Die Studien blühen, die Geister platzen aufeinander, es ist eine Lust zu leben«, seinen leidenschaftlichen Ausdruck fand. Diesen Geist des Neuen übernahm die Aufklärung, deren Mittel und Ziel die Vernunft, deren Antrieb aber die Neugier war, und setzte ihn endgültig durch. Mit ihr begann der Siegeszug der Wissbegier, in dessen Folge es zu einer vollständigen Umwertung der Zeitstrukturen kam. Seither ist es kein Vorzug mehr, dass etwas lang in Geltung und von hohem Alter ist, eher ist dies ein Zeichen seiner Reformbedürftigkeit; denn was alt ist, ist eigentlich schon überholt. Was heute etwas gelten will, muss zeitgemäß und neu sein, weshalb Begriffe wie Aktualität, Veränderung, Entwicklung oder Innovation moderne Leitbegriffe und das Erproben und Ausprobieren von Möglichkeiten heutige Pflichten sind. Dieser Wandel führte zu einer bisher nicht gekannten Beschleunigung der wissenschaftlichen, technischen und gesellschaftlichen Entwicklung, die nachgerade das Markenzeichen unserer Zeit geworden ist. Man könnte daher die Neugier als die Tugend der Moderne bezeichnen, wenn dieser Ausdruck nicht hoffnungslos veraltet wäre, was aber auch ein Hinweis darauf ist, dass die moralische Bewertung der Neugier für die Beurteilung der heutigen Probleme nicht mehr ausreicht.

Neugier ist heute eine schlichte Notwendigkeit, und Wissensdurst, Forschung und Entwicklung sind, wie Bernd Meier in seiner »Kultur der Neugier« mit Recht schreibt, »zu immanenten Bestandteilen von Überlebenspraktiken in der modernen Zeit geworden«. Das gilt gleichermaßen für den Einzelnen wie für die Menschheit insgesamt. Für den Einzelnen gilt es, sofern er in dem komplexen Sozialgefüge eine befriedigende Stellung einnehmen und als Bürger eines demokratischen Gemeinwesens mitreden und mitentscheiden möchte; denn das setzt in beiden Fällen voraus, dass er informiert ist und über die neuesten Entwicklungen Bescheid weiß. Für die Menschheit insgesamt gilt es, weil selbst ihr bloßes Fortbestehen von erheblichen Fortschritten im theoretischen Wissen und technischen Können abhängen wird; denn schließlich wird, um an eine zwar jetzt noch ferne, aber gewiss eintreffende Zukunft zu erinnern, die Erde irgendwann einmal unbewohnbar sein, und es bedarf noch vieler wissenschaftlichen Neugier, bis Lösungen gefunden sein werden, die über diesen Zeitpunkt hinaus den weiteren Bestand der Menschheit sichern können.

Allerdings ist nicht zu leugnen, dass die wissenschaftliche Neugier auch problematische Ergebnisse hervorbringt, bei denen man nicht weiß, was man von ihnen halten, und wie man sich zu ihnen verhalten soll. So bergen zum Beispiel die Atomwissenschaft oder die Gentechnologie Risiken, die teilweise noch nicht einmal abzuschätzen, geschweige denn zu bewerten sind. In solchem vielleicht den Bestand der Menschheit gefährdenden oder gar zerstörenden Wissen und Können artikuliert sich eine Grenzenlosigkeit der Neugier, die Nietzsche in der traditionellen Sprache der Moral als Neugier »bis zum Laster« bezeichnete, der wir aber nicht entsagen können, ohne uns selber aufzugeben. Deshalb ist hier auch kein Ruf nach Zensur und freiwilliger Beschränkung angebracht, wie sie Hans Jonas empfiehlt, der vom »endgültig entfesselten Prometheus« schwadroniert und sich als falscher Prophet erweist, wenn er behauptet, es gehe um »die Hütung des Erbes«. Sein Programm, wir müssten wieder »die Ehrfurcht für das, was der Mensch war und ist, aus dem Zurückschaudern vor dem, was er werden könnte und uns als diese Möglichkeit aus der vorgedachten Zukunft anstarrt«, zurückgewinnen, ist völlig unzureichend; denn erstens ist der Mensch, wie er bisher war, kein Vorbild, dem man nacheifern sollte; zweitens nützen keine Zensurmaßnahmen, wenn es um die Zukunft geht; denn da bedarf man mehr der vernünftigen Überlegungen darüber, was man will, und eine Verständigung über die Regeln, nach denen Wissen und Können angewendet werden sollten; und drittens lässt sich Neugier sowieso nicht regulieren. Sie wird dadurch nur noch größer.

Die Neugier prägt unser Leben aber nicht nur im Großen als Impuls der Wissenschaft, sondern auch als tägliches kleines Bedürfnis nach Abwechslung, als triviale Alltagslust am Neuen, wofür die → Mode das beste Beispiel ist. Sie ist einer der Bereiche, in denen sich die Befriedigung der Neugier in die Lust an purer Unterhaltung verwandeln kann. Diese Lust reicht vom privaten Klatsch und Tratsch bis zum Interesse an jenen Presseerzeugnissen, die die Neugier der Öffentlichkeit mit allerlei Geschichten bedienen, bei denen die Wahrheit aber keine konstitutive Rolle spielt, weil es dieser Neugier weniger auf die Information als auf den Zeitvertreib ankommt, weshalb sie mit einem → Gerücht ebenso zufrieden ist wie mit Fakten. Man mag diese Neugier dafür tadeln, vielleicht sogar verachten, sie bringt aber doch immerhin ein wenig Farbe in den → Alltag, von dem wir sonst so gern behaupten, er sei grau.

Der Neuigkeitsgehalt bestimmt allerdings bei allen Nachrichten, ob sie wert sind, erwähnt zu werden; denn berichtet wird nur, was sich verändert und was von der Norm abweicht, was sich gleich bleibt oder gewöhnlich ist, wird gar nicht erst erwähnt. Im Spiegel der Medien scheint sich daher die Welt nicht nur rastlos zu verändern, obwohl sich das meiste gleich bleibt, es scheinen auch nur noch Kuriositäten von Belang zu sein. Das Bild, das wir von unserer modernen Welt haben, ist also künstlich dynamisiert und skandalisiert, Produkt einer Neugier, die sich ihre Befriedigung laufend selber schafft. Das wäre nicht weiter schlimm, wenn man sich dessen bewusst wäre; so aber erzeugen diese, scheinbar die ganze Wirklichkeit wiedergebenden Nachrichten bei vielen Menschen das dumpfe Gefühl, altmodisch, überholt und überfordert zu sein, mit dem schnellen Wandel unserer Welt nicht mehr mithalten zu können und ihren immer neuen Anforderungen nicht gewachsen zu sein. Damit tappt man aber in die Falle der Neugier, weil nur noch wichtig zu sein scheint, was doch bloß für die Neugier wichtig ist.

Gerücht

Schwarz und bedrohlich wälzt sich das Schlangenmonster hoch über den Straßenschluchten mit ihren anonymen Menschenmassen dahin. »Das Gerücht« hat A. Paul Weber diese Lithographie benannt, die das Krakenhafte, das Umschlingende, das unheimlich Dämonische des Gerüchts darstellt, also jene Eigenschaften, an die man zunächst selber denkt, wenn vom Gerücht die Rede ist. Angesichts dieser Qualitäten ist es wirklich schade, dass die Wörter »Gerücht« und »Geruch« etymologisch nicht verschwägert sind; denn die Grundbedeutung von »Geruch«, nämlich Duft, Dunst oder Ausdünstung, passte allzu gut zu der Art, wie sich ein Gerücht verbreitet: lautlos und alles durchdringend wie eine üble Ausdünstung – und man wird es genauso schwer wieder los. Dass nämlich immer etwas hängenbleibt, ein Gerüchle oder Geschmäckle, wie man in der Umgangssprache treffend sagt, ist schließlich allgemein bekannt. Doch leider hat »Gerücht« nur mit »Rufen« zu tun und bedeutet ursprünglich dasselbe wie »Geschrei«, und so meint die Redewendung »im Geruch stehen« trotz allen Gleichklanges nicht, dass jemand einen eigenartigen Geruch, sondern dass er einen bestimmten Ruf habe.

Die Vorstellung, dass das Gerücht bedenklich und seine Verbreitung anrüchig sei, trifft zwar etwas Richtiges, aber nicht alles, vielleicht noch nicht einmal das Wesentliche, weshalb auch Bilder, die nur das Unheimliche und Bedrohende des Gerüchts darstellen, weniger aufklären als mystifizieren. Um Aufklärung bemühen sich aber seit dem Ende des letzten Jahrhundert immer mehr Historiker, Psychologen und Soziologen, so dass die Beschäftigung mit dem Gerücht mittlerweile fast schon zu einem modischen Trend geworden ist, bei dem freilich die Philosophen noch ein wenig abseits stehen. Ein Resultat dieser intensiven Beschäftigung ist die Erkenntnis, dass der bisherige Bannfluch über das Gerücht so barsch und eisern nicht mehr aufrecht erhalten werden kann wie zu der Zeit, da Gerüchte verbreiten eigentlich schon eine Sünde war. Das hängt nicht zuletzt damit zusammen, dass das Gerücht nicht einfach nur falsch ist wie die → Lüge, die mit Absicht die Unwahrheit als Wahrheit ausgibt, während das Gerücht doch stets ein Quentchen Wahrheit in sich trägt und im extremen Fall sogar die Wahrheit völlig trifft – wenn auch nur durch Zufall. Dieser Bezug zur Wahrheit, so locker und spielerisch er auch sein mag, ist dafür verantwortlich, dass Gerüchte selbst noch bei denen, die sie angeblich gar nicht beachten, eine gewisse Wirkung haben; denn jeder vermutet, dass kein Gerücht ganz grundlos und ohne einen sachlichen Kern entstehen könne, weswegen auch immer etwas hängenbleibt, selbst wenn Fakten ein Gerücht am Ende widerlegen. Es ist daher einerseits so nötig, zu versuchen, noch »in den fabelhaftesten Tatsachen die wirklichen aufzuspüren«, wie der französische Historiker Gabriel Monod schrieb, wie es andererseits ein Fehler ist, ein Gerücht dementieren zu wollen; denn ein Dementi bewirkt zum einen, dass alle nun erst recht glauben, dass an der Sache etwas sei, und es sorgt zum anderen dafür, dass sich das Gerücht jetzt auch richtig verbreitet, was übrigens ein Hinweis darauf ist, dass sich Gerüchte nicht planlos und unkontrolliert ausbreiten. Ihre Verbreitung gehorcht vielmehr »einer zwingenden Logik«, wie der französische Soziologe Jean-Noël Kapferer herausfand, wobei sich das Gerücht aber immer weiter vom Glaubhaften ins Unglaubwürdige entfernt.

Wenn es das Gerücht mit der Wahrheit auch nicht so genau nimmt, so kann es doch nicht einfach nur behaupten, etwas sei der Fall, wie es die Lüge macht, deren Wirkung einzig auf der Sicherheit beruht, mit der sie lügt. Ein Gerücht hingegen wird nur geglaubt, wenn es subjektiv glaubwürdig ist, wenn also an der Sache etwas »dran« zu sein scheint, weswegen man sich auch bei jedem Gerücht darauf beruft, dass man dieses oder jenes erzähle oder gehört habe, wofür man dann oft auch noch Zeugen und vertrauenswürdige Gewährsleute benennen kann. Nietzsches Aphorismus: »Es giebt eine Unschuld in der Lüge, welche das Zeichen des guten Glaubens an eine Sache ist«, ist daher mehr auf das Gerücht zu beziehen als auf die Lüge. Jedes Gerücht ist dadurch aber auch ein neuer Prüfstein für die Wahrheit, da wir uns immer wieder fragen müssen, ob wahr ist, was wir lesen, hören, selber sehen und erfahren; denn was heute Gerücht ist, kann sich morgen schon als Tatsache heraus stellen, und was heute als Realität gehandelt wird, wird morgen als Manipulation entlarvt.

Gerüchte gibt es überhaupt, weil der → Glaube dem Menschen näher liegt als die Wahrheit, nicht deswegen aber, weil die Menschen dumm und töricht wären, sondern weil die Wahrheit dürr ist, während der Glaube der Phantasie freien Lauf lässt und insofern reicher, tiefer oder, wenn man so will, amüsanter ist, als es die nackten Fakten je sein könnten. Diese, die man durch einfaches Nachforschen ermitteln könnte, interessieren daher wenig, während man seine → Neugier gerne in der Gerüchteküche stillt, zumal in unserer Zeit, die mit der fortschreitenden Rationalisierung und Verwissenschaftlichung die Welt immer mehr »entzaubert«, so dass wenig bleibt, an dem man sich emotional erwärmen könnte. Dagegen bieten Gerüchte mit ihrer narrativen Struktur, die an Legenden und Mythen, an Sage und Märchen, an Abenteuer und unerhörte Begebenheit erinnert, der Phantasie die Nahrung, die der Alltag einem schuldig bleibt – wenn nun auch in Form von Klatsch und Tratsch. Davon lebt die Regenbogenpresse, und sie lebt nicht schlecht davon. Wer aber wollte die Menschen verurteilen, die ihre Phantasie nicht besser zu beschäftigen wissen, weil das Fähigkeiten voraussetzt, die sie vielleicht nicht haben, und Kenntnisse, die ihnen niemand vermittelte?

Der Bezug zur Phantasie erklärt auch, welcher Stoffe sich das Gerücht bevorzugt bemächtigt; denn es knüpft sich nicht an alle Begebenheiten an, sondern nur an Dinge und Vorgänge, die selten, sonderbar oder unerklärlich sind, so dass sie beunruhigen, ängstigen und verwirren. Über solche Gegenstände will man sich aber bevorzugt mit anderen besprechen und verständigen. Das Gerücht ist daher nicht einfach nur eine interessante Nachricht oder eine Neuigkeit, deren Wahrheitswert nicht ganz verbürgt ist, es spiegelt vielmehr wieder, was die Menschen insgeheim befürchten, denken und verdrängen. Allerdings müssen diese Vorgänge so vage und unsicher sein, dass Raum bleibt für Phantasie und individuelle Ausschmükkungen, weshalb Gerüchte meistens zwischen echter Information und bloßem Klatsch, zwischen reiner Sensationsgier und einem aufrichtigen Bedürfnis nach Erklärung hin und her schwanken. Als zum Beispiel bei einem Wohnungsbrand in Deutschland mehrere Türken ums Leben kamen, verbreitete sich sogleich das Gerücht, ein Deutscher habe eine türkische Frau vergewaltigt und dieses Verbrechen durch die Brandstiftung vertuschen wollen. Dieses Gerücht erwies sich bald als falsch, womit für die meisten Beobachter der Fall auch schon erledigt war. Doch eigentlich müsste hier das Nachdenken erst richtig einsetzen, zumal Gerüchte dieser Art immer wieder auftauchen. Erinnert sei nur an die im Mittelalter und der beginnenden Neuzeit periodisch auftretenden Gerüchte, die den Juden unterstellten, sie hätten die Brunnen vergiftet, ein Vorwurf, der auch in unserer Zeit wieder erhoben wurde, als nämlich Aufständische in Albanien den Anhängern des herrschenden Präsidenten vorwarfen, das Trinkwasser in den von ihnen kontrollierten Gebieten vergiftet zu haben. In all diesen phantastischen Gerüchten artikulieren sich Ängste und Gefühle der Bedrohung, die die Wahrheit dieser Gerüchte ausmachen, und die von der Wahrheit oder Falschheit ihrer erzählten Inhalte völlig unabhängig sind. So lange solche Ängste nicht wirklich ernst genommen werden, so lange werden Gerüchte dieser Art auch nicht aus der Geschichte verschwinden.

Doch man sieht in aller Regel nicht auf die Hintergründe eines Gerüchts, sondern nur darauf, dass es eines ist, und das ist für viele Menschen schon Grund genug, es abzulehnen, zumal man weiß, wie sehr Gerüchte dazu missbraucht werden können, Lügen und Falschmeldungen zu verbreiten, um bestimmte Eigeninteressen durchzusetzen. Die Wirksamkeit solcher Verfahren beruht darauf, dass ein Gerücht eben immer einen wahren Kern enhält, weshalb es nicht von vornherein unglaubwürdig ist, wobei dieser Kern aber durch Vereinfachung, durch neue Kombination der Fakten oder durch Hinweise, die die Phantasie in eine bestimmte Richtung lenken, verzerrt und entstellt wird. Die Falschmeldung tarnt sich als Gerücht, um dessen Glaubwürdigkeit und dessen Fähigkeit zur schnellen und allgemeinen Ausbreitung für sich zu nutzen. Auf diese heimtückische Weise wurde auch die Wahrheit über den Golf-Krieg von 1991 gegen den Iran verschleiert, indem einerseits bewusste Lügen verbreitet wurden wie die angeblich chirurgische Präzision amerikanischer Waffen, und indem andererseits unklare Geschichten von iranischen Greueltaten in die Welt gestreut wurden. Planmäßig eingesetzt wurde dieses Verfahren in der DDR durch das Ministerium für Staatssicherheit, das in einer eigenen Richtlinie »die systematische Diskreditierung des öffentlichen Rufes« und »die gezielte Verbreitung von Gerüchten über bestimmte Personen« empfahl.

Solche Manipulationen sind heimtückischer Missbrauch des Gerüchts, durch den aber auch der Mensch missbraucht wird, weil seine Lust am phantasievollen, spielerischen Umgang mit Fakten und Geschichten, mit Klatsch und Tratsch, für die eigenen, gewöhnlich unsauberen Zwecke benutzt und ausgenutzt wird. Dieser Missbrauch des Menschen ist die besondere Infamie beim Missbrauch des Gerüchts, die man diesem selber aber nicht anlasten darf.

Meinung

Ein altes Unrecht und Philosophenvorurteil noch aus der Zeit der Vorsokratiker ist wieder gutzumachen; denn alle Prediger auf der Philosophenkanzel, Papst Platon voneweg, haben die Meinung als verwerflich und als Sünde wider die Vernunft verdammt. Diese schlechte Meinung von der Meinung hat sich mittlerweile über die ganze intellektuelle Welt verbreitet und

gilt als unumstößlich gewiss, und die Selbstsicherheit dieses
Urteils lässt sich auch dadurch nicht beirren, dass zwar die
Meinung als bedenklich gilt, der → Glaube aber nicht, jedenfalls steht er in besserem Ruf als sie; denn in der Stufenfolge des
Fürwahrhaltens hat die Meinung den niedrigsten Rang, während der Glaube immerhin die mittlere Position besetzt, über
dem nur noch das Wissen als Krone aller intellektualer Gewissheit thront.

Die klassische Formulierung für diese Stufenfolge des Fürwahrhaltens findet sich in Kants »Logik«, wo es heißt, es gebe
»drei Arten oder Modi des Fürwahrhaltens: Meinen, Glauben,
und Wissen. Das Meinen ist ein *problematisches*, das Glauben
ein *assertorisches* und das Wissen ein *apodiktisches* Urtheilen.«
Das Wissen gründe sich nämlich auf Erfahrungen oder auf die
Vernunft, stütze sich also auf Erkenntnisgründe, die »sowohl
objectiv als subjectiv zureichend« seien, weshalb solche Urteile
mit Notwendigkeit so gefällt werden müssten, wie man sie
fälle. Der Glaube ist sich zwar seiner Inhalte nicht ganz so
sicher, weil er sich auf Gegenstände bezieht, bei denen man
nichts wissen, und über die man eigentlich auch keine Meinung
haben kann. Dennoch glaubt Kant, man müsse seine Inhalte als
wirklich wahr betrachten, weil Glauben ein Fürwahrhalten sei,
das »zwar objectiv unzureichend, aber subjectiv zureichend«
sei. Ganz unten steht für Kant die Meinung, weil sie nur ein
Fürwahrhalten aus einem Erkenntnisgrund sei, »der weder subjectiv noch objectiv hinreichend ist«. Man muss aber – zur Ehre
der Philosophie sei es gesagt! – darauf hinweisen, dass Kant
hier nicht als unvoreingenommener Philosoph spricht, sondern
als Christ und frommer Mann. Allein deshalb schätzt er den
Glauben hoch und die Meinung gering und verdrängt, dass
Glaubenssätze gefährlicher sein können als Meinungen, und
zwar gerade deswegen, weil sie subjektiv gewiss sind, während
sie jeder Objektivität entbehren. Welche Auswirkungen es haben kann, wenn subjektive Glaubensgewissheiten wider alle
Objektivität wahr sein sollen, das wissen wir schließlich als
Christen zur Genüge aus unserer eigenen Geschichte.

Trotz dieser Abwertung der Meinung schreibt Kant in der
»Kritik der reinen Vernunft« allerdings auch, Meinungen
könnten falsch, aber dennoch »Bedingungen der Erkenntnis

der Wahrheit« sein. Mit diesem Zugeständnis ist Kant eigentlich schon auf dem Weg zur Rehabilitierung der Meinung, wobei er sogar andeutet, warum der Meinung doch ein gewisses Recht gebührt: »Problematische Urteile«, schreibt er nämlich, »sind solche, wo man das Bejahen oder Verneinen als bloß möglich (beliebig) annimmt.« Die Brisanz und systemsprengende Kraft dieses Satzes wird nur dadurch verhüllt, dass Kant abwertend von »bloß« möglich spricht. Man muss nur dieses »bloß möglich« in ein vorsichtig anerkennendes »immerhin möglich« umwandeln, um zu begreifen, auf welche Erkenntnis sich Kant hier zubewegt; denn durch diese geringe Änderung wird die Meinung endgültig aus der falschen Einordnung in die Stufenfolge des Fürwahrhaltens befreit und als das anerkannt, was sie wirklich ist, nämlich eine Form des Fürmöglichhaltens. Wenn man sagt, man meine, dass sich etwas auf eine bestimmte Weise verhalte, oder dass es eintreten werde, dann will man damit nicht sagen, dass man dies für wahr, sondern dass man es für → möglich halte, und daher ist die wahre Welt der Meinung nicht die Wahrheit, sondern die Möglichkeit.

Wer meint, spekuliert noch, ahnt vielleicht etwas, hat in jedem Fall mit Nachdenken schon begonnen, weswegen Kant schreibt, mit Meinungen fingen wir »größtenteils bei allem unserm Erkennen an. Zuweilen haben wir ein dunkles Vorgefühl von der Wahrheit, eine Sache scheint uns Merkmale der Wahrheit zu enthalten; wir *ahnen* ihre Wahrheit schon, noch ehe wir sie mit bestimmter Gewissheit erkennen.« Als bloßes Vorgefühl der Wahrheit lässt die Meinung aber nicht nur Zweifel zu, sie sind ihr vielmehr immanent, aber sie formuliert auch Möglichkeiten oder erschließt Perspektiven, die dann in den fertigen und apodiktisch ausgesprochenen Urteilen vielleicht gar nicht mehr enthalten sind. Meinen bedeutet also gerade nicht, dass man von etwas überzeugt sei und es strikt für wahr halte, man hat es vielmehr nur im Sinn oder neigt ihm zu, was auch die Etymologie als Grundbedeutung des Wortes »meinen« erkannte. Viele Redewendungen verwenden »meinen« im Sinne von »zuneigen«, beispielsweise wenn wir sagen: »Dich meine ich«, oder wenn wir das Lied des Max von Schenckendorf zitieren: »Freiheit, die ich meine«. So lange man einer Sache

nur zuneigt, hat man sich noch nicht endgültig für sie entschieden. Sie stellt als bloß gemeinte immer noch ein Problem
dar, während derjenige, der zu wissen glaubt, aus seinem Wissen schon Folgerungen ziehen kann. Diesen Unterschied hatte
Nicolai Hartmann im Sinn, als er Systemdenker und Problemdenker unterschied. Diese Ausdrücke formulieren zwar eine
ideale Vorstellung, weil die meisten Philosophen Merkmale
beider Typen zeigen, aber es finden sich dennoch genügend
Belege, die das Recht dieser Unterscheidung bestätigen. So ist
Spinoza, der aus wenigen unbezweifelten Annahmen nach mathematischen Regeln ein ganzes System deduzierte, ein Beispiel
für einen Systemdenker, während Nietzsche mit seinem experimentellen Philosophieren ein ebenso überzeugendes Exempel
für einen Problemdenker ist. Wegen der üblichen Skepsis gegen
die Meinung werden die Philosophen weit häufiger zitiert, die
Systemdenker sind und sich gegen jedes Meinen in der Philosophie aussprechen, während die Problemdenker, die der Meinung offen gegenüberstehen, gewöhnlich übergangen werden.

Wer Probleme durchdenken will, muss sich auf Mögliches
einlassen und darf vor gedanklichen Experimenten nicht zu-
rückschrecken, sind sie doch die Ursuppe, aus der sich die
wenigen Erkenntnisse, die wir apodiktisch aussprechen können, nähren. Damit erfüllt das Meinen die Anforderungen an
ein sachgerechtes philosophisches → Denken weit besser als das
apodiktische Urteilen; denn ein apodiktisches Urteil stellt eine
Sache als festes Ergebnis vor uns hin und ist dann auch schon
fertig mit ihr, weshalb nichts öder ist als eine Ansammlung
apodiktischer Urteile, ganz im Gegensatz zu Hegels Auffassung, nichts sei »langweiliger« als eine Reihe bloßer Meinungen; denn die können sehr anregend, wenn nicht gar aufregend sein, vor allem wenn sie sich auf unbekanntes Gelände
wie die Zukunft wagen, wo die Meinung als Erwartung, als →
Hoffnung oder als Befürchtung auftritt. Wenn also Hegel den
Kenner der Meinungsseele mimt und zu wissen glaubt, dass die
Meinung vor der Wahrheit »erbleiche«, muss man dem entgegenhalten, dass die Wahrheit vor der Meinung verblasst;
denn ein apodiktisch ausgesprochenes Urteil bezieht sich immer nur auf einen Ausschnitt oder bestimmten Aspekt der
Wirklichkeit, lässt aber in seiner Beschränkung alles andere

offen, so dass man noch nicht einmal weiß, wie sehr man sein Urteil ergänzen oder relativieren müsste, kennte man alle anderen Bedingungen und Teilaspekte der Welt und deren vielfältige Beziehungen, während die Meinung den Blick auf die Möglichkeiten richtet und so den Reichtum der Welt allererst erkennt.

Einer Meinung muss man erst misstrauen, wenn sie selber als apodiktisches Urteil auftritt. Sie verrät sich damit selbst und vergibt ihre Chance, Möglichkeiten zu erkunden und dadurch den Horizont zu erweitern. Fast alle Anklagen wider die Meinung beziehen sich auf diese als festes Urteil auftretende Meinung, wobei dann aber gewöhnlich das Meinen selbst verurteilt wird. Typisch für diesen undifferenzierten Blick ist Adornos Auffassung, eine Meinung sei »die wie immer auch eingeschränkte Setzung eines subjektiven, in seinem Wahrheitsgehalt beschränkten Bewusstseins als gültig.« *Gültig* zu sein, beansprucht die Meinung aber gerade nicht, und wenn sie diesen Anspruch doch erhebt, ist sie keine Meinung mehr, sondern ein festes Urteil oder, wie Adorno selbst präzisierte, eine »verhärtete« Meinung. Sein Satz, die Meinung tendiere zum → Wahn, gilt daher auch nicht von der Meinung schlechthin, sondern nur von dieser verhärteten, als apodiktisches Urteil auftretenden Meinung. Die Rolle des Wahns spielt die Meinung freilich auf allen Bühnen und in allen möglichen Kostümen. Sie tritt zum Beispiel als religiöser Aberglaube auf, als politischer Rassenwahn oder als Schizophrenie mit ihrer hermetisch abgeschlossenen Welt. Selbst die Philosophie hat unter diesem Wahn zu leiden, wenn nämlich ihre Erkenntnisse von denen herabgesetzt werden, die zu ihnen nicht gelangen und vielleicht auch nicht gelangen können, sich aber auf ihre Meinung berufen, als sei diese einer philosophischen Erkenntnis ebenbürtig. Während sich diese aber auf Einsichten und Argumente beruft, können sich jene nur auf ihre Einbildung stützen.

Dass sich die Meinung überhaupt verhärten und als apodiktisches Urteil auftreten kann, erklärt sich aus dem Widerpart von Meinungsqualität und mentaler Disposition des Menschen. Die Meinung spielt ja nur mit Möglichkeiten und kann deshalb nur Wahrscheinlichkeit bieten, nie aber Gewissheit, weshalb sich der Mensch fast ständig mit mehr oder weniger großen Wahrscheinlichkeiten begnügen muss und froh sein darf, wenn er jene relativ hohe Wahrscheinlichkeit erreicht, die man früher *moralische Gewissheit* nannte. Nichts ist für den Menschen aber schwerer zu ertragen als Ungewissheit und Unsicherheit. Spricht man nun aber eine Meinung als festes Urteil aus, verschwindet sogleich die Ungewissheit, und man steht scheinbar auf festem Grund, weswegen Adorno die psychische Leistung von (verhärteten) Meinungen darin sah, dass sie »wie sehr auch scheinhaft die Orientierung erleichtern« und Erklärungen anbieten, »durch die man die widerspruchsvolle Wirklichkeit widerspruchslos ordnen kann,« wobei sich Adorno nicht verkneifen konnte, hinzuzusetzen, »ohne sich groß dabei anzustrengen«. Letzteres ist aber mit Sicherheit falsch; denn manche Erkenntnis erfordert eine weit geringere Anstrengung als das Festhalten an einer nur scheinhaft orientierenden Meinung. Dass einer dennoch lieber einer festen Meinung anhängt, lässt sich dann nur aus dem subjektiven Gewinn erklären, den er aus ihr zieht, und den ihm die Wahrheit offenbar nicht bietet.

Diese Entschuldigung kann man freilich für einen Philosophen nicht gelten lassen, für den es ein Prüfstein seiner Qualität als Denker ist, welche Einstellung er zur Meinung hat, weshalb Egon Fridell empfahl: »Bei einem Denker sollte man nicht fragen: *welchen* Standpunkt nimmt er ein, sondern: *wie viele* Standpunkte nimmt er ein? Mit anderen Worten: hat er einen *geräumigen* Denkapparat oder leidet er an Platzmangel, das heißt: an einem ›System‹?« Geräumigkeit des Denkapparats, Platz für die Erprobung mannigfacher Gedanken, Meinungen und Standpunkte, das ist eine Voraussetzung dafür, dass einer der Welt auch in seinem Kopf gerecht werden kann.

Denken

Groß war die Empörung, als Heidegger schrieb: »Die Wissenschaft denkt nicht.« Da war jeder brave Forscher inmitten seiner Bücherberge und technischen Apparaturen persönlich gekränkt und nahm diesen Satz als neuesten Beleg für philosophische Arroganz, ohne freilich darüber nachzudenken, ob er nicht vielleicht dadurch, dass er den Begriff des Denkens in Heideggers Satz mit seinem eigenen für identisch nahm, den simpelsten aller Denkfehler beging. Dabei hätte schon ein Blick auf traditionelle Vorstellungen vom Denken zur Vorsicht mahnen sollen, bezeichnete doch zum Beispiel Platon Denken als »das innere Gespräch der Seele mit sich selbst«, und Kant fand: »Das Denken ist ein Sprechen und dieses ein höhren.« Solche Auffassungen entsprechen aber weder dem umgangssprachlichen noch dem wissenschaftlichen Sprachgebrauch; denn dabei wird das Denken immer mit Tätigkeiten verbunden, die zwischen »begreifen«, »urteilen«, »schließen«, »argumentieren«, »etwas vor- oder eine Absicht haben« oder auch »sich etwas mit Bewusstsein vorstellen« schwanken, und die daher kaum auf einen verständlichen Nenner zu bringen sind.

Die gewöhnlichste Absicht beim Denken ist es, durch Reflexion und Nachdenken Erkenntnisse zu gewinnen, die in Aussagen formulierbar sind, wobei es wesentlich darauf ankommt, ob etwas wahr oder falsch ist. Diese Fertigkeit diskursiven Denkens hat für uns eine solche Bedeutung, dass wir leicht vergessen, wie beschränkt diese Vorstellung vom Denken ist, obgleich die Philosophen immer wieder auf diese Beschränktheit hingewiesen haben. In unserer Zeit war es vor allem Heidegger, der mit Nachdruck darauf beharrte: »Das Denken ist nicht notwendig ein Vorstellen von etwas als Objekt.« Diese Erkenntnis ist alt und von Heideggers eigenem philosophischen Ansatz unabhängig, kann man doch auch zum Beispiel bei Hegel lesen: »Die Philosophie hat nicht Gedanken über etwas, einen Gegenstand, der schon vorher als Substrat zugrunde liegt«, so dass man nachträglich darüber Aussagen machen und Begründungen dafür oder dagegen anführen könnte.

Diese Vorstellung, auf deren Möglichkeit man heute ausdrücklich hinweisen muss, war für griechische Philosophen selbstverständlich. Sie hatten es aber auch insofern leichter, als schon das griechische Wort für Wahrheit darauf anspielt, dass diese nicht erst diskursiv gewonnen werden müsse; denn das griechische Wort »alétheia« bedeutet so viel wie Unverborgenheit, geht also davon aus, dass die Wahrheit schon von sich aus offenbar sei. Darum unterschieden griechische Philosophen gleichsam naturwüchsig zwischen diskursivem Denken oder

Reflexion und unmittelbarer, intuitiver Einsicht. Beide haben es zwar mit Einsehbarem zu tun, aber sie beziehen sich darauf auf verschiedene Weise. Das diskursive Denken geht nämlich von bestimmten Voraussetzungen aus und kommt auf dem Weg von Gedankengängen und mit Hilfe von Begründungen, Beweisen und Schlussfolgerungen zu seinen Ergebnissen, während sich die Einsicht auf die obersten Prinzipien bezieht, die das diskursive Denken überhaupt erst möglich machen, weshalb sie selbst nicht mehr diskursiv zu begründen und in Begriffen und propositionalen Sätzen aussagbar sind. Platon misstraute daher jeder Art der Mitteilung solcher Einsichten, insbesondere ihrer schriftlichen Darstellung, in der Überzeugung, dass eine Einsicht unmittelbar »wie ein plötzlich entzündetes Licht in der Seele hervortritt« und also weder der Begründung und systematischen Ableitung bedürfe, noch ihrer fähig sei. Diese Überzeugung vom plötzlichen Einleuchten eines Gedankens liegt übrigens noch Elias Canettis Aussage zu Grunde, ihn habe jede Wahrheit irritiert, die er »nicht blitzartig« gefunden habe.

Man muss also unterscheiden »zwischen dem, was zu seiner Rechtfertigung einen Beweis fordert, und dem, was für seine Bewährung das einfache Erblicken und Hinnehmen verlangt«, wie es Heidegger formulierte. Selbst Aristoteles, der doch als Wissenschaftler strikt darauf bestand, dass man nicht auf irgendwelche Geschichten hereinfallen, sondern nur auf die Forscher hören solle, »die für ihre Lehren *Beweise* beibringen«, verlangte, dass man natürlich auch wissen müsse, wo Beweise überhaupt möglich und wozu sie tauglich seien. Er hielt es sogar für »einen Mangel an Bildung, wenn man nicht weiß, wofür ein Beweis zu suchen ist und wofür nicht«. Beweisen könne man nämlich nur dort, wo in einem Urteil etwas über etwas ausgesagt werde. Allein dabei könne es Irrtum und Täuschung, wahr und falsch, geben, während alles andere Wissen niemals falsch sein könne. Die sinnliche Wahrnehmung zum Beispiel sei »wahr« in dem einfachen Sinn, dass sie weder bewiesen werden könne noch müsse; denn wahrnehmen »ist immer wahr«. Ebenso sei jede geistige Erkenntnis, die sich auf das Wesen der Dinge beziehe, wahr, weil auch sie »nicht etwas über etwas aussagt, sondern wie das Sehen eines Gegenstandes wahr ist, ... so verhält es sich bei dem, was ohne Materie«, also geistig ist. Das Wahre bestehe dabei nur darin, »die Dinge zu denken. Irrtum und Täuschung gibt es in Bezug auf dieses nicht, sondern nur Unwissenheit.«

Sachverhalte, die man nur auf intuitive Weise denken kann, finden sich aber nicht nur in der Philosophie, sondern zum Beispiel auch in der Theologie; denn wenn sich das diskursive Denken immer nur auf die Erkenntnis des Kosmos und die Welt der Erscheinungen richtet, dann kann man über Gott nicht angemessen denken, weshalb schon die (religiös einge-färbten) Philosophen der neuplatonischen Schule erklärten, Gott lasse sich nicht diskursiv erfassen, sondern nur in einem mythischen Akt ekstatischer Schau erleben. Diese Argumenta-tion leuchtete auch den christlichen Theologen ein, und so erklärte der Kirchenschriftsteller Origenes, beim Beten habe man das Problem, dass sich das Gebet an Gott richte, während es für den Menschen ganz unmöglich sei, »das Himmlische aufzuspüren«. Man könne es daher nicht begreifen, sondern höchstens *vor Augen haben.* Diese Vorstellung radikalisierte im 5. Jahrhundert Dionysios Areopagita zur negativen Theologie, indem er alle rational fassbaren Bestimmungen in Gott ver-neinte, weil Gott über alle sprachlichen Bestimmungen erhaben sei. In seinem Werk »Die Namen Gottes« schrieb er, das Gött-liche könne »durch kein menschliches Wort mehr ausgedrückt werden". Darauf berief sich noch im 14. Jahrhundert Heinrich Seuse, ein Schüler Meister Eckharts, der in seinem »Buechli der warheit« erklärte, was man Gott in bestimmter Weise zu-spreche, sei in gewissem Sinn auch wieder falsch und sein Gegenteil wahr. Der Mensch müsse somit in Bezug auf Gott »zwei contraria, daz ist zwei widerwertigú ding, verstande in eime mit einander«, also zwei Gegensätze sich in Einem vereint denken. Dass dies allen Regeln rationalen, diskursiven Denkens widerspricht, war Seuse natürlich klar, weshalb er ausdrücklich schrieb, dass dies »nach aller wise widerwerfent alle kúnste« sei.

Diese Erkenntnis, dass es neben dem diskursiv gewonnenen Wissen noch eine andere Art von Wissen geben muss, ein Wissen, das unmittelbar erworben und nicht erst durch Begriffe konstituiert wird, diesen vielmehr zu Grunde liegt, ist eigentlich eine Binsenwahrheit: »Bevor ›gedacht‹ wird, muss schon ›gedichtet‹ worden sein«, schrieb Nietzsche, und das heißt, dass man allererst etwas haben müsse, über das man dann reflektieren könne. Hegel versuchte, diesem Umstand dadurch gerecht zu werden, dass er Gedanken von Begriffen unterschied, wobei er die Gedanken als das Material für die begriffliche Arbeit ansah. In seinem »Wastebook«, das er als junger Privatdozent und ohne Absicht der Veröffentlichung schrieb, erklärte er, dass Gedanken »*durch sich selbst* unmittelbar geltend zu machen sind, als Begriffe dagegen begreiflich gemacht werden sollen.« Begriffe, und dazu gehört natürlich auch der Begriff des Gedankens, müssen also verständlich *gemacht* werden, was die genuine Aufgabe der Philosophie ist. Doch die Gedanken sind schon durch sich selbst verständlich, und ein Gedanke ist daher nichts anderes als »eben dies, sich zu manifestieren, – dies seine Natur, dies er selbst: klar zu sein«, wie Hegel noch in seinen späteren Vorlesungen über die Geschichte der Philosophie schrieb.

Wenn sich Gedanken aber einfach manifestieren und deshalb »nicht wie andere Kenntnisse aussprechen« lassen, wie Platon in seinem berühmten 7. Brief schrieb, stellt sich die Frage, wie dieses Manifestieren aussehen soll, und wie man Gedanken überhaupt aussprechen und verstehen kann. Für Platon war das entscheidende Hilfsmittel die poetische Sprache, weshalb er immer dann, wenn er an die Grenze argumentierender Rede stieß, zu Bildern, Metaphern und Mythen griff, um durch sie indirekt anzudeuten, was er direkt nicht sagen konnte. Die Berechtigung dieses Verfahrens lieferte sein Schüler Aristoteles, der die Möglichkeit indirekten Hinweisens und Zeigens durch die Analyse der poetischen Metapher erläuterte. Bei einer Metapher setze man nämlich ein Wort an die Stelle eines anderen, des eigentlich gemeinten, wobei die Metapher, wenn sie treffen solle, nicht willkürlich sein dürfe, weshalb man auf die Gemeinsamkeit mit der gemeinten Sache achten müsse. Berücksichtige man dies, decke das metaphorische Bild eine Ähnlichkeit zwischen verschiedenen Dingen auf, die mit Begriffen nicht sichtbar geworden wäre, weshalb die Metapher eine ähnliche Wirkung habe »wie die Philosophie; denn auch da muss derjenige, der genau erkennt, das Gemeinsame zwischen weit entfernten Dingen sehen«. Damit besteht zwischen der philosophisch-begrifflichen und der poetisch-bildlichen Erkenntnis eine gewisse Affinität, weshalb das Bild in der Philosophie immer dort eingesetzt und genutzt werden kann, wo man mit Begriffen scheitern muss. Wie sehr die Philosophie dieses Mittel des metaphorischen Redens als genuine Möglichkeit der Erkenntnis immer eingesetzt hat, wobei sie sich vor allem der Metaphern aus dem Bereich des → Sehens bediente, das kann man bei Hans Blumenbergs »Höhlenausgänge« nachlesen.

Die Möglichkeit, durch bildliches Reden spezifische Erkenntnisse zu gewinnen, haben vor allem die Humanisten des 14. bis 16. Jahrhunderts erprobt, was natürlich nicht hieß, dass sie auf die rationale, argumentierende Sprache verzichteten, ließ sich mit ihr doch immerhin Wahres vom Falschen unterscheiden und somit ein sicheres Wissen begründen. Wollte man aber die logische Stringenz argumentierender Rede und ihre Bedeutung für das Erkennen durch die Aufnahme poetischer Elemente in der Philosophie relativieren, musste man den möglichen Gewinn dieser Erweiterung und die besondere Qualität der poetischen Wahrheit bestimmen, was der florentinische Kanzler Coluccio Salutati im 14. Jahrhundert zum ersten Mal versuchte, indem er gegen die rationale Verengung des Wissens dessen poetischen Charakter nachweisen wollte. Dabei war für ihn »das Finden des Ähnlichen« die zentrale Leistung des Wissens, weshalb er den nicht weise nannte, »der aus dem, was er erfahren hat, nicht zum Finden des Ähnlichen durchbricht«. Zum vollendeten Wissen gehöre mehr als Aufnehmen, sie sei eine ingeniöse Tätigkeit, die mit dem Finden und Entdecken von Ähnlichkeiten schöpferisch sei. Damit wurde, was für Aristoteles nur die Leistung der Metapher war, zum Gütesiegel der poetischen Sprache überhaupt, nämlich das Vermögen zum Entdecken dessen, was über begriffliches Wissen hinausgeht, was also, streng genommen, unsagbar ist. Damit ist nicht das aussagende und beweisende Reden des Philosophen, sondern das erfindende und hinweisende des Dichters die angemessene Form menschlichen Wissens, in dem schließlich auch alle Wissenschaft wurzelt. Etwas von dieser kreativen Kraft des Denkens ist in jeder → Meinung lebendig und noch in dem Alltagsausdruck aufbewahrt, jemand habe eine gute Idee; denn diese wandelt auch nicht auf diskursiven Wegen, sondern kommt einem spontan und unmittelbar.

Giovanni Pellegrini zog aus dieser Erkenntnis die Konsequenz. In seinem Buch »Delle acutezze« (1639) unterschied er drei Arten des Sprechens: die einfache Aussage, die rationale Beweisführung in Philosophie und Wissenschaft und schließlich die Rede, die ingeniös und scharfsichtig mit wenigen Worten und ohne begriffliche Ableitung und argumentative Absicherung direkt ins Wesen der Dinge dringe. Diese Art Rede sei kein Erkennen »durch die Kraft eines beweisenden Schlusses«, sondern ein unmittelbares Einsehen, das eine Wahrheit »enthüllt und darbietet«. Diese Unmittelbarkeit zeigte sich für Salutati vor allem bei dem »detto acuto«, bei dem scharfen, treffenden Ausspruch, in dem sich schöpferisches Finden und unmittelbares Einsehen vereinen. Ein solcher detto acuto ist zum Beispiel die Bemerkung von Karl Kraus: »›Würde‹ ist die konditionale Form von dem, was einer ist.« Dieser Satz muss nur noch *zünden*, dann aber leuchtet er ohne weitere Erklärung ein. Mit Erläuterungen würde man seinen Erkenntniswert nur zerreden, was die umfängliche Literatur über Eitelkeit und falsches Aufspreizen zur Genüge belegt, die Karl Kraus' Formulierung gegenüber noch den Nachteil hat, einem die Zeit zu stehlen. Ein solcher Satz erfüllt präzis die Anforderung, die man an den → Witz stellt, was ein Beleg dafür ist, dass Witz und Denken Blutsverwandte sind. Die Kunst des treffenden Redens sank bei uns allerdings mittlerweile zur bloßen Geschicklichkeit in der Formulierung witzelnder Sprüche herab. Nur da nutzen wir noch die Fähigkeit von Gedanken, unmittelbar zu überzeugen, nicht mit Gründen befestigt, mit Argumenten gestützt und möglichst in einem System verortet zu sein, und so amüsieren wir uns beispielsweise über jenen schönen Vergleich, den Franz Joseph Strauss über seinen Kollegen Heiner Geißler fand, von dem er sagte, der sehe immer aus wie ein ungemachtes Bett. Das ist zwar auch unmittelbar *einleuchtend*, wenn vielleicht auch nicht unbedingt *erleuchtend*.

Die Hauptursache für diese Entwicklung liegt darin, dass man wegen der Unsagbarkeit einer Einsicht eine Wahrheit nicht eindeutig von einem Hirngespinst unterscheiden kann, weshalb sich die Philosophie seit der Aufklärung fast besinnungslos der rationalen, begründenden Redeweise verschrieb, obgleich man zunehmend die Erfahrung machen musste, dass von der inno-

vativen Kraft der Gedanken oft gerade da keine Rede sein
konnte, wo man sich der strengsten wissenschaftlichen Argumentation bediente. Die Überzeugung, dass man mit dieser
Einseitigkeit auf dem rechten Weg sei, verstärkte sich, als es im
Lauf der zweiten Hälfte des 18. Jahrhunderts Versuche gab, die
Philosophie auf das Gefühl und philosophische Genie zu gründen. Gegen solche Schwärmerei mit ihren »besoffenen Ge-
dankenblitzen«, wie Hegel in seinem »Wastebook« lästerte,
schrieb Kant seinen Aufsatz »Von einem neuerdings erhobenen
vornehmen Ton in der Philosophie«, in dem es heißt: »Im
Grunde ist wohl alle Philosophie prosaisch; und ein Vorschlag
jetzt wiederum poetisch zu philosophieren möchte wohl so
aufgenommen werden, als der für den Kaufmann: seine Han-
delsbücher künftig nicht in Prose, sondern in Versen zu schreiben.« Das »eigentliche Geschäft der Philosophie« bestand für
Kant jedenfalls nur darin, alles »auf deutliche Begriffe nach
logischer Lehrart zu bringen«. Erst »hinten nach« könne man
jene Begriffe noch ein wenig sinnlich »beleben«. Diese Haltung
ist typisch für die Entwicklung der ganzen modernen Philosophie, und so charakterisierte sie auch Hegel als rein »begreifendes Denken«, für das Mythen und poetische Bilder nur »ein
überflüssiger Schmuck, wodurch die Philosophie nicht gefördert wird«, sein sollen. Hier wird der radikale Wandel sichtbar,
der sich in der Auffassung der Funktion vollzog, die die poetische Sprache in der Philosophie haben soll. Bilder, Mythen und
Metaphern sind nur noch zur Belebung, zur Erleichterung, zur
Einleitung in schwierige Sachverhalte, nur als »Hilfsmittel«,
wie Hegel ausdrücklich befand, zugelassen; denn ohne sie hätte
die philosophische »Schreibart« ein allzu »peinliche Anstrengung erforderndes Aussehen«. Sie sind damit keine Mittel der
Erkenntnis mehr, sondern nur noch des literarischen Stils und
guten Geschmacks.

Das Problem, dass alles Wissen, das nicht auf deutliche
Begriffe gebracht wird, zweideutig bleibt, sahen freilich auch
schon die Humanisten. Der italienische Gelehrte Gianfrancesco
Pico della Mirandola schrieb in seinem Essay »De imagina-
tione« (1501), die bildliche Vorstellung sei doch »ein recht
grobes Instrument und unfähig, richtig zu urteilen«, weshalb
man alle Bilder an den Intellekt weitergeben müsse, »der sie

durch sein eigenes Licht erhellt«. Ohne eine solche Erhellung verführten sie den Menschen und »verdunkeln seinen Geist«. Dass sich hinter Bildern jede Irrationalität verstecken kann, weiß heute jeder Konsument, dem der Lungenkrebs als »Geschmack von Freiheit und Abenteuer« verkauft und die Sorge vor der Zerstörung unserer Umwelt mit dem friedlichen Bild vom »Entsorgungspark« beschwichtigt wird. Deshalb wird jeder leichten Herzens zustimmen, wenn heute ein Philosoph wie Ernst Tugendhat fordert, dass, wer Bilder und Metaphern verwende, auch fähig sein müsse, sie zu »übersetzen«, das heißt, begrifflich zu klären. Wollte man dieser Forderung aber wirklich genügen, müsste man auf die Philosophie wahrscheinlich ganz verzichten; denn viele ihrer zentralen Begriffe sind metaphorische Ausdrücke – wofür »Begriff« selbst ein Beispiel ist –, und manche sind so komplex und widersprüchlich noch dazu, dass man sie gar nicht »übersetzen« kann. Für die philosophische Erkenntnis bliebe nicht mehr viel übrig, dürfte man solche Begriffe nur in dem Sinn verwenden, der bei ihrer Übersetzung als begrifflicher Rest übrig bleibt.

Hinter solchen Forderungen nach Übersetzung der Metaphern steckt ein grobes Missverständnis, insofern dabei die Leistung der poetischen Sprache und ihrer Mittel stets an der Leistung der propositionalen gemessen und dann natürlich für zu leicht befunden wird. Bilder, Metaphern und Mythen sind unter dieser Voraussetzung nur noch nicht zur Klarheit gekommene Begriffe, dilettantische Stellvertreter für Argumente, Beweise und deutliche Erklärungen. Dabei kommt natürlich die eigenständige Leistung bildlicher Sprache überhaupt nicht mehr in den Blick, nämlich über die reflexiv abgesicherte Wirklichkeit hinaus auf das zu verweisen, was auch noch → möglich ist und was uns betrifft, obgleich es in Begriffen nicht restlos darstellbar ist. Dadurch bewahrt sie uns auch vor dem Köhlerglauben, unsere Erfahrungen könnten überhaupt einmal restlos in Begriffen aufgehen. Nietzsche schrieb in einer Selbstreflexion als philosophischer Schriftsteller, man könne »seine Gedanken nicht ganz in Worten wiedergeben«, eine Erfahrung, die er wenig später, wie zur Bestätigung dieser Einsicht, metaphorisch formulierte: »Ich erhaschte diese Einsicht unterwegs und nahm rasch die nächsten schlechten Worte, sie festzumachen, damit sie mir nicht wieder davonfliege. Und nun ist sie mir an diesen dürren Worten gestorben und hängt und schlottert in ihnen«.

Die Unbestimmtheit poetischer Darstellung erlaubt es freilich auch, die Dürftigkeit seiner Gedanken durch ein elegantes Sprachkleid zu verhüllen. Georg Christoph Lichtenberg mokierte sich einmal über einen Kritiker, der gegen »die in philosophischen Schriften heutzutage überall hervorgeholte Metapher wodurch sich die Verfasser das Ansehen eines tiefen Durchdenkens zu geben wüten«, zu Felde zog, und antwortete ihm, Regeln wie ein Metaphernverbot, »wodurch man mit einem Anstand von philosophischer Gewissenhaftigkeit alle Wege verdächtig zu machen sucht, die nicht der unsrige sind, sind, so viel mir bewusst, das Mittel wodurch oft Rezensenten ihrer Seichtigkeit den Anstrich des Durchdachten zu geben wissen«. So richtig dieser Einwand ist, so berechtigt ist doch auch die Befürchtung jenes Kritikers, »seichte Denker könnten sich das Ansehen, als wären sie tiefsinnig, vermittelst Metaphern geben«. Wie hätte er sich doch bestätigt gefühlt, wenn er zum Beispiel unsere heutigen philosophischen Talkshows im Fernsehen hätte sehen können, in denen medienbewusste Artisten die Wunderwaffe der Metapher so virtuos handhaben, dass sie von der Kritik als »brillant« bewundert werden, während sie ihr Publikum doch nur mit billigen Platitüden abspeisen!

Wer hingegen die Philosophie ernsthaft betreibt, nimmt sich in der Regel Kant und Hegel zum Vorbild und versteht die Philosophie als rein »begreifendes« Denken. Auf diesem wohlgebahnten Weg wird sie vielleicht einmal wirklich zur strengen Wissenschaft, gerät dann aber auch auf keine Abwege mehr und auf keine Seitenpfade, wo man zwar mit Schlaglöchern rechnen muss, aber auch mit Einsichten, Aussichten und Fernblicken belohnt wird. Wenn man dann aber einmal einen philosophischen Kassensturz machte, und es sich herausstellte, dass die Philosophie zwar reich an Begriffen, doch arm an Gedanken wäre, dann wäre das keine sehr befriedigende Bilanz. Zwar bedarf es auch in der Philosophie der Argumente und Begründungen, aber diese reichen bei weitem nicht aus, um dem Anspruch der Philosophie und den berechtigten Forderungen an sie gerecht zu werden. Dazu bedarf es nämlich vor allem der Gedanken, die den Begriffen erst das Futter liefern. Adorno brachte diese Einsicht auf den Satz: »Denken verzichtet auf allen Schein der Sicherheit geistiger Organisation, auf Ableitung, Schluss und Folgerung, und gibt sich ganz dem Glück und Risiko anheim, auf die Erfahrung zu setzen und ein Wesentliches zu treffen.« Dass man das Wesentliche auch verfehlen kann, dieses Risiko muss man freilich tragen.

IV. Mensch unter Menschen sein

Einleitung

Die Formulierung, Mensch »unter« Menschen sein, ist doppeldeutig, was zu Missverständnissen führen kann wie bei jenem Leserbriefschreiber, der sich über die »entlarvende« Überschrift eines Zeitungsartikels empörte, in dem über die Probleme von Ausländern in Deutschland berichtet wurde. Der Artikel hieß nämlich »Unter Deutschen«, und der gute Mann hielt dies für eine typisch deutsche, also offenbar arrogante und herabsetzende Formulierung. Er wusste wohl nicht, dass in dem »unter« zwei verschiedene Wörter zusammengefallen sind, die zwei verschiedene Sachverhalte bezeichnen. Das eine Wort ist mit dem lateinischen inter (»zwischen«) verwandt, das andere mit dem lateinischen infra (»unterhalb«), und der erwähnte Zeitungsartikel wollte niemanden herabsetzen, sondern nur über die Schwierigkeiten informieren, die man als Ausländer *zwischen* lauter Inländern haben kann.

Was die deutsche Sprache in dem Wort »unter« zusammenfasst, sind – abstrahiert betrachtet – die beiden Blickwinkel, aus denen man Dinge betrachten und miteinander vergleichen kann. Man kann sie nämlich, unbeschadet ihrer jeweiligen Besonderheit, als gleich ansehen, und man kann sie in ihrer Eigenheit und besonderen Stellung zu den anderen betrachten, also als Teil eines in sich gegliederten und strukturierten Ganzen, so dass die einen »oben« sind, die anderen »unten«. Diese beiden Aspekte bilden auch die Hauptgesichtspunkte, unter denen man die Menschen und ihre gesellschaftliche Position reflektieren kann, weshalb alle anthropologischen Untersuchungen, seien sie philosophischer, soziologischer oder psychologischer Art, diese beiden Themenkreise behandeln. Den ersten Aspekt hat man im Blick, wenn man von »zwischen-

menschlichen« Beziehungen spricht oder vom »Mitmenschen«,
ein Wort, das freilich emotional so aufgeladen ist, dass es zum
Beispiel Karl Kraus durch das distanziertere, aber korrekte
»Nebenmensch« ersetzte. Dass dies keine für Kraus typische
Sottise ist, sondern ein neutraler Ausdruck sein sollte, zeigt sich
etwa daran, dass auch der liebenswerte und als »Kaffeehaus-
literat« nicht ernst genommene Dichter Peter Altenberg gern
vom Nebenmenschen sprach. Der andere Aspekt findet seinen
Ausdruck in allen Versuchen, Menschen gesellschaftlich einzuordnen, wofür alle möglichen Theorien von Rassen, Begabungen oder genetischen Differenzen herhalten müssen, wobei dann das Wort »Untermensch« die tiefste Stufe des »Unter-
Menschen-seins« ausdrückt.

Die theoretischen Diskurse über die Probleme von Gleichheit
und gesellschaftlicher Differenz versuchen gewöhnlich, beiden
Seiten ihr jeweiliges Recht zu geben, was in der Regel in einem
mehr oder weniger deutlichen Sowohl-als-auch seine unbefriedigende Lösung findet. In der Praxis steht man aber ganz
konkret vor dem Problem, dass beide Seiten nie wirklich befriedigend auszutarieren sind, so dass man gezwungen ist, je
nach den Umständen der einen oder anderen Seite einen gewissen Vorrang einzuräumen. Die Philosophie hat zur Verbesserung dieser Situation keine anderen Hilfsmittel anzubieten
als das genaue Nachdenken, wobei man die traditionellen Begriffe, die man zur Beschreibung des menschlichen Mit-, Ne-
ben- und Durcheinander gewöhnlich benützt, nicht einfach
unbesehen übernehmen darf. Schon gar nicht darf man sich
aber auf sie beschränken.

Auseinandersetzen

Was heute als Schlägerei stattfand, steht morgen als Auseinandersetzung in der Zeitung. Mit diesem Wort bezeichnet man
auch sonst alle Konflikte von der wissenschaftlichen Diskussion über familiäre Zerwürfnisse, soziale Spannungen und
handgreifliche Aggressionen bis hin zum Krieg. Sie firmieren
alle unter demselben Etikett der Auseinandersetzung, so dass es
fast den Anschein hat, Auseinandersetzungen seien von sich aus

so fragwürdig, dass man damit alle destruktiven Formen menschlicher Kommunikation und mitmenschlichen Umgangs adäquat bezcichnen könne. Das ist umso erstaunlicher, als man es sonst für sinnvoll und geradezu für notwendig hält, dass man sich mit anderen Menschen auseinandersetzt und auf ihre Ideen, Erwartungen, Wünsche und Bedürfnisse eingeht, und es wird auch erwartet, dass man sich mit seiner eigenen Zeit, mit der Umwelt und der Natur auseinandersetzt und nicht zuletzt mit sich selbst, vor allem mit seinen Schwächen und Fehlern. Was steckt also dahinter, wenn wir den Ausdruck der Auseinandersetzung durch seinen bevorzugten Gebrauch für destruktive mitmenschliche Umgangsformen diskreditieren?

Um diese Frage zu klären, ist es nötig, sich über das mitmenschliche Verhältnis selber Klarheit zu verschaffen. Dieses Verhältnis lässt sich präzise dadurch fassen, dass man sagt, der Mensch beziehe sich dabei auf Seinesgleichen. Mit dem Ausdruck »Seinesgleichen« gesteht man dem anderen zu, dass er ist, wie man selber ist, insbesondere, dass er auf dieselbe Weise ein → Bewusstsein von sich selber hat, wie man es auch von sich hat. Diese Formulierung ist so banal, dass man sie gewöhnlich übergeht, aber in ihr steckt ein großes Problem; denn mit Selbstbewusstsein kann man nur sein eigenes Selbstbewusstscin meinen, ein anderes hat und kennt man nicht, und deshalb muss erst geklärt werden, wie das möglich ist, dass »für das Selbstbewusstseyn ein anderes Selbstbewusstseyn« ist, wie Hegel schreibt. Hegel hat dieses Problem am prägnantesten in seiner »Phänomenologie des Geistes« dargestellt, weshalb sie hier als Leitfaden dienen soll. Zwar scheinen Hegels Bemerkungen zu diesem Thema sprachlich hartes Brot zu sein, sie erweisen sich bei näherem Zusehen aber als außerordentlich luzide.

Das Zugeständnis, der andere Mensch sei ein so selbstbewusstes Wesen, wie man es selber ist, bedeutet, dass der andere sein soll, was man selber ist, nämlich das eigene Selbstbewusstsein. Damit spricht man dem anderen zu, was man selber ist, und so kommt man »außer sich«; denn man verliert an den anderen, was man ist, nämlich sein eigenes Selbstbewusstsein. Doch man fasst dadurch auch den anderen nicht als eigenständiges Wesen auf, weil er nur sein soll, was man selber ist. Diese Einstellung zum anderen ist die allergewöhnlichste, lassen die meisten Menschen den anderen doch nur soweit gelten, als er genauso empfindet, denkt und handelt, wie sie selber handeln, denken und empfinden. Das kann aber eigentlich nicht der Sinn des Satzes sein, dass der andere Meinesgleichen sei. Damit er wirklich als eigenständiges Subjekt mit einem eigenen Bewusstsein von sich selbst angesehen werde, bedarf es also mehr als der gedankenlosen Versicherung, er sei wie ich. Deshalb sagt Hegel, man müsse das bisher erzielte Ergebnis wieder »aufheben«. Das bedeutet, dass man es dadurch rückgängig machen muss, dass man es auf eine höhere Ebene hebt. Man muss also dem anderen das falsch zugewiesene eigene Selbstbewusstsein wieder nehmen, wodurch man sich aber auch selber aufhebt, da man im anderen aufhebt, was man selbst ist. Aber das bedeutet zugleich erstens, dass man sich wieder selbst gewinnt, weil man sein Anderssein im anderen aufhebt, sich also wieder gleich wird »durch das Aufheben seines Andersseyns«; und es bedeutet zweitens, dass man den anderen als eigenständig aus sich entlässt; denn man hebt »*sein* Seyn im andern auf, entlässt also das andere wieder frey.« Mit diesem Prozess kehrt man also nicht einfach wieder zum Ausgang zurück, sondern man gewinnt sich selber, indem man sich als selbständiges Selbstbewusstsein setzt, und man gewinnt zugleich den anderen als ebenso eigenständiges Subjekt.

An dieser Stelle sei die Zwischenbemerkung erlaubt, dass es natürlich schwierig ist, eine solche begriffliche Konstruktion nachzuvollziehen, ganz besonders dann, wenn man es nicht gewohnt ist, philosophische Texte mit ihrer strengen begrifflichen Arbeit zu lesen. Da mag solches Ernstnehmen der Worte sogar wie Wortklauberei erscheinen, was umso verständlicher ist, als ja selbst Schopenhauer mit kollegialem Unverständnis auf Hegels gewissenhafte Arbeit mit der Sprache reagierte und sie als »Zusammenschmieren sinnleerer, rasender Wortgeflechte« bezeichnete. In Wirklichkeit will sich Hegel aber nur genaue Rechenschaft geben, was wir mit unseren Worten eigentlich sagen. Will man das nachvollziehen, kann man sich die »Anstrengung des Begriffs«, von der Hegel selber spricht, nicht ersparen.

Was bisher dargestellt wurde, ist nur die eine Hälfte des

Vorgangs; denn beim mitmenschlichen Verhältnis sind immer mehrere, mindestens zwei, Akteure beteiligt. Deshalb ist der geschilderte Prozess keine einseitige Angelegenheit; denn der andere macht das Gleiche wie der erste: »Die Bewegung ist also schlechthin die gedoppelte beyder Selbstbewusstseyn.« Also setzen sich beide gegenseitig aus sich heraus oder miteinander auseinander. Dieses wechselseitige Sich-miteinander-auseinandersetzen, in dem jeder sich und den anderen als eigenständiges Selbstbewusstsein erfährt, ist der Sinn des Satzes, dass für ein Selbstbewusstsein ein anderes sei. Damit ist das Sich-miteinander-auseinandersetzen oder, kurz gesagt, das Auseinandersetzen die Grundstruktur des mitmenschlichen Verhältnisses, durch die alle weiteren menschlichen Beziehungen geprägt sind. – Wer bereit war, bis hierher Hegel zu folgen, wird nun eine Enttäuschung erleben. Kaum hat Hegel nämlich diesen Punkt erreicht, an dem das wechselseitige Sich-miteinander-auseinandersetzen so in der Luft liegt, dass man erwartet, er werde es nun auch unmittelbar *aussprechen*, schlägt er unvermittelt eine Volte und schließt seine Analyse mit der überraschenden und durch keine begriffliche Ableitung vorbereiteten Formulierung, die Menschen »anerkennen sich, als *gegenseitig sich anerkennend*.« Dieser Schluss ist ein eklatanter Verstoß gegen die guten Sitten dialektischer Argumentation. Mit ihm beendet Hegel nicht nur alle weitere Auseinandersetzung, sondern überspringt das entscheidende Ergebnis, dass nur durch das Auseinandersetzen und in ihm Selbstbewusstsein sich bildet und erfährt.

Den Begriff des Anerkennens hatte schon Fichte in die Philosophie eingeführt, doch populär wurde er erst durch Hegel, und seither blendet er die Augen und verdunkelt die Köpfe derart, dass er sich wider alle Erfahrung und Einsicht als angebliche Grundlage des mitmenschlichen Verhältnisses etablieren konnte. Es muss also ein starkes Bedürfnis vorliegen, das Auseinandersetzen zu verdrängen, und dieses Bedürfnis wird verständlich, wenn man sich die Auswirkungen des Auseinandersetzens genauer ansieht. Wenn sich nämlich Selbstbewusstsein nur im Prozess gegenseitigen Auseinandersetzens entwickelt, gibt es keine stabilen menschlichen Beziehungen. Sie sind dann immer verletzlich, neigen zu Brüchen und sind für Missverständnisse anfällig, so dass man sich ihrer nie sicher sein kann. Sie scheitern daher eher, als dass sie gelingen, und dieser düstre Schatten fällt selbst noch auf die Beziehungen, die man am liebsten von aller Unsicherheit und allem Zweifel frei sähe, nämlich auf Freundschaft und Liebe. Dass auch sie labil, unberechenbar und immer von Irritationen und Auflösung bedroht sind, spricht der Begriff der Auseinandersetzung offen aus. Das Anerkennen beschwichtigt solche Befürchtungen, indem es geklärte und daher dauerhafte Verhältnisse verspricht, und so befriedigt es unser Bedürfnis nach Sicherheit und unseren Hang zur Harmonie; denn wer etwas anerkennt, ist bereit, es zu billigen und so zu akzeptieren, wie es ist. Das aber ist das Gegenteil von Auseinandersetzung.

Wenn Karl-Heinz Ilting schreibt, jeder Akt der Anerkennung setze die »Grundnorm« voraus, dass dieser Akt »als ein Akt des Willens angesehen werden (solle), der auch weiterhin gegen ihn selbst geltend gemacht werden dürfe«, dann nennt er mit der »Grundnorm« die Bedingung solcher Anerkennung, wobei er nicht verhehlt, was dem blühen soll, der diese Grundnorm verweigert: Nur der soll nämlich »überhaupt erst eine ›Person‹« sein, der diese Grundnorm akzeptiert, wobei Ilting drohend noch den großen Hammer schwingt; denn die Alternative zu diesem Zwang zur Anerkennung soll der »Naturzustand eines Krieges aller gegen alle« sein. Der → Krieg ist nun gewiss eine Auseinandersetzung, wenn auch eine gewalttätige, aber sein Ergebnis ist auch nur die Anerkennung, wenn auch eine erzwungene; denn sein Zweck ist der Sieg, also das Ende aller Auseinandersetzung.

Die Propagandisten des Anerkennens können freilich nicht verhehlen, dass ihre Konstruktion auf tönernen Füßen steht. So lässt Hegel mehrfach anklingen, dass das Anerkennen eine bloße Forderung sei, etwa wenn er schreibt, das Anerkennen sei etwas, »was geschehen *soll*«, oder wenn er wie der Prediger auf der Kanzel fordert, »die Menschen müssen sich daher ineinander wiederfinden wollen«, was sie aber meistens gerade nicht tun. Ist das Anerkennen aber nur eine Forderung, kann es auch nicht die Grundlage des mitmenschlichen Verhältnisses sein; denn es gibt ja auch dann mitmenschliche Beziehungen, wenn alle im Streit miteinander liegen. Um diesen Schluss nicht ziehen zu müssen und den Schein zu wahren, spricht Hegel bei allen mitmenschlichen Beziehungen, die die Forderung nach Anerkennung (noch) nicht erfüllen, von einem »einseitigen Anerkennen«, wobei er am Beispiel der Beziehung von Herr und Knecht den größten Mangel des »einseitigen Anerkennens« demonstriert. Der soll nämlich darin bestehen, dass die Parteien noch in ihrer Selbstsucht befangen und noch nicht in einer Gemeinsamkeit aufgegangen sind. Für diese Gemeinsamkeit als Vollendung des Anerkennens verwendet er in der »Phänomenologie des Geistes« die Formel: »Ich, das *Wir*, und *Wir*, das *Ich* ist.« Wenn das Ich aber nur ein → Wir ist, und das Wir den Inhalt des Ich ausmacht, dann ist jeder Einzelne ein so gleichgültiges wie selbstloses Element, wobei »selbstlos« nicht moralisch zu verstehen ist, sondern begrifflich, also als »selbst-los«. Anerkannt und anerkennend ist man somit erst, wenn man kein eigenes Selbst mehr hat.

Dieses Ergebnis hat einen Effekt, bei dem man nicht weiß, ob man nicht unterstellen müsse, er sei der wahre Grund für die zweifelhafte Konstruktion des Anerkennens. Ist nämlich Selbstlosigkeit der eigentliche Kern des Anerkennens, kann kein Mensch mehr selbstbewusst, energisch und erfolgreich seine gerechten oder vielleicht auch nur als gerechtfertigt empfundenen Ansprüche gegen andere durchsetzen, ja noch nicht einmal versuchen, sie durchzusetzen, ohne wieder in eine Auseinandersetzung einzutreten, die mit dem Begriff des Anerkennens gerade diskreditiert wird. Solche Interessen könnten leicht die geheime Triebfeder für die Diffamierung des Auseindersetzens und für die Konsekration des Anerkennens sein. Damit steht natürlich auch jeder, der die schöne Konstruktion des Anerkennens für einen ausgemachten Schwindel hält, schon als möglicher Störenfried fest, woran man sieht, dass die Fiktion der Anerkennung selbst die destruktiven Formen des mitmenschlichen Umgangs erzeugt, die durch sie für ein implizites Moment des Auseinandersetzens erklärt werden.

Wir

Seinen ganzen Frust über die Menschheit und ihren desolaten moralischen Zustand schrieb sich Kant in seinem Aufsatz »Idee zu einer allgemeinen Geschichte in weltbürgerlicher Absicht« vom Herzen. Er kleidete diesen Frust freilich in den etwas hölzernen und gravitätischen Ausdruck, er könne »sich eines gewissen Unwillens nicht erwehren«, wenn er den »widersinnigen Gange« der menschlichen Geschichte betrachte und sehe, wie sehr sie von der Torheit und Bosheit, der Eitelkeit und Zerstörungssucht der Menschen beherrscht sei. So ungeheuerlich schien ihm die ganze Entwicklung der Menschheit, dass er gestehen musste, nicht mehr zu wissen, »was man sich von unserer auf ihre Vorzüge so eingebildeten Gattung für einen Begriff machen soll«. Wir, die wir die menschliche Geschichte noch zweihundert Jahre weiter verfolgen können, müssen allerdings gestehen, hierin immer noch nicht klüger zu sein als er, zumal wir nicht weniger töricht, boshaft, eitel und zerstörungssüchtig sind.

Kant glaubte nun aber, die Natur stelle selber die Mittel zur Verfügung, wodurch das Problem der moralischen Vervollkommnung der Menschheit schließlich gelöst werden würde, wobei er das Hauptmittel in einem eigenartiger Antagonismus sah, der in der Anlage des Menschen zu beobachten sei. Der Mensch habe nämlich einerseits die Neigung, »sich zu vergesellschaften«, andererseits aber auch den konträren Hang, »sich zu vereinzelnen«, so dass man von einer »ungeselligen Geselligkeit« des Menschen reden müsse. Die Tendenz zur Isolation führe, wie Kant schrieb, zum Widerstreit aller gegen alle, und sie befördere auch so verderbliche Eigenschaften wie »Ehrsucht, Herrschsucht oder Habsucht«, woraus viele Übel entstünden, doch Kant hoffte dennoch, dass ausgerechnet durch die ungesellige Geselligkeit am Ende alles nach einem schönen Plan der Natur, der uns allerdings verborgen bleibe, doch noch »in ein moralisches Ganze« verwandelt werde.

Diese Hoffnung machen wir uns heute nicht mehr. Wir müssen vielmehr erkennen, dass das Problem noch ein wenig größer ist, als es Kant darstellte; denn der Antagonismus, den er für eine Eigenschaft des einzelnen Menschen hielt, regiert auch noch dort, wo der Mensch angeblich gesellig ist, in jeder Art von Gemeinschaft, in jeder Gruppe, Clique oder Vereinigung; denn jede Gemeinsamkeit, und sei sie noch so diffus, schließt Menschen miteinander zusammen und garantiert deren → Solidarität nach innen, grenzt sie aber zugleich von anderen ab, die nicht dazu gehören und daher draußen bleiben. Offenbar überträgt sich der Hang zur Isolation von den Einzelnen auf ihre Gruppe, so dass zwar in deren Innern Geselligkeit herrscht, nach außen jedoch der Hang zur Isolation und Vereinzelung. Die Geselligkeit ist also kein Mittel, das die Folgen der Ungeselligkeit in Grenzen halten könnte.

Die Struktur der »ungeselligen Geselligkeit« innerhalb der Gesellschaft tritt am reinsten im abstrakten Begriff des Wir auf, das immer anwesend ist, wo zwei oder drei in irgendeinem Namen versammelt sind, auch wenn es oft nicht ausgesprochen, sondern hinter anderen, konkreten Begriffen und Verhaltnissen verborgen bleibt. Wenn zum Beispiel ein konservativer Politiker vom »Abendland« spricht, meint er im Grunde »uns«, die christlichen Europäer, und wer mit Liebe von seiner Heimat spricht, meint neben der Landschaft auch den Lebensstil und die besondere Mentalität derer, denen er sich zugehörig fühlt. Dieses im Konkreten verborgene Dasein des Wir ist der Grund, weswegen dieser Begriff nur selten höchst persönlich auftritt. In philosophischen Werken, gar in Wörterbüchern wird man ihn vergebens suchen. Reflektiert wurde er dennoch, wenn auch unter wechselnden Namen. Nicolai Hartmann gebrauchte zum Beispiel den Begriff des Gemeingeists und schrieb: »Ein Städtchen, eine Gemeinde, eine Berufsklasse, eine Arbeitergruppe können jede ihren bestimmt ausgeprägten Gemeingeist haben; nicht anders als eine politische Partei, ein Verein, ein Bataillon, ja eine Schulklasse.« Das sind aber alles Gruppierungen, deren Mitglieder von sich sogar in einem emphatisch gesteigerten Sinn von Wir sprechen. Auch in der Alltagssprache rekurriert man ständig auf ein solches Wir, ohne dass man es immer ausdrücklich nennt. Redewendungen wie, man sei »einer, der« oder »keiner von denen, die«, sind dafür typisch.

Für das gesellige Moment im Wir ist es unerheblich, wer und wieviele jeweils in ein Wir eingeschlossen werden. Im einfachsten Fall sind es zwei, die aber auch dann noch, wenn andere zu ihnen stoßen, ohne Rücksicht auf die veränderte Zahl weiterhin nur »Wir« sagen. In jedem Fall beruht das Wir auf der Einheit der Gesinnung, der Absichten oder des Herkommens, manchmal auch auf einer engen, personalen Verbundenheit, und verschafft dadurch den Mitgliedern, unabhängig von einer besonderen Organisationsstruktur, ein Gefühl der Geborgenheit und des Aufgehobenseins, weshalb wir auch von einem Wir-Gefühl sprechen. Dass das Wir zugleich auch dem eigenen Interesse oder Egoismus dienen kann, weil eine Gruppe durchzusetzen vermag, woran ein Einzelner scheitern kann, ist dabei nicht wesentlich, wenn auch nicht unwillkommen. Mit dem Bewusstsein, Wir zu sein, gewinnt das Ich auch seine komplexe Identität; denn jedes Ich ist in eine Vielzahl von Zugehörigkeiten eingesponnen, und diese hybride Struktur bestimmt die Besonderheit des Ich. Allerdings führt dieser Reichtum von Einzelindividualitäten im Ich auch zu Spannungen und Widersprüchen, die immer wieder ausgeglichen werden müssen. Mancher scheitert dabei und versucht dann vielleicht, seinen Schwierigkeiten dadurch aus dem Weg zu gehen, dass er die Vielfalt der Zugehörigkeiten in sich künstlich reduziert, wobei eine einzige für ihn eine solche Bedeutung gewinnen kann, dass sie sein ganzes Bewusstsein prägt und alle anderen Elemente seiner Identität auslöscht. Dann existiert er nur als dieses Wir, und wenn viele dieser Art sich zusammenfinden, ergibt es jenen Brei der »Einheitsmystik«, von der Hubert Cancik sprach, und die er in der Rede Adolf Hitlers auf dem Reichsparteitag von 1936 dingfest machte, in der dieser vor den versammelten politischen Leitern der Nationalsozialistischen Partei ausrief: »Wir sind jetzt eins«.

Nur ein Jahr nach dieser Parteitagsrede schrieb allerdings Robert Musil von der → Dummheit, die damit prunkt, dass der Mensch »im Schutz der Partei, Nation, Sekte oder Kunstrichtung auftritt und Wir statt Ich sagen darf«. Diese Dummheit, die schon das Pathologische streift, erfährt sich in der Hingabe seiner selbst jedoch als Begeisterung, als Rausch, → Wahn, Verzückung oder gar als religiöser Fanatismus. In diesen Empfindungen artikuliert sich das sichere Gefühl der Überlegenheit und die feste Überzeugung, im Recht, wenn nicht gar im Besitz der Wahrheit zu sein. Man muss sich daher unter allen Umständen zu dem bekennen, was die Einheit des Wir verbürgt, weshalb es nicht nur als Verrat an der Sache, sondern auch am Wir gilt, wenn sich einer nicht mehr dazu bekennen mag. Ein kurzer Text aus Max Horkheimers »Notizen« macht das deutlich: »Das Schuldbekenntnis der Deutschen nach der Niederlage des Nationalsozialismus 1945 war ein famoses Verfahren, das völkische Gemeinschaftsempfinden in die Nachkriegsperiode hinüberzuretten. Das Wir zu bewahren war die Hauptsache.« Die Anderen, das waren nämlich »nicht die Nazis, sondern die Amerikaner und der Widerstand«, weshalb das Schuldbekenntnis auch nur hieß: »›Wir‹ und die Nazis gehören zusammen, der Krieg ist verloren, ›wir‹ müssen Abbitte tun, sonst kommen wir nicht rasch genug wieder hoch.«

Die Gleichheit und Einheitlichkeit einer Gruppe bedeutet für sie selbst aber auch eine Gefahr; denn wegen der Einheit der Gesinnung und Bestrebungen kann die Gruppe ihren Mitgliedern über ihre Gemeinsamkeit hinaus nicht wesentlich Anderes oder auch nur Neues bieten, und insofern wird der Kontakt der Mitglieder untereinander mit der Zeit unbefriedigend. Der Gruppe droht daher nicht nur die Gefahr, zu erstarren und zu verkrusten, sondern ist auch Ursache von Frustrationen, zumal alle aggressiven Energien, die im Inneren entstehen, nach außen verlagert werden müssen, um den Konsens im Innern nicht zu gefährden. Gelingt diese Verlagerung nach außen nicht, weil einige Gruppenmitglieder unbeirrt Öffnung und Änderungen einfordern, werden sie im besten Fall zu schrägen Vögeln, die man erträgt, im schlechten zu Störenfrieden, die die Gemeinschaft »zersetzen«, weshalb sie eigentlich nicht mehr dazu gehören und sogar zu Gegnern erklärt werden können. Man muss sie → ausgrenzen, und dieses für das Wir konstitutive Moment unterscheidet das Wir vom Man, vom dem keiner ausgeschlossen ist, während »Wir« nur der sagen kann, der dazugehört.

Diese Tendenz zum Ausgrenzen erklärt, weshalb das Wir die harmlose Formel des Elitären wie die rücksichtslose der Unsolidarität sein kann. Im ersten Sinn hat es Schopenhauer in der Einleitung zu seiner »Farbenlehre« gebraucht, in der er, gleichsam mit dem Holzhammer und für die Dummen, schrieb:

»Wenn wir (ich meine hier sehr Wenige) ...«, und im zweiten verwenden es jene rechtskonservative Kreise, die von einer Asylantenschwemme oder von Wirtschaftsflüchtlingen reden. Die Mischung beider konnte man früher häufiger erleben, als der Gebrauch des Pluralis Majestatis seinen Benutzer noch nicht lächerlich machte. Manchmal wird die Unsolidarität im Wir gar nicht erkannt, vor allem dann nicht, wenn man doch nur gute Absichten hat und sich weiter keine Gedanken macht. Selbst die amerikanische Deklaration der »Bill of Rights«, die von den Rechten der Menschen – also aller Menschen – spricht, meint damit im Grunde nur den weißen, männlichen Familienvorstand, der Eigentum besitzt. Frauen, eigentumslose Arbeiter, erst recht schwarze Sklaven und Ureinwohner waren in diesem Wir nicht mitgemeint. Dies ist ein Beispiel dafür, wieviel → Lüge in dem Wort »Wir« stecken kann, das über das Ausgrenzen hinaus auch noch die weitergehende Möglichkeit bietet, sich *gegen andere* zusammenzuschließen; denn die anderen sind Gegner, weil ihr bloßes Anderssein die eigene Art und damit die Einheit des Wir in Frage stellt. Man steht oder hält deshalb eisern zusammen, und wenn Wilhelm II. »nur noch Deutsche« kannte, also keine Sozialdemokraten oder Konservativen mehr, keine Klerikalen oder Atheisten, dann ist solches Zusammenstehen nicht mehr weit vom → Krieg, der sich damit als implizite, wenn auch nicht notwendige Folge des Wir-Verhältnisses erweist. Gegen solche Folgen hilft es auch nicht, dass man alle Menschen in ein allumfassendes Wir einschließt; denn das ist ein folgenloses Versprechen, solange man immer noch diejenigen ausschließt, denen man das Prädikat, ein Mensch zu sein, deswegen nicht zubilligt, weil sie anenzephal, komatös oder auch nur behindert sind.

Schon gar nicht wird dadurch das Problem aggressiver Gruppenbildung grundsätzlich gelöst; denn dieser menschliche Überschwang verhindert nicht, dass manch anderes immer noch ausgeschlossen bleibt, spätestens die Tier- und Pflanzenwelt oder die Natur überhaupt. Dieser weitergehenden Problematik wird man sich freilich erst langsam bewusst, und entsprechend undurchdacht sind die meisten Vorschläge zur Lösung dieser Probleme, etwa wenn der durch seine umstrittenen Thesen zur Euthanasie bekannt gewordene australische Philosoph Peter

Singer fordert, die Menschenrechte auf Tiere, insbesondere auf Primaten auszudehnen. Zwar sind in der Tat immer mehr Menschen davon überzeugt, dass die Art unseres Umganges mit Tieren, ihre Behandlung und ihr Verbrauch – nicht zuletzt in der Forschung zu unserem Wohle – nicht mehr angemessen sind, aber viele zweifeln doch auch zu Recht, ob solche Singerschen Thesen ein sinnvoller Beitrag zur Lösung sein können.

Auch die traditionellen Lösungsvorschläge aus dem Fundus der Moral haben ihre prinzipiellen Grenzen. Seit längerem empfiehlt man zum Beispiel die → Toleranz, die angeblich das gleichberechtigte Nebeneinander der verschiedensten Gruppen garantieren und die Schäden aus der Tendenz des Wir zum Ausgrenzen gering halten soll. Sie ist dazu aber keineswegs in der Lage, wobei hier nur angedeutet sei, dass ihr Hauptfehler darin liegt, das »Ungesellige« unterbinden zu wollen, ohne das es aber gar keine »Geselligkeit« geben kann; denn weil das Ausgrenzen für das individuelle Ich und für jede menschliche Gemeinschaft konstitutiv ist, kann es nicht unterbunden werden, ohne den Antagonismus der »ungeselligen Geselligkeit« und damit die menschliche Gemeinschaft selbst zu zerstören. Man muss diese Melange nicht wie Kant als »die Anordnung eines weisen Schöpfers« verstehen, und man kann auch Zweifel daran haben, ob man die Lösung der daraus entstehenden Probleme einfach »der Natur überlassen« kann, die es schon richten werde, wie Kant glaubte, aber dass die antagonistische Struktur der »ungeselligen Geselligkeit« der Acker menschlicher Tätigkeit ist, daran besteht kein Zweifel. Daher ist das »Ungesellige«, auch wenn das wider das eigene Gefühl sein mag, nicht abzuschaffen, sondern anzuerkennen.

Noch hilfloser wirken freilich Projekte, die ihre Dürftigkeit mit so schönen Titel wie »Weltethos« übertünchen. Was aber soll man von einem Projekt halten, das dem Frieden der Welt dienen soll, sich aber von vornherein nur an diejenigen wendet, die sich im großen Wir der Religionen zusammenfinden, so dass die religiös nicht Gebundenen und die ausdrücklich Antireligiösen schon wieder draußen stehen? Da steht das eine Wir gegen das andere Wir, und so spielt der Antagonismus sein altes Spiel und erweist solche Projekte als Kinderspiele.

Ausgrenzen

Schon als Kind lernt man das Ausgrenzen in Abzählreimen (»Ene, mene, muh, und drauß bist du!«), dennoch macht man sich als Erwachsener kaum Gedanken über die Bedeutung dieses so früh ein- und seither immer ausgeübten Sozialverhaltens. Seit aber in marktwirtschaftlich organisierten Gesellschaften Menschen in großem Umfang aus der Arbeitswelt ausgegliedert werden, seit also nicht nur Alte, Kranke und Unproduktive, sondern auch Junge und Leistungsbereite in den Arbeitsprozess gar nicht erst integriert oder auf Dauer von ihm ausgeschlossen werden, erlebt der Begriff der Ausgrenzung eine Konjunktur, die er früher nicht hatte, als man – gleichsam naturwüchsig – nur diejenigen ausgrenzte, die sowieso am Rand der Gesellschaft standen, also Ausländer, Flüchtlinge, Asylbewerber oder Straffällige, so dass das Ausgrenzen selbst nicht groß auffiel. Die Massenarbeitslosigkeit als der soziale Missstand moderner Gesellschaften schlechthin lenkt nun aber den Blick auf dieses Phänomen, das zwar schon immer eine Rolle für den Bestand der Gesellschaft spielte, aber dadurch, dass man sein Augenmerk bisher mehr auf das Gelingen der gesellschaftlichen Integration richtete, doch immer nur eine hässliche Nebenrolle zu besetzen schien.

Die Integration und ihr begriffliches Gegenstück Desintegration oder Differenzierung sind wichtige Begriffe in der Psychologie, die mit ihrer Hilfe die Identität einer Persönlichkeit zu erklären und zu beschreiben versucht, wie die verschiedenen Einzelzüge einer Person zusammenstimmen oder pathologisch auseinanderfallen können. Integration ist vor allem aber ein Schlüsselbegriff der Soziologie, weil sich mit ihm die Frage beantworten lässt, wie Gesellschaft überhaupt möglich ist, jedenfalls wenn man davon ausgeht, dass zunächst nur die partikularen Interessen einzelner Individuen bestehen, die erst durch Integration zu sozialen Einheiten verbunden werden, die reale Organisationsformen des → Wir darstellen. Solche Organisationsformen sind zum Beispiel Freundschaften, Familien, Vereine, Parteien, Betriebe oder Religionen, die sich schließlich durch weitere Integrationsschritte zu einer Gesamtgesellschaft vereinen lassen. Die Integration beruht dabei stets auf der

Vermittlung und Anerkennung gemeinsamer Ziele, Werte und Normen, also auf der Sozialisation der Individuen, wobei der Integrationserfolg durch ständige Kontrollen nachgeprüft und gesichert werden muss; denn weder lassen sich alle Individuen problemlos in Gemeinschaften integrieren, noch will jedes soziale Gefüge jede individuelle Position in sich integrieren. Die Gründe für den ersten Fall sind dabei in persönlichen Konditionen und Entscheidungen zu suchen, im zweiten liegt aber eine gesellschaftlich bedingte Desintegration oder eine Störung des sozialen Systems selber vor.

Auf einer solchen Störung beruht die eingangs erwähnte Erscheinung, dass in vielen hoch entwickelten Ländern ein großer Teil der Bevölkerung als sozial nicht mehr integrierbar gilt, was hier nicht mehr heißt, als dass die Gesellschaft keine Arbeit für sie hat, während gleichzeitig das Sozialprodukt unaufhaltsam steigt. Wie stark eine solche Sozialstörung auf die Psyche und Mentalität der einzelnen Menschen zurückwirken kann, offenbarte – wohl eher unfreiwillig – ein Vertreter der deutschen Wirtschaft, der die von dieser Wirtschaft Ausgegrenzten arglos als »Wohlstandsmüll« bezeichnete, ein Wort, das zwar zum Unwort des Jahres erklärt wurde, das aber deutlich macht, wie sehr die menschlichen Beziehungen von den Verhältnissen geprägt sind. Wenn man nun aber, ganz unabhängig von moralischen Überlegungen, schon wegen der verheerenden psychologischen und gesellschaftlichen Auswirkungen dieser Art von Ausgrenzung eine Wiedereingliederung der Arbeitslosen in die Arbeitswelt fordern muss, so darf man sich dennoch nicht darüber täuschen, dass die Wiederintegration nur das Ergebnis haben kann, die vom Arbeitsmarkt Ausgeschlossenen offiziell wieder in den Markt einzugliedern, dessen Gesetzen sie selbst durch ihre Ausgliederung nicht entkamen; denn was Marktgesetze bedeuten, erleben gerade die besonders krass, die ihnen passiv ausgeliefert sind, ohne für diese Abhängigkeit einen gewissen, wenn auch unbefriedigenden Ausgleich im Konsum finden zu können. Was diese Menschen praktisch erfahren, findet seine theoretische Begründung freilich erst im abstrakten Begriff der → Grenze, der verständlich macht, wie verschränkt und wie untrennbar verbunden die beiden Aspekte des Eingrenzens und des Ausgrenzens sind.

An diesem Mechanismus, dass den Marktgesetzen sowohl diejenigen unterworfen sind, die in den Markt integriert sind, wie auch diejenigen, die von ihm ausgeschlossen sind, sieht man, dass die gewöhnliche Auffassung, gesellschaftliche Integration sei grundsätzlich ein Wert, Ausgrenzung in jedem Fall ein Übel, so nicht stimmen kann. Am Ausgegrenztsein fallen natürlich zunächst die negativen Seiten auf, weil man es gewöhnlich durch die Situation derer beschreibt, die ausgegrenzt werden, obgleich sie dazugehören wollen. Dabei scheint es eine einfache Formel dafür zu geben, wem die gesellschaftliche Integration aufgekündigt oder von vornherein verweigert wird: Ausgegrenzt werden nämlich diejenigen, zu denen man selbst unter keinen Umständen gehören mag, also Schwache, Zukurzgekommene und Auffällige jeder Couleur. Daher sind vom Ausgrenzen natürlich auch all die betroffen, die als fremd empfunden werden, weshalb Fremdenfeindlichkeit und Fremdenhass häufig als die exemplarischen Formen der Ausgrenzung angesehen werden, eine Auffassung, die durch die Allgegenwart von Rassismus, Nationalismus, Ethnozentrismus oder Antisemitismus bestätigt zu werden scheint. Dieses Phänomen des Fremdseins analysierte der französische Philosoph Pierre Bourdieu ganz konkret in seinem Buch »Das Elend der Welt«, in dem er an den Lebensläufen von Immigranten, die aus Nordafrika kommend in Frankreich Arbeit fanden, zeigte, wie ihnen dieser ökonomische Gewinn durch Selbstaufgabe und den Verlust ihres Selbstwertgefühls wieder zerrann, zumal sie weiterhin Fremde blieben; denn ihre Situation verhinderte, dass sich die anderen mit ihnen → auseinandersetzten und sie als gleichwertige Mitglieder der Gesellschaft akzeptierten. Dennoch ging es ihnen vergleichsweise gut, bedenkt man, wie man früher mit denen verfuhr, denen man unterstellte, den Normen und Werten einer Gesellschaft nicht zu genügen oder gar deren Tabus zu verletzen: Sie wurden nicht nur aus der Gesellschaft ausgestoßen, sondern auch für vogelfrei erklärt.

In verfassungsrechtlich abgesicherten Gesellschaften geht es zwar nicht mehr ganz so grob zu, doch das Ausgrenzen bedeutet auch hier immer noch die Aufkündigung der → Solidarität, weshalb die Ausgegrenzten zwar noch Rechtssubjekte sind, aber zum Beispiel keine Lobby für ihre Interessen finden. Man könnte sich nun dadurch aus der Affäre ziehen, dass man die Gründe für die Aufkündigung gesellschaftlicher Solidarität in den einzelnen Individuen sucht und jede gesellschaftlich zu verantwortende Störung leugnet. Doch das hilft auf Dauer nichts, weil das, was zunächst nur ein persönliches Schicksal zu sein scheint, am Ende doch die ganze Gesellschaft betrifft, die schließlich in integrierte und in ausgeschlossene Gruppen zerfällt. Die Folgen einer solchen gesellschaftlichen Auflösung sind heute zu besichtigen und werden zum Beispiel als Verlust gemeinsamer Werte, Zerfall der Familie und Abbau des Sozialstaates beklagt. Es ist also kein Zufall, dass gerade in unserer Zeit die kommunitaristische Bewegung entstand, die aus den USA kommend mittlerweile auch bei uns ihre überzeugten Anhänger gefunden hat, und die der Desintegration unserer Gesellschaften durch eine Besinnung auf den Nutzen der Integration entgegenwirken will.

Um die Naivität dieser Vorstellung zu durchschauen, muss man das Ausgegrenztsein nur einmal aus dem Blickpunkt derer betrachten, die zwar ausgegrenzt sind, diese Situation aber bewusst bejahen und aus ihrer Desintegration ihr besonderes Selbstbewusstsein gewinnen. Das drückt sich äußerlich etwa darin aus, dass solche Menschen die Ausdrücke, mit denen man sie gewöhnlich zu Parias erklärt, zu Ehrentiteln umfunktionieren, was früher Proleten, heute Huren oder Schwule exemplarisch vorführen. Dass das Ergebnis nicht immer Beifall finden muss, versteht sich von selbst, da auch Desintegration kein Wert an sich ist. Der Kunsthistoriker Wilhelm Waetzold lieferte dafür ein überzeugendes Beispiel, als er mitten im 1. Weltkrieg schrieb, beim Kriegsausbruch habe man erlebt, »dass sich plötzlich zwischen den Völkern Abgründe des Nichtverstehens und des Hasses zeigten, die uns durch Handel und Verkehr, durch wissenschaftliche und künstlerische Beziehungen ein für allemal überbrückt zu sein schienen«, dann aber hinzufügte: »Als dann aus dem feindlichen, ja auch aus dem neutralen Ausland, immer vernehmlicher das Schmähwort: ›Barbaren!‹ zu uns herüber scholl, nahmen wir es gelassen hin«. Adolf Hitler vollendete 1933 diese Selbstausgrenzung der Deutschen aus dem Kreis zivilisierter Völker mit dem Ausruf: »Ja, wir sind Barbaren, wir wollen es sein.«

Ausgrenzung durch andere anzunehmen, ist das eine, sich selbst bewusst von anderen abzugrenzen, Mitmachen zu verweigern und sich nicht gleichschalten zu lassen, ist das andere. Diesem Verhalten liegt – ganz unabhängig von dem besonderen Inhalt und Ziel des Sich-selbst-ausgrenzens – die Erkenntnis zu Grunde, dass Integration immer auch einen Zwang bedeutet, dem man nur durch Nonkonformismus begegnen kann, indem man also die üblichen Meinungen, Gefühle und Lebenseinstellungen nicht mehr mitmacht. Wer so denkt und handelt, sieht noch andere Möglichkeiten als die, die gerade im Schwange sind und dem jeweiligen → Zeitgeist entsprechen, und so öffnet das bewusste Sich-selbst-ausgrenzen den Blick auf Lebenshaltungen und Lebensentwürfe, die durch die Integration in die allgemein üblichen übersehen und wegen der möglichen negativen Folgen der Ausgrenzung gewöhnlich übersehen werden. Die Situation der Ausgrenzung ist daher eine ausgezeichnete Möglichkeit, die menschliche → Freiheit zu entdecken, ein Aspekt, der durch die übliche Fixierung auf die negativen Folgen, die mit jeder Ausgrenzung verbunden sind, entweder leicht übersehen wird oder von vornherein für nichts gilt.

In vielen Fällen ist es keine leichte Sache, sich selbst auszugrenzen, oft ist es eine lebensgefährliche, wie das Schicksal manchen Widerstandskämpfers beweist. Misst man daran unsere Zeiten, könnte man denken, heute sei es leichter, Nonkonformist zu sein, zumal fast jeder behauptet, einer zu sein. Aber genau dieser konformistische Nonkonformismus sollte stutzig machen. Zu Recht fragte Günther Anders, ob man unter den heutigen Bedingungen überhaupt noch »die Wahl habe, sich konform zu machen oder das auch bleiben zu lassen«, weshalb Anders nicht mehr von Konformisten sprach, sondern von »Konformierten«, die bereits konformiert sind, und von »Konformanden«, die »durch eine ›conformatio continua‹ immer weiter bei der Stange gehalten« werden müssen; denn das Ziel des heutigen Zeitgeistes bestehe »in der Situation restlos gedrosselter Spontaneität, gelöschten Selbstbewusstseins, absoluter Gewissenlosigkeit« – also in der totalen Integration. Dass dieser Zustand die Herrschaft der Unfreiheit sei, wie Anders glaubt, kann man bezweifeln, dass er »die Abschaffung des

Konjunktivs« bedeute, lässt sich nicht bestreiten; denn der Konjunktiv ist die Form des → Möglichen. Was aber neben dem Üblichen sonst noch möglich ist, kann der nicht mehr erkennen und schon gar nicht erleben, der in das Übliche völlig integriert ist. Doch wie wenig dieser Zustand die meisten schreckt, zeigt sich nicht zuletzt daran, dass heute jeder alles daransetzt, dazuzugehören, »in« zu sein. »Des-in« zu sein, gibt es schließlich noch nicht einmal als Wort.

Gerechtigkeit

Bedenkt man, dass der größte Teil des gesamten Volksvermögens einer relativ kleinen Zahl von Eigentümern gehört, die sich, aller existentieller Sorgen ledig, Güter, Lebensfreude und Gesundheit nach Belieben leisten können, wegen der geltenden Steuergesetze aber nur geringe oder gar keine Abgaben zahlen, während ein großer Teil der Bevölkerung bei hoher Steuerlast sich bescheiden und einschränken, und ein beachtlicher Teil sogar am Rande der Existenz leben oder gar ohne Arbeit, Wohnung und gesellschaftliche Anerkennung dahinvegetieren muss, bedenkt man ferner, dass auch Macht, Positionen und Tätigkeiten auf ähnlich asymmetrische Weise verteilt sind, und bedenkt man zudem, wie ungleich, global gesehen, der Reichtum und die Ressourcen dieser Welt auf entwickelte und auf nicht so hoch entwickelte Gesellschaften verteilt sind, so dass die Bevölkerung vor allem nördlicher Länder im Wohlstand, die ganzer Kontinente aber in Armut und in den unwürdigsten Umständen lebt, ausgebeutet und aller Rechte beraubt, und bedenkt man schließlich, dass all das im Prinzip gerechtfertigt und höchstens in Einzelheiten als mangelhaft empfunden wird, dann muss man sagen, dass wir in der denkbar ungerechtesten Welt leben.

Dabei ist die Gerechtigkeit ein Hauptthema der Philosophie, über das seit der griechischen Antike ununterbrochen nachgedacht wurde, was seinen Niederschlag in einer Unzahl von Büchern und Aufsätzen fand, die wenigstens zum Teil mit großem Ernst und hohem intellektuellen Aufwand verfasst wurden. Platon und Aristoteles haben die Gerechtigkeit – also nicht die → Freiheit, wie es unserer heutigen Auffassung entspräche – sogar zur Grundlage allen menschlichen Zusammenlebens erklärt. Sie war für sie die Bürgertugend schlechthin, und so definierte Aristoteles die Gerechtigkeit als »eine Tugend, durch die jeglicher das Seine erhält und wie es das Gesetz vorsieht, Ungerechtigkeit dagegen ist es, wodurch einer fremdes Gut erhält und nicht nach dem Gesetz.« Die Philosophen haben im Lauf der Zeit die subtilsten Unterscheidungen in den Begriff der Gerechtigkeit eingeführt, sprachen zum Beispiel von einer »ausgleichenden« und von einer »austeilenden« Gerechtigkeit und bezogen sie schließlich nach dem Vorbild des im 17. Jahrhunderts lebenden Natur- und Völkerrechtlers Samuel Pufendorf mehr auf das Recht als auf die Moral, weshalb Kant erklärte: »Der rechtliche Zustand ist dasjenige Verhältniß der Menschen unter einander, welches die Bedingungen enthält, unter denen allein jeder seines Rechtes theilhaftig werden kann, und das formale Princip der Möglichkeit desselben, nach der Idee eines allgemein gesetzgebenden Willens betrachtet, heißt die öffentliche Gerechtigkeit«. Auf der Grundlage dieses philosophischen Begriffs der Gerechtigkeit wurden schließlich die schönsten Sozial- und Politiksysteme aufgebaut. – Aber wir leben noch immer in der denkbar ungerechtesten Welt!

Von Anfang an wurde die Idee der Gerechtigkeit mit der Vorstellung verbunden, sie sei nur unter der Bedingung zu verwirklichen, dass man alle gleich behandle, was konkret natürlich bedeutet, dass man Gleiches gleich, Ungleiches aber ungleich behandeln müsse. Diesen schon auf Platon und Aristoteles zurückgehenden Grundsatz fassen wir bis heute in die Formel zusammen, dass jedem gleichermaßen das Seine zukommen solle. Von dieser Sorge um unparteiische Neutralität ist Kants Erklärung, jeder solle »*seines* Rechtes theilhaftig werden«, ebenso bestimmt wie in unserer Gegenwart John Rawls Theorie der »Gerechtigkeit als Fairness«. Die klassische Formulierung dieser Wendung findet sich allerdings bei Cicero, der – gestützt auf die griechische Philosophie – das Prinzip der Gerechtigkeit darin verwirklicht sah, »die Gesellschaft der Menschen aufrechtzuerhalten und jedem das Seine zukommen zu lassen, sowie in der Verlässlichkeit vertraglicher Abmachungen.« Diese ausführliche Definition wurde später auf den mittleren Teil verkürzt und zum sprichwörtlichen »Jedem das Seine« (Suum cuique) zugespitzt.

Der Grund, weswegen sich gerade diese Bestimmung so hartnäckig bis heute gehalten hat, liegt gewiss nicht in ihrer begrifflichen Klarheit, die im Gegenteil nicht unklarer sein könnte, lässt sie doch völlig im Dunkeln, was eigentlich jedem zusteht. Ist das Seine für alle dasselbe, was man mit Hinblick auf die Idee der für alle gleichen Menschenrechte durchaus denken könnte, oder kommt nicht doch jedem als einem jeweils besonderen Individuum auch ein jeweils Besonderes zu? In diesem Fall müsste freilich auch noch festgelegt werden, was einer jeweils sein, und was ihm folglich zustehen soll. Die abstrakte Formel »Jedem das Seine« lässt solche Fragen offen und ist daher in jeder Richtung interpretierbar, was ihre beständige Attraktivität verbürgt. Sie kann nicht nur dazu benutzt werden, Privilegien zu sichern und andere von den Fleischtöpfen der Gesellschaft fernzuhalten, sondern eignet sich schließlich auch zur Rechtfertigung der denkbar ungerechtesten Verhältnisse. Deshalb kam es niemandem genierlich vor, dass sie dem elitären preußischen Schwarzen-Adler-Orden als Devise diente, und wenn man es heute als Ausdruck von Zynismus empfindet, dass diese Formel das Eingangstor des KZ Buchenwald als Motto ziert, dann nur deswegen, weil man sie dadurch missbraucht findet, während sie in Wahrheit auch hier ihren angemessenen Platz hat; denn wenn man nur richtig definiert, wer und was einer ist, dann weiß man eben auch, was ihm als das Seine zusteht.

Weniger krass, aber nicht weniger klar wird das auch durch unsere heutigen Verhältnisse bestätigt. Das wird zum Beispiel daran deutlich, dass ein Polizist einen betrunkenen Obdachlosen ohne Umschweife duzt, was er sich einem hochrangigen Steuerhinterzieher aus Politik und Wirtschaft gegenüber nicht erlauben würde. Der zum »Mir das Meine« konkretisierte Gedanke des »Jedem das Seine« erlaubt es auch unseren Politikern, um ein besonders peinliches Beispiel zu nennen, großzügige Pensionen, noch großzügigere Abfindungen, steuerfreie Kostenpauschalen und Sonderzuwendungen an sich zu raffen, während sie gleichzeitig Sozialhilfe, Rente und Arbeitslosenunterstützung kürzen und Asylbewerber unter das Existenzminimum drücken. Dieses Verfahren ist leicht verständlich, aber schwer erträglich, zumal die so Begünstigten stets darauf verweisen, dass dies alles legal und nach rechtsstaatlichen Grundsätzen erlaubt sei. Das bestreitet freilich niemand, offenbart aber auch, dass die Betroffenen selbst davon ausgehen, dass diese Zustände zwar dem Prinzip der Legalität genügen, weshalb sie ausdrücklich darauf hinweisen, während sie nicht behaupten, sie entsprächen auch der Vorstellung von Gerechtigkeit; denn dass Legalität nicht identisch ist mit Gerechtigkeit, deren Gegenteil sie sogar sein kann, weiß mittlerweile jedes Kind.

Angesichts der Schwierigkeit, bei den bestehenden ungerechten Verhältnissen mit einem unparteiischen Gerechtigkeitsbegriff Gerechtigkeit herzustellen, könnte man versucht sein, die Idee der Gerechtigkeit überhaupt als illusorisch aufzugeben. Nun empört uns aber nichts mehr, wie wir aus eigener Erfahrung wissen, und wie ein Bruchstück aus Kants Nachlass ausdrücklich sagt, »als Ungerechtigkeit; alle anderen Übel, die wir ausstehen, sind nichts dagegen.« Deshalb können wir nicht darauf verzichten, eine gerechte Weltordnung wenigstens anzustreben, und wenn das auf unparteiischem Weg nicht gelingt, dann müssen wir es eben mit einer parteiischen Gerechtigkeit versuchen; denn nur sie vermag bestehende Ungleichheiten und Privilegien auszugleichen. Parteilichkeit wäre schließlich nur dann ungerecht, wenn man, unbekümmert um die genaue Bestimmung von Gerechtigkeit, diese von vornherein mit Gleichbehandlung und Unparteilichkeit identifizierte, was zwar allenthalben geschieht, niemand aber zu begründen nötig findet. Verstünde man also Gerechtigkeit nicht nur als Sorge, jedem das Seine zukommen zu lassen, sondern auch als radikale Parteinahme für die Schwachen und für alle, die durch die Umstände oder eigenes Versagen zu kurz- oder gar nicht mitkommen, also als → Solidarität, wären nicht nur alle philosophischen Debatten über die Gerechtigkeit überflüssig, sondern auch ein großer Zugewinn an Humanität erreicht.

Jürgen Habermas entwickelt in seinem Aufsatz »Gerechtigkeit und Solidarität« eine scheinbar ähnliche Vorstellung, wenn er von der Orientierung am »Wohl des Nächsten« spricht und diesen Gesichtspunkt als das »Andere« der Gerechtigkeit bezeichnet. Doch Habermas schließt dabei jede Asymmetrie und jede einseitige Parteinahme ausdrücklich aus und beharrt darauf, dass die individuelle Anteilnahme am Schicksal des anderen wechselseitig allen in gleichem Maße zukommen soll. Der Idee der Solidarität kommt da schon Jacques Derrida näher, wenn er von der Notwendigkeit einer »fürsorgenden Gerechtigkeit« spricht, die er von der traditionell als gerecht angesehenen »Gleichbehandlung« unterscheidet, wobei beide aber in einer unlösbaren und nicht auszugleichenden Spannung stehen sollen. Dieser Hinweis verhindert von vornherein, dass man die »fürsorgende Gerechtigkeit« schon mit einer Brosamen gewährenden Sozialunterstützung für abgegolten erklärt, die mit der Gleichbehandlung aller ja in keiner unlösbaren Spannung steht.

Fürsorge klagt heute vor allem aber die feministische Moraltheorie als ein Desiderat traditioneller Gerechtigkeitstheorien ein, versteht darunter aber eine *moralische* Einstellung, die sich dem anderen vorbehaltlos und ohne Rücksicht auf wechselseitige Verpflichtungen zuwendet. Diese Einordnung ins Gebiet der Moral ist durch die an der Vergangenheit orientierte Erfahrung bedingt, dass Anteilnahme und solidarische Unterstützung früher eine Aufgabe von Familie und Sippe waren, so dass der Einzelne sich tatsächlich moralisch gefordert fühlte, wodurch die Gewährung von Solidarität aber auch den muffigen Geruch von Gnade hatte. In hoch differenzierten Gesellschaften kann aber die solidarische Parteinahme als eine unerlässliche Bedingung dafür, dass in ungerechten Verhältnissen Gerechtigkeit überhaupt erst einkehrt, keine moralische Forderung an den Einzelnen mehr sein. Sie ist vielmehr – wie die parallele Forderung nach Gleichbehandlung – eine Sache der Gesellschaft selbst, die damit auch die parteiische Fürsorge gesetzlich regeln und in angemessene organisatorische Formen fassen muss. Solidarität wird damit zu einem Recht, auf das jeder Schwache, jeder Erniedrigte und Verachtete solange einen gesetzlichen Anspruch hat, als er nicht als Gleicher in die Gesellschaft integriert, sondern von ihr und ihren materiellen Gütern → ausgegrenzt ist. Hat die Fürsorge aber ihr Ziel erreicht, tritt wieder der Grundsatz, jedem gebühre gleichermaßen das Seine, in sein Recht, weil sonst statt der Gerechtigkeit Bevorzugung stattfände. Erst in diesem Zusammenspiel von Gleichbehandlung und Parteinahme erfüllt sich die Idee der Gerechtigkeit, wobei man sich aber bewusst sein sollte, dass die wahren Schwierigkeiten bei dieser Idee nicht in ihrer theoretischen Begründung, sondern in ihrer praktischen Verwirklichung liegen. Nicht zu Unrecht nannte Franz Grillparzer die Gerechtigkeit »die schwerste und seltenste« Tugend, finde man doch »zehn Großmütige gegen einen Gerechten«.

Solidarität

Immer noch findet am 1. Mai auf der bürgerlichen Wiener Ringstraße der Aufmarsch der proletarischen Werktätigen statt, und immer noch hört man dabei die heute mehr trotzige als überzeugende Parole: »Hoch die internationale Solidarität!« Das ist, im doppelten Sinn, ein Paradebeispiel von Solidarität; denn was hier in den verschiedenen Gruppen und Grüppchen aufmarschiert, sind nicht die Vertreter aller möglichen Stände und Verbände jenseits aller partikularen Interessen, hier treffen sich vielmehr Gleichgesinnte, die durch gemeinsame Probleme, Anliegen und Ziele miteinander verbunden sind, an ihrem Schicksal wechselseitig Anteil nehmen und deshalb eine besondere Solidargemeinschaft bilden. Bei dieser Parade sind alle Brüder – neuerdings auch Schwestern –, die dem Rest der Welt ihr → Wir entgegenhalten, wobei aber der aus der französischen Revolution stammende Begriff der Brüderlichkeit mittlerweile zu Gunsten der Solidarität verdrängt wurde, was man zum Beispiel an den Proklamationen der »Internationalen Arbeiter-Assoziation« (IAA), die im Verlauf der zweiten Hälfte des letzten Jahrhunderts erschienen, exemplarisch ablesen kann. Zufällig ist dies nicht, hat doch der Begriff der Solidarität eine weit größere Neigung als der der Brüderlichkeit, sich in festen organisatorischen Strukturen zu verdinglichen und praktisch zu werden.

Was sich auf der Ringstraße jährlich in Szene setzt, entspricht dem heute üblichen Verständnis von Solidarität. So definiert zum Beispiel der Philosoph Axel Honneth Solidarität »als moralisches Prinzip der wechselseitigen Anteilnahme«, durch das sich Menschen zu sozialen Gemeinschaften zusammenschließen, deren Mitglieder sich »in bestimmten, ethisch definierten Zielsetzungen einig wissen und damit auch die Erfahrung spezifischer Belastungen teilen.« Solidarität begründet also Interesse-, Schicksals- oder Wertegemeinschaften, die nach dem Mechanismus funktionieren: Das hier sind wir, und wir wollen unsere eigenen Interessen vertreten. Mit diesem Solidarprinzip wird natürlich der Idee einer gesamt-solidarischen Menschheit eine Abfuhr erteilt; denn die Vorstellung, die ganze Menschheit könnte solidarisch zusammenstehen, negiert die Gruppenbildung, die für den Begriff der Solidarität charakteristisch sein soll. Deshalb dekretiert Axel Honneth, der Gedanke einer solidarischen Menschheit bedürfe »der extrem idealisierenden Unterstellung, dass alle menschlichen Wesen jenseits ihrer kulturellen Unterschiede ein gemeinsames Ziel besitzen.« Nun kann man sich aber ohne weiteres vorstellen, dass Menschen nicht nur *ein* Ziel, sondern sogar viele Ziele gemeinsam haben, und dass sie vielleicht gerade in den wichtigsten übereinstimmen. Der sozialistische Politiker Wilhelm Liebknecht, der Vater des bekannteren ermordeten Karl Liebknecht, hatte jedenfalls keine Skrupel, von einem »Begriff der allgemeinen menschlichen Solidarität« zu sprechen, der für ihn sogar »der höchste Kultur- und Moralbegriff« überhaupt war. Wenn dennoch mancher vor der Idee einer solidarischen Menschheit zurückschreckt, kann man das nur damit erklären, dass diese Idee im Geruch des Marxismus steht, was freilich eine kindische Vorstellung ist, und eine falsche noch dazu.

Die Idee einer allgemeinen Solidarität scheint nur dann idealisierend oder gar »extrem« idealisierend zu sein, wenn man sich an dem historischen Ursprung des Begriffs der Solidarität orientiert. Der stammt aus dem römischen Recht und bezeichnet die Verpflichtung jedes Einzelnen, bei einer Gesamtschuldnerschaft notfalls für die ganze Schuld (lateinisch »in solidum«) einzustehen. Diese Pflicht kommt aus alter, stammesgeschichtlicher Tradition und verweist auf eine Sippen-Solidarität, bei der alle, unabhängig von ihren individuellen Fähigkeiten, gleichen Zugang zu den Ressourcen und damit auch gleiche Verpflichtungen haben. Man hat daher geglaubt, das Wort »Solidarität« als »gegenseitige Verantwortung« übersetzen zu dürfen, was erstens dazu führt, dass der zunächst juristische Sachverhalt zu einem moralischen wird, obgleich er doch auch politische Verhältnisse erklären soll wie beispielsweise die Sozialpartnerschaft. Bei dem katholischen Sozialphilosophen Nell-Breuning zeigt sich diese Verschiebung an seiner Formulierung, wir »*schulden*« einander Beistand. Was hier zur moralischen Haltung hochstilisiert wird, kennen wir aber bei Wölfen als Rudelverhalten, ohne dass wir Wölfe deswegen moralisch nennen. Als »gegenseitige« Verantwortung wird die Solidarität zweitens aber zu einem grundsätzlich *wechselseitigen* Verhalten unter Gleichen, so dass Solidarität unter Ungleichen zur Fiktion wird. Dadurch bleibt der Mensch aber wirklich bei der Rudelmentalität stehen und hat keinen Grund mehr, bei seinen Sozialbeziehungen von Moralität zu reden.

Zwängt man den Begriff der Solidarität in das Korsett seines lateinischen Ursprungs, ist nicht mehr zu verstehen, dass Menschen *als Menschen* ein gemeinsames Ziel haben können. Ein solches Ziel, bei dem nicht nur Gleiche füreinander einstehen, sondern alle, unabhängig von ihren Besonderheiten und Differenzen, für alle anderen, ist die Idee der → Gerechtigkeit. Die Erkenntnis, dass es eine solche Solidarität wirklich geben kann, bahnte sich schon im letzten Jahrhundert an – und ausgerechnet in der idealistischen Philosophie. In einer Nachschrift von Hegels Berliner Vorlesung über Rechtsphilosophie aus dem Jahr 1819/20 heißt es zum Beispiel, einer Solidargemeinschaft oder Korporation obliege es, »für die Bildung der Kinder ihrer Mitglieder zu sorgen, und ebenso hat sie sich solidarisch zu verbinden für diejenigen, welche zufälligerweise in Armut geraten«. Die Forderung nach Solidarität richtet sich hier also nicht nur auf Gleiche mit gleichen Interessen, sondern auch auf ungleich Gewordene, die ihrer Armut wegen andere Interessen und Ziele haben als die anderen Mitglieder ihrer Korporation. Dennoch soll ihnen weiterhin die Solidarität der anderen zustehen. Damit steht dieses Verständnis von Solidarität am Übergang von einer wechselseitigen zu einer einseitigen Beziehung, die das Modell für eine gesamtsolidarische Menschheit sein kann, bei der auch die Stärkeren für die Schwachen, Unterdrückten und Außenseiter einstehen, ohne gleich darauf zu schielen, welche Gegenleistung für sie dabei herausspringt.

Eine kluge Soziallehre hat daher Solidarität gerade für die Fälle gefordert, »wo immer das Bedürfnis besteht, dass einem geholfen werde, dass man einander hilfreich beistehe«, wie es bei Nell-Breuning heißt. Wo ein Bedürfnis besteht, ist die Wechselseitigkeit, die für den gewöhnlichen Begriff der Solidarität konstitutiv ist, aber gerade nicht mehr gegeben.

Solange das Ziel einer gerechten Gesellschaft noch nicht erreicht ist, bedarf es des solidarischen Verhaltens aller Menschen, weshalb diese Art Solidarität auch ein Zeichen für einen Mangel ist; denn wir brauchen sie, weil wir Randgruppen kennen und andere → ausgrenzen. Statt aber zum Beispiel mit Arbeitslosen solidarisch sein zu müssen, wäre es besser, Arbeitslose nicht zu haben. Das setzt jedoch eine Gesellschaft voraus, die von Gerechtigkeit nicht nur spricht und ihre – folgenlose – Realisierung von moralischen Verhaltensweisen erwartet, sondern die sie durch gesetzliche Regelungen und angemessene organisatorische Strukturen wirklich herstellt und garantiert. Ein Haupthinderungsgrund dafür liegt natürlich darin, dass die Privilegierten nicht nur die schärfsten Kritiker dieser Forderung nach asymmetrischer Solidarität sind, sondern auch deren wirksamsten Hintertreiber. Das ist verständlich, weil Teilen und Abgeben den eigenen Vorteil schmälert. Manchmal scheint es sogar ein Zeichen für ein schlechtes Gewissen sein, wenn so heftig gegen die Idee einer einseitigen Solidarität polemisiert wird; denn der ungetrübte Genuss von Privilegien ist angesichts der Armut und des Elends nicht nur in der Welt, sondern vor der eigenen Haustür schwierig, wenn nicht unmöglich. Wäre aber die Forderung nach Solidarität aus der Welt, dann wäre auch nichts Verwerfliches mehr an der faktischen Differenz zwischen Arm und Reich.

Einzig diese Idee einer einseitigen Solidarität erlaubt es dann auch, sich zum Beispiel mit zukünftigen Generationen solidarisch zu erklären und sein Verhalten heute schon an ökologischen Prinzipien auszurichten, deren Sinn und Nutzen erst spätere Generationen erfahren werden. Selbst eine Solidarität mit Tieren oder mit den Lebewesen insgesamt ist dann denkbar, obgleich in diesen Beziehungen von vornherein keine Rede von Wechselseitigkeit sein kann. Aber auch diese sehr weit gefasste Solidarität beruht auf einer, allerdings sehr abstrakten und nur in der gemeinsamen Lebenssituation begründeten Gemeinsamkeit: Wir sitzen nämlich alle im selben Boot. Diese Erkenntnis hatte Franz von Assisi schon im 13. Jahrhundert, formulierte sie in seinen berühmten Tierpredigten aber besser, als das mit den dürren und nüchternen Begriffen der Philosophie gelingen kann. Dass auch er so wenig überzeugte, liegt einzig daran, dass jede einseitige Solidarität notwendigerweise Verzicht bedeutet.

Lüge

Der griechische Dichter Aischylos schrieb: »Einfach sind die Worte der Wahrhaftigkeit«. Die der Lüge sind es aber auch, und so verbergen sich hinter so simplen Worten wie »Asylantenschwemme«, »Entsorgungspark« oder »Sachzwänge« nicht nur die komplexesten öffentlichen Lügen, sie sind vielmehr oft auch kaum als Lüge zu erkennen. Dieses Heimtückische der Lüge ist einer der Gründe, weshalb Übertreibungen, Beschönigungen, sprachliche Doppeldeutigkeiten, Täuschungen und Halbwahrheiten verpönt sind, während sie zugleich ganz normale Techniken in ganz normalen Gesprächen sind. Sozialpsychologen der Universität Virginia in den USA ermittelten in einer Versuchsreihe, dass in jedem vierten Gespräch von mindestens zehn Minuten Dauer gelogen wurde, wobei die meisten der Probanden bei ihrem Lügen noch nicht einmal vom schlechten Gewissen geplagt wurden. Ferner bestätigten diese Versuche, was jeder aus eigener Erfahrung weiß, dass nämlich die meisten Lügen oder Unaufrichtigkeiten gar nicht das Ziel haben, dem Gesprächspartner oder einem dritten zu schaden, sondern entweder dazu dienen, den Sprecher in ein vorteilhaftes Licht zu stellen oder dazu, Konflikte zu vermeiden und → Auseinandersetzungen aus dem Weg zu gehen, indem man Meinungsdifferenzen überspielt und bagatellisiert.

Solche Erkenntnisse bestärken alte Zweifel, ob man dem Lügen gerecht werde, wenn man es nur unter dem Aspekt der Moral betrachte, zumal die moralisch wirklich verwerflichen Lügenvarianten wie Denunzieren und Verraten offenbar sehr selten sind. Der Kirchenlehrer Augustinus, der mit der Erklärung, derjenige lüge,»der die Absicht hat, Falsches zu sagen«, die klassische Definition der Lüge lieferte, verurteilte jede Art von Lüge so kompromisslos, dass er dadurch zum Erzvater aller moralischen Kritik der Lüge wurde. Lügen, behauptete er nämlich, sei immer eine Sünde, und man dürfe nicht glauben, »eine Lüge sei keine Sünde, weil man unter Umständen einem durch Lügen nützen könnte.« So groß war für Augustinus die Sündhaftigkeit der Lüge, dass er annahm, der Mensch fliehe die Lüge von Natur aus, was man daran sehe,»dass auch diejenigen, welche andere täuschen wollen, sich nicht selber täuschen lassen wollen.« Aber nun will man sich nicht nur manchmal gerne täuschen lassen – man betrügt sich selbst ja gern –, das Lügen scheint sogar eine Triebfeder des Lebens und eine Bedingung dafür zu sein, dass es reibungslos funktioniert. Der Publizist Henryk M. Broder, der erst vor kurzem in einem Zeitungsartikel das »Lob der Lüge« sang, ist sogar davon überzeugt, dass »das ganze soziale Gefüge« zusammenbräche, sagten die Menschen immer die Wahrheit; denn »die Menschen sagten sich nicht nur gnadenlos ins Gesicht, was sie dächten, sondern auch, was sie voneinander hielten. Dies wäre das Ende aller Beziehungen, der privaten, der beruflichen und der öffentlichen.« Man muss hinzusetzen, dass es wohl auch das Ende der Selbstbeziehung des Menschen wäre; denn dass wir uns über uns selber täuschen, manches verdrängen, anderes beschönigen, macht es uns nicht nur leichter, mit uns umzugehen, sondern vielleicht erst möglich.

Deshalb glauben manche modernen Forscher, es sei »an der Zeit, eine Rehabilitierung der Lüge voranzutreiben« (Volker Sommer) und sie aus der Schmuddelecke zu holen, in die das moralische Urteil sie stellt. Solche Bestrebungen sind freilich so neu auch wieder nicht, pries doch im 4. Jahrhundert n. Chr. der Patriarch von Konstantinopel, Johannes Chrysostomos, eine erfolgreiche Lüge mit den Worten: »O schöne Lüge, o schöne List!« Da konnte sich Augustinus nur deswegen nicht im Grab umdrehen, weil er zu jener Zeit noch lebte! Betrachtet man den beeindruckenden Reichtum an Worten, mit denen wir die Lügen und das Täuschen benennen, wird man übrigens auch einige entdecken, die fast zärtlich und liebevoll vom Lügen sprechen, während die meistens natürlich abwertend klingen.

Die Lügenwörter gehen dabei quer durchs Alphabet: Ammen-
märchen, anführen, aufschneiden, aus den Fingern saugen, be-
lügen, betrügen, bluffen, desinformieren, erdichten, erfinden,
fabulieren, flunkern, hereinlegen, heucheln, Jägerlatein, lügen
(wie gedruckt oder dass sich die Balken biegen), Lug und Trug,
Märchen erzählen, schummeln, schwindeln, Seemannsgarn, si-
mulieren, spintisieren, täuschen, tricksen, unaufrichtig sein,
über den Löffel balbieren, die Unwahrheit sagen, verdrehen,
verstellen, vertuschen, vortäuschen und viele andere mehr.

Selbst die Verwandtschaft lügt. Wenn eine harm- und wehr-
lose Fliege durch Farbe, Körperbau und Verhalten vortäuscht,
eine wehrhafte Wespe zu sein, dann ist das zwar keine bewusste
Lüge, sondern ein Ergebnis der Evolution, aber eine Täuschung
ist es doch, mit deren Hilfe andere hinters Licht geführt werden
sollen. Solche Mimikry fasste Karl Jaspers als eine Vorform,
mindestens als eine »Analogie« der menschlichen Lüge auf.
Auch die mehr als zwanzig verschiedenen Formen »taktischer
Täuschungen«, die Verhaltensforscher mittlerweile bei Affen
und Menschenaffen ausgemacht haben, haben den Zweck, andere zu täuschen. Die meisten dienen dem Eigennutz, einige
aber auch dem Zusammenhalt der jeweiligen Familie oder
Gruppe, und da sind wir schon nah beim Menschen; denn
immer wenn Menschen → Wir sagen, wenn sie sich als Gruppe,
Volk, Nation oder Staat verstehen, gründet sich deren Identität
auf Mythen, die wesentlich auf Verdrängen und Beschönigen,
auf Verschweigen und Vergessen, also auf Lügen beruhen. Es
gibt sicher keine → Erinnerung, sei sie kollektiv oder individu-
ell, die nicht von solchen Lügen gefärbt ist, und da Erinnerungen jedes Bewusstsein mitkonstituieren, gibt es kein Bewusstsein, das nicht auch auf Lügen gebaut ist.

Arthur Schnitzler hat daher Recht, wenn er bemerkt, »wir
lügen alle«, und Recht hat er auch, wenn er hinzufügt, »wer's
weiß, ist klug«. Dass es an dieser Klugheit bisweilen mangeln
kann, sieht man etwa an unserer Einstellung zum → Gerücht,
das gern geglaubt wird, obgleich jeder weiß, wie locker sein
Bezug zur Wahrheit ist. Im Großen und Ganzen klappt es aber
mit dieser Klugheit, und so weiß zum Beispiel heute jeder, was
der orthodoxe Lutheraner Ahasver Fritsch im 17. Jahrhundert
noch glaubte, ausdrücklich bemerken zu müssen: »Den Zeitun-

gen darf man nicht blindlings glauben.« Diese Mahnung, die wir heute als generelle Regel im Umgang mit den Medien und der Öffentlichkeit beherzigen, hatte Fritsch aber anders gemeint, als wir sie verstehen. Nicht die Sorge um die Wahrheit trieb ihn um, sondern die Sorge um den Verlust des Infomationsmonopols der Kirche; denn Bibel und Predigt bildeten zu seiner Zeit schon längst nicht mehr die Hauptquellen der Information, sondern das Pressewesen und die öffentliche Meinung. Das sagt Fritsch natürlich nicht, und darum ist seine Warnung vor der Presse selber eine Lüge. Die Sorge um die Köpfe der Gläubigen, die in Wahrheit eine Sorge um ihre Herzen war, bestimmte noch Sören Kierkegaards Pressekritik, als er fast hundert Jahre nach Fritschs Warnung schrieb: »Gott hat eigentlich gemeint, dass der Mensch mit seinen Nachbarn reden sollte und höchstens mit mehreren Nachbarn ... In jeder Generation leben nur einige wenige, die so begabt und so gereift sind, dass es sich hören lässt, wenn sie ein so ungeheures Mitteilungsmittel gebrauchen, wie es die Presse ist. Aber dass bald jeder und im besonderen alle Stümper ein solches Mitteilungsmittel gebrauchen: welche Unproportioniertheit.«

Auf dieser Unproportioniertheit beruht nun freilich eine Demokratie, weshalb von ihren Mitgliedern verlangt wird, dass sie sich selbst ein Urteil bilden. Also muss jeder mündige und kritische Bürger in Politik und Medien ganz besonders berücksichtigen, was er auch sonst berücksichtigt, dass man nämlich auf die Umstände Rücksicht nehmen muss, in die eine Rede oder Handlung eingebettet ist. Man hält ja auch nicht jede Höflichkeit für einen Ausdruck von Wahrheit, weshalb man unbedenklich unterschreiben kann, was Wilhelm Busch dichtete:

> Da lob ich mir die Höflichkeit,
> das zierliche Betrügen.
> Du weißt Bescheid, ich weiß Bescheid;
> und allen macht's Vergnügen.

In öffentlichen Bereichen erwartet man von vornherein nicht dieselbe Wahrhaftigkeit, die man im persönlichen Umgang erwartet, weshalb übrigens um so weniger gelogen wird, je näher sich die Partner stehen – auch dies ein Ergebnis der eingangs erwähnten Studie. Ein Politiker zum Beispiel, der gewählt oder wiedergewählt werden will, muss den Wortschatz der politischen Sprache verwenden, er muss erwähnen, was erwartet wird, und verschweigen, was seinen Wählern unangenehm ist. Auch wenn er dabei mit seiner eigenen Meinung hinter dem Berg hält, kann man doch nicht direkt sagen, dass er ein Lügner sei. Das wird er erst, wenn er den Eindruck erweckt, er glaube selbst an seine Worte. Diese Haltung kann freilich nicht nur zum Prinzip eines Einzelnen, sondern einer ganzen Gesellschaft werden. Die Folgen sind fatal. Sie beschrieb Heinrich Mann in seiner Pariser Exilrede »Die Verteidigung der Kultur« (1935): »Unter dem Regiment der Lüge muss einer sich durchaus blöd stellen, damit er es zu etwas bringt. Die Gelehrten geben Albernheiten von sich und sind sich dessen bewusst. Man treibt Wahrheitswidrigkeiten um des lieben Lebens willen, um in Amt und Stellung zu gelangen oder nur in Ruhe gelassen zu werden.«

Spätestens bei solchen Lügen, Lügen zweiter Potenz gewissermaßen, stößt die Absicht, die Lüge zu rehabilitieren, an ihre Grenze; denn bei Lügen dieser Art verspielt einer seine Redlichkeit auch noch vor sich selbst. Nichts ist aber »kostbarer und seltner als Redlichkeit«, wie Nietzsche schrieb, der sie die Tugend der »freien Geister« nannte. Nötig wurde diese Tugend erst seit kurzem, setzt sie doch die spezifisch neuzeitliche Erfahrung voraus, dass das innere Bewusstsein seiner selbst und die zufällige äußere Bestimmung des Menschen auseinandertreten und nicht anders als durch redliches Verhalten gegen sich selbst ausgesöhnt werden können. Die Redlichkeit ist daher die »jüngste der Tugenden«, wie Nietzsche zu Recht bemerkte, und so hätte Augustinus den Schluss gewiss nicht verstanden, dass man redlichen Herzens lügen, aber unredlichen Sinns nie die Wahrheit sagen könne.

Zivilcourage

Zivilcourage ist kein deutsches Wort; die Bezeichnung für diese demokratische Tugend müssen wir bei fremden Sprachen borgen. Doch beim Gegenteil sind wir autark; da brauchen wir

keine fremde Hilfe. Hier entspricht unserer reichen Erfahrung
unser reicher Wortschatz, und so kennen wir Untertanen,
Duckmäuser, Feiglinge, Mitläufer, Leisetreter, Anpasser, Angst-
hasen, Drückeberger, Memmen, Kriecher, Speichellecker und so
weiter und so noch unendlich lange fort. Was dieses sprachliche
Phänomen konkret bedeutet, wissen wir aus unserer Vergangenheit, in der die Zivilcourage in so homöopathisch ver-
dünnten Dosen auftrat, dass darüber fast die Welt in Scherben
fiel. Der fehlenden Zivilcourage haben wir im Deutschen fast
nur den Heldenmut entgegenzusetzen, der aber keine Tugend
und in vielen Fällen nur ein Kind der Feigheit ist; denn aus
Angst, als Feigling dazustehen, machte man lieber mit beim
allgemeinen Heldentum und Herdengeist.

Das Wort »Zivilcourage« verweist auf den Gegensatz zum
Militärischen: Zivilcourage ist die Tugend des zivilen Menschen, die im größten Kontrast zu den soldatischen Pflichten
des Mutes, des Gehorsams und der Treue steht, die natürlich
im → Krieg unabdingbar sind. Sie müssen deswegen aber nicht
gleich zu Tugenden erhoben werden, zumal dann nicht, wenn
man sieht, wie sehr sie die Entfaltung des zivilen Leben hem-
men können, was ihrer Tugend-Gloriole doch gleich allen
Glanz raubt. Im 18. Jahrhundert hat man den Begriff der
Zivilisation gelegentlich mit dem deutschen Wort »Gesittung«
übersetzt, womit man ausdrücken wollte, dass sie ein Teil der
→ Bildung des Menschen sei. Demnach wäre Zivilcourage der
Mut zur Gesittung und als solcher Ferment des bürgerlichen,
demokratischen Lebens. Bei diesem Verständnis bedarf es in
allen bürgerlichen Bereichen der Zivilcourage, weshalb es weniger lächerlich als erschreckend wirkt, wenn Walbert Bühlmann in seinem Buch »Zivilcourage in der Kirche« überaus
vorsichtig schreibt, auch in der Kirche sei die Zivilcourage »am
Platz und von Nutzen«. Sie ist notwendig, nicht nur am Platz
und von Nutzen, wobei es natürlich viel sagt, dass man überhaupt auf eine solche Selbstverständlichkeit hinweisen muss.

Einer der berühmtesten Fälle von Zivilcourage in der deutschen Geschichte ist der Fall der Göttinger Sieben. Als Ernst
August, der König von Hannover und Gegner aller freiheitli-
chen Einrichtungen, gleich nach seinem Amtsantritt 1837 das
erst 1833 erlassene Staatsgrundgesetz unrechtmäßig aufhob,

wurde er von sieben Hochschullehrern aus Göttingen des Verfassungsbruches beschuldigt, worauf er sie umgehend und ohne die bundesrechtlich vorgeschriebene Anhörung nicht nur ihres Amtes enthob, sondern zum Teil auch des Landes verwies. Dieser mutige Schritt der Göttinger Sieben wurde in ganz Deutschland beachtet, da sich die Kunde von den Göttinger Vorgängen außerordentlich rasch verbreitete und zum ersten Mal in Deutschland so etwas wie eine öffentliche Meinung entstand, auf die auch zurückzuführen ist, dass vier dieser Professoren 1848 Mitglieder der Frankfurter Nationalversammlung wurden. Ihr Protest fand natürlich nicht nur Zustimmung, vor allem solidarisierten sich nach ihrer Entlassung weder die Universitätsleitung noch ihre Kollegen mit ihnen. Deren Verhalten war, von außen und im Nachhinein gesehen, geprägt von Taktieren und Duckmäuserei, während sie aus ihrer Sicht vernünftige Gründe für ihr Verhalten anführen konnten, die es ihnen erlaubten, *mit gutem Gewissen gewissenlos* zu sein. Auf ihr Gewissen hatten sich aber auch die Sieben bei ihrer Klage berufen, indem sie erklärten, zur Verteidigung der Verfassung verpflichte sie ihr Gewissen.

Diese Berufung auf das Gewissen ist allerdings problematisch und gefährdet unter Umständen die Qualität der Zivilcourage; denn das Gewissen ist nur eine subjektive Instanz, so dass sich mit der Berufung auf das Gewissen am Ende alles → Böse rechtfertigen lässt, jedes Unrecht und jede Gewalt. Die Entwicklung der Rote-Armee-Fraktion in unserem Jahrhundert, die vom engagierten Protest zum rücksichtslosen Terror überging, ist dafür ein lehrreiches Beispiel. Was aber die Zivilcourage mit den Motiven der RAF auch immer verbinden mag, einen wesentlichen Unterschied darf man keinesfalls übersehen: Die Zivilcourage steht nämlich *öffentlich* für ihre Überzeugungen ein und stellt sich der Kritik der öffentlichen Meinung. Deshalb ist es zum Beispiel auch fraglich, ob der Widerstand ziviler und militärischer Gruppen mit dem Attentat auf Hitler am 20. Juli 1944 angemessen erfasst wird, wenn man ihn als ein Muster von Zivilcourage versteht, was natürlich nicht heißt, an der Sittlichkeit der Motive mancher dieser Widerständler zu zweifeln.

Im Fall der Göttinger Sieben trat die Zivilcourage als ziviler

Ungehorsam auf, ein Ausdruck, den der amerikanische Schriftsteller Henry David Thoreau in seinem 1849 erschienenen Essay »Über die Pflicht zum zivilen Ungehorsam« prägte, worunter er die nicht strafbare Ablehnung und Auflehnung gegen den Staat und eine gewissenlose Politik verstand. Manche Staatsrechtler schlugen vor, diesen zivilen Ungehorsam als eigenen Rechtssachverhalt in die Verfassung auszunehmen, klügere wiesen darauf hin, dass man ihn dann mit der Verfassung zusammen wieder aufheben könne. Außerdem tritt die Zivilcourage nicht nur als ziviler Ungehorsam auf, sondern auch als aufrechte Haltung im privaten Umgang der Bürger miteinander. Nur mit ihrer Hilfe kann man seine eigenen Rechte wahren und die der anderen, die der Hilfe und der → Solidarität bedürfen, wenn sie zur Durchsetzung ihrer Interessen nicht fähig sind. Wie sehr es gerade daran bei uns immer noch hapert, kann man fast täglich den Zeitungen entnehmen, die immer wieder von Übergriffen gegen Ausländer oder Behinderte berichten, ohne dass man viel von beherztem Einschreiten der Passanten lesen kann. Das Wegsehen und Sich-nicht-einmischen hat bei uns feine Strategien und sich dadurch selbst zur Kunst entwickelt, und wer darauf verweist oder sich dieser Kunst gar verweigert, wird leicht zur Unperson, wie es Günter Grass erging, der sich, seine gesellschaftliche Rolle als Schriftsteller ernst nehmend, mit einer Rede gegen die politische Unkultur unserer Gegenwart wandte und vom nicht ernst zu nehmenden Generalsekretär einer Partei vorwerfen lassen musste, er habe sich damit aus dem Kreis ernst zu nehmender Schriftsteller verabschiedet.

Wenn schon verantwortlichen Politikern nicht klar ist, welche Bedeutung der Zivilcourage für die demokratisch-bürgerliche Gesellschaft zukommt, dann ist es umso nötiger, dass der Einzelne sie übt; denn wenn es daran mangelt, verliert die Gesellschaft ihr bürgerliches Fundament. »Wo die Zivilcourage keine Heimat hat, reicht die Freiheit nicht weit«, schrieb Willy Brandt mit Recht in seinen »Erinnerungen« (1989). Es ist daher ein Verbrechen am Geist unserer Gesellschaft, wenn Politiker und – im vorauseilenden Gehorsam – Juristen zivilen Ungehorsam und Zivilcourage kriminalisieren, wie wir es in Wyhl, in Mutlangen und anderswo erlebten. Auch diese Orte gehören in die Topographie der deutschen Demokraten, und wer nur für Hambach oder die Frankfurter Paulskirche eine feierliche Miene aufsetzt, steht im Verdacht, einen Gedenktag zu feiern, ohne zu wissen, was eigentlich da gefeiert werden soll. Feiern wollen wir auch lieber Feste, Zivilcourage wollen wir üben! Nur so haben wir etwas zu gewinnen, und wir brauchen noch nicht einmal zu fragen, was; denn: »Der Lohn liegt in der Sache selbst«, wie Ernst Bloch schrieb.

Toleranz

Alte Gespenster, die man längst für abgetan gehalten hatte, gehen heute wieder bei uns um und zeigen unverhüllt ihr fratzenhaftes Gesicht: Intoleranz und Fremdenfeindlichkeit, Nationalismus und Rassenhass treten gewalttätig und schamlos auf, und in der Politik ist es längst nicht mehr tabu, mehr oder weniger offen das → Ausgrenzen gesellschaftlicher Randgruppen zu betreiben. Je dreister und anmaßender diese Monstren auftreten, desto lauter wird aber auch der Ruf nach Toleranz, wobei die einen Toleranz traditionell als soziale Tugend, die anderen in einem moderneren Sinn als politisches Konzept verstehen. In jedem Fall scheint sie vielen das geeignete Mittel zu sein, um ein problemloses Zusammenleben unterschiedlichster Individuen und Gruppen zu ermöglichen und dauerhaft zu sichern.

Doch dieser Begriff, den wir heute so bedingungslos schätzen, war vor nicht allzu langer Zeit heftig umstritten. Einen Dissens hätte es darüber freilich nicht geben können, verstünde man unter Toleranz immer noch, wie zu Beginn ihrer Karriere, fast nur die Duldsamkeit in Glaubensfragen. Solange dieser Begriff nicht wesentlich mehr meinte, genügte als Kritik Immanuel Kants Bedenken, es sei eine Anmaßung, sich einer Haltung als Tugend zu rühmen, zu der man doch sowieso verpflichtet sei. Im heutigen Sprachgebrauch versteht man aber unter Toleranz mehr und anderes als bloß die Duldsamkeit in Glaubensfragen und gegenüber religiösen Überzeugungen. Die Toleranz ist gewissermaßen erwachsen geworden, meint nicht mehr nur die religiöse Duldung, sondern ganz allgemein die

Anerkennung von Andersartigkeit und besetzt mit diesem Anspruch mittlerweile alle Bereiche des privaten und öffentlichen
Lebens. Diese Entwicklung ist nicht unproblematisch, zumal
schon die Beobachtung bedenklich stimmen muss, dass sich die
Toleranz so sehr als Schlagwort eignet und sich mühelos in
Sonntagsreden integrieren lässt. Unbekümmert sollte man diesen Begriff also nicht gebrauchen, doch wie wenig ernst man
die Schwierigkeiten mit ihm nimmt, beweist selbst noch das
aufrichtige Bemühen um ihn, wie ein Buch belegt, das den
forschen Titel trägt: »Toleranz. Die Krise der demokratischen
Tugend und sechzehn Vorschläge zu ihrer Überwindung«. Dieser Titel enthält gleich drei fragwürdige Behauptungen, nämlich dass die Toleranz eine Tugend, dass sie die Tugend der
Demokratie, und dass sie in einer Krise sei. Noch fragwürdiger
ist freilich, wie hier mit leichter Hand mehr als ein Dutzend
Lösungsvorschläge für diese angebliche Krise unterbreitet werden, was doch voraussetzt, dass sie entweder nicht so schwer
oder den Autoren nicht so recht bewusst geworden ist.

Besonders bedenklich ist eine grundsätzliche, sachliche Unklarheit im Begriff der Toleranz; denn niemand weiß so recht,
wie weit man jeweils mit der Toleranz gehen muss oder vielleicht auch nur darf. Hilfe von der Philosophie kann man hier
nicht erwarten; denn wenn zum Beispiel Wilhelm Weischedel
schreibt, Toleranz bedeute »das Dulden der Meinung und des
Verhaltens des anderen, auch wenn diese der eigenen Meinung
und dem eigenen Verhalten entgegengesetzt sind«, dann kann
er das doch nicht ernst gemeint haben; denn mit diesem Satz
würde auch das Verhalten eines Kinderschänders oder Massen-
mörders gerechtfertigt. Folglich kann sich die Toleranz nur auf
das Dulden des Verhaltens beziehen, das dem eigenen zwar
entgegengesetzt ist, das man aber vor seinem privaten Gewissen
immer noch akzeptieren kann, weshalb Weischedel auch
schreibt, es sei beim anderen nicht »duldend alles hinzunehmen, was er tut.« Toleranz bedeutet damit ein Doppeltes,
nämlich die Duldung der Meinung und des Verhaltens anderer,
zugleich aber auch das Nichtdulden ganz bestimmten Verhaltens. Man wüsste freilich gern, wo hier die Grenze zu ziehen
sei; denn die eigene Meinung und die subjektive Beliebigkeit
sind als Maßstab für die Toleranz doch höchst intolerante

Prüfungsinstrumente. Weischedel versucht sich mit dem nichtssagenden Argument, die Grenze der Toleranz sei »nicht scharf zu ziehen«, um eine Antwort zu drücken. Doch dass die Toleranz überall so merkwürdig unscharfe Grenzen hat, ist ja das Problem, zu dem sich wenigstens der Philosoph ein wenig präziser äußern sollte; denn wenn jeder die Grenzen zieht, wo sie ihm richtig zu sein scheinen, übt er Willkür aus, aber keine Toleranz.

Diese Grenzen verlieren sich endgültig im Nebel der Unklarheit, wenn Weischedel mit dem Gemeinplatz argumentiert, dass »insbesondere die Intoleranz« nicht zu tolerieren sei. Was aber, bitte, soll denn Intoleranz sein? Toleranz war doch gerade das Dulden der Meinung und des Verhaltens der anderen und zugleich das Nichtdulden von ganz bestimmtem Verhalten, so dass die Toleranz schon beides in sich enthält, tolerante Momente *und* intolerante. Einen Gegenbegriff gegen die Toleranz kann es daher gar nicht mehr geben. In dieser Hilflosigkeit drückt sich das eigentliche Dilemma der Toleranz aus: Nimmt man sie rein als unbeschränkte Duldung, duldet man auch, was nicht zu dulden ist, beschränkt man aber die Duldung, wird die Intoleranz zum inneren Moment der Toleranz. Diesem Dilemma kann man auch nicht dadurch entgehen, dass man die Toleranz und den Versuch, ihr sinnvolle Grenzen zu setzen, »an übergeordneten Werten orientiert«, wie es in dem erwähnten Sammelband über die Toleranz vorgeschlagen wird. Mit welchem Recht könnte man nämlich jemanden zwingen, bestimmte Werte als übergeordnete anzuerkennen, und ihn darauf verpflichten, die Grenzpfähle der Toleranz an einer bestimmter Stelle aufzupflanzen? Die gemeinsame »Suche nach Werten, nach Ordnung und Autorität«, die dort als Lösung vorgeschlagen wird, muss zu keinem Ergebnis führen, und keinen kann man zwingen, sich an solcher Suche zu beteiligen. Nicht weit her wäre es sonst mit der gesuchten Toleranz.

Zu bedenken ist auch, dass der Begriff der Toleranz historisch gesehen noch recht jung ist. Im Deutschen tritt das Wort erst in der Mitte des 16. Jahrhunderts auf, wurde dann aber rasch ein Allerweltsbegriff der Aufklärung. Allerdings war es im Jahre 1669 immer noch ein bemerkenswertes Thema, das Theophil Lessing in seiner juristischen Dissertation verteidigte, nämlich »De Religionum Tolerantia« (Von der Duldung der Religionen), während sein berühmter Enkel Gotthold Ephraim mit dem Drama »Nathan der Weise« durchaus schon den Zeitgeist traf. Aus dem späten Auftreten des Begriffs kann man freilich nicht schließen, dass die Menschen zuvor samt und sonders intolerant gewesen wären. Die antiken Griechen zum Beispiel kannten keine Tugend der Toleranz und kein ihr entsprechendes politisches Konzept. Dennoch waren sie nicht einfach nur intolerante Eiferer. Natürlich gab es auch damals Verhaltensweisen, die wir heute als intolerant bezeichnen würden, und sie waren sicher nicht weniger häufig als zu unserer Zeit. Aber es gab auch die Heiligkeit des Gastrechts oder die Achtung und Anerkennung, die der Historiker Herodot im 5. Jahrhundert v. Chr. anderen Völkern und ihren Sitten zollte, und es gab das unparteiische Urteil des Historikers Thukydides und seine Einsicht in das relative Recht sowohl der Athener wie der Spartaner im Peloponnesischen Krieg, ohne dass man solches Verständnis für ein Zeichen von Toleranz gehalten hätte.

Offenbar gab es auch damals Regelungsmechanismen, die es erlaubten, mit verschiedenen und sich widersprechenden Lebensentwürfen gesellschaftlich zu Rande zu kommen. Diese beruhten damals aber weder auf einer rechtlichen Verpflichtung noch auf einer moralischen Forderung, sondern auf einem Affekt, der in den philosophischen Untersuchung jener Zeit ausdrücklich genannt und dargestellt wird. Aristoteles zum Beispiel analysierte in seiner »Rhetorik«, einer deskriptiven Bestandsaufnahme der Gefühlsregungen seiner Zeit, auch die emotionalen Beziehungen zwischen andersartigen und ungleichen Menschen und nannte als Basis solcher Beziehungen die gegenseitige Achtung, der als emotionale Gestimmtheit die Praótes entsprechen soll. Diesen Affekt können wir heute noch nicht einmal mehr recht benennen. In den Übersetzungen behilft man sich mit so unglücklichen Ausdrücken wie Sanftmut, Gelassenheit oder Milde, doch auch in diesen Hilfskonstruktionen wird deutlich, dass Aristoteles davon ausging, auf Menschen anderer Art reagiere der Mensch gelassen, jedenfalls nicht ängstlich, unsicher oder aggressiv. Wenn Goethe über die Toleranz sagte, sie sollte »eigentlich nur eine vorübergehende Gesinnung sein: Sie muss zur Anerkennung führen«, dann entdeckte er mit dem Mangel der Toleranz zugleich wieder den Vorzug des Affektes der Praótes; denn was man mit der Toleranz erst zu erreichen hofft, das ist durch diesen Affekt von vornherein gegeben, wobei hinzukommt, dass man noch nicht einmal sicher sein kann, dass sich nach einer längeren Phase brav geübter Toleranz überhaupt der Effekt der Anerkennung der anderen einstellen werde; denn da Toleranz nicht angeboren, sondern ein Produkt der Sozialisation ist, kann sie misslingen. Wie sehr, das beweist ja gerade die Einsicht, dass Toleranz immer noch zu fordern ist; denn was verwirklicht wäre, müsste man nicht fordern.

Aus der Existenz des Affektes der Praótes kann man nicht folgern, dass man in der Antike duldsamer gewesen wäre, als wir es heute sind, aber sie belegt, dass man der Toleranz nicht bedurfte, um andere zu akzeptieren, woraus man schließen darf, dass die Toleranz für ein geregeltes Zusammenleben von Menschen verschiedener Art und verschiedener Anschauungen nicht nötig ist. Erst das Verschwinden jenes Affektes erzwang die Forderung nach Toleranz; denn wenn die Möglichkeit der Koexistenz unterschiedlicher Menschen nicht mehr affektiv gesichert ist, wenn sich alle auf ihresgleichen zurückziehen und zwischen → Wir und die anderen sauber unterscheiden, müssen andere Mechanismen zur Regelung gesellschaftlicher Probleme gefunden werden. Andere Affekte konnten dafür nur beschränkt dienen, da sie – wie das Mitleid oder die Zuneigung – nur in bestimmten Situationen wirksam werden, weshalb alle Verhaltensregeln, die in ihrer Wirkung dem ehemaligen und nun verschollenen Affekt der Praótes nahekommen, auch moralische Implikate enthalten. Deswegen trägt die Toleranz Züge eines Affektes und gleichzeitig Züge einer Tugend. Die Toleranz ist damit nicht nur eine zeitbedingte und im Kontext einer bestimmten Gesellschaft sogar notwendige Kategorie, sondern auch ein Zeichen für einen Mangel, ein Signum für ein psychisches und menschliches Defizit. Sie ist somit, genau besehen, auch keine echte Tugend. Dennoch muss man die Entwicklung von einem Affekt zu einer moralischen Forderung nicht unbedingt bedauern; denn Stimmungen schwanken und garantieren kein beständiges Verhalten. Eingeübte und schließlich zur Gewohnheit gewordene Verhaltensweisen sind hingegen dauerhafter, und unter diesem Gesichtspunkt war der Wechsel von einem Affekt zu einer Tugend vielleicht sogar ein Gewinn. Doch die Toleranz leistet heute nicht mehr angemessen, was sie leisten soll und gewiss auch lange Zeit geleistet hat. Einerseits enthält und fordert sie zuviel, da man nicht gegen alles und jeden tolerant sein kann, andererseits enthält sie zu wenig, da niemand einen Anspruch auf Tolerierung seiner Eigenart einfordern kann. Es ist doch fast absurd, dass noch das kleinste Eigentumsdelikt, selbst eine bloße Beleidigung, staatlich verfolgt werden und dem Geschädigten ein Recht auf Wiedergutmachung zugestanden wird, während man sich ungestraft jede Intoleranz erlauben darf, und dies, obwohl die Intoleranz Gleichberechtigung und Gleichwertigkeit, also Werte mit Verfassungsrang, negiert. Angesichts des groben Unrechts in aller Welt ist es daher schlicht naiv, weiterhin nur Toleranz zu fordern. Toleranz kann sogar als Alibi dafür dienen, sich nicht einzumischen, wofür Herbert Marcuse den Ausdruck »repressive Toleranz« prägte. Robert Paul Wolff hat in seinem berühmten Aufsatz über den Pluralismus und sein Verhältnis zur Toleranz dieser überhaupt die Fähigkeit abgesprochen, die gesellschaftlichen Probleme unserer Zeit lösen zu können. Doch seine Forderung nach einem neuen »Ideal der Gesellschaft« offenbart auch die Gefahr solcher Verkünder neuer Ideale: »Jenseits von Pluralismus und jenseits von Toleranz« beginnt nämlich das Reich der Besserwisser, das Reich derer, die wissen, wo es langgeht und was vernünftig ist, also das Herrschaftsgebiet der Intoleranz und Unduldsamkeit. Gegen solche »Ideale« muss man festhalten, dass wir die Grundvorstellung, die wir mit der Toleranz verbinden, nicht mehr aufgeben können, ohne wieder der Intoleranz zu verfallen. Aber was nützt es einem Fremden, wenn wir von Toleranz reden, während er am Arbeitsplatz, bei der Wohnungssuche, in der Kneipe und auf der Straße diffamiert und angepöbelt wird? Da reicht das Angebot nicht, ihn tolerieren zu wollen; da ist mehr zu fordern und wird mit Recht auch mehr verlangt.

Die Toleranz kann den Anspruch, den man mit ihr formuliert, heute nur noch dadurch erfüllen, dass sie aufhört, bloß Toleranz zu sein, dadurch, dass die in ihr enthaltenen nebulösen Forderungen an den einen in einen konkreten Rechtsan-

spruch des anderen umgeformt werden. Das macht es natürlich
notwendig, diese Rechtsansprüche exakt zu definieren; denn in
der Sphäre des Rechts kann man sich die Unklarheiten und
Nachlässigkeiten des Toleranzbegriffs nicht mehr erlauben. Natürlich kann man nicht für alle Bereiche, in denen wir Toleranz
fordern, ein Recht installieren wollen. Das ist weder möglich,
noch auch nur nötig, da für manche Situationen Toleranz
weiterhin eine sinnvolle Forderung bleiben wird, während für
andere das Wort Toleranz schlicht zu hoch gegriffen ist. Goethe, dem der Begriff der Toleranz suspekt gewesen ist, hatte
kleinere begriffliche Brötchen im Sinn, als er nach einem Besuch bei dem Schriftsteller Johann Heinrich Merck in Darm-
stadt schrieb, sein (Goethes) »ewiges Geltenlassen, das Leben
und Lebenlassen war ihm (Merck) ein Greuel«. Diese Haltung
kostet in einer vielgestaltigen und pluralen Gesellschaft die
geringste Mühe und lässt einem selbst die größte Unabhängigkeit. Es gibt oder gab Gesellschaften, wo dies selbstverständlich
war, und wo die größere Forderung nach Toleranz nicht recht
verstanden worden wäre.

Mit dieser weitgehenden Überführung von Toleranzforde-
rungen in einklagbare Rechtsansprüche hebt man die Toleranz
ebenso weitgehend auf und führt damit eine Entwicklung weiter, die ehemals damit begann, dass ein Affekt wie die Praótes
durch moralische Forderungen nach Toleranz ersetzt wurde.
Doch nur dann, wenn die der Toleranz zu Grunde liegende Idee
in den entscheidenden Lebensverhältnissen in einen Rechtsan-
spruch umgeformt sein wird, werden wir dem Anspruch, aufge-
klärt zu sein, auch heute noch gerecht werden. Dann wird auch
Kants Einwand wirkliche Realität geworden sein, dass man
nämlich zur Toleranz *verpflichtet* sei. Wer aber weiterhin nur
auf Toleranz setzt, wird ihrer Idee nicht zur Wirksamkeit verhelfen, will es vielleicht auch nicht, sondern will weiter nur
»Nathan, den Weisen, spielen«, wie Martin Walser bemängelte.
Auf ihn träfe Kants Verdacht zu, dass er sich einer Haltung als
Verdienst rühmen möchte, auf die der andere eigentlich ein
Recht hat.

Neid

Im christlichen Europa ist der Neid des Teufels. Deshalb trägt die im Jahre 1582 in Erfurt gedruckte Schrift ihren Titel »Neidteufel: das ist: Klarer Bericht vom Neid was er sey, woher er kome, wie viel schaden er thu und gestrafft werde« völlig zu Recht; denn der Neid ist seit der Erfindung des Christentums nicht einfach nur eine sittlich schlechte und verwerfliche Haltung, sondern zählt zu den sieben Hauptsünden, und so verwundert es nicht, dass die Vergangenheit eine reiche, aus moralischem Impetus gespeiste Anti-Neidliteratur hervorbrachte. Doch auch heute, in weniger christlichen Zeiten, gilt der Neid immer noch als eine der übelsten Empfindungen, die den neidischen Menschen wie den, der Anlass gibt zum Neid, in ein schlechtes Licht rückt, weshalb man jeden Grund zum und jede Empfindung von Neid tunlichst vermeiden sollte.

Umso überraschender ist es dann zu sehen, wie unbefangen zum Beispiel die Griechen der Antike mit Neid, Eifersucht und Missgunst umgingen, und wie positiv diese für sie waren. Der griechische Dichter Hesiod (um 700 v. Chr.) spricht gleich zu Beginn seiner Schrift »Werke und Tage« vom Streit, verwirft ihn aber nicht in Bausch und Bogen, wie wir es tun, sondern macht einen bedeutsamen Unterschied zwischen einem guten und einem schlechten Streit. Verderblich ist der Streit, der als Zwietracht und Krieg auftritt, doch den Streit, der als Wettstreit und Rivalität zwischen den Menschen daherkommt, hält er für außerordentlich nützlich, da dieser »auch den Trägen zur Arbeit treibt, wenn er auf den reichen Nachbarn sieht, und es ihn nun drängt, gleichfalls zu sähen, zu pflanzen und sein Haus zu bestellen. Der Nachbar beneidet den Nachbarn, wenn er nach Reichtum strebt.« Es sei daher gut, schließt Hesiod, wenn »zwischen Töpfer und Töpfer, zwischen Zimmermann und Zimmermann, zwischen Bettler und Bettler, zwischen Dichter und Dichter« Neid herrsche, weil dadurch ein Wettstreit entstehe, der zunächst dem Einzelnen, letztlich aber allen nütze.

Diese unterschiedlichen Einstellungen zum Neid belegen nicht, dass sich die Haltung zum Neid seit der Antike geändert hätte, sie erklären sich vielmehr dadurch, dass die Griechen einen anderen Aspekt des Neides im Blick hatten als wir.

Während sie mehr auf seine möglichen *sozialen* Wirkungen achteten, steht für uns eher seine *moralische* Qualität auf dem Prüfstand. Ein gerechtes Urteil über den Neid wird daher komplexer ausfallen als unser eigenes, das nur eine moralische Bewertung des Neides darstellt. Es fällt uns heute allerdings besonders schwer, über den Neid unvoreingenommen zu urteilen, weil wir seine verschiedenen Aspekte nicht konsequent mit unterschiedlichen Ausdrücken bezeichnen und unmissverständlich etwa von Missgunst, Rivalität oder von Eifersucht sprechen. Meistens sagen wir einfach nur Neid und wundern uns dann, dass dies Anlass für manche Missverständnisse ist.

Das christliche Verdammungsurteil zielt also nur auf den Neid als moralisch qualifizierbare Missgunst. Wer neidisch ist, missgönnt dem anderen sein → Glück, seinen Erfolg und seine Leistung, wobei er selber offenbar nichts hat, worauf er als Leistung stolz oder womit er als Glück zufrieden sein könnte. Dieser Neid ist daher ein Beleg für ein Ressentiment und eine rein destruktive Leidenschaft. Ihn kannten natürlich auch die Griechen und verachteten ihn, wie wir es tun, obgleich sie ihn sogar ihren Göttern unterstellten. Neid dieser Art ist identisch mit dem »scheelen Blick«, der so leicht zum »böser Blick« dämonisiert werden kann, gegen den man sich mit Amuletten und Beschwörungszeichen, wenn nicht gar mit vernichtendem Hass, wehren muss. Das positive Urteil des Hesiod bezieht sich hingegen auf die sozialen Kategorien der Rivalität und Eifersucht, die zu Chancengleichheit und sozialer Gerechtigkeit führen können; denn entzündet sich der Neid an einer gesellschaftlicher Ungleichheit, ist er auch der Stachel dafür, diese Situation zu ändern. Selbst Hegel mit seinem schlechten, aber nicht ganz gerechtfertigten Ruf als preußischer Staatsphilosoph erinnert in seiner »Rechtsphilosophie« daran, dass es zu → Zorn und »innerer Empörung gegen die Reichen, gegen die Gesellschaft, die Regierung usf.« kommen müsse, wenn sich »unverhältnismäßige Reichtümer in wenige Hände« konzentrierten.

Der Neid ist daher nicht einfach nur moralisch verwerflich, sondern auch ein soziales und politisches Frühwarnsystem, das ganz allgemein auf Widersprüche zwischen den Erwartungen der Menschen und deren unzureichenden Erfüllung hinweist, und das konkret einen ungleichen Zugang zu politischen Ent-

scheidungsprozessen oder wirtschaftliche Benachteiligungen
anzeigt. Er ist zugleich der eigentliche Ansporn dafür, solche
Verhältnisse zu berichtigen und soziale Gerechtigkeit herzustellen. Durch beide Funktionen wirkt er gesellschaftlich konstruk-
tiv, weshalb er für den sicheren, wenn auch nicht ungestörten
Bestand einer Gesellschaft eigentlich unerlässlich ist. Allerdings
kann der Neid als eine Empfindung, der nicht von vornherein
gesellschaftliche Vernunft eingeschrieben ist, das soziale Gefüge
auch zerstören, weshalb die griechischen Philosophen schon
früh darauf hinwiesen, dass der Neid »der Anfang der Zwietracht« sein könne, wie der Philosoph Demokrit schrieb, und
deshalb gesetzlich gezügelt werden müsse.

Die Urteile über den Neid hängen also davon ab, welche
dieser Wirkungen – die positive des gesellschaftlichen Aus-
gleichs oder die negative der Zerstörung individueller oder
gesellschaftlicher Harmonie – man jeweils im Sinn hat. Die
klassische griechische Haltung formulierte der Philosoph Platon in seiner späten Schrift »Die Gesetze«, in der es heißt, der
Wetteifer unter den Menschen und das Streben nach Auszeich-
nung förderten den Staat, aber nur, solange sie nicht in bloßen
Neid, also in Missgunst, umschlügen. Platon machte zwar
keine Angaben, wann denn dieser Umschlag anzunehmen sei,
und es ist zu befürchten, dass er hierin sehr konservativ dachte,
doch er war sich im Gegensatz zu manchem heutigen Konservativen sehr wohl bewusst, dass der Neid keine bloß individuelle und womöglich irrationale Empfindung sei, sondern
dass er konkrete historische Ursachen habe und als Hinweis
auf gesellschaftliche Verfallserscheinungen ernst zu nehmen sei.
Dieses abgewogene Urteil der klassischen griechischen Philosophie war schon für die späteren hellenistischen Denker gleich
welcher Couleur nicht mehr nachvollziehbar. Sie betrachteten
den Neid nur noch unter dem Gesichtspunkt, dass er die
Ursache von Unlustgefühlen sei, weshalb sie ihn schlicht ver-
warfen. Das Wissen um seinen positiven Aspekt ging dann mit
der Christianisierung auch des emotionalen Lebens endgültig
verloren. »Die Liebe eifert nicht«, befand der Apostel Paulus
im 1. Korintherbrief (13, 4), weshalb er im Galaterbrief (5, 21)
den Neid mit Unzucht, Zorn, Saufen und Fressen konsequenterweise unter die »Werke des Fleisches« rechnete. Seither ist

der Neid nur noch verwerflich und steht als Missgunst am Pranger, und so wurde er schließlich zum *Vorwurf*. Mit dem Neid hat man jetzt ein neues schönes Instrument zur Diffamierung derer an der Hand, die man sowieso schon → ausgrenzte und von den Fleischtöpfen fernhalten möchte. Es war also nur konsequent, dass man den Begriff des Sozialneides erfand, oder genauer gesagt, dass die Privilegierten der Gesellschaft diesen Begriff ersannen; denn wer nichts hat und nichts darstellt, muss keinen des Neides gegen sich verdächtigen. So beweist allein schon die Existenz dieses Wortes, wie ungleich die Güter und Chancen in einer Gesellschaft verteilt sein müssen; sie bedürfte sonst ja solcher Diffamierung nicht. Mit dem Vorwurf des Sozialneides wollen die Privilegierten aber nicht nur den Zukurzgekommenen ihre natürlichen Gefühle verbieten, was schon schäbig genug ist, sondern ihnen auch noch das Mittel nehmen, mit dem man Privilegien überhaupt registriert und als unrecht erkennt. So ist der Vorwurf des Sozialneides die Waffe des Privilegs, mit der man dessen Kritiker zum Schweigen bringen möchte. Im Grunde belegt er aber nur, dass der, der ihn erhebt, den anderen nicht die gleichen Vergünstigungen gönnt, die er selbst genießt; denn diese wären ja (vor allem bei knappen Ressourcen) Konkurrenten. Der Vorwurf des Sozialneides beruht somit selbst auf Neid und Missgunst, und so beherrscht der Neid, als christliche Hauptsünde geächtet, die nominal christliche Welt – doch nicht nur sie.

Da aber die Empörung über Privilegien in den modernen Gesellschaften mit ihrem bisher nie gekannten Reichtum und wegen ihrer Tendenz zur rücksichtslosen Vorteilsnahme von Einzelnen oder von ganzen Interessengruppen reichlich Nahrung findet und sich nicht schon mit ihrer Diffamierung als Sozialneid verflüchtigt, muss sie, zur Sicherheit der Beneideten, auf andere Gruppen umgeleitet werden. Als Blitzableiter für die Missgunst bei sozialen Fehlentwicklungen dienen dabei stets Randgruppen und Schwache, die keine Lobby haben und sich selbst nur schwer wehren können, und die ihrerseits wieder noch Schwächere als eigene Sündenböcke haben. In solchen Erscheinungen zeigt sich die zerstörerische Potenz der egoistischen Diffamierung und Unterdrückung des Neides, nicht aber, wie wir es in schlechter Tradition gewöhnlich verstehen, des Neides selbst.

Wenn aber, um konkret zu werden, die gegenwärtige Arbeits-
verteilung Millionen arbeitslos macht und ins soziale Abseits
drängt, während gleichzeitig hochdotierte Spitzenbeamte Ne-
benverdienste in Millionenhöhe einstreichen, wenn Diäten erhöht und gleichzeitig Sozial- und Arbeitslosenhilfe gekürzt werden, wenn Millionäre sich mit Hilfe windiger Gesetze arm
rechnen können, während Kleinverdiener die Hauptsteuerlast
tragen, wenn dabei das überreiche Warenangebot schamlos zur
Schau gestellt und immer neue Kaufanreize geschaffen werden,
und wenn schließlich, global gesehen, ein kleiner Teil der
Menschheit in einem Wohlstand lebt, den man allen gar nicht
zur Verfügung stellen könnte, während die Mehrheit hungert,
dann mästet man den Neid, den man fürchten müsste; denn
man muss erwarten, dass die Menschen das nicht auf Dauer
hinnehmen werden. Wenn gesellschaftliche Ungleichheit nicht
fortwährend ausgeglichen, sie festzustellen vielmehr als Sozialneid verteufelt wird, kann irgendwann einmal eine Revolte
ausbrechen, deren politische und soziale Auswirkungen nicht
nur hinter denen der französischen Revolution nicht zurück-
stehen, sondern die zugleich auch die demokratische Ordnung
hinwegfegen dürften, die solche Verhältnisse zuließ, ja begün-
stigte.

Zorn

Zorn ist das erste Thema, ja sogar das erste Wort der abendländischen Literatur; denn Homers Epos »Ilias«, das älteste
literarische Werk in einer europäischen Sprache, beginnt mit
den Worten: »Zorn singe, Göttin, des Peleus-Sohns Achilleus,
den verderblichen, der unendliche Leiden über die Achaier
brachte.« So ist schon mit den ersten Versen das Thema des
ganzen Werkes vorgestellt: der Zorn des Achilleus über eine
Kränkung, die verheerenden Folgen dieses Zornes, die die
»Ilias« dann in vierundzwanzig Büchern schildert, und schließlich die Lösung und Befreiung vom Zorn; denn der Zorn ist
wohl das erste, aber nicht das letzte Wort der »Ilias«, wünschte
doch auch Achilleus in seinem Zorn, wenn auch erst im Bewusstsein seines nahen Todes, »dass doch der Streit aus Göt-

tern und Menschen getilgt sei und der Zorn, der auch den Verständigen aufreizt, dass er heftig wird.«

Es ist natürlich ein Zufall, dass uns gerade dieses Werk erhalten ist, aber es ist ein außerordentlich glücklicher Zufall; denn die »Ilias« war das entscheidende Bildungsbuch der ganzen griechischen Antike von ihren jonischen Anfängen bis hin zu ihrer hellenistischen Weltgeltung, weshalb der Zorn, die Verstrickung und Beirrung durch die Leidenschaft und die daraus folgenden Leiden für viele Jahrhunderte der Stoff war, an dem sich ganz Griechenland bildete. Diese besondere Beziehung der antiken Griechen zum Zorn lässt sich selbst noch an nebensächlichen Anzeichen ablesen, zum Beispiel daran, dass Aristoteles die Darstellung der Affekte im zweiten Buch seiner »Rhetorik« scheinbar unmittelbar mit der Untersuchung des Zorns beginnt.

Das frühe Christentum versuchte natürlich, in seinem Bestreben, seinen Gott gegen die Götter Griechenlands durchzusetzen, auch die griechische Literatur in den Hintergrund zu drängen, wobei es mit Homer nebenbei auch sein Thema auf den Index setzte. Der Zorn geriet dadurch nicht aus dem Blick, aber es änderte sich die Perspektive, unter der man ihn betrachtete; denn er wurde nun nicht mehr als verderbliche Leidenschaft angesehen, sondern als Sünde – als eine besonders schwere sogar, da er mit dem Stolz, dem Geiz, der Unkeuschheit, dem → Neid, der Unmäßigkeit und der Trägheit die Gruppe der sieben Hauptsünden bildete. Mit dieser Ächtung wurde er natürlich nicht aus der Welt geschafft, er hatte im Gegenteil als nun verbotene Frucht noch seinen eigenen Reiz, während das Bewusstsein seiner Folgen in den Hintergrund trat. Für die Griechen hatte der Zorn aber keinerlei Reiz gehabt, lasen sie doch in ihrem Bildungsbuch, der »Ilias«, über die Jahrhunderte hinweg immer wieder von der »verderblichen« Wirkung, von den »zehntausendfachen Leiden«, die der Zorn über die Menschen bringt, und die Homer so quälend genau beschrieb. Die Griechen waren daher hoch sensibilisiert für die Folgen, die sich ergeben, wenn sich der Mensch von seiner Leidenschaft, vom Zorn und der Erregung hinreißen lässt. Diese Sensibilität erklärt auch, weshalb zum Beispiel der Historiker Thukydides seine Zeit so genau beobachten und so illusionslos die mentalen und moralischen Folgen von Zorn, Wut und Streit festhalten konnte. Mit dem Peloponnesischen Krieg hatte er ja das beste Anschauungsmaterial, an dem er die durch ungezügelte Leidenschaften in Gang gesetzte Verrohung der Menschen und die Verwilderung der Sitten studieren konnte. »Nichts«, schrieb er als Summe seiner Beobachtungen, »was es da nicht gegeben hätte und noch darüber hinaus«; denn der Krieg sei »ein gewalttätiger Lehrer« und bestimme die Wut und den Zorn »nach dem Augenblick«. Und er schloss mit der nüchternen Erkenntnis, dass dies »immer wieder geschehen wird, solange Menschenwesen sich gleich bleibt.«

Bei diesen Auswirkungen des Zorns erstaunt es, dass wir heute kaum noch von ihm sprechen. Es ist, als sei er uns abhanden gekommen, ohne dass wir es merkten; denn wir sind heute zwar vielfach und gern empört, wütend oder gereizt, haben oder machen Ärger und versuchen auf alle Weise, unsere Aggressionen los zu werden, doch dass wir zornig seien, sagen wir kaum noch. Nur in der sprachlichen Verstärkung, die aber auch eine sachliche Abschwächung beweisen könnte, führt der Zorn als Jähzorn noch eine bescheidene Existenz. Sieht man aber näher zu, zeigt sich, dass wir das Wort »Zorn« heute zwar seltener verwenden als früher, dass die Sache aber so präsent ist wie zuvor. Wir sind nur präziser geworden und unterscheiden die einzelnen Aspekte des Zorn selbst in der Alltagssprache recht genau. Den Reichtum an Erscheinungsformen des Zorns hatte übrigens schon Seneca erkannt, der in seiner Schrift »Über den Zorn« nicht nur von zornigen Menschen sprach, sondern von reizbaren, barschen, wütenden, aufbrausenden oder schroffen und nicht zu erwähnen vergaß, dass die Griechen noch weit mehr Ausdrücke für die verschiedenen Spielarten des Zorns hatten als die Lateiner. Er war sich also durchaus bewusst, dass die Griechen auf diesem Gebiet eine besondere Kompetenz hatten.

Dass die frühen christlichen Schriftsteller den Zorn moralisch verurteilten, ist verständlich, führte sie aber in die Bredouille; denn im Gegensatz zu Homer und der ganzen frühen griechischen Religion ging die spätere griechische Philosophie von der Leidenschaftslosigkeit Gottes aus, und diese Auffassung, die als christliches Lehrgut übernommen worden war, widersprach der Vorstellung vom zürnenden Gott, den die Juden und das Alte Testament kannten. Da der Zorn Gottes dort eindeutig bezeugt war, ließ er sich nicht einfach übergehen, sondern musste erklärt werden. Der griechische Kirchenlehrer Gregor von Nazianz aus dem 4. Jahrhundert versuchte dieses Problem in seinem großen Gedicht »Wider den Zorn« mit dem Hinweis zu lösen, wir glaubten nur deswegen, weil wir schlagen, wenn wir zornig seien, dass auch Gott zornig sei, wenn er die Bösen strafe. Diese Mahnung, Gottes Handeln nicht allzu anthropomorph zu verstehen, lässt freilich die Frage unbeantwortet, wieso die Urheber der Geschichten vom Zorn Gottes überhaupt glauben konnten, mit dem Motiv des Zorns sei Gottes Wirken in der Welt adäquat zu beschreiben. Gregor hätte auch Probleme gehabt, dies zu erklären, da er davon überzeugt war, dass der Zorn »die schlimmste aller Untugenden« sei, weshalb er unbedingt zu meiden sei.

Als stärkste Waffe wider den Zorn empfahl der Kirchenmann das Lachen, wobei er freilich zugeben musste, dass der Zornige durch Lachen, Spott und Verachtung unter Umständen noch mehr gereizt wird, was mit der Sanftmut, die Gregor in seinem Gedicht als richtige und einzig angemessene Haltung empfiehlt, nicht zu vereinen ist; denn sanftmütig kann man den nicht nennen, der einen Zornigen noch mehr reizt. Vielleicht war der große Kirchenlehrer aber auch nur zu belesen und wollte – was damals beliebt und keineswegs anrüchig war –, mit seinen literarischen Kenntnissen glänzen; denn das Lachen als Mittel zur Abwehr des Zorns hatte schon der griechische Philosoph Demokrit empfohlen, und mit dieser Erinnerung erwies sich der Kirchenmann wenigstens als gebildeter Mensch. Psychologisch geschickt argumentierte Gregor nämlich nicht; denn es ist wahrscheinlich eine utopische Forderung, zu verlangen, man solle nicht in Rage geraten, zumal es viele Anlässe gibt, sich in Wut und Zorn hinein zu steigern, und wenn selbst Gott in Zorn gerät, kann man ihn dem Menschen schlecht verbieten.

Jedenfalls sieht das die Bibel so. Als zum Beispiel der Prophet Jona zürnte, fragte ihn Gott: »Glaubst du, dass du billig zürnst?« Gott forderte also nicht, dass Jona vom Zorn ablasse, sondern dass er auf gerechte Weise und aus gerechtem Anlass zürne. Die Bibel geht noch weiter und berichtet von einem gerechten Zorn und von seinen positiven Wirkungen. Als etwa Nehemia erfuhr, wie die kleinen Leute durch Missernten und drückende Steuerlasten in den Ruin und die Schuldknechtschaft getrieben wurden, geriet er »in großen Zorn« und erreichte schließlich einen allgemeinen Schuldenerlass. Einen solchen Zorn nennen wir einen »heiligen« Zorn und exkulpieren ihn. Wenn Thomas Chorherr im Vorwort seines Buches »Heiliger Zorn« schreibt: »Zorn ist Sünde. Gilt dies auch für den heiligen Zorn?«, dann verneint er diese Frage indirekt mit den Hinweisen, dass nicht jede Konfrontation vom Hass diktiert sei, dass eine zornige Diskussion eben doch eine Diskussion bleibe und ein Streit Versöhnung nicht ausschließe.

Die christliche Verurteilung lässt also für den Zorn ein Hintertürchen offen, was ein deutlicher Hinweis darauf ist, dass uns seine möglichen Folgen nicht mehr so schrecken wie die Griechen, und dass wir nicht im gleichen Maße fürchten, er könne außer Kontrolle geraten, obgleich wir wissen, dass der Zorn sich aus sich selber nährt und mästet; denn er schafft, wie Schopenhauer in seinen »Psychologischen Bemerkungen« anmerkte, »ein Blendwerk, welches in einer monstrosen Vergrößerung und Verzerrung seines Anlasses besteht. Dieses Blendwerk erhöht nun selbst wieder den Zorn und wird darauf durch diesen erhöhten Zorn selbst abermals vergrößert. So steigert sich fortwährend die gegenseitige Wirkung, bis der furor brevis daist.« Dieses Aufschaukeln zur besinnungslosen Raserei ist das größte Problem bei jedem Zornausbruch, weswegen auch ein scheinbar gerechtfertigter zum ungerechten werden kann. Vielleicht ist die neuere Geschichte mit ihrer wütenden Lust an Barbarei und erschreckenden Grausamkeiten eine direkte Folge der Vorstellung, es könne einen gerechten oder heiligen Zorn geben, während man gleichzeitig die möglichen Folgen solchen Zorns verdrängt und die schon erlebten vergisst. Diese Vorstellung passt jedenfalls gut zu der andern vom → Krieg, den wir mit denselben Worten als »gerecht« oder »heilig« bezeichnen, woran man wieder sieht, dass wir überall große Schutzmauern wider alle möglichen Übel bauen, während wir gleichzeitig kleine Schlupflöcher für sie offenhalten.

Witz

Während eines Fußballspiels verwarnte der Schiedsrichter einen unfairen Spieler und sagte zu ihm im Bewusstsein seiner Bedeutung als derjenige, der hier zu befehlen hat: »Ich verwarne Ihnen!«, worauf der Spieler geistesgegenwärtig erwiderte: »Ich danke Sie!« – wofür er sofort vom Platz gestellt wurde. Diese (wahre) Geschichte enthält alles, was guten, soliden Witz ausmacht: In einer Situation, in der jemand eine gewisse Macht und Bedeutung hat, agiert er unangemessen oder ungeschickt, macht sich wichtig oder spielt sich auf, worauf ein anderer listig und subversiv reagiert. Mit dieser Reaktion ist der Witz nach der üblichen Auffassung zu Ende, jedenfalls lacht hier jeder schon. Doch in Wahrheit fehlt noch das Wichtigste, nämlich das, was oben hinter dem Bindestrich folgt, was man aber auch so erwartet hat; denn wer seine Autorität in Frage gestellt sieht, reagiert oft mit einer Demonstration seiner Macht, überführt sich durch seine hilflose und manchmal überzogene Reaktion aber nur seiner eigenen Dummheit. Und damit kommt der Witz dann wirklich in sein Ziel.

Im Gegensatz zum Humor, der eher affirmativ ist und die Verhältnisse bestätigt, die der Witz im Interesse an besseren unterminiert, macht sich der Witz nicht lustig, hat es auch nicht nötig; denn er entlarvt die Sache aus sich selbst. Hegel fasste diesen zentralen Punkt in die Worte, es sei ein »elender Witz«, der »nicht auf Widersprüchen beruht, die in der Sache selbst liegen«; denn das Komische an einer Sache sei nur, wie etwas »sich in sich selbst auflöst in seinem Aufspreizen«. Der Witz lebt allein von solchem Aufspreizen und hat daher als sein eigentliches Jagdrevier alle Formen der Anmaßung, eitler Ansprüche und vorgeblicher Würdigkeit bei ansonsten banaler oder bescheidener Realität. Mit Recht bemerkt deshalb der zu Unrecht fast vergessene politische Schriftsteller Carl Gustav Jochmann in seinen »Erfahrungsfrüchten« (1838): »Gegen die Gravität der Leerheit gibt es keine tödlichere Waffe als die des Lächerlichen.« Das ist allerdings ein Mittel, das den Witz dem Verdacht aussetzt, seine Natur sei Aggressivität. Doch wie der → Neid nur die Waffe gegen das Unrecht von Privilegien ist, so ist es der Witz einzig gegen Wichtigtun und gegen den, der sich für bedeutend hält. Den praktischen Beleg für diese Theorie liefert die Philosophie selbst, zum Beispiel mit einer der frühesten philosophischen Anekdoten, die erzählt, wie der griechische Philosoph Thales bei der Beobachtung des Himmels, einer wichtigen Aufgabe antiker Philosophie, in ein Loch fiel, worauf eine alte Frau spottete: »Du kannst nicht sehen, Thales, was vor deinen Füßen liegt, willst aber erkennen, was am Himmel ist.«

Die Kunst, vermeintlichen Ernst und wirkliche Anmaßung aus sich selbst heraus zu entlarven, haben alle großen Satiriker beherrscht. Präziser als Georg Christoph Lichtenberg kann man zum Beispiel die lächerliche Behauptung, die Ehre einer Frau liege in ihrer körperlichen Unberührtheit, nicht entlarven. Er braucht dazu nur einen einzigen Satz: »Es ist eine schöne Ehre, die die Frauen haben, die einen halben Zoll vom Arsch abliegt!« Und während Gottfried Benn in seiner Gedichtsammlung »Morgue und andere Gedichte« ein vollständiges, noch dazu todernstes Gedicht benötigt, um die Vorstellung, der Mensch sei »die Krone der Schöpfung«, zu widerlegen, genügt Lichtenberg der Hinweis: »Dass der Mensch das edelste Geschöpf sei, lässt sich auch schon daraus abnehmen, dass es ihm noch kein anderes Geschöpf widersprochen hat.« Ebenso treffend bemerkt Karl Kraus über die angemessene Achtung verschiedener Gesellschaftsschichten: »Ein Gourmet sagte mir: was die Crème der Gesellschaft anlange, so sei ihm der Abschaum der Menschheit lieber.« Mancher braucht noch nicht einmal ein Wort, um aufgespreizte Würde mit Witz zu widerlegen: Als der im amerikanischen Exil lebende Schriftsteller Oskar Maria Graf im Jahre 1958 Deutschland besuchte und im erlesenen Cuvillié-Theater in München aus seinen Werken las, trat er in seinen gewohnten »Krachledernen« auf, was für manche ein Skandal und Anlass genug war, empört den Saal zu verlassen.

Solche empörten und hilflosen Reaktionen sind typisch für Menschen, die sich gerne aufspreizen, doch sie verfallen dadurch noch mehr der Lächerlichkeit, die sie gerade vermeiden wollen. Deshalb versucht man gern, den Witz zu entschärfen, indem man ihn gegen den Witzigen selber wendet. So erging es dem Philosophen Diogenes von Sinope, der bei uns als Diogenes im Fass bekannt und in dieser Rolle zum bloßen Possenreißer und zur Witzfigur degradiert ist, obgleich er in Wahrheit ein ernsthafter Kultur- und Gesellschaftskritiker war. Doch allzu bissig geißelte er das törichte Verhalten und die Vorurteile der Menschen im allgemeinen und den Standesdünkel der etablierten Philosophen im besonderen. Wer am hellen Tag mit einer Laterne über den belebten Markt geht und »Menschen sucht«, macht sich schließlich keine Freunde. Noch schlimmer erging es Sokrates, den man gerade deswegen zum Tode verurteilte, weil er die Ignoranz und Anmaßung der Menschen so unerbittlich entlarvte. An ihm sieht man beispielhaft, wie rasch der Witz und mit dem Witz manchmal das Leben enden können, wenn die im Witz Attackierten über entsprechende Machtmittel verfügen.

Überall dort, wo gesellschaftliche Ungleichheit herrscht, hat der Witz Konjunktur. Daher florierte er während der NS-Zeit wie in der Adenauer-Ära der frühen Bundesrepublik und in der ehemaligen DDR gleichermaßen. Vor allem aber blüht er in unserem Jahrhundert der Diktaturen, nicht anderes wie die Dummheit der Macht, die sich nicht anders zu helfen weiß, als den Witz zu verfolgen, der sie unterminiert. Unter solchen desolaten Umständen wird wieder sichtbar, dass der Witz eigentlich nichts mit Heiterkeit zu tun hat, wie wir es seit knapp einem Jahrhundert verstehen, dass er vielmehr eine intensive Form des → Denkens ist und eine Reaktion des denkenden Geistes. Fehlt dem Witz dieses Element des Denkens, ist er geistlos und ohne Esprit. Schließlich hat man mit diesem Begriff jahrhundertelang das französische Wort »ésprit« übersetzt, und dieser Ursprung ist auch heute noch in der Formulierung, jemand habe Witz, deutlich zu erkennen.

Die sachliche Herkunft aus dem Bereich der Vernunft und der spätere Übergang in das Gebiet des Lustigen sind die Ursachen dafür, dass die heutige Bedeutung von Witz vom Synonym für Geist über den Mutterwitz, den Wahnwitz und Aberwitz bis hin zum Scherz und billigsten Wortwitz reicht. Wegen dieser breiten Palette von Bedeutungen sind alle Versuche, ihn von Begriffen wie Komik, Ironie oder Humor streng abzugrenzen und exakt zu bestimmen, so geistvoll sie im einzelnen sein mögen, doch gänzlich hoffnungslos, zumal sie von den unterschiedlichsten philosophischen und ästhetischen Voraussetzungen abhängen, weshalb die Ergebnisse auch nicht miteinander kompatibel sind. Als besonders kurios sei nur erwähnt, dass der Philosoph Theodor Lipps in seiner Studie über »Komik und Humor« (1898) heftig dagegen polemisierte, das Lachen mit dem Komischen zu verbinden, womit er ein prächtiges Beispiel dafür gab, dass gerade auch philosophische Theorien ihren Erfinder zur Zielscheibe des Witzes prädestinieren können. Die witzige Kritik entzündet sich dabei besonders gern an dem häufigen Widerspruch zwischen der gespreizten philosophischen Sprache und den teilweise banalen oder gar lachhaften Inhalten. Eines der schönsten Beispiele für solche Philosophie-Kritik bietet Jean Pauls Schrift »Clavis Fichtiana seu Leibgeberiana« (1800), in der er aus den Prämissen von Fichtes Philosophie die irrsinnigsten, aber eben doch nur konsequenten Schlüsse zieht.

Der Witz hat seine spezifischen Formen des Scheiterns und Misslingens. Eine Schwäche ist offensichtlich, kann er doch dazu missbraucht werden, statt die Mächtigen, Einflussreichen und Privilegierten aufs Korn zu nehmen, die Schwachen und Zukurzgekommenen herabzusetzen. Indem man diese verlacht, fällt es nämlich um so leichter, sie → auszugrenzen, da man gewöhnlich kein schlechtes Gewissen hat, wenn man sich vor Lachen auf die Schenkel klopft. Die destruktive Potenz des Witzes wird hier eingesetzt, um sich im Verein mit anderen seiner eigenen Identität zu versichern, wobei man aber zugleich beweist, auf welch schwachen Füßen das intendierte → Wir, stehen muss. Aufs Gröbste bewiesen das die antisemitischen Karikaturen in der nationalsozialistischen Zeitschrift »Der Stürmer«, ein wenig gepflegter, aber nicht weniger deutlich, ist die karnevalistische Gewohnheit, Minderheiten und Randgruppen lächerlich zu machen und dadurch zu diffamieren, während der Karneval ursprünglich vor allem dazu diente, die Herrschenden bloßzustellen. Kant verharmlost daher die Wirkung dieser Art Lustigkeit, wenn er die → Dummheit einen »Mangel der Urteilskraft ohne Witz« nennt, denselben Mangel »aber mit Witz« jedoch Albernheit; denn diese Albernheit ist oft die Vorstufe blutigen Ernstes.

Autonomie

Gegen Ende des 16. Jahrhunderts suchte der kaiserliche Hofrat Andreas Erstenberger, der unter dem Pseudonym Franciscus Burgcardus ein Buch über die »Freystellung mehrerlay Religion und Glauben« schrieb, nach einem treffenden Ausdruck, der sowohl die religiöse wie die politische Dimension der zeitgenössischen Forderung nach Glaubensfreiheit artikulieren sollte. Er kam dabei auf das zu seiner Zeit ziemlich ungewöhnliche Wort »Autonomie«, weil er fand, dass sich »diß Griechisch wörtlein (als so nit allein auff Religion unnd Gewissen, sondern auch Politische Sachen verstanden unnd gezogen werden mag) gar wohl schicket«.

Seine merkwürdige Doppeldeutigkeit, die für Erstenberger so nützlich war, hat dieser Ausdruck bis heute behalten; denn Autonomie ist für uns einerseits eine politische und juristische Kategorie, anderseits aber auch eine philosophische und ethische. Wenn man von Autonomiebestrebungen spricht oder ein Land autonom nennt, dann hat das nur eine politische Bedeutung und meint nichts anderes als staatliche Souveränität. Wenn aber Kant die Autonomie zur Grundlage der Sittlichkeit macht und sie das »alleinige Prinzip aller moralischen Gesetze und der ihnen gemäßen Pflichten« nennt, dann versteht er unter Autonomie die Selbstgesetzgebung durch Vernunft oder die Freiheit des Menschen. Weil diese aber das Grundprinzip von Kants Philosophie schlechthin ist, kann er in seinem Opus postumum schließlich sogar schreiben, alle Philosophie sei eigentlich Autonomie. Über Hegel, Fichte und Schelling wurde dieses Verständnis von Autonomie dann zu einer modernen Selbstverständlichkeit, ohne dass freilich die politische Bedeutung dieses Ausdruckes verloren ging.

Seine ethische Bedeutung und damit seinen Doppelsinn erreichte der Ausdruck der Autonomie allerdings erst nach einer längeren Entwicklung. Zunächst war Autonomie eine rein politische Kategorie. Die Griechen nannten eine Stadt (von Staaten kann man im antiken Griechenland noch nicht sprechen) dann autonom, wenn sie von anderen Städten, Reichen oder Mächten unabhängig war und ihre inneren und äußeren Angelegenheiten selbständig regelte. Autonom war, was, dem Wortsinn entsprechend, »nach eigenen Gesetzen« lebte. Statt »Autonomie« konnte man im Griechischen aber auch das Wort »eleuthería«, verwenden, was wir ohne weitere Spezifizierung mit »Freiheit« übersetzen. Dieser Begriff der Freiheit meinte zunächst also nicht mehr als die politische Freiheit oder Unabhängigkeit, und selbst die individuelle Freiheit des einzelnen Bürgers war nur Ausdruck dieser allgemeinen politischen Freiheit; denn der antike Grieche empfand sich als frei, weil er Bürger einer freien, das heißt, autonomen Gemeinde war. Die Begriffe der Autonomie und Freiheit wurden so als völlig synonyme politische Termini gebraucht.

Erst relativ spät entwickelte sich in Griechenland die Vorstellung, dass es noch eine andere Freiheit geben könnte, eine Freiheit, die mehr bedeutet als bloß politische Unabhängigkeit, wobei man aber auch hier lange Zeit Autonomie und Freiheit als bedeutungsgleiche Ausdrücke verwendete. Ein früher Beleg für diese ethische Kategorie von Autonomie findet sich in der »Antigone« des Sophokles. Dort würdigt der Dichter die innere Haltung der Antigone mit den Worten:

> Nicht zehrender Krankheit erlagst du,
> empfingst nicht des Schwertes blutigen Lohn,
> sondern lebend nach eignem Gesetz allein
> gehst du zum Lande der Toten.

Dieses »eigene Gesetz« war Antigones Festhalten an den sittlichen Gebote, denen sie sich verpflichtet fühlte und deren Erfüllung jeden Kompromiss mit politischen Erwägungen ausschloss. Das Wort »Autonomie« hat hier also schon die Bedeutung von sittlicher oder existentieller Freiheit der Person, auch wenn die Griechen Autonomie nie ausdrücklich so interpretierten. Später setzte sich als angemessenes Wort für solche Situationen das Wort »Freiheit« durch, während »Autonomie« im Zusammenhang mit sittlichen oder metaphysischen Fragen nicht mehr verwendet wurde. Nachdem auch die Römer dieses Wort weder übernahmen noch durch ein eigenes ersetzten, ging es schließlich verloren, und zwar so gründlich, dass es erst wieder im Laufe des 17. und 18. Jahrhunderts auftauchte, wo es zunächst aber vor allem als ein Begriff der Rechtswissenschaft verstanden wurde. Am Anfang dieser Entwicklung steht

die Wiederaufnahme des Wortes überhaupt, wofür der eingangs zitierte Hofrat Erstenberger ein gutes Beispiel ist.
Doch die Doppeldeutigkeit von Autonomie, die der Hofrat Erstenberger noch lobte, weil sie seinen Zwecken entgegenkam, ist eher zu tadeln; denn wenn ein Wort für zwei ganz verschiedene Bereiche herhalten muss, dann ist die zukünftige Begriffskonfusion schon programmiert, zumal wenn diese Begriffe teils gegeneinander abgegrenzt, teils miteinander identifiziert werden. Das führte vor allem bei dem philosophischen Begriff der → Freiheit zu einer solchen begrifflichen Unklarheit, dass man von Anfang an und bis in die heutige Diskussion dieses Begriffes darüber zu klagen hat. So kann es beispielsweise eine Freiheit im philosophischen Sinn nur im Singular geben, während es so viele Unabhängigkeiten gibt, wie es Gelegenheiten gibt, abhängig zu sein, im politischen, juristischen oder wirtschaftlichen Bereich, im Milieu zwischenmenschlicher Beziehungen oder persönlicher Gewohnheiten und bei anderen Gelegenheiten mehr. Erst wenn man beide Sachverhalte miteinander vermischt, scheint es so viele Freiheiten und Unfreiheiten zu geben, wie es Abhängigkeiten gibt. Damit hängt zusammen, dass die Freiheit im strengen philosophischen Sinn weder erworben werden noch verloren gehen kann, im Gegensatz zu den gewöhnlichen Abhängigkeiten und Unabhängigkeiten. Auch hier muss eine Unsauberkeit der Begriffe zu absurden Ergebnissen führen, weil sich Konnotationen des einen Begriffs laufend in die Bestimmung des anderen hineinmischen.

Ein sichtbares Zeichen für die Nachlässigkeit der Philosophie bei diesem Begriff ist die Tatsache, dass man das Stichwort Unabhängigkeit in philosophischen Wörterbüchern im Unterschied zu politischen oder juristischen Lexika vergebens suchen wird. Mit diesem Ausdruck verbindet sich zwar keine eigentlich philosophische *Bedeutung* (es sei denn, man verwechsle ihn mit der Freiheit), er hat aber eine philosophische *Funktion*, da er zur genauen Bestimmung des Begriffes der Freiheit unerlässlich ist, und deshalb erweist sich seine lexikalische Abwesenheit bei genauerem Hinsehen doch als ein Manko. Dabei versteht es sich fast von selbst, dass die Unklarheiten dieses Begriffes bei der Alltagsrede noch größer sind als bei dem philosophischen

Gebrauch, doch daran sind nun Hinz und Kunz wirklich nicht selber schuld.

Man könnte alle begrifflichen Konfusionen vermeiden, wenn man das Wort »Autonomie« entweder ganz aufgäbe oder es wenigstens nur im Sinn von politischer und rechtlicher Selbständigkeit und Unabhängigkeit gebrauchte, was nahe läge, da wir »unabhängig« nennen, wer gemäß dem griechischen Wortsinne »nach eigenen Gesetzen« lebt, autonom, selbständig oder autark, und in diesem Sinn reden wir von autonomen Gruppen oder Zellen. Für den ethischen oder philosophischen Sinn des Wortes »Autonomie« sollte man dann konsequent das Wort »Freiheit« verwenden. Es gab übrigens schon solche Bestrebungen zu größerer Klarheit, und so schrieb der Jurist Chr. Majer im 18. Jahrhundert, es sei ein »Mangel von Bestimmtheit«, wenn man Autonomie und Freiheit für »gänzlich gleichbedeutend« nehme; denn wenn man es genau nehme, dürfe die Autonomie »nicht mit der Freyheit selbst verwechselt, und für eins genommen werden«, da sie ein allgemeinerer Begriff sei und »die Eigenmacht fürs ganze Thun und Lassen überhaupt« ausdrücke, während die Autonomie »ein bloß auf eine gesezgebende Gewalt eingeschränktes Recht« sei. Dieser Anfall von begrifflicher Gewissenhaftigkeit bei den Juristen hat bei den Philosophen bis heute keine Parallele gefunden. Die Kritik der Philosophen richtete sich statt dessen auf die angebliche »Selbstgötterey«, die Kants jüngerer Zeitgenosse und Kollege Friedrich Heinrich Jacobi hinter dem Streben nach Autonomie vermutete, und in dessen Nachfolge diffamierte dann Karl Leonhard Reinhold die Autonomie endgültig als »Gesinnung des menschlichen Egoismus«. Hätte diese Kritik mehr Erfolg und eine dauerhafte Wirkung gehabt, wäre die ethische Bedeutung von Autonomie heute eliminiert, womit zugleich die Doppeldeutigkeit von Autonomie, wenn auch nicht durch Einsicht, so doch durch philosophische Borniertheit, automatisch mitbeseitigt wäre.

Statt dessen hat sich die unklare Begriffslage noch weiter verschärft; denn man kann heute unter Autonomie nicht mehr nur Unabhängigkeit einerseits oder Freiheit andererseits verstehen, sondern auch das Prinzip der Persönlichkeit oder die Eigengesetzlichkeit der Erkenntnis. Das eröffnet die Möglichkeit, generell von regionalen Autonomien zu reden, und in diesem Sinn spricht man heute von der Autonomie der Wissenschaft, des Sittlichen oder des Ästhetischen. Mit dieser Bedeutungsvielfalt könnte man freilich immer noch leben, wäre man sich ihrer nur bewusst, doch meistens weiß niemand so recht, was man genau damit meint, und so gibt es sicher nicht viele Begriffe, bei denen die Konfusion einen solchen Grad erreicht hat wie bei den Begriffen der Autonomie und der Freiheit.

V. Wie wir's dann zuletzt so herrlich weit gebracht

Einleitung

Jede Zeit hat ihre Leitbegriffe, in denen sie sich wiederfindet, weil sie mit ihnen artikuliert, was sie als ihre besonderen Stärken empfindet, und bei welchen Themen sie glaubt, die Vergangenheit glücklich hinter sich gelassen zu haben. Sieht man aber näher zu, erweisen sich diese Begriffe oft genug als bloße Parolen und leere Worte, die weniger die Realität beschreiben als die Missverständnisse einer Zeit und die Hoffnungen der Zeitgenossen. Solche Begriffe sind daher auch Zeichen für die Irrtümer und Selbsttäuschungen einer Zeit. Wir wissen, welche Hoffnungen das Zeitalter der Aufklärung auf die Vernunft setzte. Diese sollte Licht in das Dunkel bisheriger Pseudoerkenntnis bringen, jeden Aberglauben und alle Vorurteile austreiben und dadurch ein wahres und sich selber klares Leben ermöglichen. Wir wissen aber auch, wie sehr diese Hoffnungen trogen und welche unvernünftigen Ergebnisse der Glaube an die Vernunft hervorbrachte; denn worin eine Zeit ihre Hoffnungen setzt, darin liegt oft auch Falsches und Widersprüchliches, manches kaum oder schlecht Reflektierte, vieles aus Konvention Mitgeschleppte und manches bewusst von Einzelinteressen und vom blanken Eigennutz Diktierte.

Auch wir haben solche Grundbegriffe, noch dazu besonders schöne wie die Menschenwürde oder die Verantwortung, deren Erfindung zwar allesamt schon etwas älter ist, deren Verwirklichung wir aber als Leistungen unserer Zeit reklamieren. Andere Begriffe sind zwar weniger schön, charakterisieren aber unserer Meinung nach unsere Zeit besonders gut, etwa die Arbeit oder die Leistung, der Konsum und der Zeitgeist, der vornehmlich den Geist unserer Zeit ausmachen soll. Das Fiasko mit der Vernunft, die doch ein wirklich ehrenwertes Anliegen formulierte, sollte uns nun aber eine Warnung und ein Hinweis darauf sein, dass vielleicht auch unsere eigenen Begriffe problematisch sind und mehr Fragen aufwerfen, als wir glauben, durch sie lösen zu können.

Die Philosophie darf schon einmal gar nicht das Selbstverständnis ihrer Zeit übernehmen, wenn sie ihrem Anspruch auf Wahrheit gerecht werden will. Ihre Aufgabe ist es vielmehr, gerade die Selbstverständlichkeiten ihrer Zeit skeptisch zu betrachten und das Mangelhafte, Falsche und Verlogene an ihnen aufzudecken. Diese Entzauberung der Glaubensartikel einer Zeit ist freilich ein undankbares Geschäft; denn man tritt dabei leicht vielen auf die Füße. Und wer lässt sich schon gern der Gedankenlosigkeit oder gar krummer Absichten überführen? Vielleicht ist diese Gefahr, sich in die gesellschaftlichen Nesseln zu setzen, mit ein Grund, weswegen in Feuilletons und Talkshows häufig statt kritischer Köpfe Begriffsvirtuosen auftreten, die so kunstfertig auf der Klaviatur der Zeitgeistbegriffe spielen, dass nicht nur ihre »Brillanz« bewundert, sondern diese zum Zeichen ihrer Kompetenz erklärt wird. Solches Virtuosentum, bei dem einem Hören und Sehen vergeht, nützt aber nicht nur nichts, es schadet, indem es verführt, Geschwätz für Denken zu halten.

Wenn hier dennoch – ohne Rücksicht auf eingefahrene Konventionen und lieb gewordene Vorstellungen – die destruktive Potenz des Denkens genutzt werden soll, um den Schlaf des Gewohnten zu stören, dann doch auch im Bewusstsein, dass solche Bemühungen oft wenig wirksam sind, zumal unter Deutschen; denn die haben bisher immer, wie Carl Gustav Jochmann zu Beginn des letzten Jahrhunderts in seinen »Erfahrungsfrüchten« schrieb, »nicht nur den *bösen*, sondern *allen* Geist in Bücher gebannt, und ihn da sitzen lassen«.

Menschenwürde

Die Menschenwürde ist für uns ein hoher Wert und für unsere Verfassung der oberste Begriff. Das Grundgesetz für die Bundesrepublik Deutschland beginnt nämlich mit den programmatischen Sätzen: »Die Würde des Menschen ist unantastbar. Sie zu achten und zu schützen ist Verpflichtung aller staatlichen Gewalt.« Mit diesen Worten ist dieser Begriff dann aber auch schon abgetan, Näheres erfährt man nicht, insbesondere nicht, was denn unter dieser Würde genau zu verstehen sei, worin sie sich konkret realisiere, und durch welche Maßnahmen die staatliche Gewalt ihrer Verpflichtung nachkomme, sie zu achten und zu schützen.

Für nähere Auskünfte ist man auf die Kommentare zum Grundgesetz angewiesen, wobei sich aber überall zeigt, wie schwierig es ist, den hochherzigen Begriff der Menschenwürde inhaltlich so zu konkretisieren, dass dadurch ein Rechtsgut definiert ist, das jeder Mensch besitzt, und das er gegebenenfalls auch einklagen kann. Als problematisch stellt sich da schon heraus, wer denn als Träger dieser Würde gelten soll. Eigentlich sollte es darüber keinen Zweifel geben können. Zumindest ist im Alltagsverständnis jedem klar, dass ein Mensch ist, wer Menschenantlitz trägt, und dazu gehören auch die, die man nicht leiden kann, über die man seine bösen Witze macht, und die man vielleicht sogar mit Hass verfolgt. Wenn sich aber Intellektuelle mit dem Begriff des Menschen befassen, sieht die Sache anders aus. Da reicht es dann bei weitem nicht, dass einer Menschenantlitz trägt, da muss er erst noch besonderen Kriterien genügen, um als Mensch anerkannt zu werden. Gewissenhaft wird hier der Kreis derer, die dazugehören, eingegrenzt und ausgegrenzt, wer nicht dazugehört. Solche Tendenzen zur → Ausgrenzung finden sich in allen wissenschaftlichen Texten über Menschenwürde und → Menschenrechte, insbesondere aber in juristischen. Selbst der angesehene Grundgesetzkommentar von Maunz und Dürig kommt nicht über die problematische Behauptung hinaus, dass der Mensch Mensch sei »kraft seines Geistes, der ihn abhebt von der unpersönlichen Natur und ihn aus eigener Entscheidung dazu befähigt, seiner selbst bewusst zu werden, sich selbst zu bestimmen und sich und die Umwelt zu gestalten.« Mensch ist demnach nur, wer seiner selbst bewusst und fähig ist, sich und seine Umwelt zu gestalten. Das sind schöne Worte, aber auch Bedingungen, die nicht jeder erfüllen kann. Geisteskranke zum Beispiel sind vielfach nicht in der Lage, sich selbst zu bestimmen oder ihre Umwelt zu gestalten, und Anenzephale, also Menschen, denen von Geburt an das Großhirn fehlt, sind sich noch nicht einmal ihrer selbst bewusst, weshalb sie nach dem zitierten Grundgesetzkommentar auch nicht unter den Begriff des Menschen fallen können.

Um dieses Ergebnis nicht deutlich aussprechen zu müssen, versteigt sich der Kommentar zu der Behauptung, dass die Freiheit der Selbst- und Weltgestaltung »denknotwendig nur eine abstrakte Freiheit, d. h. eine Freiheit als solche sein kann, die ›dem Menschen an sich‹ eigen« sei. Solche Leerformeln wie eine → Freiheit »als solche« und der Mensch »an sich« sind aber nur dann »denknotwendig«, wenn man die vorgeschlagene Definition des Menschen zu Grunde legt, wobei aber das Ergebnis dieser Notwendigkeit kein Anlass für die Begriffsakrobaten ist, ihre Definition zu überprüfen, sondern sie zu dem konsequenten, aber katastrophalen Schluss verführt, dass die Würde des Menschen dann eben nicht »in der jederzeitigen gleichen Verwirklichung beim konkreten Menschen« bestehen könne, sondern nur »in der gleichen abstrakten Möglichkeit (potentiellen Fähigkeit) zur Verwirklichung«. Man kann also zwar keinem einzigen Menschen die *Fähigkeit* zur Verwirklichung der Menschenwürde absprechen, da sie »auch als vorhanden zu denken (ist), wenn ein konkreter Mensch (etwa der Geisteskranke) die Fähigkeit zur freien Selbst- und Lebensgestaltung von vornherein nicht hat«, aber es gibt nun zwei Sorten Menschen, einmal solche, bei denen die Menschenwürde verwirklicht ist, und dann solche, die diese Würde nur potentiell besitzen. Es verwundert nicht, dass der Kommentar zu der letzten Gruppe Menschen zählt, die schon immer Außenseiter waren und Randgruppen bildeten, ausdrücklich nennt er Geisteskranke und Verbrecher, so dass man annehmen muss, zur anderen Gruppe gehörten die, die schon immer als die besseren galten: Persönlichkeiten, Angesehene, Einflussreiche oder wohl auch schlichte Reiche. Im Grunde sind solche Überlegungen wider die Vernunft; denn die Menschenwürde muss, wenn dieser Begriff überhaupt einen Sinn haben soll, jedem Menschen allein schon deswegen zukommen, weil er ein Mensch ist. *Welcher* Mensch er ist, darf dabei überhaupt keine Rolle spielen.

Doch diese Theorien sind nicht nur widervernünftig. Zwar

kann man ihren Urhebern kaum böse Absichten unterstellen, aber ihre scheinbar interesselose Rationalität und unschuldige Dummheit sind selber schon ein Skandalon und die ersten Schritte auf dem Weg zur Inhumanität. Endgültig deutlich wird das an der gesellschaftlichen Praxis, die diesen Theorien entspricht. Wenn nämlich jeder Mensch die Menschenwürde potentiell immer besitzt, dann kann er sie durch keine gesellschaftlichen Zustände verlieren. Arbeitslosigkeit, Armut, Obdachlosigkeit oder Ausbeutung tangieren sie also nicht, da sie immer noch »als vorhanden zu denken« ist, wie der erwähnte Kommentar zum Grundgesetz schreibt, auch wenn der Mensch »die Fähigkeit zur freien Selbst- und Lebensgestaltung von vornherein nicht hat«, was durch Armut und Ausbeutung eben leicht geschehen kann. – Das ist nun freilich ein praktisches Ergebnis sowohl für die politisch Verantwortlichen wie für jeden einzelnen von uns: Die menschenunwürdigen Zustände in den Asylunterkünften oder den Slums unserer Städte, von denen der dritten Welt ganz zu schweigen, die körperliche und seelische Ausbeutung der Elenden und Entrechteten, die Ausgrenzung der Armen und Alten, die durch Armut erzwungene Prostitution der Kinder der Dritten Welt, all das berührt nicht ihren potentiellen Besitz der Menschenwürde. Hauptsache, sie tragen Sorge dafür, dass sich ihre bloß potentielle Menschenwürde schließlich doch noch verwirklicht; denn dafür sollen sie ja selbst verantwortlich sein.

In der Geschichte findet man nicht viele Belege für ein anderes Denken. Eine der wenigen Ausnahmen ist der italienische Renaissancephilosoph Pico della Mirandola aus dem 15. Jahrhundert, der es als besondere Eigenheit des Menschen ansah, dass er alles mögliche sein und werden könne, denn nur er könne »zu der niedrigeren Stufe der Tierwelt entarten« oder sich »auf die höhere Stufe des Göttlichen erheben«. Damit nimmt Pico die ganze Bandbreite menschlicher Möglichkeiten in den Begriff des Menschen auf und rechnet nicht nur die Möglichkeit, dass der Mensch »edel, hilfreich und gut«, sondern auch die Alternative, dass er moralisch verkrüppelt und seelisch beschädigt, schlecht und dumm und ein Verbrecher sein kann, zu seinem Wesen und damit zu seiner Würde. Nicht zufällig stehen diese Thesen in einer Rede Picos, der man später den Titel »Die Würde des Menschen« gab, und es ist gewiss auch kein Zufall, dass Pico solcher Thesen wegen mit dem Kirchenbann belegt wurde; denn solche Art der Toleranz, die auch das niedrigste und widerwärtigste Verhalten des Menschen als immer noch *menschliches* Verhalten ansieht, war immer anstößig und gefährdete den Einfluss jeder Moraldiktatur, die zu ihrer Herrschaft der Definitionsmacht über das Menschliche und Unmenschliche bedarf.

Dennoch fand sich schon im nächsten Jahrhundert wieder ein freier Geist, nämlich Michel de Montaigne, der ein so umfassendes Menschenbild entwarf, dass er damit noch unser heutiges Verständnis von Menschenwürde eindrücklich blamiert. Beim Entwurf dieser Vorstellung vom Menschen berief sich Montaigne auf eine »universelle und natürliche« Vernunft, die es geradezu erzwinge, alle Menschen als gleichwertig anzusehen, auch die defekten, selbst die monströs verkrüppelten. An die Beschreibung eines missgestalteten Kindes fügte Montaigne daher die Betrachtung an: »Was wir Monstren nennen, ist nicht monströs für Gott, der in seinem ungeheuren Werk die Unendlichkeit von Formen einbegreift, die er darin selbst entwarf.« Wir würden zwar naturwidrig nennen, was regelwidrig sei, in Wahrheit sei aber nichts regellos, und diese Erkenntnis, hoffte Montaigne – bisher allerdings vergebens –, werde »uns das Irren und das Erstaunen über die Neuartigkeit vertreiben«.

Doch Montaignes Menschenbild ist immer noch nicht universell, auch wenn er die bisher verachteten monströsen Formen des Menschseins in seinen Begriff vom Menschen einbezieht. Deutlich wird das, wenn man die programmatischen Worte des Adolph Freiherr von Knigge aus dem 18. Jahrhundert liest, der in seinem Traktat »Über den Umgang mit Menschen« schreibt, der Umgang mit Menschen gründe sich auf Pflichten, »die wir allen Arten von Menschen schuldig sind«. Hier sind nicht nur die menschlichen Monstren als gleichwertig akzeptiert, sondern alle Außenseiter jeder Couleur, so dass alle Unterschiede von Alter, Geschlecht, Stand oder Bildung, sei es intellektueller oder sittlicher, eingeebnet sind. Mit diesem Begriff vom Menschen wird ein universelles Gleichheitsgebot für alle in all ihrer Verschiedenheit gefordert. Diese Forderung enthält ein sozialrevolutionäres Versprechen, das auch heute noch nicht eingelöst ist. Deshalb ist immer wieder daran zu erinnern oder auch erst darauf aufmerksam zu machen, dass nur dann, wenn zum Begriff und zur Wirklichkeit des Menschen auch das Mangelhafte und Unvollkommene, das Versehrte und Krankhafte, das Schändliche und Schlechte gehört, dass nur dann der Begriff der Menschenwürde mit einem sinnvollen Inhalt gefüllt werden kann.

Solange hingegen zwischen Menschen unterschieden wird, die die Menschenwürde nur potentiell besitzen, und solchen, die sie angeblich bei sich verwirklicht haben, und solange nicht anerkannt ist, dass gesellschaftliche Zustände sehr wohl die Menschenwürde tangieren, solange kann es keine menschliche Würde geben, nicht für die, die ausgeschlossen werden, aber auch nicht für die, die andere ausschließen. Hier fällt unsere Zeit sogar noch hinter den doch so offensichtlich unzureichenden Standard der Aufklärung zurück; denn unter der Annahme, wissenschaftliche Thesen erfüllten allein schon durch ihre Vernünftigkeit den Anspruch von Menschlichkeit, begründen Wissenschaftler heute sogar, weswegen bestimmte Gruppen von Menschen vernichtet werden dürfen, wobei sie sich auf die moderne → Bioethik berufen. Was muss das aber für eine Würde sein, deren Träger einerseits solche Thesen entwickeln oder andererseits noch nicht einmal wert sind, auch nur zu leben?

Menschenrechte

Im Jahre 1945 wurde die Charta zur Gründung der Vereinten Nationen unterzeichnet, die den Aufruf enthält, »die Achtung vor den Menschenrechten und Grundfreiheiten« zu fördern. Drei Jahre später proklamierte die Generalversammlung der Vereinten Nationen die Allgemeine Erklärung der Menschenrechte, die im Jahre 1966 durch den Internationalen Pakt über wirtschaftliche, soziale und kulturelle Rechte rechtlich abgesichert wurde. Diese drei Texte bilden die internationale Charta der Menschenrechte, die für den europäischen Raum durch die Konvention zum Schutz der Menschenrechte und Grundfreiheiten spezifiziert wurde. In der Erklärung zur europäischen

Identität aus dem Jahre 1973 wird die »Achtung der Menschenrechte« sogar als ein »Grundelement der europäischen Identität« bezeichnet, eine Einschätzung, die während der folgenden Jahre in mehreren weiteren Erklärungen bestätigt wurde. Entsprechend bekennt sich das deutsche Volk in Art. 1 des Grundgesetzes »zu unverletzlichen und unveräußerlichen Menschenrechten als Grundlage jeder menschlichen Gemeinschaft«.

Diese Texte markieren Etappen auf dem Weg, von dem wir glauben, er führe in eine menschenwürdigere Welt. Dieser Glaube war allerdings noch nie so nötig wie heute; denn nie zuvor wurden so verheerende Kriege geführt wie in unserem Jahrhundert; nie lebten mehr Flüchtlinge auf der Welt als jetzt, und nie wurden Folter und alle Arten der Unterdrückung so effektiv eingesetzt wie heute; keine Zeit hatte so viele materielle Güter zur Verfügung wie unsere, und dennoch leben Millionen Menschen unter unmenschlichen Bedingungen oder verhungern vor den Augen der Welt. Während wir von Menschenrechten reden und uns für ihre weltweite Anerkennung einsetzen, machen wir glänzende Geschäfte mit denen, die sie mit Füßen treten. Diese Diskrepanz zwischen unserem Anspruch und den Zuständen ist bekannt. Erklärt wird sie gewöhnlich damit, dass politische, kulturelle oder wirtschaftliche Gründe die volle Verwirklichung der Menschenrechte bisher verhindert hätten, obgleich doch eigentlich zu erklären wäre, weshalb solche Gründe überhaupt noch von Bedeutung sein können, und zwar nicht dort, wo man von Menschenrechten ohnehin nichts hält, sondern bei uns und in unseren eigenen Köpfen. Mit dieser Argumentation vermeidet man es aber, unseren eigenen Umgang mit den Menschenrechten als eine mögliche Ursache ihres Scheiterns zu erkennen, und so impliziert das aufgeklärte Bekenntnis zu den Menschenrechten als unaufgeklärte Rückseite einen Mangel an kritischer Reflexion auf uns selbst.

Die Menschenrechte sollen ihrem Begriff nach für alle Menschen ohne Ansehung der Person gelten. Deshalb heißt es in Art. 3 GG: »Niemand darf wegen seines Geschlechtes, seiner Abstammung, seiner Rasse, seiner Sprache, seiner Heimat und Herkunft, seines Glaubens, seiner religiösen oder politischen

Anschauungen benachteiligt oder bevorzugt werden.« Dass die Praxis dieser Idee nicht immer gerecht wird, versteht sich fast von selbst, sprach doch selbst eine im Auftrag der Innenministerkonferenz erstellte Studie über »Polizei und Fremde« vom mangelhaften Schutz der Menschenrechte. Wirklich wichtig ist aber, was der Art. 3 GG verschweigt; denn angesichts der tatsächlichen Benachteiligungen in unserer Gesellschaft müsste man ihn, der so gewissenhaft alle traditionellen Möglichkeiten rechtlicher oder politischer Ungleichbehandlung aufzählt, um körperliche, psychische oder charakterliche Eigenschaften erweitern, die es auch heute noch erlauben, Menschen ihretwegen zu bevorzugen oder zu benachteiligen. Die Forderung nach formeller Rechtsgleichheit darf aber gerade hier nicht durch die Annahme inhaltlicher Rechtsungleichheit, nach der nur gleich behandelt werden darf, was auch gleich ist, unterlaufen werden; denn inhaltlich gibt es keinen Unterschied zwischen Mensch und Mensch. Das ist ja die einzigartige Aussage der Menschenrechte, wodurch sie sich von allen anderen, gesetzlich gewährten Rechten unterscheiden.

Heute existieren aber wissenschaftliche und philosophische Denkmodelle, die diese Besonderheit der Menschenrechte zu eliminieren versuchen. Angesichts des Fortschritts wissenschaftlichen Wissens und ihm entsprechender Technologien, etwa die pränatale Chirurgie, die Reproduktionstechniken oder die Gentechnologie, wodurch Beginn und Ende des menschlichen Lebens, die Lebensqualität und schließlich die Gattung Mensch selbst manipulierbar geworden seien, stelle sich die alte Frage, was der Mensch sei, neu. Doch diese Frage, *was* der Mensch sei, wird in der gegenwärtigen Diskussion gern in die Frage verwandelt, *wer* ein Mensch sei, wobei nicht bestritten wird, dass natürlich alle Menschen Menschen seien, doch glaubt man heute fragen zu dürfen, welche Menschen die Anforderungen dieses Begriffs nicht voll erfüllen, und ob zum Beispiel komatöse Patienten oder Präembryonen in gleichen Sinne Menschen seien wie alle anderen. Der amerikanische Wissenschaftler H. Tristram Engelhardt führt das gegenwärtige Argumentationsmuster beispielhaft vor, wenn er fragt, ob »der Präembryo oder der frühe Embryo eine Person« sei, und zu dem Schluss kommt, dass Embryonen nur »Zustandsformen

menschlich biologischen Lebens, aber nicht menschlich personalen Lebens« seien. Diese Ersetzung des Menschen durch die
Person hat zur Folge, dass die Menschenrechte zu Personen-
rechte werden, so dass es nicht genügt, ein Mensch zu sein,
man hat vielmehr ein personal existierender Mensch zu sein,
sonst kann es einem passieren, dass man, nach dem Vorschlag
dieses Wissenschaftlers, »entweder weggeworfen, anderen zur
Verfügung gestellt oder zu Forschungszwecken verwendet«
werden kann. Hier zeigt sich, wie leichtfertig es ist, zu sagen,
dass Menschenrechte »ohne Ansehung der Person« gelten sollen; denn diese Forderung erfüllt auch ein »personal« gedachtes
Menschenrecht, nicht aber die weitergehende Forderung, un-
terschiedslos für alle Menschen zu gelten.

Diese Argumentation, die im Kern auf eine Neudefinition
des Menschen hinausläuft, hat natürlich nicht nur für den
Begriff der Menschenrechte Auswirkungen, sondern ebenso für
den der → Menschenwürde, bei dem auf dieselbe Weise zunächst die Träger dieser Würde bestimmt und eingegrenzt werden. Damit verlieren Menschenwürde und Menschenrechte
ihre Bedeutung als höchste Rechtsgüter, die für alle Menschen
in gleicher Weise gelten. Sie werden zu Auszeichnungen einer
Elite, die sich dadurch definiert, dass sie auf die eigentliche
Weise das Menschsein verwirklicht.

Doch bei den Menschenrechten wird nicht nur der Kreis der
Begünstigten begrenzt, ihre Gültigkeit selber wird eingeschränkt. Die Bundesrepublik Deutschland bekennt sich zum
Beispiel in Art. 1 »zu unverletzlichen und unveräußerlichen
Menschenrechten«, doch schon im nächsten Artikel werden
diese Unverletzlichkeit und Unveräußerlichkeit zurückgenommen; denn in Art. 2 GG heißt es, auf Grund eines Gesetzes
dürfe in Menschenrechte »eingegriffen werden«. Mit dieser
Eingriffsmöglichkeit sind aber Unverletzlichkeit und Unveräußerlichkeit nicht zu vereinbaren. Dass diese Möglichkeit zur
Beschränkung der Grundrechte so früh eingeführt und durch
auffallend viele Wiederholungen eingeprägt wird, zeigt schon
äußerlich, welch wichtiges Prinzip damit genannt ist. Dieses
Prinzip wird auf fast alle Grundrechte angewendet. Der erste
Absatz des Art. 5 GG garantiert zum Beispiel die Meinungs-
und Pressefreiheit, doch schon der zweite relativiert beide,

indem er bestimmt, diese Rechte fänden »ihre Schranken in den Vorschriften der allgemeinen Gesetze«. Ebenso wird im ersten Satz von Art. 10 GG das Briefgeheimnis als »unverletzlich« bezeichnet, doch schon im zweiten wird die Bedingung für seine »Beschränkungen« genannt. Diese Eingriffsmöglichkeiten gehen bis zum Widersinn. Im Art. 2 GG wird ausdrücklich erwähnt, dass auch in das »Recht auf Leben und körperliche Unversehrtheit« eingegriffen werden darf, obgleich ein solcher Eingriff den Tod bedeuten und somit das Recht auf Leben völlig negieren kann, während Art. 19 GG doch ausdrücklich festschreibt, dass kein Grundrecht »in seinem Wesensgehalt angetastet werden« darf. Erklären lässt sich dieser Widerspruch dadurch, dass unser Grundgesetz nur die Tötung als Strafe, nicht das Töten selber ächten will. Krieg, finaler Rettungsschuss, putative Notwehr mit Todesfolge und dergleichen mehr sollen durchaus möglich bleiben.

Solche Widersprüche sind keine deutsche Spezialität, sie finden sich auch in der »Konvention zum Schutze der Menschenrechte und Grundfreiheiten« des Europarats. Der Art. 2 dieser Konvention legt im ersten Absatz fest: »Das Recht jedes Menschen auf das Leben wird gesetzlich geschützt.« Dies wird durch die weitere Bestimmung verstärkt, dass »eine absichtliche Tötung nicht vorgenommen werden« dürfe. Doch mit Rücksicht auf die in einigen Ländern geltenden Gesetze wird nicht nur die staatliche Todesstrafe von diesem Verbot ausgenommen, sondern im ersten Artikels auch bestimmt, unter welcher Bedingung eine absichtliche Tötung dennoch »nicht als Verletzung dieses Artikels betrachtet« wird. Mit diesem selbst die Logik negierenden Zusatz hat einer das Recht auf Leben schon verwirkt, wenn er bloß verschwinden will; denn die Tötung soll auch zulässig sein, »um eine ordnungsgemäße Festnahme durchzuführen oder das Entkommen einer ordnungsgemäß festgehaltenen Person zu verhindern«. Die Festnahme eines Ganoven ist also wichtiger als sein Recht auf Leben. Das ist eine sonderbare Bewertung, wenn man bedenkt, dass es dieser Konvention um die »Wahrung« und »Entwicklung« der Menschenrechte geht, wie es in der Einleitung ausdrücklich heißt.

Der entscheidende Punkt ist hier wie im deutschen Grundgesetz und in anderen Menschenrechtserklärungen auch, dass nicht die Menschenrechte den Rahmen für das abstecken, was gesetzlich zulässig sein soll und was nicht, sondern dass umgekehrt Inhalt und Umfang der Menschenrechte durch das positive Recht und nationale Gesetze festgelegt werden. Damit verkehrt sich zwar der Sinn der Menschenrechte in sein Gegenteil, doch wer darauf hinweist, wird von der Konvention gleich in der Einleitung belehrt, dass er nicht »vom gleichen Geiste beseelt« sei. Doch das ist ein Geist, der künftig hoffentlich einmal so betrachtet werden wird, wie wir heute manchen früheren Ungeist betrachten.

Die Ungereimtheiten im Umgang mit den Menschenrechten haben natürlich Gründe, die allerdings nicht offen ausgesprochen werden. Doch im Grundgesetz der Bundesrepublik Deutschland wird die Begründung an einer Stelle wenigstens nicht verschwiegen, dort heißt es nämlich in Art. 18, dass man ein Grundrecht trotz seiner Unveräußerlichkeit »verwirkt«, dann nämlich, wenn man es »missbraucht«. Solche Ausdrücke wie »Missbrauch« oder »missbräuchlich« sind aber keine juristischen, sondern moralische Kategorien. Vom rechtlichen Standpunkt aus wäre es ja auch ganz absurd zu sagen, dass der *Gebrauch* dieser Grundrechte, außerhalb dessen sie gar keine Wirklichkeit haben, *Missbrauch* sein könnte, und dass sie unter Umständen aufhörten, Recht zu sein, wenn man sie in Anspruch nehmen wollte. Mit dieser Art moralischer Betrachtung befinden wir uns in alter, wenn auch schlechter Gesellschaft; denn schon die antiken Philosophen argumentierten so. Wenn etwa Eratosthenes sagt, über den Wert eines Menschen entscheide nicht die Geburt und seine Zugehörigkeit zu Hellenen oder Barbaren, sondern seine innere Haltung und Leistung, dann verkennt er die spezifische Qualität der Menschenrechte, die gerade nicht an eine besondere Bedingung, auch nicht an Leistung oder Charakter geknüpft sind. Nicht an den von vornherein Gleichwertigen, sondern an den anderen, an den Fremden und Nichtangepassten, den Ausgestoßenen und menschlichen Monstren hat sich die Rede von den Menschenrechten zu bewähren. Noch weniger entsprachen freilich die Vorstellungen des römischen Philosophen Seneca der Idee der Menschenrechte. Er, der immer noch als humanes Vorbild gilt, fand jedenfalls nichts dabei, über eine schwachsinnige Sklavin zu schreiben, er sei »höchst kritisch gegenüber solcher Unnatur«. Und wie man sich moralischen Verfehlungen gegenüber verhalten soll, hat er bündig in den Satz zusammengefasst: »Barmherzigkeit wird der rechte Mensch meiden.«

Der Antike sieht man solche Art der Argumentation freilich leichter nach, zumal die Menschenrechte damals sowieso keine Rechte waren, die man in der realen politischen und ökonomischen Ordnung hätte einfordern können. Für uns heute kann es aber keine Entschuldigung mehr geben; denn wir erheben den Anspruch, die Menschenrechte nicht nur abstrakt zu wollen, sondern sie ernsthaft zu verwirklichen. Doch dieser Anspruch wird sich solange nicht erfüllen, solange Menschenrechte eingeschränkt und Menschen mit Hilfe willkürlicher Kriterien in Menschen erster und zweiter Klasse katalogisiert werden. Dazu passt übrigens, dass das Verständnis der Menschenrechte nicht weiter entwickelt und ihr Geltungsbereich nicht erweitert wird; denn neben den bekannten allgemeinen Menschenrechten (Gleichheit, Freiheit, Recht auf Leben usw.) werden schon lange soziale Menschenrechte (Recht auf → Arbeit, Wohnung oder gleiche Gesundheitsfürsorge) zwar diskutiert, aber als Recht verweigert, obgleich man zum Beispiel weiß, dass Arme allein auf Grund ihrer ökonomischen Situation früher sterben als Reiche. Diese menschenrechtswidrige Situation wird zugelassen und hingenommen, während gleichzeitig das hohe Lied der Menschenrechte in den höchsten Tönen gesungen wird, und so dienen die Menschenrechte auch nur als beliebig verwendbare Bausteine für eine menschenunwürdige Welt.

Heftige Diskussionen gibt es heute vor allem wegen des Anspruchs der universalen Geltung der Menschenrechte; denn diese scheint dem faktischen Pluralismus von Werten und Rechtssystemen in der Welt zu widersprechen, weshalb die These von der Universalität der Menschenrechte manchmal als Ausdruck westlichen Kulturimperialismus gebrandmarkt wird. Dieser Vorwurf bezieht seine scheinbare Rechtfertigung daraus, dass die Idee der Menschenrechte wesentlich im europäischen Raum entstanden sei, wobei aber weder berücksichtigt wird, dass sie sich auch hier gegen vielfältige Widerstände – nicht zuletzt der Kirchen – durchsetzen musste, so dass von einer

Einheit der Kultur auch in Europa nicht gesprochen werden kann, noch wird berücksichtigt, dass der Koran in den islamischen Ländern, die sich gegen die angebliche Verwestlichung wehren, teilweise schon lange vorschrieb, was in Europa erst später als Menschenrecht artikuliert wurde.

Die Menschenrechte formulieren deshalb auch gar keine positiven Vorstellungen darüber, wie die jeweilige kulturelle Identität zu gestalten sei, sie sind lediglich herrschafts-*begrenzende* Richtlinien für das staatliche Handeln, und es ist eine Minimalforderung, darauf zu beharren, dass jeder Einzelne das Recht habe, seine kulturelle Identität selbst zu bestimmen. Der Philosoph Walter Schweidler schreibt deshalb mit Recht: »Es soll nicht jeder leben wie wir; aber es soll jeder Stellung zu der Frage nehmen können, wie er leben will, und zwar Stellung nehmen gegenüber seinen eigenen politischen Repräsentanten.« Kein Staat kann diese Frage gleichsam als Vormund seiner Bürger und stellvertretend für jeden einzelnen beantworten. Auffallend ist ja auch, dass sich dieses Recht der Stellvertretung vor allem totalitäre Systeme und ihre parasitären Eliten anmaßen, deren erste Sorge durchaus keiner kulturellen Identität gilt. Doch selbst dieser Minimalforderung innerhalb der Menschenrechte Geltung zu verschaffen und sie rechtlich zu sichern, ist ein großes Problem; denn weder erlaubt es der gegenwärtige Stand der Völkerrechtslehre noch der der Staatenpraxis, die Staatenimmunität wegen Menschenrechtsverletzungen zu beschränken oder gar aufzuheben. Sie ist die heilige Kuh des Völkerrechts, weshalb man zur Zeit nur hoffen kann, wie der Jurist Matthias Herdegen schreibt, »dass dieses Desiderat einmal durch die Fortentwicklung völkerrechtlicher Verfahren zu wirklich effektiven Mechanismen des Menschenrechtsschutzes nach dem Vorbild der Europäischen Menschenrechtskonvention entfällt.«

Bioethik

»Neue Entdeckungen können und werden geschehen, allein es kann nichts Neues ausgedacht werden, was auf den sittlichen Menschen Bezug hat«, sagte Goethe, und daran sieht man, dass er nicht auf der Höhe unserer Zeit war; denn gerade in Bezug auf die Sittlichkeit wird heute viel Neues ausgedacht, sogar erstaunlich Neues, von dem man früher nicht gedacht hätte, dass es jemals sittlich sein könnte. Wer hätte bisher schon angenommen, dass der unbefangene Gebrauch des Begriffes »lebensunwertes Leben« moralisch unbedenklich und dass nichts »Inhumanes oder Verwerfliches darin zu erblicken« sei, wie der Rechtsphilosoph Norbert Hoerster glaubt, selbst dann nicht, wenn man bedenkt, dass die erneute Diskussion dieses Begriffs nur Sinn macht, wenn sie die Akzeptanz künftigen Handelns vorbereiten soll? Oder wer hätte je die Skrupellosigkeit, mit der der australische Philosoph Peter Singer in seiner »Praktischen Ethik« behauptet: »Die Tötung eines behinderten Säuglings ist nicht moralisch gleichbedeutend mit der Tötung einer Person. Sehr oft ist sie überhaupt kein Unrecht«, als moralisch einwandfrei akzeptiert? Eine solche Ethik mag praktisch sein (wenn auch nicht im philosophischen Sinn), moralisch ist sie gewiss nicht. Dass der Mensch unmoralisch handelt, ist eine alte Erfahrung, dass aber die Unmoral heute im seriösen Gewand wissenschaftlicher oder philosophischer Überlegungen daherkommt und ethisch gerechtfertigt wird, das ist neu.

Das Bedürfnis nach neuen ethischen Regeln wird gewöhnlich damit erklärt, dass es heute Möglichkeiten des Handelns gebe, vor denen die Regeln des bisherigen Verhaltens entweder versagten oder die mit ihrer Hilfe erst interpretiert werden müssten. Angesichts der raschen Fortschritte in den Naturwissenschaften und der Technik, speziell der Medizin und ihrer veränderten organisatorischen und gesellschaftlichen Rahmenbedingungen, müsse man doch wissen, welche Handlungen moralisch zu rechtfertigen sei und was man tun dürfe oder zu unterlassen habe. Deshalb sei es notwendig, die alten moralischen Maximen zu überdenken oder wenigstens »die alten Prinzipien auf konkrete neue Situationen hin auszulegen«, wie der Philosoph Hans-Martin Sass erklärt. Das klingt zunächst recht vernünftig, wiewohl einem gleich der Pferdefuß auffallen sollte, dass hier nicht verlangt wird, die neuen Situationen mit den alten Prinzipien zu prüfen, sondern umgekehrt die alten Moralprinzipien durch die veränderten Situationen neu zu interpretieren, und das klingt schon sehr nach Manipulation. Dennoch wäre man bereit, die neuen Antworten auf die alte Frage nach den Grenzen des moralisch Erlaubten ernst zu nehmen, erklärten sie nicht so forsch manches für ethisch gerechtfertigt, was bisher als unmoralisch galt, und widersprächen sie damit nicht so offensichtlich dem, was man bisher unter Moral verstand. Hinter diesen Antworten kann man daher nicht ohne weiteres ein moralisches Bedürfnis sehen, zumal die spezifischen Antworten dieser neuen Ethik deutliche Hinweise auf das wahre Interesse bei solchen Überlegungen geben.

Wer nämlich heute in der Biomedizin forscht oder mit modernen Großtechnologien experimentiert, kommt schnell in den Verdacht, unmoralisch zu handeln, vor allem dann, wenn diese Technologien risikoreich sind, oder wenn man in neue Bereiche des Machbaren vorstößt. Da hat sich die Gesellschaft oft noch gar nicht darüber verständigen können, was solche Möglichkeiten des Handelns nun eigentlich moralisch bedeuten, und so herrscht überall große Verunsicherung. Schon die aus solcher Verunsicherung folgende Forderung nach Selbstzweifel und Skrupelhaftigkeit behindert die allzu forcierte Forschung auf diesen Gebieten und macht die bedenkenlose Anwendung ihrer Ergebnisse unmöglich. Moralische Skepsis und Vorsicht wirken somit wie Hemmschuhe für den Fortschritt und erschweren seine öffentliche Akzeptanz. Das gilt natürlich vor allem für die Bereiche, in denen es nach herkömmlichem Verständnis am schnellsten moralisch bedenklich wird, etwa bei der Frage nach den Umständen beim → Sterben, dem Zeitpunkt des → Todes oder bei dem Problem der Euthanasie, bei dem man sich angesichts der deutschen Geschichte leicht den Vorwurf zuziehen kann, man argumentiere und handle nicht anders als die Nationalsozialisten. Deshalb muss man gerade hier begründen, weshalb die neuen Vorschläge mit den Taten der Nazis trotz gleicher Auswirkungen nicht vergleichbar, sondern ethisch vertretbar seien. Die entscheidende Frage ist für manche Forscher und Politiker dann nur, wie man die öffentliche Akzeptanz für die entsprechenden Maßnahmen durch den Nachweis moralischer Unbedenklichkeit erreichen kann.

Nun ist Moral verändern schwer, Moral beschwatzen leicht,

und dieses Beschwatzen beginnt mit der Behauptung, die Wörter »Ethik« und »Moral« seien austauschbar. Diese Gleichsetzung wird dadurch erleichtert, dass man im Alltag eben so spricht, ohne dass man sich Gedanken über die Wirkung dieser Identifizierung und deren Rückwirkung auf den Sachverhalt des Moralischen macht; denn immerhin kommt dadurch das Moralische in der Ethik nicht mehr als eigene Qualität vor. Durch diesen Trick werden auch die merkwürdigen Konnotationen Singers verständlich, wenn er, moralische Probleme und nichtmoralische vermischend, erklärt: »Wir können die Euthanasie nicht nur deshalb verdammen, weil die Nazis sie durchgeführt haben, ebensowenig wie wir den Bau von neuen Straßen aus diesem Grund verdammen können.« Ganz ähnlich sieht Max Charlesworth – ebenfalls ein australischer Philosoph – keinen Unterschied zwischen dem Austragen eines Kindes und dem Ausheben von Gräben oder dem Wegkarren von Backsteinen. Für eine solche Ethik, die Euthanasie und Autobahnbau, Leihmutterschaft und den Verkauf seiner Arbeitskraft auf derselben Ebene vergleicht, stellt sich natürlich nicht die Frage, ob nicht vielleicht auch eine Ethik unmoralisch sein könne. Für sie ist ein bestimmtes Handeln schon dadurch moralisch, dass es sich in einen rational begründeten und stimmigen Zusammenhang von Prinzipien des Handelns einordnen lässt, so dass, was bisher einer eigenen moralischen Beurteilung unterlag, nun schon durch die rationale Begründung gerechtfertigt wird. Singer betont daher besonders die »Bedeutung von argumentierender Vernunft im Bereich der Ethik« oder Moral, weshalb er behaupten kann, dass man dann nach moralischen Maßstäben lebe und handle, wenn man seine Lebensweise begründen und rechtfertigen könne.

Philosophen, die es besser wissen müssten, weil es sich hier um eines ihrer ureigensten Arbeitsgebiete handelt, machen diesen Etikettenschwindel bedenkenlos mit. In einer »Erklärung Berliner Philosophen« wurde Singer ausdrücklich dafür gelobt, dass es »eine rationale und konsistente Lösung für die unterschiedlichen Probleme der angewandten Ethik« zu erarbeiten versuche, und wer andere Vorstellungen über die Moralität des Handelns hat, wurde von den Berliner Philosophen aufgefordert, sich nicht nur auf seine »Gefühle zu berufen, sondern eine konsistente Gegenposition auf der Grundlage von Argumenten zu entwickeln«. Bisher wurde aber immer gefordert, dass ein Verhalten, das moralisch sein wollte, auch *moralisch* und nicht *rational* begründet werden müsse, und wer darauf besteht, dass dies auch heute noch gelte, der handelt nicht aus einem Gefühl heraus, wie jene Philosophen unterstellen, der hat vielmehr das beste Argument auf seiner Seite.

Auffallend ist auch, mit welcher Willkür heute der Geschäftsbereich der Ethik beschnitten wird. Die klassischen Vorstellungen von Ethik weisen ihr ein recht umfangreiches Gebiet zu. Kant zum Beispiel hatte in seinem letzten großen Werk »Die Metaphysik der Sitten« vier Bereiche ethischen Verhaltens angeführt, nämlich das Verhältnis des Menschen zu sich selbst, dann das zu anderen Menschen, drittens das zu Untermenschlichem oder zur Natur und schließlich das zu Übermenschlichem oder zu Gott. Dass diese Gliederung keine persönliche Schrulle des alten Königsbergers war, kann man in »Wilhelm Meisters Wanderjahre« nachlesen, wo Goethe ebenfalls vier Arten von Ehrfurcht unterscheidet, nämlich die Ehrfurcht »vor dem, was über uns ist«, dann die »vor dem, was uns gleich ist«, drittens die Ehrfurcht »vor dem, was unter uns ist« und schließlich die »Ehrfurcht vor sich selbst«. Singer aber enteignet die Ethik rigoros und lässt ihr nur zwei Provinzen ihres ehemaligen Gebiets, nämlich das Verhältnis des Menschen zu sich selbst und das zu anderen Menschen, ohne dass er erklärt, mit welchem Recht oder auf Grund welcher Notwendigkeit diese Einschränkung stattfindet.

Diese Beschränkung macht es allererst möglich, allein die Interessen der Menschen zu obersten Kategorien ethischer Überlegungen zu erklären und daraus zu folgern, dass man dann moralisch handle, wenn man »alle diese Interessen abwäge und jenen Handlungsverlauf wähle, von dem es am wahrscheinlichsten ist, dass er die Interessen der Betroffenen maximiert«. Geht es aber nur um die Maximierung von Interessen, wird verständlich, dass schließlich sogar die Ökonomie glaubt, nun habe ihre Stunde geschlagen, und sie könne selbst die Ethik als ihr Gebiet reklamieren, während sie doch nicht darüber hinauskommt, alle Lebensbereiche auf ihren ökonomischen Nutzen hin zu untersuchen und selbst das Menschenleben als

marktwirtschaftliche Größe zu behandeln und unter Kostenge-
sichtspunkten mit anderen Wirtschaftsfaktoren zu verrechnen.
Die Substitution des moralischen durch das rationale Argument hat zur Folge, dass das, was bisher unmoralisch war, nun
moralisch sein kann. Deshalb glaubte sich Norbert Hoerster
innerhalb moralischer Grenzen, als er bei dem »Sciencefiction-
Kongress«, der 1996 in Heidelberg stattfand, die These aufstellte: »Wir benötigen eine ethische Theorie davon, welche
menschlichen Individuen ein Recht auf Leben haben.« Eine
Theorie, die bestimmten Menschen das Lebensrecht abspricht,
galt aber immer als unmoralisch, und wer sie handelnd um-
setzt, wird immer noch wegen Totschlag oder Mord juristisch
belangt. Doch auf dem Kongress wurden Hoersters Thesen mit
Beifall quittiert. Dabei dürfte es schwer fallen, eine überzeugende Begründung dafür zu finden, weshalb Tötungen auf
Grund einer neuen ethischen Theorie moralisch, die der Nazis
aber weiterhin unmoralisch sein sollen.

Bilden aber nur noch rationale Argumente die Grundlage der
Ethik, muss man alle Bereiche des Handelns auf ihre rationale
Richtigkeit hin untersuchen. Dadurch entstehen schließlich
Spezialethiken wie die medizinische Ethik, die Ethik für die
moderne Technik oder die Bioethik, wodurch nicht nur die
Einheit der Moral preisgegeben wird, vielmehr muss auch das,
was bisher generell gegolten hatte, nicht mehr ohne weiteres
auf die speziellen Bereiche zutreffen. Nähme man dieses Verfahren, das heute so selbstverständlich angewendet wird, aber
wirklich ernst, müsste man auch eine Ethik für die Toiletten-
frau oder für einen Amtsstellenleiter fordern. Die Berufung auf
rationale Argumente erklärt auch eine der skurrilsten Erscheinungen auf dem Gebiet der neuen Ethik, die es früher nie
gegeben hat, nämlich die Existenz von Moralexperten. Diese
empfehlen sich freilich nicht durch moralische Integrität, die
von ihnen auch nicht erwartet wird, sondern durch einen angeblichen moralischen Sachverstand, der sich in Ethikkommissionen verdichtet, die durch verschiedene Organisationen ins
Leben gerufen werden, um sich mit den moralischen Problemen
unserer Zeit auseinanderzusetzen und Lösungen vorzuschla-
gen. Die Kommission macht sich also an die Arbeit und prüft,
ob ein Verhalten nach Abwägung aller relevanten Faktoren

vernünftig sei oder nicht, wobei das als vernünftig gilt, worauf sich die in der Kommission vertretenen gesellschaftlichen Interessengruppen einigen können. Schließlich wird ein Gutachten erstellt, das konkrete Handlungsempfehlungen gibt, wodurch moralische Gebote nicht anders behandelt werden als Probleme der Abwasserentsorgung oder der Verkehrsregelung, bei denen man sich einigen und für die man Regeln vorschreiben kann.

Doch Moralgebote, ihre Geltung und mögliche Veränderung, sind dieser Art der Verfügbarkeit grundsätzlich entzogen, weshalb sich die Ethik bisher auch damit begnügte, die Prinzipien ethischen Handelns zu erforschen, ohne selbst gesetzgebend tätig zu werden. Kant weist ausdrücklich darauf hin, dass die Ethik keine Gesetze für Handlungen, sondern nur für Maximen von Handlungen geben könne. Daher kann es keine speziellen Gesetze für Teilbereiche menschlichen Handelns geben, und ebensowenig kann sich eine Ethikkommission die moralische Gesetzgebung anmaßen und empfehlen oder gar vorschreiben, was als moralisch und was als unmoralisch zu gelten habe. Modeschöpfer kann es im Reich der Moral nicht geben. Die moralische Urteilsfähigkeit beruht nämlich auf keinem Spezialwissen, sie beruht auf überhaupt keinem Wissen, sondern auf moralischem Empfinden, und dieses Empfinden kann durch keine rationalen Argumente ersetzt werden, weshalb man zwar das Verhalten dekretieren kann, nicht aber die moralische Urteilsfähigkeit. Deshalb kann keine Kommission, keine Diskussion und keine Übereinstimmung in einer bestimmten Frage das moralische Empfinden außer Kraft setzen oder eine Veränderung des moralischen Empfindens willkürlich, auf Grund rationaler Überlegungen initiieren.

Die neue Gesetzgebung in der Moral hat nun aber zwei gravierende Auswirkungen. Erstens entmündigt sie den Menschen, indem sie die Probleme, die jeder für sich selbst zu entscheiden hat, zu Fragen für Spezialisten erklärt, womit sie dem einzelnen die Urteilsfähigkeit für das Handeln in seinen eigenen Belangen abspricht, und zweitens verführt sie den Menschen zu gewissenlosem Handeln; denn wer bei einer Sache moralische Bedenken hat und dennoch handelt, weil angeblich rationale Gründe dafür sprechen, handelt in jedem Fall gegen sein Gewissen, und kein noch so vernünftiger Grund kann ihn von dieser moralischen Bedenkenlosigkeit entlasten. Als Wissenschaftler, der an bestimmten Verfahren und Ergebnissen interessiert ist, als Produzent problematischer Produkte oder als Politiker kann er sich nicht ruhigen Gewissens auf die Empfehlungen einer moralischen Autorität (und schon gar nicht auf die einer von ihm abhängigen Ethikkommission) berufen und scheinbar unbedenklich tun, was er sonst nicht ohne Gewissensbisse tun würde. Wer die Entscheidungen bei moralisch relevanten Problemen anderen überlässt, handelt prinzipiell unmoralisch.

Der Berliner Philosoph Ernst Tugendhat schrieb in der »taz«, die Euthanasie-Debatte sei eine der lebenswichtigen Fragen, »die geklärt und also diskutiert werden müssen«. Das klingt vernünftig, geht aber an dem eigentlichen Problem vorbei; denn die Frage ist, was eine solche Diskussion leisten soll, zumal bei einer Diskussion, der es letztlich um einen Entschluss geht, das abwägende Nachdenken und Bedenken gänzlich auf der Strecke bleiben kann, worauf Behinderte gerade bei der Euthanasie-Diskussion immer wieder hingewiesen haben. Ungeklärt bleibt bei diesem Anspruch der Klärung durch Diskussion aber auch, wieso man unbefangen über Themen und Thesen sollte diskutieren dürfen, wenn andere, die sich höchst unakademisch und bar jeder intellektuellen Eloquenz für die schnelle Anwendung solcher Thesen stark machen, als Rassisten und Faschisten gebrandmarkt und juristisch verfolgt werden.

Es können sich auch nicht alle Wissenschaften aufs Diskutieren beschränken, manche müssen experimentieren, um den Anforderungen ihres Faches gerecht zu werden. Wie aber wollte man, wenn der Philosoph über das Lebensrecht bestimmter Menschen diskutieren will, Mengele daran hindern, die passenden Beiträge seines Faches zu liefern? Und auf welche Moral beruft sich ein Philosoph, wenn er behauptet, es gäbe »ethisch notwendige Euthanasie-Fragen«? Gab es die nicht auch früher schon, und müsste man dann nicht auch die damaligen Lösungen für ethisch gerechtfertigt halten; denn ohne rationale Argumente waren auch die Nazis nicht? Und gibt es nicht auch, gerade unter wissenschaftlichen Gesichtspunkten, indiskutable Thesen und Fragen, und hat nicht der schon das wissenschaftliche Ethos aufgegeben, der dies ignoriert? Und gehört zu diesen indiskutablen Thesen nicht beispielsweise Singers Behauptung, dass »die Euthanasie nichts Schreckliches an sich« habe? Die Vordenker einer neuen Ethik fordern ein radikales Umdenken angesichts der Umbrüche und der geistigen, ökonomischen und ökologischen Krise unserer Zeit, in Wahrheit sind sie aber ein Teil dieser Krise selbst, und das beweisen sie eben auch noch dadurch, dass sie, ganz im Trend unserer Zeit, ein radikales Umdenken fordern, ohne sich zuvor um ein gewissenhaftes Bedenken dessen zu bemühen, was durch dieses Umdenken verloren gehen könnte.

Verantwortung

Nach Jahrhunderten kümmerlicher Existenz erlebte der Begriff der Verantwortung in unserem Jahrhundert einen ganz erstaunlichen Boom und zugleich einen völligen Bedeutungswandel; denn seit dem ersten Auftreten dieses Wortes im Mittelhochdeutschen hatte es seinen Platz zunächst nur im Rechtswesen. Eine Sache verantworten, bedeutete, sie zu verteidigen und zu rechtfertigen. Doch seit kurzem trägt die Verantwortung die würdige Robe eines moralischen Begriffs und gilt mittlerweile sogar als unverzichtbare Kategorie im ethischen Diskurs, obgleich sie in dieser Rolle bisher niemand vermisste. Noch der deutsche Idealismus sprach nur vom juristischen Begriff der Zurechnung (imputatio). Kant, immerhin einer der großen Ethiker, kam beinahe ganz ohne den Begriff der Verantwortung aus, und Hegel verwendete ihn fast nur in seiner juristischen Bedeutung. Für beide spielte er jedenfalls keine herausragende Rolle innerhalb der ethischen Reflexion.

Doch wie jede schnelle Karriere hat auch die der Verantwortung ihre Schattenseiten. Sie führte nicht nur dazu, dass dieser Begriff so inflationär gebraucht wurde, dass er als praktische Kategorie fast schon wieder entwertet wurde, sondern hatte auch das Ergebnis, dass dieser Begriff mittlerweile völlig instrumentalisiert ist; denn ob nun Forscher von der Verantwortung der Wissenschaft, Politiker von ihrer Verantwortung als Politiker oder Mediziner von ihrer medizinischen Verantwortung reden, stets ist dabei das Bemühen zu spüren, den jeweils Handelnden eine besondere moralische Rolle und eine herausragende gesellschaftliche Bedeutung beizulegen. Offenbar soll ein Abglanz der Würde, die mit der Verantwortung verbunden ist, auch auf die Träger der Verantwortung selber fallen; denn in einer politisch egalitären Gesellschaft haben einzelne keine elitäre Bedeutung mehr, so dass ihr vermeintlicher Rang nun eigens begründet werden muss.

Ihre Herkunft aus dem Bereich des Rechts verleugnet auch die ethische Kategorie der Verantwortung nicht. Grundlegend bleibt nämlich, dass man auch als moralisch Verantwortlicher Rechenschaft ablegen und die Folgen seines Handelns tragen muss, weshalb die Situation der Verantwortung in allen theoretischen Überlegungen mit einem Strafgericht verglichen wird. Der Philosoph Nicolai Hartmann verwendet ausdrücklich »das Gleichnis des Tribunals« und der Pädagoge Eduard Spranger assoziiert »die Vorstellung von einem Gerichtshof«. Ungeklärt bleibt allerdings, wie sich dieses strafrechtliche Umfeld damit vertragen soll, dass die Möglichkeit der Verantwortung stets auf die → Freiheit zurückgeführt wird; denn die Drohung, dass man Rechenschaft für sein Tun ablegen und dessen Folgen tragen müsse, sorgt doch dafür, dass die Freiheitsbäume nicht allzu hoch in den Himmel wachsen. Da drängt sich der Verdacht geradezu auf, dass diese Funktion der Verantwortung, mittelbar die Freiheit zu beschränken, der wahre Grund für das gestiegene Interesse an der Verantwortung ist. Wie zum Beweis fordert Hans Jonas, einer der führenden Ideologen auf dem Gebiet der Freiheitsbeschränkung, mit besorgtem Blick auf die neuen wissenschaftlichen und technischen Möglichkeiten eine Ethik, die »durch freiwillige Zügel« die Macht des Menschen begrenzen soll. Dazu sei es aber nötig, dass man die »Verantwortung ins Zentrum der Ethik« rücke. Der Charakter einer Polizeiverordnung, den die Ethik seit längerem dadurch gewonnen hat, dass man sie als eine Sammlung von Ge- und Verboten versteht, wird also nicht in Frage gestellt, sondern bestätigt, und die Verantwortung zum Mittel erklärt, eine solche Ethik der Zügelung zu konstituieren. Die praktische Unwirksamkeit solcher Theorien zeigt sich allerdings nicht zuletzt daran, dass das »verantwortungslose« Handeln im wirtschaftlichen, sozialen, ökologischen oder militärischen Bereich immer größere Ausmaße annimmt, ohne sich von der zunehmenden und zunehmend selbstzufriedeneren Debatte um das »verantwortungsvolle« beeinflussen zu lassen.

Getreu dem Programm der Freiheitsbegrenzung wird die innere Struktur der Verantwortung durch die Situation des Untergebenen erklärt, und so schreibt der Philosoph Georg Picht, der Vorgesetzte, dem gegenüber man verantwortlich sei, erscheine »als Repräsentant einer höheren Ordnung, die über die rechtlichen Verpflichtungen hinaus eine prinzipiell unabgrenzbare höhere Verbindlichkeit in Anspruch nimmt.« Diese Verbindlichkeit wird zwar durch irdische Instanzen repräsentiert, zielt aber schon in ihrer Kennzeichnung als »höhere« auf eine transzendente Begründung. Die Verantwortung ist daher umfassend, betrifft den Menschen ganz und unterstellt den ethischen Bereich diffusen religiösen Dimensionen. Diese Totalität macht den wesentlichen Unterschied zur rechtlichen Situation der Rechenschaftslegung aus; denn diese bezieht sich immer nur auf einen definierten Bereich der Zuständigkeit und gilt nur im Rahmen der eigenen Kompetenz. Die Überhöhung der Verantwortung zum zentralen Begriff ethischen Handelns wird dann auch noch ausgerechnet mit Kant gerechtfertigt, für den Verantwortung ein völlig nebensächlicher Begriff war, und so erklärt Georg Picht, ohne den inneren Widerspruch in seiner Formulierung überhaupt zu bemerken: »Die klassische Formel für den auf die autonome Vernunft zurückbezogenen Begriff der Verantwortung ist der kategorische Imperativ bei Kant.« Die Verantwortung im Ambiente des kategorischen Imperativs – das ist der wahre locus amoenus aller neueren Ethiker. Es ist daher konsequent, wenn Picht den Schluss zieht, die Reichweite der Verantwortung gehe weiter »als die Reichweite jeder möglichen Moral und die Reichweite jedes möglichen Rechtes.« Wer seiner Verantwortung gerecht werden will, hat also nicht nach Recht und Moral zu fragen, und müßig ist es, zum Beispiel die Justiz im Dritten Reich und ihre Verbrechen an Recht und Moral messen zu wollen. Sie war ihrem Führer gegenüber verantwortlich und ist mit der Erfüllung ihrer Aufgabe ihrer Verantwortung gerecht geworden.

Das Modell vom Untergebenen hat nun aber den Fehler, dass

es nicht beschreiben kann, worin denn die Verantwortung des Vorgesetzten bestehen soll; denn bei der Verantwortung muss man von zwei verschiedenen Instanzen ausgehen, eine, die verantwortlich ist, und eine, vor der man sich verantworten muss. Dieses Modell versagt aber, wenn es um den Vorgesetzten selber geht, der keinen höheren Vorgesetzter mehr hat. Philosophen lösen dieses Problem dadurch, dass sie an die Stelle der Instanz, vor der man sich verantworten muss, abstrakte Werte als Richter setzen, die die fehlenden Vorgesetzten kompensieren sollen. Doch da jeder selbst entscheidet, welche Werte für ihn gelten, bleibt die verantwortliche Person in diesem Fall identisch mit der, die Rechenschaft fordert. Sie kommt also zweimal vor, einmal »als das sich Verantwortende, dann aber als das Tribunal, vor dem es sich verantwortet«, wie Nicolai Hartmann schrieb. Gegen diese Konsequenz hatte schon Kant eingewendet, es sei »eine ungereimte Vorstellungsart von einem Gerichtshofe«, wenn der Angeklagte mit dem Richter identisch sein solle, weshalb er annahm, dass sich jeder vor Gott als allerletzter Instanz verantworten müsse. Doch auch diese Lösung befriedigt nicht, da jeder selbst bestimmt, wer sein Gott sein und was diesem zukommen soll, so dass die Verpflichtung bei der Selbstverantwortung und der Verantwortung vor Gott ein und dieselbe ist. Damit ist der Vorgesetzte, so »ungereimt« das auch ist, im Grunde doch nur sich selbst gegenüber verantwortlich.

Es ist also ein erheblicher Unterschied, ob man als Untergebener oder als Vorgesetzter verantwortlich ist. Um diese Differenz sprachlich eindeutig zu fassen, kann man sagen, im ersten Fall sei jemand verantwortlich, im zweiten aber, er habe oder trage Verantwortung. Wenn man sich dabei auch auf Gewohnheiten unseres Sprachgebrauchs berufen kann, so muss man doch zugeben, dass diese Ausdrücke wenig präzis sind und mit fast dem gleichen Recht umgekehrt verwendet werden können. Wesentlich ist aber allein, dass die damit bezeichneten Sachverhalte klar sind. Damit ist im Begriff der Verantwortung eine Hierarchie angelegt, die sich nur allzu gut zu dem menschlichen Bedürfnis nach gesellschaftlicher Gliederung schickt.

Wer Verantwortung trägt, ist nur sich selbst gegenüber verantwortlich. Es gibt für ihn keine sittliche oder rechtliche Ordnung, vor der er sich verantworten müsste, es sei denn, er habe sie für sich selbst anerkannt. Das ist aber die Situation völliger Verantwortungslosigkeit, was schon Hegel erkannte, weshalb er schrieb, die »beratenden Stellen oder Individuen (sind) allein der Verantwortung unterworfen; die eigentümliche Majestät des Monarchen, als die letzte entscheidende Subjektivität, ist aber über alle Verantwortlichkeit für die Regierungshandlungen erhoben.« Das wesentliche Kriterium der Verantwortung bei den Entscheidungsträgern ist also dies, dass sie keine Verantwortung haben. Zwar ist auch der Vorgesetzte verantwortlich, sofern er selbst wieder Untergebene sein kann, doch je höher er in der Hierarchie steigt und je mehr Verantwortung er trägt, desto weniger muss er anderen gegenüber noch Rechenschaft ablegen. Als Lebenserfahrung spiegelt sich diese Wahrheit in dem Satz, dass man die Kleinen hänge, die Großen aber laufen lasse. Es sind immer und überall die gesellschaftlich führenden Kreise, die Entscheidungsträger und Machthaber, die sich nicht zu verantworten haben und sich alles erlauben können. Keiner von denen, die Verantwortung tragen für militärische Hochrüstung, für Hungerstrategien in der Dritten Welt, für die Vergeudung lebenswichtiger Ressourcen oder die globale Umweltzerstörung kann wirklich haftbar gemacht werden. So eröffnet die Verantwortung den Verantwortungsträgern das Privileg, verantwortungslos und dennoch ohne → Schuld und persönliche Nachteile handeln zu können.

Diejenigen jedoch, die nur verantwortlich sind, stecken in einem Dilemma; denn sie sind sowohl ihrem Vorgesetzten gegenüber verantwortlich, als auch ihrem Gewissen und den von ihnen anerkannten sittlichen Forderungen. Treten beide Rechenschaft fordernden Instanzen in Widerstreit, hat man Pech; denn jede erwartet die Erfüllung der Verantwortung ihr gegenüber, und dieses Dilemma ist nicht aufzulösen. Wer im Nationalsozialismus den Gehorsam verweigerte, hatte die Folgen zu tragen; denn seine Vorgesetzten haben als »Repräsentanten einer höheren Ordnung« Rechenschaft von ihm verlangt. Hinweise auf das eigene Gewissen, hätten Sanktionen nicht verhindert, sondern vielleicht sogar verschärft. Wer hingegen alle Befehle von Vorgesetzten, wenn auch mit Vorbehalten, so doch aus Furcht vor den manchmal lebensbedrohenden Folgen ausführte, wurde später von anderen Repräsentanten einer anderen höheren Ordnung ebenfalls zur Rechenschaft gezogen, da er durch die Erfüllung seiner Untergebenen-Verantwortung sittliche Prinzipien verletzte. Die Verantwortung stellt damit den Untergebenen vor eine Alternative, die keine ist; denn die Rache irgendeiner Ordnung trifft ihn in jedem Fall. Dass sie eine »höhere« sein soll, tröstet ihn da wenig.

In ihrer die wirklich Verantwortlichen entlastenden und die anderen doppelt belastenden Funktion offenbart sich die ambivalente Struktur des Begriffs der Verantwortung. Dieses Moment diffamiert sie aber nicht, sondern ist das eigentlich Honorige an ihr; denn diejenigen werden als Persönlichkeiten hoch geachtet, die Verantwortung tragen, welche Schufte sie sonst auch sein mögen. Deswegen drängt sich, wer geachtet sein will, nicht an Positionen, bei denen man bloß verantwortlich ist, sondern an solche, bei denen man Verantwortung trägt. »Der paradigmatische Fall«, schreibt Jonas arglos, »ist der Politiker, der nach der Macht strebt, um Verantwortung zu gewinnen, und nach der höchsten Macht zum Zwecke höchster Verantwortung.« Er bewerbe sich, fährt Jonas ohne Anflug von Ironie fort, um die Macht, »um sich Verantwortung aufbürden zu können.« Dass ihn gerade dies vielleicht verdächtig macht, kommt Jonas nicht in den Sinn. Nach dieser Logik sind vielmehr die verdächtig und gewiss keine Persönlichkeiten, die keine Verantwortung tragen wie die Penner auf der Straße, oder die keine übernehmen wollen wie die jugendlichen Aussteiger, oder die sich der Verantwortung entziehen; denn ein solcher »bringt sich um den letzten Funken Achtung«, wie der Philosoph Richard Wisser rigoros befindet.

Die ambivalente Struktur der Verantwortung hatte Adolf Hitler erkannt und zu nutzen gewusst. Von der Notwendigkeit der Verantwortung war er überzeugt, weshalb ihm das »Fehlen jeder Verantwortlichkeit« in der parlamentarischen Demokratie »zuallererst und am allermeisten zu denken gab«, da dies schließlich »zur Demolierung des Führergedankens überhaupt« führen müsse. Als sein Gegenprogramm formulierte er den »Grundsatz unbedingter Verbindung von absoluter Verantwortlichkeit mit absoluter Autorität«. In diesem Grundsatz, der zunächst nur für die Parteiorganisation aufgestellt worden

war, aber »dereinst der Grundsatz des Aufbaues unserer ganzen
Staatsauffassung« sein sollte, entspricht die »absolute Verantwortlichkeit« der Verantwortung als Untergebener; denn der
Verantwortliche untersteht seinem Vorgesetzten und ist »für
die ihm übertragenen Aufgaben restlos verantwortlich«. Die
»absolute Autorität« entspricht hingegen der Verantwortung
als Vorgesetzter; denn »der erste Vorsitzende ist verantwortlich
für die gesamte Leitung«, und da niemand über ihm steht,
verfährt er, wie es ihm auch der Philosoph geraten hätte, und
setzt seine eigenen Werte als Richter über sein Handeln ein. Als
Führer fühlte sich Hitler daher auch nur vor der Geschichte
und der Vorsehung verantwortlich und handelte entsprechend.

Hitler geht also von denselben Voraussetzungen aus wie die
Philosophen, und er kommt zu demselben Schluss. Seine Aussagen sind allerdings präziser; denn er löst den vagen Begriff
der Philosophen in seine komplementären Komponenten aus
Vorgesetzten- und Untergebenen-Verantwortung auf und
spricht die Asymmetrie dieses Unterschiedes als »Autorität jedes Führers nach unten und Verantwortlichkeit nach oben«
offen aus. Seine Politik war die vollkommene Durchführung
dieses Programms. Mit dieser Politik wollen diejenigen natürlich nichts zu tun haben, die den Begriff der Verantwortung
bloß reflektieren und sich noch auf ihre guten Absichten berufen. Wie sehr sie sich aber doch mit jener Politik kon-
frontieren lassen müssen, zeigt sich etwa an Eduard Spranger,
der den Nationalsozialismus einst emphatisch begrüßte und
später nie Gelegenheit fand, sich davon zu distanzieren, wohl
aber mehrfach in Vorträgen und Aufsätzen eine »Erziehung
zum Verantwortungsbewusstsein« forderte. Spranger entlarvt
sich schon mit seinem Rat, »bei den Versagern, die sich nicht
selbst disziplinieren können, gelegentlich auch auf den militärischen Stil zurückzugreifen: Mit den Leichtfertigen müssen Verantwortungen gleichsam exerziert werden.«

Mit der Verbindung von Verantwortung und Führergedanke
gibt Hitler auch einen Hinweis darauf, weswegen der Begriff
der Verantwortung so spät relevant wurde. Ausdrücklich
spricht er von dem »Prinzip des Führergedankens und der
daraus bedingten Verantwortlichkeit«. Die Verantwortung
wurde erst gebraucht, als die traditionellen Prinzipien für die

politische und gesellschaftliche Praxis fragwürdig geworden waren und ihre verpflichtende Funktion verloren hatten. Dadurch wurde eine neue, andere Art von Führerschaft notwendig, und je rascher das Wissen und das technische Können des Menschen zunahmen, desto drängender wurde die Forderung nach einer solchen Führung und → Orientierung. Die Verantwortung schien nun aber das geeignete Mittel zu sein, solche Führerschaft eindeutig zu bestimmen, und so hat Hans Jonas durchaus recht, wenn er feststellt, die Verantwortung sei »ein Korrelat der Macht, so dass Umfang und Art der Macht den Umfang und die Art der Verantwortung bestimmen«.

Im Begriff der Verantwortung drücken sich also höchst reale Interessen der führenden gesellschaftlichen Kräfte aus, und das macht ihn zu einem wichtigen Begriff im Spannungsfeld von politischen, philosophischen und theologischen Vorstellungen. Man sollte daher jedem misstrauen, der leichthin von Verantwortung spricht, als sei dies ein unbedenklicher Begriff; denn gerade diejenigen reden davon, die andere beschränken und ihre eigene Zuständigkeit verschleiern wollen. Sie missbrauchen dabei diesen Begriff nicht; denn es ist der *rechte* Gebrauch, der diesen Begriff so bedenklich macht, vor allem dann, wenn man sich seiner inhumanen Konnotationen nicht bewusst ist und ihnen, im Bewusstsein aufrichtiger Absichten, um so gründlicher erliegt. Beunruhigend und erschreckend ist aber, dass die Agitatoren der Verantwortung offen sagen, was sie mit diesem Begriff bezwecken, und dass dennoch niemand Anstoß daran nimmt. Man kann sich das nur mit Gedankenlosigkeit, mit einem Mangel an kritischem Geist erklären. Doch es gibt keinen vernünftigen Grund, sich in die Reihe der Unvernünftigen einzuordnen.

Arbeit

Bei dem Begriff der Arbeit geht es einem wie bei vielen anderen Begriffen auch: Man weiß nie so recht, was einer genau damit meint. Das liegt zunächst an der *Bedeutungsvielfalt* dieses Begriffs; denn man kann bei Arbeit an eine Tätigkeit denken, aber auch an deren Ergebnis. Man kann damit konkret den Beruf oder die momentane Beschäftigung meinen, mit der man seinen Lebensunterhalt verdient. Ganz allgemein bezeichnet Arbeit jede Art von Aktivität, weshalb schließlich selbst noch ein Hobby Arbeit sein oder wenigstens machen kann. Bisweilen will man damit aber auch nicht mehr sagen, als dass eine Tätigkeit mit Mühe und Anstrengung verbunden sei. Solche Bedeutungsvielfalt zwingt zu präzisem Reden und genauem Hinhören, macht eine Verständigung über die Sache aber noch nicht unmöglich. Bei der Arbeit kommt aber erschwerend hinzu, dass jeder auch noch seine eigenen Kriterien bei ihrer *Beurteilung* zu haben scheint, wobei die extremsten Einstellungen möglich sind; denn während die einen glauben, ohne Arbeit gar nicht mehr leben zu können, denken andere, die Arbeit sei schuld, dass es ihnen so schlecht gehe. Sich über diese unterschiedlichen Bewertungen zu verständigen, fällt vor allem deswegen schwer, weil in sie mentale und weltanschauliche Überzeugungen einfließen, deren man sich selbst nicht immer bewusst ist, die aber auch kaum zu beeinflussen sind.

Ein eindeutiges Urteil fällen die europäischen Sprachen, die zur Bezeichnung der Arbeit prinzipiell Wörter verwenden, deren Grundbedeutung negativ ist. In keiner dieser Sprachen ist im Hinblick auf die Arbeit von Wertschöpfung, Selbstverwirklichung oder gesellschaftlicher Anerkennung die Rede. Arbeit wird vielmehr grundsätzlich unter dem Aspekt der Lebenssicherung betrachtet und mit Rücksicht auf die Bedingungen benannt, von denen sie in vorindustrieller Zeit zumal in der landwirtschaftlichen Produktion, dem weitaus wichtigsten Arbeitsbereich, geprägt war. Da war Arbeit aber stets mit körperlicher Anstrengung verbunden und wurde mit primitivem Gerät und weitgehend ohne mechanische Hilfe ausgeführt, wobei der Erfolg wegen der Abhängigkeit von der Güte des Bodens und den Launen des Klimas noch nicht einmal garantiert war. Im Griechischen zum Beispiel ist das Wort »Arbeit« identisch mit dem für Mühe und Anstrengung, das deutsche Wort geht immerhin auf ein indogermanisches Wort für Feld oder Acker zurück, weist also ebenfalls auf harte Anstrengung hin, und das französische travail kommt von dem vulgärlateinischen tripalus, das auf das lateinische Wort für »quälen« zurückgeht. Was die Sprachen hier betreiben, ist also regelrechtes Begriffsmobbing, und das kann natürlich nicht ohne Einfluss auf die Beurteilung der Arbeit sein.

Das Drückende und Knechtische der Arbeit waren auch die Hauptgesichtspunkte, unter denen die antiken Griechen – jedenfalls ihre Oberschicht und die ihr nahestehenden Philosophen – die Arbeit beurteilten. Hinzu kam, dass die Griechen die Arbeit wesentlich unter dem Aspekt der Sklavenarbeit betrachteten, so dass sie weniger den Wert der Arbeit selber als vielmehr den Wert des arbeitenden Menschen erfassten. Deshalb waren sie fest davon überzeugt, dass Arbeit nicht die Sache eines freien Mannes sei, weshalb Aristoteles ausdrücklich befand, Arbeit sei etwas für »Sklaven und Fremde«, und ein achtbarer Bürger sei nur derjenige, der »vom Erwerb des notwendigen Lebensunterhalts« befreit sei. Akzeptiert war einzig die Tätigkeit, die dem eigenen Ruhme diente, mochte sie auch noch so anstrengend und niedrig sein, weshalb es selbst dem Helden Herakles nicht zur Schande gereichte, dass er den Stall eines anderen hat ausmisten müssen. Ganz im Gegenteil! Es ist eine seiner Heldentaten. Allerdings gab es auch Kreise, die etwas differenzierter dachten und immerhin auch die Arbeit, die der Sicherung der Familie diente, positiv bewerteten, und in diesem Sinn ist der oft zitierte Satz des Dichters Hesiod (um 700 v. Chr.) zu verstehen, Arbeit schände nicht. Der ehemalige Bauer Hesiod kannte freilich die harte Arbeit in der Landwirtschaft, während der Philosoph Aristoteles nicht nur ein Intellektueller, sondern auch ein großstädtischer Dandy war. Die wenigen positiven Aussagen können freilich nicht darüber täuschen, dass die Arbeit im Ganzen negativ beurteilt wurde, und das blieb so das gesamte Altertum hindurch.

Eine wirkliche Änderung trat erst mit dem Christentum ein, das erst die Meinung möglich machte: »Arbeit im Vollsinn des Wortes ist ein Vorrecht des Menschen: sie macht seinen Adel aus« (von Nell-Breuning). Schließlich erklärte schon das Neue Testament, es sei vorbildlich, wenn jemand »mit Mühe und Plage Tag und Nacht arbeitet«, wie es im 2. Brief an die Thessaloniker heißt, in dem auch der sprichwörtlich gewordene Satz steht, wer nicht arbeiten wolle, solle auch nicht essen. Allerdings dauerte es noch bis zum Mittelalter, ehe die Vorstellung in den Köpfen verankert werden konnte, dass Arbeit gottgewollt und daher auch ehrenwert sei. Auf dieser Vorstellung vom Wert der Arbeit beruht nicht nur die Aufforderung des mittelalterlichen Mönchtums »Ora et labora« (Bete und arbeite), sondern auch das neuzeitliche protestantische Arbeitsethos. Nun wäre gegen eine theoretische Hochschätzung der Arbeit nichts einzuwenden, wenn die Propaganda für ein positives Verständnis der Arbeit mit derselben Energie auch für → Gerechtigkeit bei der Verteilung der erarbeiteten Güter gesorgt hätte. Doch da sieht es nach Jahrhunderten christlichen Arbeitsethos trübe aus, wobei es zur Illustration genügen mag, die Verteilung des Vermögens in Deutschland zu betrachten: Gegenwärtig besitzen nämlich etwa 10 % aller Haushalte fast 50 % des gesamten Nettovermögens, während die unteren 50 % der Haushalte lediglich über 2,4 % des Nettovermögens verfügen. Diese Ungleichheit bei der Vermögensverteilung beruht aber nicht darauf, dass die einen wie die Ameisen gearbeitet und die anderen wie die Grillen gesungen hätten. Wer reich wurde, wurde es wahrlich nicht durch seine Arbeit, sondern durch sein Kapital, das aber gerade der nicht hat, der auf seine Arbeit angewiesen ist. Mit der Rede vom Wert der Arbeit wird also dem arbeitenden Menschen ein Stellenwert angedichtet, der durch die ökonomischen Zusammenhänge widerlegt wird.

Nach der Aufklärung konnte man sich nicht mehr ohne weiteres auf den religiös begründeten Wert der Arbeit berufen, also besann man sich auf ihren Nutzen. Kant zum Beispiel bezeichnete die Arbeit als eine »Beschäftigung, die für sich selbst unangenehm (beschwerlich) und nur durch ihre Wirkung (z. B. den Lohn) anlockend« sei, und die grundsätzliche Frage, »ob der Himmel nicht gütiger für uns würde gesorgt haben, wenn er uns Alles schon bereitet hätte vorfinden lassen, so dass wir gar nicht arbeiten dürften« beantwortete er mit einem glatten Nein; denn er war sich sicher, dass Adam und Eva, wäre ihnen das Paradies länger vergönnt gewesen, nicht nur zusammengesessen und arkadische Lieder gesungen hätten, sondern bald von tödlicher Langeweile geplagt gewesen wären. Er schloss daher, der Mensch müsse durch die Arbeit so eingespannt sei, »dass er sich gar nicht fühlt, und die beste Ruhe für ihn ist die nach der Arbeit«. Dieses spießige Argument, das jedem Ausbeuter die Rechtfertigung liefert, ist eigentlich eines großen Philosophen unwürdig, weshalb es auch von Hegel durch ein metaphysisch überzeugenderes ersetzt wurde. Zwar bezeichnete auch er die Arbeit »als Strafe der Sünde« und behauptete, sie habe »im Schweiß des Angesichts« stattzufinden, doch dann erklärte er, dass es »der Mensch nicht so bequem hat wie das Tier und es *als Geist* auch nicht so bequem haben darf«. Die Arbeit nämlich bilde und enthalte »ein Moment der Befreiung«, weil der Mensch durch sie über die bloße Natur hinausgelange; denn die → Freiheit liege »allein in der Reflexion des Geistigen in sich, seiner Unterscheidung von dem Natürlichen und seinem Reflexe auf dieses«. Der wesentliche Reflex auf das Natürliche sei aber die Bearbeitung und Formierung des von der Natur unmittelbar gelieferten Materials, weshalb Hegel in einem berühmt gewordenen Kapitel der »Phänomenologie des Geistes« auch schrieb, dass der Knecht, der die Dinge bearbeite, der Freiheit näher sei als der Herr, der nur die Früchte der Arbeit genieße, woraus dann ein platter Marxismus den Vorrang des Proletariats vor der Kapitalistenklasse herleitete.

Aristoteles, der Arbeit zur Sache von Sklaven erklärt hatte, hätte diese Argumentation gewiss nicht verstanden, zumal ihm unbegreiflich gewesen wäre, wie man neben der körperlichen von geistiger Arbeit sprechen könne, und er hätte mit gutem Recht auch bestritten, der Freiheit und des Geistes nicht teilhaftig gewesen zu sein. Doch Hegels Theorie findet gegenwärtig immer noch Anhänger, auch wenn diese wohl kaum ahnen, dass sie sich auf die idealistische Philosophie berufen können, zumal diese Theorie heute, wie aus den Höhen philosophischer Spekulation abgestürzt, in der etwas abgespeckten Variante auftritt, der Mensch solle in seiner Arbeit seine Kreativität entfalten und sich selbst verwirklichen. Wer so denkt, hat allerdings nicht die heutige Arbeitswelt vor Augen, sondern das romantische Bild vom längst ausgestorbenen Handwerker, der ein Produkt noch vollständig selbst herstellte, den ganzen Produktionszusammenhang durchschaute und seine Kunden und deren spezielle Bedürfnisse kannte. Dennoch mag es für manche Tätigkeiten zutreffen, dass man sich in ihnen selbst verwirklichen kann, beispielsweise als Künstler oder als nur seiner

Forschung lebender Wissenschaftler. Doch die weitaus größte Zahl aller Arbeitsplätze ist in einer arbeitsteiligen Gesellschaft von einer Qualität, die keinerlei Selbstverwirklichung erlaubt, selbst bei den einfachsten Ansprüchen nicht, weshalb heute die meisten Menschen ihre Arbeit mit Recht nur noch als Job verstehen, bei dem ihnen nichts ferner liegt als Selbstverwirklichung. Deshalb kann man einen Job auch jederzeit ohne großen Verlust wieder aufgeben. Die These von der Selbstverwirklichung in der Arbeit berücksichtigt aber nicht nur nicht, wie banal, wie wenig befriedigend die Arbeit in der Regel ist, sie offenbart auch ein merkwürdiges Verständnis vom Menschen und seinen Bedürfnissen; denn so schlicht und eindimensional ist kein Mensch, dass er sich bei einer einzigen Tätigkeit, und sei sie noch so befriedigend, selbst verwirklichen könnte.

Gegen eine solche Banalisierung der menschlichen Bedürfnisse erklärte schon Karl Marx in seinem »Kapital«, das Reich der Freiheit beginne »erst da, wo das Arbeiten, das durch Not und äußere Zweckmäßigkeit bestimmt ist, aufhört; es liegt also der Natur der Sache nach jenseits der Sphäre der eigentlichen Produktion.« Marx forderte daher »die Verkürzung des Arbeitstags«, um dem Arbeiter die Möglichkeit zu geben, wenigstens in seiner → Freizeit Mensch sein zu können. Bei dieser Forderung orientierte sich Marx an dem Elend, das das Manchestertum seiner Zeit über die arbeitenden Menschen brachte. Dass die Arbeit aber auch eine gewisse Lebensnotwendigkeit ist, das konnte Marx nicht ahnen, das zeigt sich erst, wenn die Arbeit ihren spezifischen Charakter, anstrengend und mühselig zu sein, verliert. Mit der fortschreitenden Technisierung tritt das aber zwangsläufig ein, und darum sehen wir heute, dass die Menschen einen Ersatz für diese verloren gegangenen Qualitäten der Arbeit suchen. Günther Anders hatte schon früh erklärt, dass »die Sehnsucht nach Anstrengung, mindestens nach *Tun*, überwältigend« werden würde; denn je anstrengungsloser die Arbeit werde, »desto mehr muss der Mensch, der ›wesensmäßig‹ für Arbeiten gebaut ist, seine absolut unverzichtbare Anstrengung und die dazugehörige, ebenso unverzichtbare ›voluptas laborandi‹ nachholen; er muss diese also in seine Freizeit verlegen.« Das geschieht heute vor allem durch den Sport, bei dem der Schweiß fließt, den man bei der Arbeit nicht mehr verlieren wollte, und bei dem als fun gilt, was sonst Arbeit hieß. Anders nannte diesen Ersatz treffend eine »Wiedergutmachung durch Sport«.

Es ist aber nicht nur die Lust an der Anstrengung, die der Mensch braucht, und die er außerhalb der Arbeit sucht, wenn er sie in ihr nicht mehr finden kann. Er braucht auch eine gewisse gesellschaftliche Anerkennung, und die ist bis heute wesentlich mit der Arbeit verbunden und lässt sich nicht so einfach ersetzen, schon gar nicht durch irgendwelche privaten Anstrengungen. Arbeitslose machen jedenfalls die Erfahrung, dass keine Ersatzanstrengung ein Ersatz für die fehlende soziale Anerkennung sein kann. Deshalb forderte der französische Sozialist Charles Fourier in seinem 1808 erschienenen Werk »Théorie des quatre mouvements et des destinées générales« ein »Recht auf Arbeit« und begründete dies mit den → Menschenrechten. Vom Recht auf Arbeit sprach übrigens auch der aller sozialistischer Umtriebe unverdächtige Bismarck in einer Reichstagsrede vom Jahre 1884, während Hegel noch einen Schritt weiter ging und eine gewisse *Qualität* der Arbeit anmahnte; denn es sei »das unendliche Recht des Subjekts, dass es sich selbst in seiner Tätigkeit und Arbeit befriedigt findet.« Doch das Recht auf Arbeit wird immer noch von denen verweigert, die die Erfahrung der Arbeitslosigkeit nicht haben, die also wohl beim Thema der Anstrengung durch Arbeit mitreden können, aber nicht ahnen, wie sehr sogar die → Menschenwürde dadurch angetastet wird, dass einem mit der Arbeitslosigkeit die soziale Anerkennung vorenthalten wird.

Diese verschiedenen Wertungen der Arbeit, die sich noch um einige andere vermehren ließen, treffen alle etwas Richtiges. Aber sie funktionieren auch alle nach dem Prinzip der halben Wahrheit, das sich am besten durch die Sprichwörter illustrieren lässt: »Gleich und gleich gesellt sich gern«, und: »Gegensätze ziehen sich an«. Beide Sätze sind einzeln richtig; denn beides kommt ja wirklich vor. Aber zusammen erklären sie nichts, weil sie nur aufzählen, was alles der Fall sein kann. Deswegen ist die *ganze* Wahrheit beider Sätze keinen intellektuellen Pfifferling wert. Dasselbe gilt nun aber auch von den Erklärungen über die Arbeit: Dass Arbeit eine Last, aber auch von Nutzen sei, dass man eine gewisse Anstrengung und soziale

Anerkennung brauche, sich aber dennoch auf die Freizeit freue, das ist einzeln alles richtig und zusammen doch so banal, dass man sich fragt, wieso das jahrhundertelange philosophische Nachdenken nicht wenigstens so weit gekommen ist wie zum Beispiel Pablo Picasso mit seinem Satz: »Arbeit bedeutet für mich atmen. Wenn ich nicht arbeiten kann, kann ich nicht atmen!« Dieser Satz bietet zwar auch keine Erklärung, aber reichlich Stoff zum Nachdenken.

Geld

Geld stinke nicht, soll der römische Kaiser Vespasian seinem Sohn entgegnet haben, als dieser ihm vorwarf, durch die Besteuerung von Urin, der beim Gerben verwendet wurde, sich am Schmutz zu bereichern. Dass Geld aber dennoch anrüchig ist, das wies erst die moderne Psychoanalyse nach. Sigmund Freud hatte nämlich entdeckt, dass alle Wertgegenstände, vor allem Gold und Geld, Symbole für Exkremente sind. Wem solche Ergebnisse der psychoanalytischen Geldtheorie abenteuerlich zu sein scheinen, möge bedenken, dass die symbolische Verbindung von Geld und analer Sphäre in vielen Sprachen, auch in der deutschen, offen ausgesprochen wird. Das beginnt bei dem märchenhaften Dukatenscheißer und geht über die Redensarten, finanziell stehe einem die Scheiße bis zum Hals, oder man sei bei einem Geschäft beschissen worden, bis zu den Ausdrücken großes und kleines Geschäft, die den Stuhlgang der Wirtschaft, oder harte und weiche Währung, die das Geld dem Stuhlgang gleichsetzen. Selbst wenn wir die Geldentwertung ganz seriös als Inflation bezeichnen, ordnen wir sie der analen Sphäre zu; denn Inflation heißt, dass das Geld nur noch einen »flatus«, also einen Furz wert sei.

Die Wissenschaft hat gleich mehrere Vergleichspunkte zwischen diesen scheinbar so unterschiedlichen Objekten zu Tage gefördert. Freud erwähnt nicht nur die kindliche Hochschätzung des eigenen Kotes, die sich »beim Erwachsenen auf einen anderen Stoff übertrug, den er im Leben fast über alles andere hochstellen lernte«, er verbindet auch Milch und Kot mit den Begriffen Geschenk und Gegengeschenk, in denen schon die

Tauschfunktion des Geldes anklingt. Der kindliche Kot ist gleichsam das erste Tauschmittel oder erste Ersparnis, so dass die Beziehung zwischen Muttermilch und Kot als Prototyp des Warentausches verstanden werden kann. Der ungarische Nervenarzt Sandor Ferenczi, einer der ersten Anhänger Freuds, ging sogar von »ähnlichen physikalischen Eigenschaften« von Gold und infantilem Milchkot aus, so dass der erwachsene Mensch im Gold und seinen Ersatzformen etwas wiedererkenne, das er habe verdrängen müssen, um realitätstüchtig zu werden.

Diese Theorie vermag nicht nur den eigentümlichen Fetisch-Charakter des Geldes verständlich zu machen, sondern auch den Drang, es zusammen- und zurückzuhalten, wie den gegensätzlichen Drang, es produktiv zu verausgaben. Die Fähigkeit, den Schließmuskel kontrollieren zu können, scheint somit eine Voraussetzung dafür zu sein, auch mit Gold und seinen Ersatzmitteln rationell umgehen zu können, weshalb Sandor Ferenczi von der »Sphinkter- oder Schließmuskel-Moral« der modernen Gesellschaft sprach. Erich Fromm zog aus der symbolischen Gleichsetzung von Geld und Kot sogar den Schluss, dass diese Entdeckung Freuds »eine implizite, wenn auch unbeabsichtigte Kritik des Funktionierens der bürgerlichen Gesellschaft« sei, in der das Geld zum obersten Wert mutierte und fraglose Geltung erhalten habe.

Obwohl das Geld in aller Munde und in vieler Taschen ist, ist bis heute unklar, was Geld wirklich ist. Volkswirtschaftler kommen über tautologische Erklärungen kaum hinaus, und wie zum Beleg beginnt H.-J. Jarchow seine Geldtheorie mit dem Satz, man könne »unter Geld oder Zahlungsmittel alles verstehen, was im Rahmen des nationalen Zahlungsverkehrs einer Volkswirtschaft generell zur Bezahlung von Gütern und Dienstleistungen oder zur Abdeckung anderer wirtschaftlicher Verpflichtungen akzeptiert wird.« Dass ein Zahlungsmittel zur Bezahlung dient, wusste man freilich schon, man hätte gern erfahren, was *Zahlungsmittel* ist. Statt sich um die Aufklärung dieser Frage zu bemühen, beschränkt sich die volkswirtschaftliche Theorie in der Regel darauf, die Funktionen zu beschreiben, die Geld haben kann. Seine primäre Funktion ist es aber, allgemeines Tauschmittel für Waren und Dienstleistungen zu sein. Von dieser Funktion lassen sich andere ableiten, etwa die, Wertmaßstab oder Wertaufbewahrungsmittel zu sein. Diese Zusammenfassung der Geldfunktionen kann man heute immer noch verwenden, auch wenn der Wertbegriff mittlerweile umstritten ist, und das Geld selbst keinen eigenen Materialwert mehr hat. Jedenfalls hat seit dem Jahr 1971, als der amerikanische Präsident »das Goldfenster schloss«, keine wichtige Währung noch eine Rohstoffbindung.

Die Funktion des Geldes, allgemeines Tauschmittel zu sein, beruht darauf, dass es einerseits keinen eigenen Wert, andererseits aber durch seine Prägung doch eine feste Bestimmtheit hat, indem es diese fünf Mark oder jene tausend Lire ist. Zwar ist das Metallgeld, mit dem sich die Vorstellung der Prägung unmittelbar verbindet, der geringste Teil des heute zirkulierenden Geldes, aber auch Papiergeld, Aktien, Wechsel und dergleichen mehr haben ihre feste Bestimmtheit und sind in diesem Sinn geprägt. Das Geld bleibt sich nun zwar im Rahmen dieser Prägung immer gleich, unabhängig davon, ob man dafür Bücher oder Waffen kauft, doch indem es alles kaufen kann, gehen in ihm auch alle Differenzen unter, und der Gegenstand ist für das Geld, das ihn erwirbt, ganz unwesentlich. In diesem Sinn hatte der römische Kaiser Vespasian durchaus recht: Dem Geld haftet nichts von seinen Gegenstandsäquivalenten an, vielmehr gilt, was Shakespeare vom Geld gesagt und was Karl Marx ihm nachgesprochen hat, es sei »die allgemeine Hure«.

Mit dieser Prägung, bei der unwesentlich ist, wozu es bestimmt ist, hat das Geld aber dieselbe Struktur, die auch die → Freiheit hat; denn wer frei ist, der ist zwar auch bestimmt, weil er sich immer schon in einer konkreten Situation befindet, doch diese Bestimmung ist für ihn nicht wesentlich, da er sie jederzeit wieder aufgegeben und durch eine andere ersetzen kann. Diese Möglichkeit ist ja die zwingende Voraussetzung dafür, dass wir überhaupt von Freiheit sprechen können. Diese Strukturgleichheit von Geld und Freiheit eröffnet dem Geld aber eine ganz neue Funktion, die mit seinen klassischen ökonomischen Funktionen nichts mehr zu tun hat. Es vermag nämlich nun, die Freiheit zu repräsentieren und ein Surrogat für die Freiheit zu sein. Diese Möglichkeit wird dann interessant, wenn das Bewusstsein persönlicher Freiheit und der eigenständige Wert der

Individualität entweder nicht besteht oder wieder im Schwinden begriffen ist. An die leere Stelle der Freiheit tritt dann das Geld, da es mit seiner wesentlichen Eigenschaft, Quantität zu sein, immer noch Unterschiede auf quantitativer Basis möglich macht. Im einfachen Eins und Eins, bei dem jeder mitdenken und sich seinen Platz ausrechnen kann, liegt dann die Möglichkeit, sich hervorzuheben und vor den anderen auszuzeichnen.

Die Menge des Geldes, das einer zur Verfügung hat, bestimmt also nicht nur seinen Lebensstil und den Luxus, den er sich leisten kann, sie klärt vielmehr auch darüber auf, wer einer ist. Indem einer zeigt, *wieviel* er hat, demonstriert er zugleich, *was* er ist, oder genauer, was er *wert* ist. Der griechische Dichter Alkaios prägte schon um 600 v. Chr. den Spruch, das Geld mache den Mann, und dieser Satz, der bald zum Sprichwort wurde, hat seine Gültigkeit nicht nur bewahrt, sondern wurde in der Moderne zu der Wahrheit verschärft, das Geld regiere die Welt. Diese Regentschaft, die zunächst nur die ökonomische Situation der Bürger betrifft, berührt aber bald auch die politische; denn wenn die ökonomische Leistungsfähigkeit allzu sehr divergiert, erzeugt das eine soziale Ungleichheit, die die Stellung der Bürger als jeweils gleichberechtigtes Mitglied mit gleicher demokratischer Einflussnahme tangiert. Für solche Entwicklungen ist die Sprache ein verlässlicher Indikator, wie sich an dem Ausdruck »Geldadel« zeigt; denn so wie ehemals der Adel durch Geburt privilegiert war, ist es nun der Geldadel durch die Quantität des Geldes. Ebenso sprechend sind die Ausdrücke »Vermögen« und »vermögender« Mensch; denn wer vermögend ist, hat nicht nur Vermögen, sondern *vermag* auch mehr als andere. Insbesondere ist sein Einfluss auf gesellschaftliche Entwicklungen größer als der von Habenichtsen. Gänzlich entlarvend ist aber der Ausdruck »sozialschwach«, mit dem diejenigen, denen nichts weiter fehlt als Geld, und die demnach nur finanzschwach sind, an die Rand der achtbaren und beachtbaren Gesellschaft gerückt werden. Doch da ihnen mit dem Geld in der Tat das Wichtigste in unserer Gesellschaft fehlt, sind sie als Finanzschwache wirklich auch Sozialschwache.

Im Ausdruck »sozialschwach« klingt schon an, dass das Geld auch Auswirkungen auf die Moral haben muss. Georg

Simmel schrieb in seiner »Philosophie des Geldes« ausdrücklich, »sogar als eine Art moralischen Verdienstes gilt der Reichtum«. Als Beispiel erwähnte er die Straßburger Ordnung für Schlossergesellen vom Jahre 1536, die festlegte, alle Arbeiter, die mehr als acht Kreuzer Lohn erhielten, hätten jeden Montagnachmittag frei, wodurch »den materiell besser Situierten eine Wohltat erwiesen (wurde), die nach der Logik der Moral gerade den Dürftigen hätte zukommen sollen.« Simmel nannte solche immanenten Folgen der Geldbestimmtheit des Menschen »perverse Erscheinungen« und glaubte, sie seien wider die Moral. In Wahrheit entsprechen sie präzis der Moral einer Gesellschaft, in der das Geld die Freiheit repräsentieren muss, weil das Bewusstsein von ihr selber nicht lebendig ist.

Wenn man bedenkt, dass bei uns Großverdienern Millionen Steuerschulden erlassen werden, während Sozialhilfeempfänger in demütigender Prozedur nachweisen müssen, dass sie zum Beispiel ein paar neue Schuhe brauchen, könnte man versucht sein zu schließen, dass wir immer noch in den Zeiten jener Straßburger Schlosser-Ordnung lebten. Man unterschätzte dabei allerdings den Fortschritt, den wir mittlerweile erreicht haben; denn wir stellen heute auch auf dem Gebiet der Moral Kosten-Nutzen-Rechnungen an, an die man früher nicht gedacht hätte. Kleinlich ist da noch, wer für einen sogenannten guten Zweck spendet und gleich nach der Spendenquittung fragt, weniger harmlos ist, wenn Wissenschaftler den Wert eines Menschen mit seinem ökonomischen Nutzen oder mit den Kosten, die er verursacht, begründen und dazu auffordern, aus diesen ökonomischen Daten entsprechende Folgerungen zu ziehen. Zur Rechtfertigung solcher Ideen entwickelte man sogar mit der → Bioethik eine neue Form der Moral.

Die Funktion des Geldes, Surrogat für Freiheit und Individualität sein zu können, macht verständlich, weshalb die Herrschaft des Geldes universal werden, und die Strukturlogik des Geldes alle Lebensbereiche durchdringen konnte; denn der bloße Drang, sein Geld immer weiter zu vermehren, kann diese Entwicklung nicht erklären, da er spätestens dann seinen Sinn verliert, wenn einer weit mehr Geld anhäuft, als er zu allen erdenklichen Zwecken brauchen und als er je verbrauchen und genießen kann. Das Bedürfnis, dennoch das Kapital zu mehren, ist nur mit der Funktion des Geldes zu erklären, dass man sich damit seiner Freiheit versichern und sich als eigenständige Persönlichkeit darstellen kann; denn da die anderen dasselbe Bedürfnis haben, wird das Geld nicht nur kumulieren, sondern auch alle Bereiche des Lebens in seinen Bann ziehen, selbst diejenigen, die von Hause aus keine ökonomischen sind. Das Verhalten und Empfinden der einzelnen Individuen, die interpersonalen Beziehungen, das Verhältnis zur Natur und zu den Objektivationen der Kunst, sie alle werden schließlich von der Logik des Geldes geprägt und den Gesetzen des Marktes unterworfen.

Dabei müssen freilich alle Dinge, Verhältnisse und Beziehungen in Quanten verwandelt werden. Ihr eigentümlicher Gebrauchswert interessiert dabei nicht mehr, er wird vielmehr »durch den reinen Tauschwert ersetzt, der gerade als Tauschwert die Funktion des Gebrauchswertes trügend übernimmt«, wie Theodor W. Adorno schrieb. Die jeweils besondere Wertbestimmtheit ist damit gleich-gültig geworden oder neutralisiert, und im Austausch sind ihre realen Unterschiede auf die allgemeine Wertgleichheit reduziert. Diese Reduktion aller Objekte auf die allgemeine Wertbestimmtheit und Tauschbarkeit ist der Preis für die absolute Kommunikation aller Objekte als Ware. Ein schönes Beispiel gab dafür die Bundesregierung, die Modellprojekte zum Aufbau vernetzter globaler Bibliotheken fördern wollte und ihr entsprechendes Programm unter den Titel »Information als Rohstoff für Innovation« stellte. Wissen sei nämlich, wie der Forschungsminister versicherte, »Rohstoff für Innovationen und damit für technologische Leistungsfähigkeit«. Dass Wissen nicht nur zur bloßen Information dienen und der Wirtschaft nützen könne, dass es also einen besonderen, in sich selbst liegenden Gebrauchswert haben kann, das wird schon gar nicht mehr reflektiert.

Sind alle Dinge nur noch als tauschbare Waren interessant, wird schließlich auch die Politik zu einer bloßen Funktion des Marktes, und so geht der Primat, der ihr einstmals für gesellschaftliche oder kulturelle Bereiche zukam, auf die Wirtschaft über. Die Politik wird sich dann ausschließlich darauf konzentrieren, der Wirtschaft günstige Rahmenbedingungen für ihre Entwicklung zu schaffen, und daher drehen sich politische

Diskussionen heute vor allem um die Frage, welche Qualität ein Land als Wirtschaftsstandort habe und wie man diesen sichern könne. Kultur, Bildung, Gesundheitswesen und dergleichen mehr sind dann nur noch Kostenfaktoren, und alle öffentlich vermittelten Inhalte sind auf ihre allgemeine Mitteilbarkeit reduziert und in ihrer besonderen Bestimmtheit gleichgültig geworden. Sie sind damit austauschbar, und deshalb kommt es auch nicht mehr so sehr darauf an, was Politiker oder Stars und Sternchen aus dem Medien- und Kulturbetrieb mitteilen, sondern dass sie es tun und wie sie es tun. Sie reden daher auch alle über Gott und die Welt, und niemand kommt noch auf die Idee, ihre Themen und ihre Worte ernst zu nehmen.

Die Geldlogik ist mittlerweile auch in die Bereiche vorgedrungen, von denen man einmal annahm, sie widerstünden einem solchen Zugriff. Die spröde Gedankenarbeit der Philosophie zum Beispiel scheint sich gegen jede Vermarktung zu sperren. Aber schon das Wort »Gedankenaustausch« legt nahe, dass auch Gedanken als tauschbare Objekte verstanden werden können, was übrigens zur Zeit der Entstehung der modernen liberalen Volkswirtschaft auch deutlich ausgesprochen wurde. In seinen »Grundlinien der Rechtswissenschaft« von 1797 schrieb Stephani: »Auch unsere Gedanken sind Produkte, und können insoferne als Tauschwaare betrachtet werden.« So ist die Philosophie heute wieder auf den Markt zurückgekehrt, auf dem schon Sokrates sie betrieb. Allerdings ist sie nicht in ihrer alten Funktion als den reibungslosen Ablauf störendes Ärgernis, sondern als Krämer zurückgekehrt, wobei sie natürlich ihr Angebot, nämlich Gedanken und Ideen, erst marktfähig machen musste. Deshalb werden heute Gedanken nicht mehr *als Gedanken* getauscht, die erst im Vollzug der Mitteilung konstituiert werden müssen, sondern als Daten und Informationen. Dass deren Gebrauchswert gegen Null tendieren kann, spielt keine Rolle, da er sowieso nicht interessiert, wichtig ist nur, dass eine populistische Sprache ihren Tauschwert erhöht. Einer der erfolgreichsten Handelsvertreter solcher philosophischer Handelsware ist der → Querdenker, – doch womöglich ist eine populäre Darstellung wie die vorliegende auch nur ein Teil ihrer Vermarktung.

Ist das Geld der Selbstzweck, dem alles andere zum bloßen

Mittel wird, muss es schließlich auch Gott entthronen. Dann tritt das geldbestimmte Bewusstsein an die Stelle des religiösen, ohne sich als religiöses zu verstehen; denn: »Wie sich das religiöse Bewusstsein von Gott abhängig weiß, ohne dass dieser für das Bewusstsein unmittelbar gegenständlich-sinnlich präsent ist, so beruhte auch die Struktur des geldbestimmten Bewusstseins auf einer nicht-sinnlichen und ungegenständlichen Gegenwart des Geldmediums«, wie Falk Wagner schreibt. Und so strömt man nun mit dem Einkaufswagen in die Tempel des Konsums, wie früher mit dem Gesangbuch in die Kirche, wo das Gefühl, dem rechten Gott zu dienen, mit den immer schon üblichen Attributen, nämlich Fahnen und Musik, befestigt wird. Gegen diese Entwicklung wirkt N. Luhmanns Frage, ob nicht auch der Glaube im Interesse größerer Effizienz »geldähnlicher institutionalisiert werden« könne, fast schon wieder rührend.

Die krakenhafte Überwucherung des Lebens durch die Logik des Geldes führt so zu einer Verkümmerung aller in den einzelnen Lebensbereichen selbst angelegten Möglichkeiten; denn wenn man Objekte in die allgemeine Warenkommunikation eingliedern will, muss man ihren Gebrauchswert ohne Ansehung der Objekte auf den Tauschwert reduzieren. Wollte man diese Verarmung des Lebens stoppen oder gar rückgängig machen, müsste man sich als ersten Schritt bewusst werden, dass das Geld seine Vormacht nur erreichen konnte, weil wir es als Surrogat für bewusst gelebte Freiheit gebrauchen. Auch hier gilt nämlich Kants Satz, Aufklärung sei »der Ausgang des Menschen aus seiner selbst verschuldeten Unmündigkeit«. Allerdings gilt auch immer noch seine Antwort auf die Frage, ob wir in einem aufgeklärten Zeitalter lebten: »Nein.«

Freizeit

In seiner »Morgenröte« schreibt Nietzsche unter dem Titel »Die Täglich-Abgenützten« von den jungen Männern, denen man nie Zeit gelassen habe, sich selbst zu entwickeln, die man vielmehr von Kindesbeinen an benutzt und dazu erzogen habe, täglich abgenutzt zu werden, so dass man ihnen nun die »Ferien nicht versagen« dürfe, »diess Musse-Ideal eines überarbeiteten Jahrhunderts: wo man einmal nach Herzenslust faulenzen und blödsinnig und kindisch sein darf.« Die Ferien stehen hier stellvertretend für die Freizeit überhaupt, ein Wort, das Nietzsche nur deswegen nicht gebraucht, weil es jüngeren Ursprungs ist. Weil aber die Freizeit im Urlaub und in den Ferien ihre paradigmatische Erfüllung findet, kann man Nietzsches mehr als hundert Jahre alten Satz als frühe Kritik an unserem Verständnis der Freizeit, ihren Inhalten und ihren organisatorischen Formen lesen.

Die Muße, an die Nietzsche erinnert, war früher die Gegenwelt zum Bereich des Berufs, der → Arbeit und der Existenzsicherung. »Wir arbeiten, um Muße zu haben«, schrieb schon Aristoteles und legte damit für die zukünftige Diskussion den Bereich fest, in dem Muße anzusiedeln ist. Allerdings waren Muße und Müßiggang in einer elitären Gesellschaft nur einer privilegierten Schicht vorbehalten, die dann gewöhnlich mit Verachtung auf diejenigen herabsah, die arbeiten mussten und keine Zeit für Muße hatten. Mit dem Wandel der elitären Gesellschaft zu einer demokratischen und eher egalitären veränderte sich nicht nur die Einstellung zur Arbeit, sondern zugleich auch der Stellenwert und die Bedeutung der Muße, so dass schließlich mit dem Wort »Freizeit« sogar ein neuer Begriff gebildet werden musste. Die mit der Attitüde des Demokratieverächters vorgetragene Kritik Nietzsches an diesem neu formierten Lebensbereich geht auf diesen Wandel freilich nicht ein, negiert ihn sogar, weil Nietzsche auch die Ferien- und Freizeit immer noch mit den Kriterien der Muße beschreibt und sie der Berufs- und Erwerbsarbeit gegenüberstellt, als sei die Freizeit die Muße der kleinen Leute.

Zwar füllte auch noch zu Nietzsches Zeit die Arbeit den größten Teil der Lebenszeit der meisten Menschen aus, aber dass die Freizeit nicht einfach der Arbeitswelt gegenübergestellt werden kann, war auch damals schon offensichtlich. Schließlich fordert man von der Freizeit nicht nur, dass sie frei von Arbeit und Anstrengung, sondern dass sie auch frei von den Sorgen und Gewohnheiten, Pflichten und Aufgaben, von dem vielfältigen Kleinkram des täglichen Lebens, also von den Problemen des Alltagslebens insgesamt sein soll. Die Freizeit ist daher der Gegensatz zum → Alltag, in dem wir gefordert und gestresst sind, an dem wir keine Lust und durch den wir keine Zeit haben. Heute, da die Arbeit nicht nur den geringsten Teil der uns zur Verfügung stehenden Lebenszeit ausmacht, sondern noch nicht einmal mehr für alle reicht, kann man diesen Zusammenhang überhaupt nicht mehr übersehen wollen, weil sonst Arbeitslosigkeit mit Freizeit identisch wäre. Wenn man dennoch immer noch davon ausgeht, dass die Freizeit der Gegenbegriff zur Berufs- und Arbeitswelt sei, dann ist das nichts als Konvention oder, schlimmer noch, schiere Gedankenlosigkeit.

Dass die Freizeit die Gegenwelt zum Alltag ist, spricht das Wort »Freizeit« eigentlich selbst schon aus, lässt es doch offen, was man damit inhaltlich meinen könnte, und meint nur formal die Zeit, die man zur freien Verfügung hat, die also nicht schon durch die Alltagsbedürfnisse absorbiert ist. Deswegen lässt es auch offen, welche speziellen Aktivitäten zur Freizeit gehören könnten und welche nicht. Wenn der eine seinen Einkauf, seine Tätigkeit als Heimwerker, seine Vereinsarbeit oder seine sportliche Karriere als Freizeitbeschäftigungen versteht, so wird ein anderer all das zu seinem Alltag rechnen. Diese Zuordnung hängt nur von der subjektiven Beurteilung dieser Aktivitäten in Bezug auf ihre persönliche Bedeutung, ihren möglichen Lustgewinn, ja selbst von der persönlichen Belastbarkeit ab. Bei der Muße war dies anders. Sie fand erstens nicht außerhalb des Alltags statt, sondern mitten in ihm und war ein immanenter Teil von ihm, und man konnte zweitens auch sachlich angeben, welche Tätigkeiten ihr zugehörten, war sie doch der Bereich des kulturellen und ästhetischen Genusses, der Bildung und Geselligkeit. Ein Rest dieser Eigenheit ist im langsam obsolet werdenden Begriff des Liebhabers bewahrt, der sich mit Kraft und Energie einer Sache widmet, ohne sie jedoch als Beruf zu betreiben. Für Platon war die Muße sogar Voraussetzung für die und Gelegenheit zu der Philosophie, die wir heute eindeutig zur Welt der Arbeit rechnen, was sich schon beim pietistischen Kant ankündigte und in Hegels Ausdruck von der »Anstrengung des Begriffs« seine prägnante Formel fand.

Trotz der sachlichen Unbestimmtheit dessen, was Inhalt der

Freizeit sein kann, lassen sich dennoch einige Merkmale angeben, die Voraussetzungen dafür sind, dass man bestimmte Aktivitäten überhaupt zur Freizeit rechnen kann. Da der Alltag, selbst bei befriedigender beruflicher und familiärer Situation, in der Regel als wenig lustvoll erfahren wird, sollte es wenigstens die Freizeit sein. Darum gilt als oberstes Gebot, dass die Freizeit ohne den Ernst des Alltags sei, weshalb ihr eigentliches Ressort die → Unterhaltung und das Vergnügen ist. Dieser Forderung entsprechen die Beschäftigungen in der Freizeit dadurch, dass sie zwar mit Anstrengungen verbunden sein können, aber keinesfalls an Arbeit erinnern dürfen, weshalb sie selbst dann, wenn sie mit einem gewissen Arbeitsaufwand und mit Kontinuität betrieben werden, bloße Hobbys sind. Manchmal sind es auch bloße Pseudoaktivitäten, die im extremen Fall bis zum Schwachsinn reichen können, also nicht nur unproduktiv und überflüssig, sondern überdies beschämend sind. Ein weiteres Merkmal für Freizeitbeschäftigungen ist, dass sie das Bedürfnis nach Neuem, nach ungewöhnlichen Ereignissen und nach Abenteuern befriedigen sollen; denn der Alltag hat gewöhnlich keine großen Überraschungen zu bieten, da weiß man vielmehr immer schon, was einen erwartet. Dieses Bedürfnis erklärt auch den Drang des modernen Menschen nach fernen, glückverheißenden Ufern. Das Zauberwort gelungener Freizeitgestaltung ist schließlich »erlebnisintensiv«.

Weil man zudem im Alltag immer bestimmten Rollen gerecht werden muss, etwa als Partner, als Angestellter oder als Konsument, drängt es die Menschen, sich wenigstens in der Freizeit gehenzulassen und vielleicht sogar über die Stränge zu schlagen. In dieser Ausnahmesituation darf man endlich tun und lassen, was man sich sonst versagen muss. Der Schlachtruf aus Mallorcas bekanntester Kneipe »Jetzt geht's los!« drückt das knapp, aber präzise aus. Da kann man neben den Beinen auch die Seele baumeln lassen, wobei unter Umständen das pure Nichtstun zum Ideal wird, was durchaus nicht heißt, dass man sich nicht körperlich betätigen möchte – sportliche Aktivitäten sind sogar sehr beliebt –, aber die intellektuelle Mühe um die Gestaltung der Freizeit möchte man gern anderen überlassen: »Anstelle der eigenen mühseligen Suche nach Unterhaltung und kulturellem Kitzel konsumieren sie (die Menschen) lieber das von anderen perfekt inszenierte Kompaktangebot – Muße als Jahrmarkt, Entspannung als Dienstleistung mit Lachgarantie«, wie der »Spiegel« einmal sarkastisch schrieb. Die Freizeitindustrie, die schon in ihrem Namen die Abkunft aus dem Lebensbereich trägt, den man eigentlich hinter sich lassen möchte, überträgt aber ihre aus der Arbeitswelt stammenden Strukturen auf den Freizeitbereich und infiziert ihn mit den Belastungen, denen man an sich entkommen möchte. Daher entspricht der Sorge des Alltags, möglicherweise zu versagen, die Sorge in der Freizeit, unter Umständen etwas zu verpassen. Wer jedoch aus finanziellen Gründen einiges verpassen muss, dem bleiben immer noch die – wenn auch passiv nachgelebten – Träume eines schöneren und märchenhaften Lebens, das die Regenbogenpresse mit ihren Prinzessinen, Stars und Sternchen und deren Belanglosigkeiten vorführt.

Die Wirtschaft hat natürlich ein Interesse an der Nutzung ihrer Freizeitangebote und befördert deren Konsum und die Abhängigkeit von ihnen mit verführerisch ins Bild gesetzten Versprechungen, womit sie aber, wenn vielleicht auch ohne bewusste Absicht, dafür sorgt, dass die Phantasie ihrer Kunden verkümmert. Nun mag der Mensch ja träge sein, blöde ist er im Allgemeinen nicht, und so merkt er es durchaus, dass die Beschäftigungen, die seine Freizeit füllen, bloßer Zeitvertreib sind. Das mag nicht immer deutlich bewusst werden, empfunden wird es aber doch, was sich vor allem daran zeigt, dass sich der Mensch bei seinen Freizeitbeschäftigungen so leicht ödet; denn die → Langeweile ist ein hartnäckiger Begleiter dieser Art von Freizeitgestaltung. Nun wird oft entschuldigend angemerkt, dass man es den Menschen nicht verargen könne, wenn sie nichts Besseres mit ihrer Freizeit anzufangen wissen und sich auf solche fremdbestimmten Angebote einlassen, habe man sie doch bis zu ihrer Selbstentfremdung »benutzt« (Nietzsche) und ihnen ihre eigenständige Produktivität »ausgetrieben« (Adorno). Solche Einwände sind aber nur begrenzt nachvollziehbar; denn sie lassen außer Acht, dass dieselben Menschen, die in ihrer Freizeit als bloße Knetmasse der Kulturindustrie erscheinen, in anderen Lebensbereichen recht gut wissen, was sie wollen, und auch sonst ihren eigenen Vorteil wohl zu wahren verstehen. Das muss schließlich Adorno sogar für die Freizeitgestaltung zugeben, schreibt er doch, die Menschen konsumierten und akzeptierten die Angebote der Kulturindustrie nur »mit einer Art von Vorbehalt«, woraus er folgert: »Die realen Interessen der Einzelnen sind immer noch stark genug, um, in Grenzen, der totalen Erfassung zu widerstehen.«

Wenn das zutrifft, kann man aber auch erwarten, dass sich jeder selber Gedanken darüber macht, wie seine Freizeit aussehen muss, damit sie für ihn befriedigend sein kann. Wenn man dennoch in diese Erwartung wenig Hoffnung setzen darf, dann einzig aus dem Grund, weil sich der Mensch in der Freizeit gerade keiner Anstrengung – schon gar nicht einer intellektuellen – aussetzen will, weshalb er sich dann aber auch nicht beklagen darf, wenn sie so öde, banal und langweilig ist, wie es schon sein Alltag ist. Es ist ein Teufelskreis, der hier in Betrieb gesetzt wird: Weil der Alltag anstrengend und unbefriedigend zugleich ist, hofft man auf die Freizeit, die nicht anstrengen, aber befriedigen soll und gerade deswegen enttäuscht, so dass einem, zurückgekehrt in den Alltag, nichts bleibt als die wiederum leere Hoffnung, beim nächsten Mal werde alles besser laufen.

Unterhaltung

In seinem Brief an die Pisonen sagt der römische Dichter Horaz von der Dichtkunst und ihrer Aufgabe:

> Des Dichters Zweck ist, zu belustigen, oder
> zu unterrichten, oder beides zu verbinden
> und unter einer angenehmen Hülle
> uns Dinge, die im Leben brauchbar sind, zu sagen.

An diesem poetologischen Programm wird das erste Oder wohl beachtet, das zweite gern übersehen – zumal bei uns in Deutschland. Wir trennen nämlich meist, was hier verbunden wird, und was im Leben selbst vereinigt ist, nämlich das Angenehme und das Nützliche, das Unterhaltende und das Belehrende, den Witz und den Ernst, das Vergnügen und das Brauchbare. Dabei hätten gerade wir Deutschen keinen Anlass zu dieser Aufteilung; denn in dem Ausdruck »sich unterhalten« sind beide Bereiche so miteinander verbunden, dass erst der Zusammenhang klar macht, was einer damit meint. Wer sich nämlich unterhält, verschafft sich einerseits seinen Lebensunterhalt, andererseits vergnügt und amüsiert er sich. In der einen Hinsicht spricht man von der Welt der → Arbeit, von dem Ernst des Lebens, dem Nutzen, dem Lernen und Besorgen, in der anderen von der Erholung und Entspannung, dem Spaß und dem Vergnügen, also vom Bereich der → Freizeit. Dass wir für beide Gebiete dasselbe Wort verwenden können, beruht darauf, dass beide Lebensbereiche das konstituieren, was wir den → Alltag nennen. In seiner Sphäre haben Lebensunterhalt und Unterhaltung gleichermaßen ihren Platz.

Doch wer achtet schon auf solche Hinweise unserer Sprache? Und so trennen wir, was eigentlich zusammengehört. Die Freizeit verstehen wir nämlich nicht als Teil des Alltags, weshalb er für uns in der Regel nicht vergnüglich ist, sondern mühsam und lästig, während gleichzeitig Arbeit, Ernsthaftigkeit und Anstrengung aus der Freizeit verbannt werden, wodurch sie zum Ort des Vergnügens und der »bloßen« Unterhaltung wird. Je radikaler diese Trennung vollzogen wird, desto grauer und freudloser wird der Alltag und desto öder und dümmer die Unterhaltung. Beide Lebensbereiche sind aber dennoch sachlich miteinander verbunden, wie die Urteile beweisen, die Menschen über die Qualität von Unterhaltungen fällen. Da zeigt sich nämlich, dass diese Urteile nicht nur vom Alter und vom Geschlecht abhängen, sondern wesentlich davon, zu welcher Gesellschaftsschicht jemand gehört, welche Bildung und welches Einkommen er hat. Die normativen Vorstellungen über das Niveau der Unterhaltung lassen sich also unmittelbar aus der Arbeit und der Art, wie einer seinen Lebensunterhalt bestreitet, ableiten. Deshalb gibt es auch ganz unterschiedliche »Unterhaltungskulturen«, die der jeweils konkrete Ausdruck für einen über Bildungsprozesse erworbenen »kulturellen Habitus« (Bourdieu) sind. Über solche Unterhaltungskulturen identifizieren sich die verschiedenen gesellschaftlichen Gruppen und grenzen sich gegeneinander ab; denn ein Heavymetal-Fan fühlt sich mit anderen Hardrockliebhabern verbunden, nicht mit den Freunden der Oper, und einen Literaturliebhaber zieht es mehr zu denen, mit denen er über Literatur sprechen kann, als zu denen, die über das letzte Fußballspiel sprechen. Natürlich geht auch mancher Liebhaber von Streichquartetten in ein Musical, auf die Kirmes oder in den Puff, doch im Bewusstsein, nicht ganz standesgemäß zu handeln, woran man sieht, dass der gesellschaftliche kulturelle Habitus den persönlichen Neigungen durchaus zuwider laufen kann.

Noch in der ersten Hälfte des 20. Jahrhunderts konnte man verschiedene Unterhaltungskulturen relativ deutlich unterscheiden, wobei man gewöhnlich die Hochkultur der oberen Gesellschaftsklassen von der Unterhaltungskultur der Mittelschichten und der Populärkultur der Unterschichten unterschied. Dieses Schema, das die wirklichen gesellschaftlichen Verhältnisse mit ihren vielfachen Misch- und Zwischenformen noch nie korrekt wiedergab, taugt zur Beschreibung der gegenwärtigen Situation überhaupt nicht mehr, auch wenn innerhalb der Reste des Bildungsbürgertums die Unterscheidung von E- und U-Kultur, von Kunst und Bildung einerseits und »bloßer« Unterhaltung andererseits, noch hochgehalten wird. Die Wirklichkeit ist darüber hinweggeschritten, da eine fast grenzenlose Tendenz zur Vermischung aller Elemente der verschiedenen Unterhaltungskulturen zu beobachten ist. Heute kann alles, was nicht unmittelbar der Arbeitswelt zuzurechnen ist, zur Unterhaltung dienen, sei es nun der Besuch eines Museums oder die Teilnahme an einem Volkslauf, die Lektüre eines Romans oder das Ansehen eines Pornovideos. Ob dieser Beliebigkeit schütteln Kulturkritiker wie der Amerikaner Neil Postman bedenklich ihren Kopf, weil sie befürchten, dass nun alle Hemmungen und alle Qualitätskriterien wegfallen, und alle Formen der Unterhaltung von gleichem Rang sein könnten. Doch für solche Befürchtung gibt es keinen Grund. Was bisher gut war, bleibt weiterhin gut, und was schon immer Mist war, wird nicht dadurch besser, dass viele keinen Maßstab mehr für gut und minderwertig haben.

Diese Entwicklung macht aber deutlich, dass heute nicht mehr die gesellschaftliche Stellung eines Menschen gleichsam automatisch festlegt, was er als gute und ihm gemäße Unterhaltung empfindet, sondern dass die Arbeit, mit der er den Tag verbringt oder verbringen muss, bestimmt, womit er sich in seiner Freizeit beschäftigt. Je qualifizierter diese Arbeit ist, desto höher sind in der Regel auch seine Ansprüche an die Unterhaltung, und zwar sowohl in Bezug auf ihre »unterhaltenden« und vergnügenden Elemente wie auf ihre nützlichen und ernsthaften, da anspruchsvolle Unterhaltung sowohl das Bewusstsein bilden wie die Sinne befriedigen muss. Je unselbständiger und unbefriedigender aber die Erwerbsarbeit eines Menschen ist, desto mehr gleicht ihr die Unterhaltung und das durch sie gewährte Vergnügen. Das drückt sich zum Beispiel darin aus, dass sich Menschen mit gering qualifizierter Arbeit bei ihrer Unterhaltung so passiv und unselbständig verhalten wie bei ihrer Arbeit. Sie nehmen, weniger freiwillig als durch die Umstände gezwungen, das Unterhaltungsangebot der Freizeitindustrie in Anspruch, und lassen sich unterhalten, anstatt dass sie sich unterhalten, was Christoph Türcke auf die Formel brachte: »Unterhaltenwerden, was in ökonomischen Kategorien so viel wie Sozialfall sein heißt, ist in Kulturkategorien der Normalfall.« Die Unterhaltungsindustrie nennt er deshalb »eine Art kulturelles Sozialamt«, das der Staat allerdings in die Privatwirtschaft ausgelagert habe. Auf dem Gebiet der Unterhaltung ist also die Regel, was im Bereich der Ökonomie bedenklich ist; denn da hat man auf eigenen Beinen zu stehen und muss sich durch seine eigene Arbeit selbst unterhalten, eben auch dann, wenn man in ihr nichts oder kaum etwas zu sagen hat.

So werden diejenigen, die schon in ihrer Arbeit um die Befriedigung ihrer Interessen betrogen werden, auch noch bei der Befriedigung ihrer Unterhaltungsbedürfnisse benachteiligt und haben nun zum Schaden auch noch den Spott; denn die angebotene Unterhaltung ist nicht nur fremdbestimmt, sondern oft von bescheidenstem Niveau. Ihr Ziel ist nämlich nicht, dass sich der Mensch erhole, was dem Worte nach bedeutet, dass er sich selbst wieder erwerbe und sich sammle, sondern dass er sich zerstreue. Sie fordert deshalb keine Anstrengung und zu nichts heraus und wird zum puren Zeitvertreib, der gerade deshalb nicht befriedigen kann, weil er eben nur die Zeit vertreiben soll, weswegen diese Art der Unterhaltung leicht in → Langeweile endet. So schließen sich unbefriedigende Arbeit und unbefriedigende Freizeit zu einem unbefriedigenden Alltag zusammen. Dass die Unterhaltungsindustrie dabei die natürliche Neigung des Menschen zur Trägheit ausnützt, kann man ihr freilich nicht vorwerfen – schließlich will sie Geld verdienen –, allenfalls dem Menschen, dass er ihr darin entgegenkommt. Die individuelle Misere solcher Unterhaltung ist schon schlimm genug, doch schlimmer ist, dass sie auch die Wirkung hat, die Menschen zu betäuben, von ihren wirklichen Interessen abzulenken und so zu formen, wie es fremden Interessen nützlich ist. Damit wird sie zu einem gesellschaftlichen Problem; denn die Unterhaltungsstrukturen können in alle Lebensbereiche einsickern, da die Unterhaltungsindustrie die Gabe hat, wie Günther Anders so plastisch schreibt, »jeden Inhalt mit Haut und Haaren zu verspeisen und nach rapidester Verdauung als süßes Exkrement wieder von sich zu geben.« Wir, die Konsumenten dieser Produkte, seien daher im wörtlichen Sinne »arme Schlucker«. Die Wehrlosigkeit diesem Angebot gegenüber liege in dem »Unernst«, mit dem die Unterhaltung auftrete; denn der habe zur Folge, dass man sich der so leichthin gebotenen Unterhaltung achtlos hingebe, so dass sie am Ende alle Bereiche des Lebens präge: »Wie wir heute lachen, gehen, lieben, sprechen, denken oder nichtdenken, selbst wie wir heute zu Opfern bereit sind, das haben wir nur zum allerunbeträchtlichsten Teil im Elternhaus, in den Schulen oder in den Kirchen gelernt, vielmehr fast ausschließlich durch Rundfunk, Illustrierte, Filme oder durch das Fernsehen – kurz: durch ›Unterhaltung‹.« Wenn die Unterhaltung aber auch noch die Mentalität und den kulturellen Habitus einer Gesellschaft bestimmt, wird sie zur totalen Macht, weshalb Günther Anders von ihr sagte, sie sei »Terror« und »die Tendenzkunst der Macht«. Wem dieses Urteil zu radikal erscheint, zu maßlos und zu überspitzt, der möge sich nicht nur erinnern, welche politische Funktion gerade die leichte Muse zur Zeit des Nationalsozialismus hatte, sondern auch überlegen, ob sein eigenes Urteil nicht selbst schon korrumpiert ist, wenn ihm die Vorstellung, dass ein Mensch an seine Unterhaltung eigene Ansprüche stelle, so unwichtig zu sein scheint.

Zeitgeist

Heute ist »Zeitgeist« ein populärer Begriff, doch er stammt ursprünglich aus akademischen Kreisen und aus den Höhen der Geschichtsphilosophie. Sogar poetisch wurde er gefeiert. Selbst Hölderlin schrieb Gedichte, die den Zeitgeist im Titel tragen, und Goethe huldigte ihm im »Faust«: »Es ist ein groß Ergetzen, sich in den Geist der Zeiten zu versetzen.« Dieser Geist der Zeit(en) verschwand aber bald wieder aus dem Wortschatz, was blieb, ist die noch heute übliche Wortbildung vom »Zeitgeist«. Zwar wurde dieser Begriff zunächst auch als Modewort verhöhnt, wofür der berühmte Homer-Übersetzer Johann Heinrich Voß ein Beispiel ist, doch er bürgerte sich dennoch rasch ein, weil man erkannte, dass mit diesem Ausdruck ein brauchbarer Begriff zur Verfügung stand, was man im übrigen auch daran sieht, dass »Zeitgeist« bereits in der zweiten Hälfte des letzten Jahrhunderts im Englischen als Lehnwort gebraucht wurde.

Am nachhaltigsten hat Hegels Bestimmung, Zeitgeist sei die jeweils bestimmte historische Stufe in der Selbstentfaltung des absoluten Geistes, den neueren Sprachgebrauch beeinflusst, und so verstand man unter Zeitgeist zunächst die Grundeinstellung einer bestimmten Zeit, die Summe der ihr eigentümlichen Ideen, die charakteristische Lebenshaltung, die allgemein vorherrschende Gesinnung und den mentalen Zustand der jeweiligen Zeitgenossen. Diese Bestimmungen machten den Zeitgeist zu einer längerfristigen Angelegenheit und schlossen aus, dass Tagesmoden, kurzlebige gesellschaftspolitische Bewegungen oder die sich rasch verändernde öffentliche Meinung den Zeitgeist ausdrückten. Mit der zunehmenden Beschleunigung des Lebens veränderte sich aber auch die Zeitempfindung, und so beziehen wir den Zeitgeist heute stärker als früher auf die *unmittelbare* Gegenwart, also auf eine sehr kurze Zeitspanne, weshalb wir in der modernen Umgangssprache unter dem Zeitgeist die flüchtigen Moden und rasch wechselnden Meinungen des Tages verstehen.

Jeder ist vom Geist seiner Zeit geprägt. Diese Zeitgebundenheit der Zeitgenossen demonstrierte vor über hundert Jahren der Literaturhistoriker und Politiker Wolfgang Menzel an einem Beispiel aus dem Bereich der Justiz. In seiner »Kritik des modernen Zeitbewusstseins« (1869) schrieb er nämlich: »Als im 17. Jahrhundert der graueste Aberglaube Mode war, wetteiferten die Juristen, demselben ihre Dienste anzubieten. Es ist bekannt, dass die Juristenfakultäten im Eifer des Hexenwahnes die theologischen noch übertrafen ... Als ... die liberale (Mode) aufkam, boten die Juristen auch dieser wieder eifrig ihre Dienste an und so kam es, dass der deutsche Juristentag im 19. Jahrhundert sich für das Gegenteil von dem begeisterte, wofür sich die Juristen vor zweihundert Jahren begeistert hatten.« Es ist erst fünfzig Jahre her, seit die Justiz in Deutschland einen ähnlichen Schwenk von einem mörderischen zu einem liberalen Zeitgeist vollzog, was man daher weniger als Einsicht denn als Werk des Zeitgeists werten sollte. Überhaupt wird fraglich, was denn jeweils Einsicht und was bloß Ausdruck von Zeitgeist sei; denn der Zeitgeist gleiche, wie Schopenhauer fand, »einem scharfen Ostwinde, der durch Alles hindurchbläst«. Auch wer sich allem zu entziehen versucht, was der eigenen Zeit als richtig gilt, der öffentlichen Meinung, den geltenden Werten, den üblichen Ritualen, ist noch in seinem Widerspruch dem Zeitgeist unterworfen und so sind zum Beispiel Nietzsches »Unzeitgemäße Betrachtungen« die sich ausdrücklich als unzeitgemäß verstehen, aller Zeitkritik zum Trotz, genuiner Ausdruck ihrer Zeit. Selbst noch die Kritik am Zeitgeist unterliegt dieser Bedingung, und wenn Kritik zeitgeistgemäß ist, dann ist auch sie eine Mode und bloße Attitüde. Wer sich daher als unzeitgemäßen → Querdenker versteht, der kann durchaus ein linientreuer Parteigänger des gegenwärtigen Zeitgeistes sein.

Man fragt sich natürlich, worauf diese Macht des Zeitgeistes beruhen könnte. Die übliche Antwort ist, dass die Konformität mit den Strömungen der Zeit dem Menschen eine gewisse »Orientierungssicherheit« verschaffe, und die gehöre nun einmal »zu den wichtigen, anthropologisch tief verwurzelten Grundbedürfnissen« (Thomas Würtenberger). Wenn aber unsere Zeit deswegen modern ist, weil sie, mit den Worten von Jürgen Habermas, »ihre orientierende Maßstäbe nicht mehr Vorbildern einer anderen Epoche« entlehnen kann, da alle Welterklärungsmodelle, alle Traditionen und Konventionen ihre legitimierende Kraft verloren haben, dann sieht sich nicht nur die Moderne »ohne Möglichkeit der Ausflucht, an sich selbst verwiesen«, dann verschafft der heutige Zeitgeist auch keine »Orientierungssicherheit« mehr; denn dann ist nichts mehr da, woran man sich orientieren könnte. Diese Situation des Zeitgeistes erklärt, weshalb sein gegenwärtiges Kennzeichen die Beliebigkeit ist; denn heute werden nicht nur die unterschiedlichsten Arten von Weltverständnissen angeboten, sie sind vielmehr auch alle gleich viel wert und gleich wenig überzeugend, weil es keine Vernunft mehr gibt, die allgemein akzeptierte Entscheidungen ermöglichen könnte. Diese Erfahrung der Orientierungslosigkeit prägt das moderne Leben so sehr, dass man glaubte, unsere Gegenwart sogar mit einem neuen Terminus als Postmoderne bezeichnen zu müssen; denn deren Kennzeichen soll der »Unglaube gegenüber Metaerzählungen« (Jean-François Lyotard) sein. Wenn aber der völlige Mangel an → Orientierung das Signum des gegenwärtigen Zeitgeistes ist, kann seine Macht generell nicht auf »Orientierungssicherheit« gegründet sein. Sie beruht wohl auch eher darauf, dass er das Neue repräsentiert, durch das sich das Leben intensiver erfährt als durch das Alte und längst Bekannte. Die → Mode als ein konkreter Ausdruck des Zeitgeistes ist dafür der beste Beleg.

Wenn aber Orientierungslosigkeit für den Geist unserer Zeit charakteristisch ist, dann kann es auch keine einheitliche und von allen akzeptierte Einstellung gegenüber dem heutigen Zeitgeist geben. Der allgemeinen Pluralität der Meinungen entspricht somit die Widersprüchlichkeit in unserer Einstellung zum heutigen Zeitgeist. Deshalb gibt es einerseits begeisterte Anhänger des Zeitgeistes, die gerade von seiner Unverbindlichkeit fasziniert sind, weshalb sich vor allem diejenigen auf ihn berufen, die sich sowieso nicht gern festlegen wollen und als Zeitgeistsurfer glauben, ihn ganz besonders zu repräsentieren. Daher führen manche Trendzeitschriften, Popgruppen oder Werbeangebote den Zeitgeist sogar im Namen als Botschaft und Bekenntnis. Andere sind Anhänger des Zeitgeistes, weil sie sich für die moderne Technik und die durch sie initiierte Änderung unserer Lebensweise begeistern, wobei sie sich um die Probleme, die sich aus der Selbstbezüglichkeit der Moderne ergeben, meistens keine Sorgen machen. Dieses reflexionslose Verhältnis zum Zeitgeist entspricht zwar dem Lebensgefühl eher jüngerer Menschen, befriedigt aber umso weniger, je mehr der Mensch in reifere und damit bestimmtere Jahre kommt, weshalb sich nicht nur Konsumangebot und Werbung stärker um die Jüngeren bemühen, sondern die Älteren oft sogar das Gefühl haben, das sei nicht mehr ihre Welt. Dem Zeitgeist stehen sie daher meistens skeptisch oder gar ablehnend gegenüber.

Es gibt aber andererseits auch eine grundsätzliche Ablehnung des Zeitgeistes, die verständlicherweise noch nie zeitgeistgemäß war. Sie artikuliert sich im Titel von Paul Stöckleins Buch »Einspruch gegen den Zeitgeist«, auf dessen erster Seite man schon vom »Widerstand« gegen den Zeitgeist lesen kann. Zur Begründung verweist Stöcklein darauf, dass der Zeitgeist »wechselvoll« oder »wankelmütig« sei, und er spricht nicht ohne Verachtung von einem »gewissen« Zeitgeist. Allerdings trifft diese Kritik den Zeitgeist nicht sonderlich, da er mit Lust wechselvoll und wankelmütig ist, und dies als seinen besonderen Vorzug für sich reklamiert. Schon gar nicht schreckt ihn Wolfgang von Löhneysens Versuch, ihn in die Nähe zur Ideologie zu rücken, indem er zeigt, was Künstler mit der modernen Technik angefangen haben, dann nämlich »wenn der Zeitgeist ihnen die Hand führte oder eine Ideologie durch sie das Wort haben wollte«; denn Ideologisches liegt dem gegenwärtigen Zeitgeist eigentlich fern, obgleich zum Beispiel die unduldsam vorgetragene Forderung nach politischer Korrektheit zeigt, dass es mit der Ideologiefreiheit nun auch wieder nicht so weit her sein kann. Aus dieser Forderung kann man aber auch schließen, dass der Zeitgeist allen relativierenden Tendenzen zum Trotz nicht so anti-autoritär ist, wie manche glauben, und dass das Bedürfnis nach Orientierung gerade dann besteht, wenn angeblich alle Haltungen möglich und vertretbar sind.

Eine solche generelle Kritik am Zeitgeist, die meistens doch nur eine Kritik an bestimmten Zeiterscheinungen ist, relativiert sich aber schon durch die Erkenntnis, dass → Kunst, Philosophie, Wissenschaft oder Politik oft die stärksten Antreiber dafür sind, dass das Bestehende – und damit der herrschende Zeitgeist – überwunden wird; denn sie schlagen gegen die

Werte und Gewohnheiten ihrer Zeit neue Ideen, Sichtweisen oder Lösungen vor, die den Zeitgeist unmittelbar tangieren. Der Fortschritt der Biotechnologie oder die politische Einführung des Euro sind Beispiele dafür, wie Wissenschaft und Politik versuchen, gegen den herrschenden Zeitgeist neue Ideen durchzusetzen. Die Schwierigkeiten und Widerstände, auf die sie dabei stoßen, begründen sich aus dem jeweils herrschenden Zeitgeist, was belegt, dass der Zeitgeist, sobald er herrscht, konservativer ist, als man es seinem Begriffe nach vermuten sollte. Dieser Widerstreit zwischen neuem und altem Zeitgeist, der doch auch einmal neu gewesen ist und nun als Zeitgeist korrumpiert erscheint, begründet jene tiefe Skepsis dem Zeitgeist gegenüber, zu der sein Kokettieren mit dem bloß Modischen und Zeitgebundenen noch lange nicht berechtigt.

Querdenker

Das schlichte Wort »Denker«, das einst ein Ehrentitel war, wirkt heute fast ein wenig komisch, zumindest rührend und kann ohne Ironie eigentlich nur noch für ein Kunstwerk von Auguste Rodin verwendet werden, zumal dessen stumm in sich versunkene Figur ein passendes Symbol für die Situation des heutigen Denkers und seiner gesellschaftlichen Wirkungslosigkeit ist. Wer heute dennoch mit Denken Aufsehen erregen will, darf sich aufs Denken nicht beschränken, er muss mit Einfällen glänzen, mit Ideen brillieren, mit Gedanken jonglieren, mit immer Neuem kommen – kurz, er muss ein rechter Querdenker sein.

Das Wort »quer« leitet sich von dem untergegangenen Wort »twerch« ab, das heute nur noch in Zusammensetzungen wie »Zwerchfell« oder »überzwerch« erhalten blieb, und das die Grundbedeutung von »schräg« oder »verkehrt« hat. Demnach wäre ein Querdenker ein Mensch, der eigensinnig denkt, schräg zu dem, was andere aus Gewohnheit oder aus purer Bequemlichkeit denken, weswegen Peter Goergen in seinem Buch »Seitensprünge« schreibt, ein Querdenker gehe einen »Seitenweg«, der vielleicht »weiterführt, wenn die anderen in den Sackgassen des Gewohnten stecken«. Dieser Eigensinn und der Nonkonformismus des Querdenkers werden jedenfalls gern gelobt, zumal ein solcher Mensch offenbar den Mut hat, sich der Ablehnung, vielleicht sogar der Lächerlichkeit und selbst Sanktionen auszusetzen. Eine solche Erscheinung müsste eigentlich selten sein; denn kaum ein Mensch will freiwillig Außenseiter sein. Doch mit dem Prädikat eines Querdenkers werden heute viele geehrt, nicht nur Denker und Dichter, sondern auch Politiker und Zukunftsforscher, Bürgerrechtler oder Systemkritiker; selbst Kabarettisten und Schauspieler oder Fußballtrainer und Modeschöpfer werden als mögliche Querdenker gehandelt, so dass man angesichts der Menge von Querdenkern, deren Zahl durch Feuilleton und Talk-Shows täglich vermehrt wird, auf die Idee kommen könnte, wir lebten wahrhaftig in einer mündigen Demokratie mit kritischen Bürgern; denn so viele Querdenker wie gegenwärtig gab's bisher nie. Der Querdenker ist damit eine spezifische Erscheinung unserer Zeit und ein typischer Ausdruck des gegenwärtigen → Zeitgeistes.

Wenn aber die Querdenker in solchen Massen auftreten, kann es nicht weit her sein mit dem, was bei ihnen quer zur Gesellschaft und deren Überzeugungen stehen und was an ihnen selber so widerborstig sein könnte. Bestätigt wird dieser Verdacht durch die Beobachtung, dass die meisten der so Gerühmten Prominente sind und somit einer Spezies angehören, deren gemeinsames Merkmal bisher niemals war, sich gegen die Gesellschaft, der sie ihre Prominenz verdanken, und gegen deren Normen, die ihren Erfolg verbürgen, von Grund auf kritisch oder gar ablehnend zu verhalten. Darum ecken solche Querdenker mit ihren Ideen ja auch nirgends an, was ein echtes Zeichen dafür wäre, dass sie schräg und widerborstig denken. Sie ernten hingegen überall Beifall und Zustimmung. Versucht einer aber, der allseits erwarteten Wirkungslosigkeit seiner Querdenkerei durch Tat und Einflussnahme zu begegnen, verliert sich sofort die leicht amüsierte Kenntnisnahme des queren Denkers; denn da wird der Querdenker umgehend zum Quertreiber, also zum Störenfried. Dem freundlichen Unterton bei dem Wort »Querdenker« ist daher von vornherein nicht zu trauen.

Das ganze Geheimnis der Querdenkerei besteht in Wahrheit auch nur darin, dass die kritische Haltung bei ihr zur bloßen

Attitüde verkommen ist. Sie erfüllt damit allerdings eine Erwartung unserer Zeit, in der die Kritik allgemein und zum üblichen Gesellschaftston geworden ist. Von wirklicher Kritik und der Gefahr möglicher Sanktionen, die gewöhnlich in ihr liegt, kann deshalb bei einem Querdenker keine Rede sein; denn politische oder soziale Vergeltungsmaßnahmen muss der nicht fürchten, der sich so verhält, wie es das politische oder soziale Establishment sowieso erwartet. Was bei einem Querdenker »quer« zu sein scheint, ist in Wahrheit auch nur das Ungewöhnliche, Überraschende oder gar Schockierende seiner Gedanken. Je toller dabei die Ideen sind, die einer herausplappert, desto querer scheint er als Denker zu sein, und je unpraktikabler sie sind, desto kühner scheint er zu denken – desto weniger besteht allerdings auch die Gefahr seiner Entlarvung. Später kümmert es sowieso niemand mehr, was er gedacht hat. Es tat zu seiner Zeit seine Wirkung, und das war schließlich auch der Zweck.

Der Querdenker sucht daher stets den öffentlichen Effekt und die einträgliche Vermarktung seiner Gedanken. Da reicht es natürlich nicht, dass er zum Beispiel wie ein Denker im engeren Sinn, etwa ein Philosoph, seine Gedanken niederschreibt und, in der Hoffnung auf ein interessiertes Lesepublikum, herkömmlich als Buch publiziert; denn das bewegt nichts bis gar nichts und bringt bekanntlich nichts bis höchstens wenig ein, so dass von einem »Gedankenaustausch«, der als echtes Tauschgeschäft funktionieren soll und bei dem Gedanken gegen andere, am Ende aber in jedem Fall gegen → Geld getauscht werden, nicht die Rede sein kann. Erst Medienauftritte und Werbestrategien vermögen den Tauschwert von Gedanken zu erhöhen und sie als verkehrsfähiges Marktprodukt zu etablieren. Dann fließt auch das Geld, das bisher nur – und auch dann eher bescheiden – floss, wenn man als staatlich besoldeter Gedankenverwalter arbeitete.

Wie sehr aber das Nachdenken bei all diesem Querdenken schon aus der Mode gekommen ist, das sieht man beispielsweise daran, dass man selbst für den, der es immer noch betreibt oder sich wenigstens ehrlich darum bemüht, kein anderes Lob bereit hat als dieses, dass er ein echter Querdenker sei. Ich erschrak daher ziemlich, als ich in einer Rezension der »Frankfurter Rundschau« nicht nur las, in dem von ihr besprochenen Heft der Zeitschrift »Niemandsland« melde sich »ein buntes Stimmengewirr von Querdenkern« zu Wort, sondern auch mich als eine der Stimmen in diesem krächzenden Chor bezeichnet fand. Wenn mich einer loben will, dann möge er doch bitte schreiben, ich dächte nach, nicht quer!

Informationsgesellschaft

Schon immer boten gesellschaftliche, wissenschaftliche oder technische Entwicklungen Anlässe für Ängste, Verunsicherung und Ratlosigkeit. Als die ersten Eisenbahnen zu rollen begannen, warnten besorgte Zeitgenossen vor möglichen gesundheitlichen Schäden durch die hohen Geschwindigkeiten und prophezeiten als unausbleibliche Folgen Nerven- und Gemütskrankheiten, obgleich jeder gute Reiter die von den Eisenbahnen damals erreichten Geschwindigkeiten leicht überbot und dennoch keine anderen Nervenkrankheiten nach Hause brachte als die, mit denen er ausgeritten war. Aus solchen Erfahrungen hat man aber noch nie etwas gelernt, was aber nichts Ungewöhnliches ist und durchaus nichts mit Technik- oder Fortschrittsfeindlichkeit zu tun hat; denn dass man auf Neues unsicher und ratlos reagiert, ist ein natürlicher Reflex und macht insofern Sinn, als man ja nicht weiß, was aus neuen Entwicklungen alles erwachsen könnte. Vorsicht ist also angebracht.

Wenn nun aber in *unserer* Zeit etwas wirklich neu und einzigartig ist, dann dies, dass allen Menschen, wenigstens potentiell, alle möglichen Informationen zur Verfügung stehen, dass eine bisher undenkbare Fülle von Bildern und Tönen aus allen Zentren der Welt, aber auch aus ihren letzten Ecken und Winkeln, Tag und Nacht und in Echtzeit überall verfügbar ist, und dass in Zukunft niemand von dieser Sintflut der Informationen verschont bleiben wird oder sich ihr wird entziehen können. Das ist eine Erfahrung, die die Menschheit bisher noch nicht kannte, und rechtfertigt es, die sich abzeichnende neue Gesellschaft als Informationsgesellschaft zu bezeichnen, wobei man sich freilich bewusst sein sollte, dass man mit einem solchen vom gegenwärtigen Informationsstand geprägten Be-

griff vielleicht gerade die wesentlichen Entwicklungen übersehen könnte, die für die Zukunft wirklich bedeutsam sein
werden. Doch kaum glaubt man, das Neue mit einem passenden Namen nennen zu können, glaubt man auch, es beurteilen
zu können, und schon erheben sich warnende Stimmen, die die
angeblichen Gefahren einer Informations- oder Mediengesellschaft an die Wand malen, deren Strukturen wir heute noch
nicht einmal in Umrissen erkennen können.

Eines der ernstesten Probleme scheint dabei die schiere
Masse des künftigen Informationsangebotes zu sein, jedenfalls
ist sie Gegenstand vieler kritischer Bedenken. Doch wahrscheinlich wird uns diese Fülle gar keine Sorgen bereiten und
uns weder intellektuell noch emotional überfordern. Wir werden sie vermutlich so locker wegstecken, wie wir das bisher
auch schon taten, ohne dass wir es bemerkten; denn auch
bisher hat unser Gehirn das meiste von dem, was es empfing,
entweder gleich ignoriert oder sogleich wieder verdrängt, erhält
es doch jederzeit mehr Informationen, als es braucht und nutzen kann. Wenn man die psychophysiologischen Vorgänge im
Gehirn einmal in der Sprache der Informatiker ausdrücken
darf, dann kann man sagen, dass von den Millionen und
Abermillionen Bit, die als optische, akustische, taktile, olfakto-
rische oder sonstige Reize aus der Außen- oder Innenwelt in
jedem Augenblick auf unser Hirn einstürzen, allenfalls hundert
ins Bewusstsein dringen. Bedenkt man die gigantischen In-
formationsmengen einerseits und berücksichtigt man andererseits, wie wenig davon wirklich bemerkt, verarbeitet und bewahrt wird, scheint das Gehirn eher ein Instrument zur Vernichtung von Informationen zu sein als zu ihrer Bewahrung
und Aufbereitung.

Als psychologischer Vorgang drückt sich diese Eigenschaft
unseres Gehirns darin aus, dass wir das meiste von dem, was
um uns her geschieht, gar nicht erst an uns heranlassen. Man
sieht zwar, aber man schaut nicht hin, man hört zwar, aber
man hört nicht zu, man bemerkt zwar etwas, denkt sich aber
nichts dabei. Diese Fähigkeit zum Ausblenden, die jeden Lehrer
und moralisch sensiblen Menschen zur Verzweiflung treiben
kann, ist aber lebensnotwendig und wird erst dann zum Problem, wenn die zum Leben notwendige oder es bereichernde

→ Neugier stirbt und träger Gleichgültigkeit Platz macht. Sie wird es uns auch ermöglichen, mit den Datenmengen der zukünftigen Informationsgesellschaft zurechtzukommen, ohne dass sich dabei der Mensch groß verändern wird. Aller Informations- und Medienwelt zum Trotz werden die Dummen weiterhin dumm sein, die Gescheiten gescheit, die Gestörten verwirrt und die Experten überfordert, die Ganoven werden sich treu bleiben und die Schüchternen auch und die Bigotten und Besserwisser sowieso.

Wenn es für ein Lebewesen auch nötig ist, das meiste aus der Datenflut auszublenden, so ist anderes doch überlebenswichtig und darf keinesfalls übersehen werden. Also muss jedes Lebewesen auch wissen, was für es wichtig, was reizvoll und was gefährlich ist. Darum filtert unser Gehirn aus den Massen der Informationen stets diejenigen heraus, die für uns bedeutsam sind, weshalb alles, was aus welchem Grund auch immer, Aufmerksamkeit erregt, nicht nur klar bemerkt, sondern auch wiederabrufbar gespeichert wird. Diese Fähigkeit zur Unterscheidung und Auswahl wird in der totalen Informations- und Medienwelt schwieriger werden; denn dann müssen aus weitaus mehr und weit differenzierteren Informationen, die zunächst alle die gleiche Bedeutsamkeit haben, die wichtigen Nachrichten, aus der Masse gleichwertiger Angebote die uns betreffenden ausgewählt und aus den gewaltigen Faktenmengen abgewogene Urteile gebildet werden. Deshalb wird es in Zukunft einer höheren Konzentrationsfähigkeit zur Erkenntnis des Wesentlichen und eines gesteigerten Beurteilungsvermögens bedürfen, damit wir in der Datenflut, die wir selbst erzeugten, nicht urteilslos untergehen.

Diese Beurteilung wird heute dadurch erschwert, dass man keiner Medieninformation von vornherein noch trauen kann; denn die Medien müssen nicht nur eine Auswahl aus der Überfülle an Informationen treffen, sondern sind auch unmittelbar am Aufblähen, Bagatellisieren und Inszenieren von Ereignissen beteiligt, wobei man noch die verwirrende Erfahrung machen muss, dass Ereignisse, die tagelang die Blätter und Nachrichtensendungen füllten, sich wenig später in Nichts auflösen, als hätte es sie nie gegeben. Hinzu kommt, dass heute selbst Bilder und Filme, die bisher noch verlässlich schienen, digital fast beliebig manipulierbar sind, so dass nichts bleibt, woran man eine Gewissheit knüpfen könnte. Kants Einsicht, »Faulheit und Feigheit« seien die Ursachen, weshalb die meisten Menschen nicht den Mut hätten, sich ihres »*eigenen* Verstandes zu bedienen«, müssen wir heute deshalb um einen wichtigen Punkt ergänzen; denn wenn es auch am Mut nicht fehlen sollte, so wird es in Zukunft vielleicht doch am verlässlichen Material für die Arbeit des eigenen Verstandes fehlen.

Wenn alle Informationen global zur Verfügung stehen werden, wird das große Auswirkungen auf die bestehenden gesellschaftlichen Systeme und Teilsysteme haben. Lokale Sonderentwicklungen wird es in Zukunft nämlich nicht mehr geben können, keine sich unabhängig vom Rest der Welt entwickelnden Teilkulturen, keinen Schonraum für gefährdete Zivilisationen. Die weltweite, auch bewusst beeinflussende und kommentierte Berichterstattung über alle möglichen Ereignisse wird die Gedanken, Empfindungen und Meinungen der vernetzten und miteinander kommunizierenden Menschen lenken und womöglich einander angleichen, ob sie nun dem Geschehen nahe sind oder nicht. Alle kulturellen und nationalen Ereignisse gehen in den Pool weltweit verbreiteter Informationen ein und betreffen damit alle gleichermaßen. Schon heute berichten die Medien in aller Welt, nicht nach Nationen und Kulturen getrennt, auch nicht nach Gewicht und Bedeutung, gleichmütig von einer möglichen Urkundenfälschung durch Perus Präsidenten, von zwei Briten, die sich gegenseitig für Eulen hielten, vom miesen Wetter in Jakutsk, vom drohenden Ende für die Suhler Thüringen-Philharmonie, von Dopingfällen im Vorfeld der Leichtathletik-WM, von der Beziehung eines Models und eines Illusionisten oder von Flugreisen zu Superpreisen, als sei alles für alle gleichermaßen von Bedeutung.

Ob diese Entwicklung aber wirklich zu einer weltweiten Normierung des Bewusstseins oder zu einer Übersättigung und Abwehr und damit im Gegenteil zur Zersplitterung und Fragmentierung des Bewusstseins führen wird, das ist heute so wenig abzusehen, wie sich die Frage beantworten lässt, ob sich aus der Tatsache, dass allen alle Informationen zur Verfügung stehen, nicht vielleicht sogar neue Chancen für eine übernationale → Solidarität und für ein neues Verständnis vom

Menschsein überhaupt ergeben könnten. Solche Hoffnungen hegen jedenfalls diejenigen, die angesichts der neuen Entwicklungen in eine Begeisterung ausbrechen, als begännen nun wirklich die schon immer erhofften schöneren Zeiten. Dabei wirkt diese Begeisterung manchmal ein wenig komisch, wenn sich nämlich zeigt, wie wenig einer von den neuen Chancen, von denen er so fasziniert zu sein vorgibt, begriffen hat, und wie wenig er sie selbst zu nutzen versteht. Als etwa die deutsche Bundesregierung ihr Programm zur Förderung neuer Kommunikationstechnologien vorstellte, sagte der Forschungsminister: »Es wird in Zukunft immer wichtiger werden, Informationen zu jeder Zeit, gezielt, schnell, aktuell, vollständig und qualitativ hochwertig verfügbar zu haben.« Zur selben Zeit konnte man aber auf den Internet-Seiten des Forschungsministers als aktuelles Presse-Info lesen: »Diese Woche liegen noch keine neuen Presse-Infos vor«, und unter dem Stichwort »Forschungs-Info« erfuhr man zur gleichen Zeit: »Diese Woche liegen noch keine neuen Forschungs-Infos vor.« Das Beispiel zeigt, wie unwichtig es ist, alle Informationen »gezielt, aktuell, vollständig und qualitativ hochwertig« verfügbar zu haben. Allerdings zeigte es das wirklich »schnell«.

Das Pläsier über diese unfreiwillige Entlarvung verfliegt aber, wenn man entdeckt, welche Vorurteile und Missverständnisse sich hinter einer solch kritiklosen und technikgläubigen Begeisterung verbergen können. Mancher geht nämlich davon aus, Ereignisse jeden Belanges ließen sich grundsätzlich und zureichend als Information, als rechnender und berechnender Umgang mit der Welt, begreifen. Bedenklich ist dies, weil eine solche Auffassung die Realität reduziert und die Wirklichkeit deformiert. Selbst für manche Wissenschaftler, von denen man doch mehr kritischen Sinn erwarten dürfte, steht heute fest, dass die Welt im Grunde nur »eine Ansammlung von informationsverarbeitenden Systemen« sei, wie der Kommunikationstheoretiker Michael Giesecke schreibt, weshalb es mit der zunehmenden Bedeutung der elektronischen Medien notwendig werde, »die verschiedenen Phänomene in unserer Gesellschaft als Informations- und als Kommunikationssysteme zu betrachten«. Die bloße Zunahme informativer Prozesse soll es also rechtfertigen, alle Ereignisse nur noch als Informationen zu verstehen. Wieso war dann aber zum Beispiel Johannes Brahms nicht mit den Informationen zufrieden, die er auf den Notenblättern Schumanns fand? Jedenfalls schrieb er ausdrücklich: »Bei Schumann sind oft die schönsten Sachen kaum so ausführbar, wie sie geschrieben stehen. Das ist mehr phantastisch.« Offenbar gibt das Geschriebene, das als Information verarbeitet werden kann, noch nicht »die Sache« selbst, in ihr lebt anscheinend mehr – »das Phantastische«, wie Brahms es nennt – das man nicht an den Noten ablesen kann.

Dass einige die Welt an die Technik der neuen Informationsmittel angleichen und sie nur noch als eine Ansammlung informationsverarbeitender Systeme verstehen wollen, wodurch sie um ihre schönsten Seiten reduziert wird, ist einer der Gründe, weswegen manche Zeitgenossen den neuen Entwicklungen mit größerer Skepsis begegnen, als es angebracht ist. Es sind also weniger die neuen technischen Entwicklungen selbst als die mentalen Beschränktheiten derer, die diese Entwicklungen initiieren, propagieren und kommentieren, durch die jene Skeptiker bedroht sehen, was ihnen wichtig ist, nämlich eine offene, reiche, lebendige und lebenswerte Welt. Nur deshalb verhalten sich viele eher abwehrend, als dass sie sich unbefangen auf das Neue einlassen und es mitgestalten. Aber allein diese Vorsichtigen und Umsichtigen bewahren, was auch eine Informationsgesellschaft nicht wird entbehren können, nämlich den nicht nur intellektuellen, sondern auch emotionalen und schöpferischen Reichtum des Menschen und der durch ihn gestalteten Welt.

VI. Die letzten Fragen der Menschheit

Einleitung

Werte und Normen, religiöse Überzeugungen und herkömmliche Sitten haben den Menschen immer in seine Welt eingebunden, gaben ihm Halt und seinem Leben Sinn. Dieser Mechanismus, der Jahrtausende lang funktionierte, begann in der Moderne zu versagen; was bisher sicher war, wurde fragwürdig; was bisher verbindlich war, löste sich auf, und so verlor das Leben sein bisheriges stabiles Fundament. Wie aus Träumen erwacht, fühlt sich der Mensch nun fremd in der Welt, die, wie Albert Camus klagte, »der Illusionen und des Lichts beraubt ist«. Aus dieser Situation gebe es kein Entrinnen; denn der Mensch sei gleichermaßen »der Erinnerung an eine verlorene Heimat wie der Hoffnung auf ein gelobtes Land beraubt«.

Nietzsche brachte diese Erfahrung auf die Formel, Gott sei tot, eine Formel, die ihr Recht daraus bezieht, dass der Sinn des Lebens letztlich immer durch einen jenseitigen Gott verbürgt war. Nietzsche glaubte, dass man diese Situation schon lange habe vorhersehen können, man habe sie aber verdrängt und den unglaubwürdig gewordenen Gott durch Surrogate ersetzt, durch die Kunst oder den Glauben an die Autorität des Gewissens oder der Vernunft. Sie sollten einen diesseitigen Sinn des Weltgeschehens garantieren, nachdem ein jenseitiger nicht mehr auszumachen war. Mit der Entzauberung auch dieser Surrogate stehe der Mensch nun vor der Situation, dass er seiner Existenz gar keinen Sinn mehr beilegen könne. Diesen Zustand nannte Nietzsche Nihilismus. Auf Nichts kann der Mensch seine Existenz aber nicht begründen, weshalb er nach allem greift, was überhaupt verspricht, ein tragfähiges Fundament zu sein. So ist die gegenwärtige Situation des Nihilismus dadurch gekennzeichnet, dass die Suche nach einem Sinn des Lebens hektisch, das Ergebnis beliebig ist.

Man hätte den Tod Gottes zum Anlass nehmen können, über die geistigen und historischen Ursachen des Nihilismus nachzudenken und ihn als Möglichkeit zur Befreiung aus alten Abhängigkeiten und als Chance zu nutzen, sich seiner menschlichen Freiheit nicht nur bewusst zu werden, sondern sie real in Besitz zu nehmen. Statt dessen wird er als Verlust und als Bedrohung erfahren, als Schrecken, der nach Überwindung ruft, wobei der Mensch umso heftiger nach neuen Sicherheiten sucht, je stärker ihm bewusst wird, dass diese Situation gar nicht mehr zu ändern ist. Umso hartnäckiger wird diffamiert, wer auf dieser Wahrheit insistiert und sich weigert, einen Sinn in irgendwelchen Positivitäten zu sehen, die versprechen, was von vornherein nicht zu halten ist. Die Überwindung des Nihilismus soll nämlich mit den kompromittierten Werten gelingen, deren Auflösung man gerade beklagt. In dem, was längst verwest ist, wird immer noch Sinn vermutet und gesucht, und so kramt man Worte wie »Gott«, »Glaube« oder »Erlösung« hervor, als sei nie ein Bruch gewesen, der es verbietet, sie unbefangen weiter zu verwenden. In einem Vortrag »Zur Überwindung des europäischen Nihilismus« sagte Ludwig Landgrebe im Jahre 1946, also kurz nach einem der größten moralischen und geistigen Offenbarungseide, unbekümmert und wohl auch unbelehrbar: »Soll wieder ein Boden gewonnen werden, so muss die Bindung des Menschen im Ganzen des Seins, die Bindung an einen absoluten Zusammenhang, dessen er nicht selbst mächtig ist, und die von seiner Emanzipation verleugnet wurde, wiederhergestellt werden«. Als hätte es diese Bindung an einen absoluten Zusammenhang nicht zweitausend Jahre lang im christlichen Europa gegeben, und als sei alles so schön gewesen, dass man freudig »Da capo!« rufen wollte!

Doch hier gilt das Gleiche wie beim Christkind und dem Osterhasen. Ist der Kinderglaube erst einmal zerstört, lässt er sich ernsthaft nicht mehr neu begründen. Mit dieser Gewissheit kann man sich freilich nicht beruhigen; denn in seiner Verunsicherung wird der Mensch leicht zum Terroristen, der in den Begriffen, die früher Argument und Hoffnung waren, nun seine Waffen findet.

Sinn des Lebens

Sinn muss das Leben haben. Das ist ein ehernes Prinzip des Menschen. Weit weniger wichtig ist, *welchen* Sinn das Leben hat; denn »irgend ein Sinn ist besser als gar kein Sinn«, wie Friedrich Nietzsche sarkastisch bemerkte. Bedenkt man, wie sehr dem Menschen vor aller Bodenlosigkeit schwindelt, berücksichtigt man sein großes Bedürfnis nach Zwecken und Zielen und seine Bereitschaft, allem nachzufolgen, was eine → Orientierung in der Welt verspricht, und sieht man dann auch noch, wie dürftig das sein darf, dem er anhängt, dann muss man in der Tat zu der Überzeugung kommen, dem Menschen sei nur wichtig, dass das Leben überhaupt einen Sinn habe. Doch diese Suche nach dem Sinn hat ihre Tücken, und so erlebt man oft, dass die Menschen bei diesem Thema nicht sehr anspruchsvoll sind, und viele sich mit der Lösung zufrieden geben, »der Sinn des Lebens sei der, den der Fragende ihm gibt«, wie Theodor Adorno rügte. Auch wenn man seine Behauptung, die Frage nach dem Sinn des Lebens entspringe sowieso nur einem »vulgären höheren Drang« nicht teilen möchte, überzeugt sein Schluss: »Was ohne Schmach Anspruch hätte auf den Namen Sinn, ist beim Offenen, nicht in sich Verschlossenen« – und damit ist jeder Sinn, den man schwarz auf weiß nach Hause tragen könnte, von vornherein schon als Phrase desavouiert. Doch Adornos kluger Satz: »Leben, das Sinn hätte, fragte nicht danach«, bewahrheitet sich eben noch daran, *dass* wir danach fragen.

Dabei ist die Frage nach dem Sinn des Lebens noch recht jung. Den Ausdruck hat wohl Goethe zum ersten Mal gebraucht, als er in einem Brief an Schiller (vom 9. 7. 1796) vom »Leben und Lebenssinn« sprach. Das Problem ist natürlich älter als diese sprachliche Formel, wurde ursprünglich jedoch unter der Frage nach der Bestimmung des Menschen abgehandelt, und dieses Thema beschäftigte schon die philosophischen Schulen des Altertums vom Platonismus über den Epikuräismus bis hin zur Stoa. Die Antwort hing dabei von dem Menschenbild, von den metaphysischen Grundsätzen und der Geschichtsphilosophie der einzelnen Philosophen ab und konnte natürlich auch in der Überzeugung bestehen, der

Mensch habe überhaupt keine ihm eigentümliche Bestimmung. Aus dieser Vorstellung zogen die italienischen Renaissancephilosophen des 15. Jahrhunderts den Schluss, dass sich der Mensch seine Bestimmung selbst geben müsse, so dass er gleichsam zum Schöpfer seiner selbst werde, während im letzten Jahrhundert Max Stirner aus demselben Ansatz die radikalere Konsequenz zog, der Mensch habe überhaupt »keine Bestimmung und Verpflichtung«, also auch keine eigene. Die Formel von der Bestimmung des Menschen war so selbstverständlich, dass sie von Spalding (1797) über Fichte (1800) und Berdjajew (1931) bis zu Du Nouy (1948) immer wieder als Titel für philosophische Werke diente, die den Anspruch erhoben, über Sinn und Zweck des menschlichen Lebens nicht nur zu reden, sondern darüber auch Bescheid zu wissen.

Worin der Mensch seine Bestimmung oder den Sinn seiner Existenz findet, zeigt sich vor allem in seinem Glauben an bestimmte Werte. Natürlich kann kein einzelner Wert den Sinn des Lebens verbürgen, auch der nicht, der wie das Gute, die Wahrheit oder das Leben selber zum erlauchten Kreis der obersten Werte gehört. Zur Rechtfertigung des Lebens bedarf es vielmehr eines ganzen Systems von Werten, das nicht nur Auskunft über die wichtigsten Werte gibt, sondern auch deren Rangfolge festlegt. Solche Wertsysteme haben sich entweder historisch herausgebildet oder wurden bewusst entworfen. Auch Philosophen arbeiteten an solchen Projekten, doch die erfolgreichsten Sinnstifter waren bisher immer Religionen, so dass selbst noch Ludwig Feuerbach, der doch immerhin die Frage stellte, ob das Leben nicht gerade dadurch seinen Sinn verliere, dass es ihn erst im Jenseits finden solle, felsenfest davon überzeugt war, ein Leben ohne Religion sei eigentlich »zwecklos«. Die besondere Rolle der Religion für die Sinnfrage erklärt auch, weshalb wir diese automatisch mit der Frage nach → Gott verbinden, was sachlich nicht zwingend ist. Deshalb artikuliert sich in dem Satz: »Die Frage nach dem Sinn des Lebens ist letztlich die Frage nach Gott«, nicht nur ein spezifisch theologisches Selbstverständnis, sondern auch eine allgemeine Überzeugung. Dieses Zitat stammt auch nicht von einem Theologen, sondern von dem Mathematiker Georg Todoroff, der sich allerdings so bedingungslos als »wiedergeborenen Christen« versteht, dass sein Buch »Und woher kommt Gott?« auch ein gutes Beispiel dafür ist, welch absonderliche Blüten das Bedürfnis nach Lebenssinn hervortreiben kann. Bekanntlich hat das traditionelle religiöse Modell heute keine große Überzeugungskraft mehr. An seine Stelle sind andere Sinnstifter getreten, die zum Teil aber die alten religiösen Funktionen und Strukturen übernommen haben, auch wenn das nicht immer mit Absicht geschah. Neue Propheten versprechen einen neuen, gewöhnlich tieferen Sinn, nachdem die aufgeklärte Rationalität angeblich nur zu einer Verarmung des Lebens führte. Gegen Max Webers Entzauberung der Welt propagieren sie eine Wiederverzauberung, und so blüht ein allgemeines Sektenwesen der → Esoterik, wobei man gern Anleihen bei anderen Kulturen macht, sei es nun Indien, Tibet oder das indianische Amerika; denn von dort, wo man sich nie auf annähernd ähnliche Weise Gedanken über den Sinn des Lebens machte, scheint noch Sinnstiftung möglich, nachdem die hauseigenen europäischen Sinnentwürfe allesamt fragwürdig geworden sind. Solche neuen Mythen müssen natürlich nicht religiös begründet sein, der überall wieder erwachende Nationalismus ist ein Beispiel für eine säkulare, politische Variante.

Warum sich überhaupt Werte entwerten, warum sie ihren Charakter, Orientierungshilfe zu sein, verlieren können, ist bis heute nicht sicher zu sagen; dass es geschieht, ist hingegen keine Frage. Werte verhalten sich also nicht anders als das Geld, das ja auch ein Wert ist, der sich entwertet, ohne dass man erklären könnte, warum. Es fällt nicht groß auf, wenn ein einzelner Wert seinen Wert verliert, zumal gewöhnlich ein anderer stillschweigend an seine Stelle tritt. Aber manchmal geschieht es, dass man Zweifel an seinem ganzen Wertesystem bekommt, und gewöhnlich wird einem dadurch erst bewusst, dass man überhaupt eines hat. Wenn aber *alle* Werte sich entwerten, wenn jeder Sinn, den man dem Leben gibt, wenn alle Zwecke, die wir uns setzen, nichts als Fiktionen sind, wird das Leben bis in seinen tiefsten Grund erschüttert. Der Mensch verliert dann sein sicheres Fundament, und das Leben wird → absurd. Das ist die Erfahrung des Nihilismus; denn Nihilismus bedeutet nichts anderes, als dass, mit Nietzsches knapper Formel, »die obersten Werthe sich entwerthen«. Dann »fehlt das Ziel; es fehlt die Antwort auf das ›Warum?‹«.

Es gibt verschiedene Möglichkeiten, mit dieser Erfahrung umzugehen. Der französische Philosoph Albert Camus empfahl die heroische Haltung der Revolte und des Widerspruchs. Doch diese Haltung setzt dieselbe Sicherheit in der Annahme der Sinnlosigkeit des Lebens voraus, die den Hauptmangel bei der Behauptung seiner Sinnhaftigkeit ausmacht. Üblicher ist ohnehin der andere Weg, sich in immer neue Ablenkungen zu flüchten, sei es die Arbeit, der Konsum oder wechselnde Vergnügungen. Nietzsche nannte diese Haltung den »passiven« Nihilismus, bei dem alles, »was erquickt, heilt, beruhigt, betäubt, in den Vordergrund tritt«. Doch Menschen, die sich nicht betrügen wollen, ist dieser Ausweg versperrt, ihnen bleibt nur die Verzweiflung. Und so schrieb zum Beispiel Heinrich von Kleist, tief verstört durch Kants Philosophie, die alles auflöste, was bisher als sicher galt, der Gedanke, dass wir von der Wahrheit gar nichts wissen, »dass das, was wir hier Wahrheit nennen, nach dem Tode ganz anders heißt, und dass folglich das Bestreben, sich ein Eigentum zu erwerben, das uns auch ins Grab folgt, ganz vergebens und fruchtlos ist, dieser Gedanke hat mich in dem Heiligtum meiner Seele erschüttert.«

Durch die Erfahrung des Nihilismus zwar erschüttert, doch unerschüttert im Bedürfnis nach Orientierung, Sinn und Wert, versucht man dann, an die Stelle der alten Autoritäten neue zu setzen, wobei man vor allem darauf sieht, dass sie überhaupt Autoritäten sind, weniger darauf, dass sie auch einem gewissen Anspruch genügen, weshalb am Schluss selbst das Irrationale und die Unvernunft als Sinnstifter dienen können. Dieser Drang nach neuer Sinngebung kann sich auf Nietzsche berufen, der nach eigenem Selbstverständnis doch »der erste vollkommene Nihilist Europas« gewesen sein will, den Nihilismus aber dennoch nur als einen Übergang verstand, als einen Zustand, den man überwinden müsse. Seine Formel von der »Umwertung aller Werte« deutet es schon an: Er suchte »neue Werthe«; denn wir hätten, wie er bestimmt erklärte, »irgendwann, *neue Werthe* nöthig«. An dieser Erklärung ist aber nicht Nietzsches eigene Hervorhebung wichtig, das »nötig« ist das verräterische

Wort. Es ist das offene Eingeständnis, dass wir den Nihilismus nicht ertragen, dass wir ihn vielmehr als einen Zustand verstehen, der, mit der schönen Metapher von Adorno, nur »auf die Injektion von Sinn« wartet.

Doch die Injektion von neuem Sinn entwertet die Erfahrung des Nihilismus. Mit Recht fuhr deshalb Adorno fort: »Verkleistert wird die Perspektive, ob nicht der Zustand, in dem man an nichts mehr sich halten könnte, erst der menschenwürdige wäre.« Diesen Zustand, in dem der Mensch auf sich selbst gestellt ist und Krücken und fremde Leitung nicht mehr nötig hat, nannte Kant die Mündigkeit des Menschen; denn der mündige Mensch brauche, wie er in seiner Schrift »Was ist Aufklärung?« schrieb, kein Buch, »das für mich Verstand hat«, keinen Seelsorger, »der für mich Gewissen hat«, keinen Arzt, »der für mich die Diät beurtheilt«. Vollendet wird diese Mündigkeit aber erst, wenn der Mensch auch auf einen Sinn seines Lebens verzichten kann; denn dadurch wird er sich seiner ⟶ Freiheit erst eigentlich bewusst, wenn nämlich Freiheit bedeutet, auf keinen Lebensentwurf und auf keinen Sinn und Zweck des menschlichen Daseins festgelegt zu sein.

Doch kaum streicht dieses Wissen über den Menschen hin, verdrängt er es, und mit dieser Abwehr wird die Erfahrung des Nihilismus nicht nur nicht genutzt, sie hat vielmehr schlimme Folgen; denn der Mensch ist nun nicht mehr unschuldig, da ihm seine Freiheit bewusst geworden ist, und er jetzt abhängig ist im Wissen, es in Wahrheit nicht zu sein. Um die Konsequenzen dieser Schizophrenie zu verstehen, ist es wichtig, den Nihilismus nicht mit bloßem Pessimismus zu verwechseln. Guter pessimistischer Brauch war es ja schon immer, vom Leben nicht viel zu halten. Die Griechen waren davon überzeugt, es sei das Beste, gar nicht erst geboren zu werden, weitaus das Zweitbeste aber sei, möglichst früh wieder zu sterben, und dieser Auffassung entspricht die Formel der »Bibel«, alles sei eitel und ein Haschen nach Wind. Spöttischer formulierte Petronius im 1. Jahrhundert n. Chr. in seinen »Satyrica«, mache man genau Bilanz, sei überall nur Schiffbruch zu vermelden. Dieser pessimistische Grundzug zieht sich durch die ganze Geschichte der Menschheit und ließ sich durch kein noch so optimistisches Argument eines angeblich Besseren belehren.

Gegen »den verstocktesten Optimisten« Leibniz mit seiner These von der besten aller möglichen Welten formulierte deshalb Schopenhauer seine These, »dass das Leben ein Geschäft ist, dessen Ertrag bei Weitem nicht die Kosten deckt.«

Doch der Nihilismus ist radikaler als jeder Pessimismus, und deshalb bekommt das Bedürfnis nach Sinn, das durch ihn verschärft wurde, eine radikale Wendung. Ist nämlich die Sehnsucht nach Sinn hoffnungslos, schlägt sie um in die Sehnsucht nach → Erlösung von der Sinnsuche und, da auch diese nur als Versprechen zu haben ist, in blanken Terror. Deutlich wurde das schon im letzten Jahrhundert bei Philipp Batz, der unter dem Pseudonym Philipp Mainländer eine »Philosophie der Erlösung« schrieb. Sein Glaube, dass eines Tages alles erreicht sein werde, was der Mensch zur Entwicklung einer gerechten und glücklichen Welt beitragen könne, führte ihn zu dem Schluss, dass eben dann, wenn alle Zwecke und Ziele erreicht seien, als letzter Sinn der menschlichen Existenz nur noch »die völlige Vernichtung« übrig bleibe. Geradezu hymnisch schrieb er: »Jetzt erfüllt das Herz nur noch die eine Sehnsucht: ausgestrichen zu sein für immer aus dem großen Buche des Lebens.« Und er fuhr fort: »Dann senkt sich die stille Nacht des absoluten Todes auf Alle. Wie sie Alle, im Moment des Übergangs, selig erbeben werden: sie sind erlöst, erlöst für immer!« Mainländer erwog erst gar nicht, diejenigen, die hier so selig erbeben sollen, zu fragen, ob sie überhaupt und ob sie auf diese Weise erlöst werden wollen. Der Terror der Vernichtung war für ihn von vornherein eine Wohltat.

Zu Mainländers Zeit war die Vernichtung allen menschlichen Lebens zwar denkbar, aber noch nicht machbar; heute ist sie auch das. Mit der Entwicklung von Atom- und Neutronenbombe haben wir diese Schwelle überschritten, und prompt treten die dazu passenden Philosophen auf, die fordern, dass man diese Fähigkeit nun auch nutzen müsse, um den globalen Holozid, also die bewusste Selbstvernichtung der Menschheit, endlich auszuführen. Ulrich Horstmann, ein Hauptvertreter dieser Philosophie, geht ganz traditionell davon aus, dass das Leben einen Sinn habe, aber »der ›Sinn‹ unserer Existenz ist der Untergang«. Mit einer Selbstgewissheit, die sich der Zustimmung der anderen, seien es Lebende oder noch nicht

Geborene, schon überhoben weiß, schreibt er, wir wüssten alle,
»dass wir ein Ende machen müssen mit uns und unseresgleichen, so bald und so gründlich wie möglich – ohne Pardon,
ohne Skrupel und ohne Überlebende«. Dieses menschenver-
achtende Programm gab dieser Philosophie auch ihren Namen,
nämlich »anthropofugale«, das heißt, menschenflüchtende Philosophie. Sie ist die Krönung der Suche nach dem Sinn des
Lebens.

Wenn die anthropofugalen Philosophen behaupten, die Aus-
sicht auf baldige Vernichtung spende »Trost«, offenbaren sie
ihre geheimen Ängste und ihre seelischen Beschädigungen. Angesichts der Unmöglichkeit, heute noch einen Sinn des Lebens
behaupten zu können, und angesichts der Erkenntnis, allein auf
sich selbst gestellt zu sein, und schließlich wegen der Furcht,
den Anforderungen dieser Erkenntnis nicht gewachsen zu sein,
brauchen solche Philosophen einen Trost, einen Trost, der der
Größe ihrer Ängste angemessen ist. Diesen Trost finden sie im
Gedanken an das Ende aller Probleme durch die globale Vernichtung allen menschlichen Lebens. – Man sieht daran nicht
nur, wie übermächtig groß das Bedürfnis nach Sinn sein muss,
sondern auch, dass der Mensch mit seiner Freiheit, für die
weder Sinn noch Sinnlosigkeit sinnvolle Kategorien sind, nicht
immer sinnvoll umgehen kann.

Orientierung

»In zweifelhaften Fällen entscheide man sich für das Richtige.«
Diesen ironischen Rat gab Karl Kraus dem, der nicht weiß, was
das »Richtige« ist. Dennoch ist es kein zynischer oder leicht-
fertiger Rat, erinnert er doch daran, dass man jede Entscheidung selbst treffen und verantworten muss, und dass einem
kein noch so gut gemeinter Rat das Risiko dieser Entscheidung
abnehmen kann. Da im Leben aber dauernd Entscheidungen zu
treffen sind, zumeist kleine und kleinste, aber auch große und
weitreichende, bedürfte es eines viel zu großen Aufwandes an
Zeit und Energie, wenn man jeden einzelnen Fall prüfen und
entscheiden müsste, zumal das Risiko einer falschen Wahl hoch
ist. Zum Glück gibt es aber Regelsysteme, die für die meisten

Fälle eine gewisse Orientierung bieten, so dass man den Alltag problemlos meistern und sich selbst in außergewöhnlichen Situationen zurechtfinden kann. Solche Hilfen sind die in einer Gesellschaft geltenden Werte, Traditionen und Gesetze, das Herkommen, die Erziehung, die Gefühle und die alltäglichen Lebensgewohnheiten, deren Orientierungsfunktion man oft gar nicht eigens wahrnimmt. Daneben gibt es aber auch spezifische, gleichsam gewerbsmäßige Anbieter von Orientierungshilfen für alle Lebenslagen, wobei die Religionen – zumal in ihrer organisierten Form als Kirche – die größte Rolle spielen. Aber auch die Kunst, die Literatur oder die Wissenschaft liefern Welterklärungsmodelle, die alle mehr oder weniger brauchbare Vorschläge enthalten, wie man die Welt verstehen und sich in ihr zurechtfinden kann.

Solche Orientierungshilfen müssen zwei verschiedene Funktionen erfüllen. Sie müssen zunächst einmal einen Überblick über das Ganze der Welt und über die Struktur der menschlichen Lebensverhältnisse geben, also ein Weltbild oder eine Weltanschauung liefern. Diese Funktion gibt Antwort auf die Frage nach dem, was man gewöhnlich den → Sinn des Lebens nennt. Zweitens muss auch geklärt werden, wie man sich in der so strukturierten Welt konkret verhalten solle, um recht, gut oder angenehm leben zu können. Das ist das Problem der Orientierung im engeren Sinn, wobei die Frage nach dem rechten Handeln in der Welt mit einem Regelwerk menschlichen Verhaltens beantwortet wird. Diese Funktion beantwortet also die Frage nach der Moral und der ethischen Rechtfertigung des Handelns.

Wie in allen anderen Bereichen geistigen Lebens spielt die Metaphorik auch für die Vorstellung des Orientierens eine wichtige, ihren sachlichen Gehalt konstituierende Rolle. Das grundlegende Bild, das Leben als einen Weg zwischen Geburt und Tod zu verstehen, wird dabei im Wort »Lebensweg«, dem im Französischen »chemin de la vie« oder im Italienischen »cammino della vita« korrespondieren, direkt ausgesprochen. Darum liegt es nahe, Situationen, in denen man Lebensentscheidungen treffen muss, mit dem Bild einer Weggabelung und die Entscheidung über den richtigen Weg mit der Metapher der Wegweisung zu beschreiben, so dass falsche Entscheidungen auf Irr- oder Abwege führen, wenn nicht gar in Sackgassen und ausweglose Situationen. Das klassische Zeugnis für diese Wegmetaphorik ist die Fabel von »Herakles am Scheideweg«, die der griechische Sophist Prodikos aus dem 5. Jahrhundert v. Chr. erzählt. Herakles, unschlüssig darüber, welchen Lebensweg er einschlagen soll, erhält von Frau »Glückseligkeit« den Rat, sich für den leichten und angenehmen Weg zu entscheiden, Frau »Tugend« hingegen ermahnt ihn, seinem Herkommen und seiner Erziehung gemäß den anstrengenden, aber letztlich befriedigenden Weg zu wählen. Diese Geschichte erzählt den einfachsten Fall eines Entschlusses angesichts einer Alternative. Manchmal sind aber auch beide Alternativen falsch, und dann stellt sich die Frage nach dem dritten als dem richtigen Weg, wobei gewöhnlich der Mittelweg als der rechte empfohlen wird. Auf diese Wahrheit der Mitte hat zum Beispiel Aristoteles seine ganze Ethik aufgebaut, weshalb er Tugenden als Mitte zwischen zwei Extremen bezeichnete. Manchmal reicht aber auch dieses Bild vom dritten Weg nicht aus, dann bedarf es eines Ariadnefadens, um aus einem Labyrinth den sicheren Weg zu finden.

Die Wegmetapher leitet sich teils vom Bild einer Reise über Land oder einer Wanderung her, teils bezieht sie sich aber auch auf eine Seereise, bei der man sich an der Sonne, an Leitsternen, Leuchtfeuern und mit Hilfe des Kompasses orientiert. Diese Metaphern verweisen schon auf jene, die für uns eine herausragende Rolle spielen, wenn es um die geistige, begrifflich-abstrakte Orientierung des Menschen in der Welt geht. Da verwenden wir nämlich gern Begriffe, die vom Licht und vom → Sehen abgeleitet sind. Der Ausdruck »Orientierung« vereinigt sogar beide Bildbereiche, den geographischen von Weg und Richtung und den vom Licht; denn sich orientieren heißt, sich nach der Himmelsrichtung Osten auszurichten, wo die Sonne aufgeht und das Licht uns leuchtet. Wegmetapher und Lichtmetapher sind so sehr miteinander verbunden, dass sie in dem bekannten »Ex Oriente lux« verschmelzen. Diese Metaphorik vom rechten Weg und vom Licht hat sich bis in die Moderne nicht nur in der Alltagssprache gehalten, selbst die Philosophie kann bei aller Abstraktion nicht auf solche konkreten Bilder verzichten. Bekanntlich suchte noch Kant bei der

Lösung der Frage »Was heißt: Sich im Denken orientieren?« nach einem »Leitstern« und nach einem »Wegweiser oder Compaß«.

In der Regel kommt man mit den üblichen Orientierungshilfen von Werten, Normen und Gewohnheiten ganz gut zurecht. Problematisch wird es erst, wenn diese Hilfen versagen, wenn es also keine weltanschauliche oder politisch-soziale Ordnung mehr gibt, die alle Lebensbereiche durchdringt und gesellschaftliche Einheit stiftet. Gehen aber die gemeinsamen Überzeugungen einer Gesellschaft verloren, werden auch die Gewissheiten des alltäglichen Lebensvollzuges fragwürdig. Dann sieht sich der Mensch auf sich selbst zurückgeworfen, wird unsicher und entwickelt ein gesteigertes Bedürfnis nach Orientierung. Diese Verunsicherung, die sich bis zur → Angst steigern kann, ist daher immer Symptom einer Krise. Wir erfahren nun unsere eigene Zeit als eine solche Epoche der Krise und des Umbruchs; denn was wir die Pluralität der Kulturen oder die Pluralität innerhalb unserer eigenen Kultur nennen, ist zugleich Ausdruck der Erfahrung, dass unsere Kultur kein Zentrum mehr hat. Die überkommene Religion ist heute so wenig tragfähig wie es die traditionellen gesellschaftlichen Organisationsformen sind. Die meisten Werte haben ihre verpflichtende Kraft verloren, und welche Regeln einer gelten lässt, bestimmt er weitgehend selbst; denn in vielen Bereichen, für die es früher Vorgaben und Sinndeutungen gab, ist die Auslegung einer Situation mittlerweile Sache des Betroffenen. War zum Beispiel früher schon im voraus entschieden, wer in einer Ehe arbeitet, und wer die Kinder erzieht, müssen diese Rollen heute selbst ausgehandelt werden. Welche Form der Altersvorsorge oder welche Ausbildung für die Kinder gewählt wird, ist Sache individueller Entscheidung, und so kann es zuweilen scheinen, als sei die jeweilige Biographie nur ein persönliches Produkt.

Dieser Zuwachs an Entscheidungsmöglichkeiten rückt wieder ins Bewusstsein, was im sicheren Gang des Lebens und hinter den Gewohnheiten des Alltags fast vergessen wurde, dass nämlich der Mensch durch seine → Freiheit bestimmt ist. Werden ihm nun seine Entscheidungen nicht mehr durch vorgegebene Muster erleichtert, braucht er mehr Aufgeschlossenheit, Mut und Risikobereitschaft, als bisher nötig war; dann sind

Phantasie und Flexibilität, Änderungs- und Anpassungsfähig-
keit erforderlich, die bei den eingeschliffenen Gewohnheiten
fast in Vergessenheit geraten waren. Insofern ist jeder Verlust
von Orientierungshilfe auch ein Gewinn; denn er treibt das
Leben an und um. Weil aber die erhöhten Anforderungen auch
größere Zumutungen bedeuten, will man sich ihnen gern entziehen, weshalb viele zur Verdrängung des Bewusstseins der
Freiheit neigen. Am liebsten wollen sie die eingefahrenen Wege
weiter gehen und sich auch dann noch an den traditionellen
Mustern orientieren, wenn diese ihre orientierende Funktion
gerade verloren haben. Daher rührt die Heftigkeit, mit der
jeder Verlust von Werten beklagt wird, und daher kommt der
Drang, möglichst schnell neue Orientierungsmodelle zu finden,
die die alten ersetzen könnten, wobei man um so verzweifelter
sucht, je stärker die Verunsicherung ist. Wie stark sie gegenwärtig ist, kann man daran erkennen, dass es wohl zu keiner
Zeit so viele und so verschiedenartige Orientierungsangebote
gab wie heute, so dass es fast einer Orientierung über die
Orientierungsangebote bedarf, um sich im heutigen Sortiment
überhaupt zurechtzufinden.

Als einer der Produzenten von Orientierunghilfen wird auch
die Philosophie angesehen, und sie hat diese Erwartung oft
erfüllt. Das demonstriert zum Beispiel der Kupferstich, den der
Aufklärungsphilosoph Christian Thomasius seinem ersten philosophischen Buch »Philosophia aulica« von 1688 mitgab. Auf
diesem Bild, das ein schönes Beispiel für die oben erwähnte
Wegmetapher vom dritten Weg darstellt, sieht man den Wahr-
heitssucher vor drei Wegen stehen, von denen der eine zur
Scheinwahrheit der Cartesianer, der andere zu der altersschwa-
chen Philosophie der Aristoteliker und der dritte, der Weg des
eigenen Nachdenkens, zur eigentlichen Wahrheit führt. Das
Buch selbst stellt dann die Ergebnisse dieses Nachdenken über
die Wahrheit dar und illustriert damit, dass der Philosoph nur
dann die Welt erkennen und ein rechtes Weltbild liefern kann,
wenn er sich auch über den rechten Weg zur Wahrheit klar ist.
Philosophie kann man damit als Versuch verstehen, sich über
die Welt und die Stellung des Menschen darin denkend Gewissheit zu verschaffen.

Moderne Philosophen scheinen das nicht anders zu beurteilen. Das legen nicht nur neuere Buchtitel nahe wie »Philosophische Orientierung« oder »Philosophisches Orientierungswissen für unser Erkennen, Handeln und Leiden«, das wird von Philosophen auch direkt ausgesprochen, etwa von Karl Ulmer, der unter dem Titel der philosophischen »Weltorientierung« schreibt: »Wir suchen ein Wissen, das den Menschen in den Stand setzt, über die Vielfalt seiner Lebens- und Weltverhältnisse einen Überblick zu gewinnen und einen Durchblick auf die Ordnung, die darin waltet, so dass er sein Handeln und Entscheiden danach orientieren und dadurch die Lebensverhältnisse wieder in ein angemessenes Verhältnis zueinander setzen kann.« Der moderne Philosoph scheint mit dieser Absicht das Aufklärungsprojekt des Thomasius voranzutreiben, nicht anders als etwa Herbert Schnädelbach, der »das philosophische Interesse primär als Ausdruck von Orientierungsbedürfnissen« versteht und »demzufolge von der Orientierungsfunktion des Philosophierens« spricht. Diese Orientierungsfunktion der Philosophie muss aber vom philosophischen Interesse »an einem ›Weltbild‹« und »von der Weltbildfunktion des Philosophierens« unterschieden werden, wie Herbert Schnädelbach ausdrücklich schreibt. Die Orientierungsfunktion der Philosophie geht also über ihre Weltbildfunktion hinaus.

Philosophische Weltbilder gibt es, seit es Philosophie gibt. Schon die ersten Philosophen entwarfen gegen mythische oder religiöse Welterklärungen bewusst rationale philosophische Weltmodelle, und die philosophischen Systemkonstrukteure der Neuzeit, insbesondere der idealistischen Philosophie, versuchten sogar, ein in sich geschlossenes Weltbild zu begründen, das selbst wissenschaftlichen Kriterien standhalten sollte. Bei solchen Weltentwürfen handelte es sich aber immer nur um ein theoretisches Interesse an der Welt, und selbst wenn sich die Philosophie für das konkrete Handeln des Menschen interessierte, geschah das unter dem Gesichtspunkt der Theorie. Unmittelbar praktisch war sie jedoch nie. Wenn nun aber moderne Philosophen neben der theoretischen Weltbildfunktion ihres Faches noch eine besondere Orientierungsfunktion annehmen, überschreiten sie diese Grenze; denn dann soll die Philosophie nicht nur theoretisch und im Denken orientieren, sondern auch konkrete Anweisungen für die Praxis geben. Das unphilosophische Bedürfnis hinter dieser Absicht hatte schon Hermann Glockner offenbart, als er schrieb, der Philosoph wolle die Macht, die er durch seine theoretische Arbeit »über die ›Welt‹ hat, aktiv ausüben«. In direkter Nachfolge solchen Machtwillens fordert der heutige Philosoph Hans-Martin Sass, »professionelle Ethiker« sollten sich etwa bei Problemen des Gesundheitswesens »beratend und kritisch äußern zu den ethischen Aspekten des Einzelfalls«. Die Kompetenz für den Einzelfall ist aber das genaue Gegenteil von dem, was man der Philosophie bisher an Kompetenz zusprach, nämlich Spezialist für das Allgemeine zu sein.

Dass die Philosophie unmittelbare Auswirkungen hat und auch haben soll, wurde freilich nie bestritten, oft sogar direkt gefordert. Allerdings meinte man damit nicht, dass die Philosophie praktisch werden solle, sondern dass sie sich auf die Lebensführung des Philosophierenden auswirken müsse. Als eine gelebte Daseinsform verstanden sie vor allem antike Philosophen wie Platon, Epikur oder die Stoiker, und diese Auffassung vertraten auch alle Späteren, die sich ausdrücklich auf diese antiken Vorgänger bezogen. Michel de Montaigne aus dem 16. Jahrhundert ist dafür ein typisches Beispiel, der insbesondere die Stoa bewunderte und Ciceros – allerdings schon von Platon stammende – Theorie, Philosophie heiße sterben lernen, als Richtschnur für seine eigene Lebensführung nahm. So prägte die Philosophie sein Leben, ohne doch für seinen Alltag eine konkrete Orientierungshilfe zu sein.

Unter den gesellschaftlichen und ökonomischen Bedingungen, unter denen wir heute philosophieren, wirkt ein solches Verständnis von Philosophie rührend und lebensfremd, zumal sich keine Philosophie leben lässt, die als wissenschaftliche Disziplin auftritt. Schon Kant beklagte, dass die frühere Einstellung zur Philosophie verloren gegangen sei, und befand, »die alten griechischen Philosophen wie Epikur, Zeno, Socrates« seien »der wahren Idee des Philosophen weit getreuer geblieben, als in den neueren Zeiten geschehen ist«. Wollte man heute einem Angestellten an einem philosophischen Institut zumuten, er solle seiner Philosophie gemäß leben, würde er das als absurde Forderung ablehnen. Annehmen würde er allerdings eine Berufung in eine staatliche Kommission, die konkrete Handlungsempfehlungen für bestimmte Berufsgruppen und Situationen ausarbeiten soll, als könnte man die gegenwärtige faktische Bedeutungslosigkeit der Philosophie dadurch kompensieren, dass man ihren Geschäftsbereich zur Praxis hin erweitert. Man gibt sie damit als Philosophie preis, ohne dass man mehr gewinnt als ein zusätzliches Angebot im Warenhaus der Lebenshilfen. Das lebensweltliche Problem, dass die Entscheidung in jedem Fall – um noch einmal an Karl Kraus zu erinnern – Sache des Einzelnen ist, bleibt dennoch bestehen, und keine Philosophie kann daran etwas ändern.

Das Böse

Gut und Böse sind für uns Gegensätze, die, wie links und rechts, nie zusammenkommen. Doch in seiner »Philosophie des Rechts« schreibt Hegel: »Das Gute und das Böse sind untrennbar«, – und nun haben alle, die einfach nur gut und lieb sein wollen, ein Problem. Das heißt, wir haben eigentlich alle ein Problem; denn es herrscht ja nicht nur »Ratlosigkeit, wenn es darum geht, das Böse in seiner Ursache und Wirkung hinreichend zu erfassen«, wie Matthias Viertel in den Hofgeismarer Protokollen über »Gott und das Böse« schreibt, sondern auch »wenn exakt erfasst werden soll, was das eigentlich ist: das Böse«. Da sieht es freilich selber böse aus; denn wenn wir über das Böse nachdenken, trüben Bilder von Schlange oder Pferdefuß unseren Blick, und benebelt Schwefeldampf die Köpfe. Wenden wir uns aber an die Experten, verkaufen sie uns das Böse als »das Banale« oder als »eine Krankheit«, als »das Sinnentleerte« oder »das Unerklärliche« oder gar als »Rätsel« und »Geheimnis« – alles Begriffe aus der neuesten Literatur zu diesem Thema. Manches Geheimnis kann man lüften, das des Bösen offenbar nicht, und so schließt der Neutestamentler Franz Annen seinen Beitrag in Hans Halters Sammelband »Wie böse ist das Böse?« mit der immerhin ehrlichen Bemerkung: »Vielleicht ist der Leser dieses Beitrages etwas enttäuscht. Das Geheimnis des Bösen ist ein Geheimnis geblieben, ungelöst.«

Obgleich das Böse also ein Geheimnis sein soll, wusste man

doch immer gut und böse eindeutig zu scheiden, was nicht verhinderte, dass viel → Leid und Elend, das die Menschen selbst verursachten, über die Welt hereinbrach. Man muss sogar fürchten, dass die saubere Trennung von gut und böse manches Leid sogar erst eigentlich hervorgebracht hat; denn es könnte leicht sein, dass man sich mit dem angeblichen Wissen um gut und böse den Blick für das verstellte, was das Böse wirklich ist. Dieser Verdacht erhärtet sich, wenn man die Instanz ein wenig näher betrachtet, die nach allgemeiner Überzeugung die Entscheidung über gut und böse trifft. Diese Instanz soll nämlich das Gewissen sein, und das bedeutet, dass der Einzelne berechtigt und fähig sein soll, in sich selbst und aus sich selbst heraus zu wissen, was gut und böse ist. Zu Recht gab Hegel aber zu bedenken, dass das Gewissen dann, wenn es sich auf sich selbst beruft, unmittelbar dem entgegen ist, »was es sein will«, nämlich »die Regel einer vernünftigen, *an und für sich gültigen* allgemeinen Handlungsweise«; denn jede Gewissensentscheidung ist ein nur subjektives Urteil, erhebt man den Anspruch, dass es auch objektive Gültigkeit besitze, wird das Gewissen nicht nur maßlos, sondern erklärt sich, wiewohl es Partei ist, zum obersten Richter.

Seine Urteile fallen entsprechend aus; denn für das eigene böse Verhalten finden wir allein schon in den Umständen einer Tat tausend Entschuldigungen, während wir bei der Beurteilung des Verhaltens anderer die Ursache des Bösen mehr in ihrer Persönlichkeit und weniger in ihrer Situation suchen. Zu diesem parteiischen Verhalten, das die Sozialpsychologie experimentell bestätigt, passt die weitere Erkenntnis, dass wir diejenigen, gegen die wir aggressiv wurden, hinterher abwerten, wodurch wir im Nachhinein unser eigenes böses Verhalten als reine Prophylaxe rechtfertigen. Experimente zeigen ferner, dass sich die Tendenz zur Aggression bei den Menschen verstärkt, die ihre Aggressionen gegen andere ausleben dürfen, während andere, die an aggressiven Handlungen gehindert werden, eher zur Versöhnung bereit sind. Während also unser Gewissen uns selbst entlastet, belastet es die anderen umso mehr, so dass das Gewissen das Böse, das es angeblich so genau erkennt, aus sich selbst erzeugt. Deswegen stehen auch alle Lebensverhältnisse, bei denen man sich nur auf sein eigenes, individuelles Gewissen berufen kann, von vornherein in einem gewissen Zwielicht, sei es nun eine Tugend von gewöhnlich eher bescheidenem Ruf wie die → Zivilcourage oder eine, deren Ruhm heute von allen Dächern schallt, wie die → Verantwortung.

Niemand zweifelt natürlich daran, dass das Gewissen das Rechte oder Gute auch treffen kann, aber man könnte sich damit auch dann nicht beruhigen, wenn dies mit hoher Wahrscheinlichkeit geschähe; denn das Gewissen ist prinzipiell in Gefahr, »die eigene Besonderheit über das Allgemeine zum Prinzipe zu machen und sie durch Handeln zu realisieren«, wie Hegel schrieb, wobei er ausdrücklich hinzusetzte, also »böse zu sein«. Die Ursache des Bösen ist damit die nur »für sich wissende und beschließende Gewissheit seiner selbst«, weshalb das Gewissen immer »auf dem Sprunge« ist, ins Böse umzuschlagen. Mit dieser Erklärung Hegels haben wir einen Begriff des Bösen, der weder rätselhaft ist noch der Metaphern bedarf, die ihn sowieso nur dämonisieren: Böse ist, wer sein Gewissen zum Maßstab macht und seine privaten Überzeugungen für allgemeingültig erklärt. Eine Ahnung dieser Übersteigerung des bloß Individuellen zum allgemein Gültigen kann man in dem Satz erkennen, den die Schlange zu Eva sprach, als sie versprach, die Menschen würden erkennen, was gut und böse sei: »Ihr werdet sein wie Gott«.

Wer aus sich selber weiß, was gut und böse ist, muss sich mit den anderen darüber nicht mehr → auseinandersetzen. Das Gewissen ist sich seiner sicher und glaubt daher, ein Recht zu haben, anderen seine Überzeugungen als Wahrheit aufzunötigen, ohne ihnen auch nur eine Chance zur Gegenrede einzuräumen. Konkret begegnet uns dieses Böse in der Person des Spießers, der nur seine Art des Empfindens, Denkens und Handelns für korrekt hält und alles andere verurteilt, oder in der Person des politischen oder religiösen Eiferers, der allein die Wahrheit zu kennen glaubt, oder in der Person des Rechtsradikalen, der Fremde mit Hass verfolgt, und schließlich in der Person des Terroristen, der im Namen irgendeines Gottes oder Rechtes mordet. Dadurch behindert und zerstört die Berufung auf das eigene Gewissen die Werte und Normen, die eine gesellschaftliche Ordnung garantieren und aufrechterhalten. Im

Hinblick auf diese Störung kann man dann in einem weiteren Sinn auch alles andere, was den geregelten Gang des Lebens bedroht, böse nennen, weshalb wir vom bösen Ende einer Sache, von bösen Aussichten oder von einem bösen Leiden sprechen oder sagen, es habe einen bös' erwischt. Das Böse im strengen Sinn findet sich in allen sozialen Kontexten, als Vorurteil, als Diskriminierung, als → Lüge, als → Gewalt oder als → Krieg. All das, was von außen gesehen, böse ist, kann aber subjektiv als gut empfunden werden, indem zum Beispiel der Krieg als Mittel zur Verteidigung einer gerechten Sache oder die Lüge als Mittel zur Vermeidung größeren Übels gerechtfertigt wird. In solchen Situationen geraten aber nicht verschiedene Normen sozialen Verhaltens miteinander in Streit und kollidieren keine Pflichten, wie es bei den Situationen der Fall ist, die die Antike als tragisch interpretierte und deshalb von den Begriffen gut und böse frei hielt, hier geraten vielmehr nur verschiedene Interessen desselben Subjekts in Streit. Was dann wie eine Gewissensentscheidung aussieht, ist in Wahrheit bis in den Kern böse.

Wenn das Böse aber im Gewissen sitzt wie der Parasit im Wirt, ist es ein immanentes Moment des Menschen selbst. Man kann diese Erkenntnis sogar aus mancher Geschichte in der Bibel herauslesen; denn die Bibel versichert uns schon im ersten Buch, dass Gott die Welt »gut« gemacht habe, er habe leider aber schon bald feststellen müssen, »dass der Menschen Bosheit groß war auf Erden und alles Sinnen und Trachten ihres Herzens nur böse war immerdar.« Gegen diese Bosheit der Menschen half nur noch ihre Vernichtung durch die große Flut, der aber auch kein dauerhafter Erfolg beschieden war, jedenfalls ging das Sündigen gleich danach wieder weiter. Es ist natürlich schon recht genierlich, sich von vornherein als Bösewicht betrachten zu müssen, weshalb die christlichen Theologen die These ersannen, dass das Böse von außen in den Menschen gekommen sei, nämlich durch den Teufel, der dann entsprechend *der* Böse heißt. Noch in unserem Jahrhundert schrieb der Theologe Paul Tillich in einem Rundbrief aus Amerika (1946) vom »Ungeheuren, Grauenvollen, Satanischen«, das mit dem Dritten Reich über Deutschland gekommen sei. Nur der Satan kann dem Theologen das Böse im Menschen erklären, er ist »der brüllende Löwe, der draußen einhergeht, suchend, wen er verschlinge«, wie es ja auch schon in der Bibel heißt. Von »draußen«, von außerhalb der gesitteten menschlichen Welt, da kommt das Böse her; es ist nicht schon mitten in uns selbst.

Doch für uns ist der Teufel keine Realität mehr; er ist »schon lang' ins Fabelbuch geschrieben, wie es im «Faust» heißt, doch geändert hat sich dadurch nichts; denn:

> die Menschen sind nichts besser dran,
> den Bösen sind sie los, die Bösen sind geblieben.

Wie erklärt man nun, da der Teufel ausfällt, woher das Böse kommt? Nicht anders als bisher, nämlich als Einbruch von draußen, als etwas, das sich mit normalen Kategorien nicht begreifen lässt. Man verlegt es jetzt nur nicht mehr in den Höllenpfuhl, sondern ins Abnorme und erklärt es als Einbruch eines Unerklärlichen, notfalls als → Wahn und Besessenheit, jedenfalls als etwas, das von einem Menschen Besitz ergreift, das er aber nicht selber ist. So sehr klammert man sich an diese Vorstellung, dass man wie zu ihrer Bestätigung nun auch die Bösen aus der Gesellschaft aussondert, man entfernt sie räumlich und entsorgt sie in Gefängnissen oder besonderen Anstalten. Diese räumliche Abtrennung drückt freilich auch nicht mehr als die Absicht aus, sich das Böse vom Leib zu halten, wie es auch die Projektionen des Bösen nach außen tun.

Man hat auch eine Antwort auf die Frage, welches denn das Einfallstor sei, durch das das Böse in den Menschen einmarschiere. Dass man dabei auf die → Freiheit kam, ist kein Wunder, ermöglicht sie doch alles denkbare Verhalten und damit auch das gute *und* das böse. Doch diese Binsenwahrheit wird nicht sehr ernst genommen, sonst könnte man die Freiheit weder für einen hohen Wert erachten noch den Menschen vom Bösen freisprechen; denn die Freiheit soll ja seine Eigenheit ausmachen und seine besondere Spezialität sein. Wenn man aber weder die Freiheit schuldig sprechen will noch das Gewissen, auch wenn jene das Böse erst ermöglicht, das dieses dann realisiert – als »Wurzel« des Bösen, wie Hegel plastisch schrieb –, wenn also das Böse wirklich nur von außen kommt, dann muss auch die Lösung von außen kommen, als → Erlösung, die uns vom Bösen und aller → Schuld zugleich befreit. Diese Hoffnung auf Erlösung ist allerdings nur der Nährboden für die weitere Herrschaft des Bösen in der Welt.

Glaube

»Der Glaube versetzt Berge«, sagt man, und in diesem Satz schwingen Lob und Anerkennung mit. Dass er auch einen Tadel enthalten könnte, daran denkt man nicht, schon deshalb nicht, weil man sehr wohl weiß, dass »glauben« zunächst nichts anderes bedeutet als pures Nicht-wissen; denn unter »glauben« versteht man in den meisten Alltagssituationen nicht mehr als »vermuten«. Etwas zu vermuten, macht aber nur Sinn, wenn man nichts Sicheres weiß und im schlimmsten Fall nichts wissen kann, aber dennoch eine Aussage machen möchte oder vielleicht sogar etwas entscheiden und ausführen muss. Als Ersatz für wirkliches Wissens *glaubt* man eben dann, dass es morgen regnen, dass sich die Konjunktur wieder beleben, oder es noch schlimmer kommen werde. Oft ist man sich dessen sogar bewusst, dass man etwas nicht weiß und nur vermutet; man begnügt sich dann mit einer Wahrscheinlichkeit, wo Gewissheit nicht zu haben ist. Dann gilt, was Bismarck in seiner Reichstagsrede vom 1. Dezember 1881 sagte: »Ich erlaube mir, Sie an ein altes Sprichwort zu erinnern, nämlich: ›Wer nicht weiß und weiß, dass er nicht weiß, der kommt immer noch sehr viel weiter als der, der nicht weiß und nicht weiß, dass er nicht weiß‹«. Dieses Sprichwort ist heute vergessen, lebendig aber blieb – vermutlich, weil es biblischen Ursprungs und von konziser Form ist – nur das eingangs zitierte, wobei aber vom Berge-versetzen bei den erwähnten Vermutungen natürlich nicht die Rede sein kann.

In Bismarcks schlechterem Fall, dass einer nicht weiß, dass er nicht weiß, *glaubt* er nur, dass er wisse, während er in Wahrheit nur etwas meint. Auf dieses Meinen, das sich vom Vermuten dadurch unterscheidet, dass es dem Meinenden wie wirkliches Wissen vorkommt, führte bereits Platon alles Irren zurück, schrieb er doch in seiner Schrift »Sophistes«, ein Irrtum beim Nachdenken entstehe daraus, »dass man ohne eigentliches Wissen glaubt, im Besitz des Wissens zu sein«. Die Erfahrung lehrt, dass dieser Fall der Normalfall des Wissens ist und zwar nicht nur im Alltag, sondern selbst in der strengsten Wissenschaft, weshalb man oft erleben kann, dass, was heute als sicheres Faktum gilt, morgen zur überholten Lehrmeinung erklärt wird. Erschwert wird die Einsicht in den prinzipiellen Mangel solchen Meinens allerdings dadurch, dass man mit einer Meinung natürlich auch zufälligerweise das Richtige treffen kann, was aber nicht anders zu beurteilen ist als eine Berechnung, die zum richtigen Ergebnis kommt, weil sie zwei Fehler enthält, die sich gegenseitig aufheben. Wegen dieser Gefahr des Irrens stand die → Meinung in der Philosophie immer in so schlechtem Ruf, dass die Philosophen in der Regel nicht bereit waren, eine positive Qualität bei ihr auch nur zu vermuten – zu Unrecht freilich; denn Meinungen können immerhin spielerisch Möglichkeiten ausloten, die das Wissen zu erweitern oder zu revolutionieren im Stande sind.

Meinungen verlieren allerdings den Charakter geistvollen Spiels, wenn sie sich zu Überzeugungen verfestigen und als sichere Urteile auftreten. Man stützt sich dabei stets auf Autoritäten, die den eigenen Meinungen die Überzeugungskraft verleihen, die sie von sich aus nicht haben. Diese Bindung des Glaubens an eine Autorität erklärte Spinoza in seinem »Theologisch-politischen Traktat« sogar zum Wesensmerkmal des Glaubens, weshalb er folgerte, der Glaube sei »nicht durch sich, sondern nur durch den Gehorsam« seligmachend. Um möglichen Einwänden gegen einen autoritätsgläubigen Gehorsam vorzubeugen, wird von denen, die ihre Macht auf einen Glauben gründen, gern darauf verwiesen, dass doch schließlich auch das Wissen an eine Autorität gebunden sei; denn man beziehe sich beim Wissen immer auf die Vernunft als letzte Autorität. Das ist freilich ein schräges Argument; denn wer sich auf die Vernunft beruft, beruft sich auf die eigene Einsicht. Sich selbst gegenüber kann man aber keine Autorität sein.

Ein Jahrhundert nach Spinoza geschah dann, was zu befürchten war: Johann Georg Hamann, der Magus des Nordens, also der Dunkelmann aus der Stadt des Aufklärers Kant, begründete aus der Bindung des Glaubens an den Gehorsam den Vorrang des Glaubens vor dem Wissen. Der Glaube, triumphierte er, sei »kein Werk der Vernunft« und könne daher »auch keinem Angriff derselben unterliegen«. Er habe es somit nicht nötig, »bewiesen zu werden, und ein Satz kann noch so unumstößlich bewiesen sein, ohne deswegen geglaubt zu werden«. Es ist zwar richtig, dass ein »unumstößlich bewiesener« Satz nicht geglaubt werden müsse – und genau genommen auch nicht mehr *geglaubt* werden kann –, aber genauso richtig ist es, dass die Weigerung, einen solchen Satz als wahr anzunehmen, den niedrigsten Pegelstand intellektuellen Bedürfnisses bezeichnet; denn mit dem Willen zum Widervernünftigen ist man gläubig wider besseres Wissen und jede Einsicht. Kierkegaard verband deshalb den Glauben zu Recht mit dem → Absurden, das der alleinige »Gegenstand des Glaubens« sei »und das einzige, was sich glauben lässt«. Der Glaube ist ein so starkes Bedürfnis, dass Menschen selbst da noch lieber glauben, wo sie sogar wissen könnten, und das erklärt nicht nur manche Skurrilität in Volksfrömmigkeit und → Esoterik, sondern macht auch verständlich, weshalb man denkt, der Glaube könne Berge versetzen; denn immerhin negiert er, was gewiss ist, und erklärt, was absurd ist, zur eigentlichen Wirklichkeit. In solchem Glauben artikuliert sich ein Bedürfnis, das vom → Wahn nicht mehr zu unterscheiden ist.

Der Glaube, der als religiöser, insbesondere als christlicher Glaube auftritt, wird von dieser Kritik gewöhnlich ausgenommen, als sei er von einem anderen Stern und habe mit den übrigen Formen des Glaubens nichts gemein. Dabei sind für diese Schonung keine anderen Gründe auszumachen als eine historisch bedingte Verbeugung vor einer alten Institution oder eine psychologisch begründete Rücksicht auf den eigenen Kinderglauben. Wenn zum Beispiel der amerikanische Wissenschaftler G. W. Allport eine »extrinsische« Orientierung der Religion von einer »intrinsischen« unterscheidet, wobei die erste auf einer bloß äußeren Motivation zur Religion, die zweite auf einem innerem Antrieb zu ihr beruhen soll, dann erinnert das fatal an den Jargon der Eigentlichkeit, den Theodor Adorno bei seinen Kollegen Otto Friedrich Bollnow und Martin Heidegger geißelte. Natürlich kann man sagen, erst die intrinsische Orientierung der Religion entspreche dem, was man im strengen Sinn religiösen Glauben nenne, weil dieser kein bloßes Annehmen von Fakten und Lehrmeinungen sei, sondern, dem griechischen Wort »pistis« entsprechend, Vertrauen auf → Gott. Doch wer auf diese intrinsische Weise glaubt, ist um nichts besser dran als derjenige, der einer Religion aus äußerlichen Gründen anhängt, glauben schließlich doch auch die Teufel, wie Ludwig Feuerbach schrieb, »dass Gott ist, ohne aufzuhören, Teufel zu sein.«

Jeder religiöse Glaube, extrinsischer wie intrinsischer, bloßer Glaube an Gott wie Gottesglaube, unterscheidet gewissenhaft, was wahr und was falsch sei, wobei natürlich die Wahrheit allein dem jeweiligen Glauben zugehört. Er ist daher immer exklusiv, und so empfindet sich der gläubige Mensch vor anderen ausgezeichnet. Er weiß sich im Besitz einer besonderen Wahrheit, weshalb er Anders- oder Ungläubige gern verurteilt, verdammt, verstößt, wobei sich die Anmaßung bis zur Überzeugung steigern kann, er dürfe andere mit Hass und bis zu ihrer Vernichtung verfolgen. Dieser Glaubenseifer, der eine Erscheinung des → Bösen ist, kann als Fundamentalismus ein Element des Glaubens selber sein, kann aber auch von anderen für politische Zwecke missbraucht werden. Kreuzzüge, Ketzerverfolgungen und Hexenverbrennungen sind historische Erscheinungen dieser Überzeugung, religiöser Fundamentalismus in Amerika, Israel oder in islamischen Ländern gegenwärtige.

Dieser negativen Außenwirkung des Glaubens entspricht eine mögliche negative Wirkung nach innen, insofern nämlich religiöser Glaube krank machen kann, wobei Sigmund Freud die Religion sogar als eine »universelle Zwangsneurose« bezeichnete. Dass Glaube neurotisch sein kann, ist mittlerweile auch Theologen klar geworden, die dann von einer »ekklesiogenen Neurose« sprechen. Diesen Ausdruck prägte allerdings kein Theologe, sondern der Gynäkologe E. Schaetzing, der ihn mit seinem Buch »Die ekklesiogenen Neurosen« (1955) in die medizinische Fachsprache einführte. Eine dieser Neurosen ist zum Beispiel die Erscheinung der Stigmatisation, vorausgesetzt, diese habe wirklich etwas mit religiöser → Ekstase und nicht nur mit Betrug zu tun. Aber selbst dann beweist das nichts für die Größe und Richtigkeit des Glaubens; denn Stigmatisation ist kein überzeugender Beleg weder für den Glauben noch für den geglaubten Gott; denn ein Gott, der die Welt erlösen und heil machen will, wäre nachgerade kindisch, wenn er seine Kraft und Herrlichkeit an solchen Kindereien demonstrieren wollte.

Einen Sonderfall von Glauben stellt der philosophische Glaube dar, den Karl Jaspers zur Fundierung seiner Existenzphilosophie erfand, der seine Berechtigung aber allein aus dem schon erwähnten Jargon der Eigentlichkeit bezieht; denn dieser philosophische Glaube soll das Merkmal allen »echten« Philosophierens sein. Solches Philosophieren habe seinen ausgezeichneten Ort in der Erfahrung der → Grenzsituation, durch die der Mensch gegenüber der Relativität aller Erscheinungen Halt und Stand gewinne, so dass die Bedingtheit und Zufälligkeit alles Irdischen überstiegen oder transzendiert werde. Der philosophische Glaube soll damit den religiösen Glauben noch übertreffen; denn dieser vergegenständliche nur die Transzendenz und behandle sie dadurch wie ein Innerweltliches, wodurch »echtes« Transzendieren unmöglich werde. Deshalb müssten auch die religiösen Gehalte in philosophische verwandelt und zu philosophischen »Glaubensgehalten« werden. Jaspers war klug genug, ausdrücklich darauf hinzuweisen, dass sich über diese transzendenten Glaubensgehalte natürlich nur uneigentlich und in Metaphern sprechen lasse, die damit nur »Chiffren« der Transzendenz seien; denn wenn es im Wesen des philosophischen Glaubens liegt, dass man dabei über vage Aussagen nicht hinauskommt, kann man schließlich alles sagen, ohne dass man dafür gerade stehen muss. Jaspers gab selbst ein überzeugendes Beispiel solcher Nebelwerferei, wenn er schrieb: »Ich weiß nicht, ob und was ich glaube.« Für diesen Satz bedarf es allerdings keines philosophischen Glaubens. Wenn er wirklich eine Erfahrung ausdrückt, ist sie ganz ohne Philosophie und ohne jeden Glauben zu haben.

Mythos

Seit der Aufklärung hoffte man, mit dem Licht der Vernunft selbst die dunkelsten Ecken des Bewusstseins ausleuchten, alle vorwissenschaftlichen Erklärungen der Welt aufheben und einen endgültigen Schlussstrich unter das Kapitel »Mythos« ziehen zu können. Wären die Verhältnisse zwischen mythischer und vernünftiger Welterklärung wirklich so einfach, hätten sich die Mythen aber mittlerweile von selbst erledigen müssen, und dann hätte sich weder im 18. Jahrhundert Bernhard Fontenelle, der aus Neigung, nationalem Charakter und als Sekretär der französischen Akademie der Wissenschaften gleich dreifach der Vernunft verpflichtet war, darüber wundern können, dass die Mythen der Griechen immer noch nicht aus der Welt verschwunden seien, noch hätte Hans Blumenberg in unserer Zeit nach der Arbeit *des* Mythos die Arbeit *am* Mythos propagieren können.

Dass die schlichte Entgegensetzung von Mythos und Aufklärung so nicht stimmen kann, ist eine Erkenntnis, die der »Dialektik der Aufklärung« zu Grunde liegt, in deren Vorrede Max Horkheimer und Theodor Adorno ihre beiden Hauptthesen formulierten: »Schon der Mythos ist Aufklärung, und: Aufklärung schlägt in Mythologie zurück.« Aufklärend ist der Mythos, weil er eine bestimmte Form des Weltverständnisses ist, Ausdruck einer bestimmten Auslegung der Welt, die es erlaubt, sich in ihr zu orientieren, sie handelnd zu gestalten und sich recht zu verhalten. Was den Mythos allerdings von der Wissenschaft mit ihrem logisch-begrifflichen, analytischen und experimentellen Apparat unterscheidet, ist nicht so sehr seine sinnliche Gestalt, wiewohl diese als Erstes in die Augen springt, sondern seine selbstverständliche Annahme bestimmter Axiome, die er nicht bezweifelt und nicht befragt. Weil der Mythos aber, jedenfalls soweit wir die Kulturen überblicken, überall die erste Art der Weltauslegung gewesen ist, – was nicht bedeutet, dass er grundsätzlich durch andere abgelöst worden wäre, wie die Bewusstseinslage mancher Zeitgenossen deutlich zeigt –, finden sich in allen späteren Formen der Weltdeutung und -aneignung immer noch Spuren mythischen Weltverständnisses: vor allem in der Sprache und damit im Alltagsleben, aber auch in Religion und Kunst, selbst noch in Philosophie, Wissenschaft und Technik. Wegen dieser ursprünglichen Stellung des Mythos nannte ihn Ernst Cassirer den »Mutterboden der Kultur«.

Das Eigentümliche am Mythos ist, dass er nicht nur Ursprung ist, sondern vom Ursprung auch erzählt, von Ursprungsmächten und deren genealogischem Zusammenhang, in den auch der noch eingebunden ist und bleibt, der zeitlich, räumlich und seinem ganzen Wesen nach davon schon weit entfernt ist. Verwunderlich ist es daher nicht, dass das Ursprüngliche als das Ehrwürdigere und Vornehmere, also schlicht als das Bessere gilt, weshalb alte Abstammung ein wesentliches Kriterium des Ranges selbst noch im sozialen Sinn ist. Wer sich aber auf seinen Ursprung bezieht, sagt damit nicht nur, wo er herkommt, sondern auch, dass er selbst nicht mehr Ursprung ist, dass er sich also von ihm entfernt und losgelöst hat. Die Spannung zwischen diesem Herkommen vom Ursprung und dem Loslösen von ihm ist der Grundkonflikt jeder ursprungsmythischen Geisteslage. Man findet ihn daher nicht nur in den religiösen Göttergeschichten aller Völker, sondern selbst noch in der modernen Psychologie, etwa in der therapeutischen Rückbindung eines Menschen an angeblich verdrängte, unbewusste Ursprünge, die der Heilung seines bedrohten Bewusstseins dienen soll.

Mit seinem genealogischen Programm, durch das alles an seine ihm gemäße Stelle kommt, bringt der Mythos Ordnung in die chaotisch erscheinende Welt. Da hat man etwas, woran man sich halten kann, weiß, wo man hingehört, und weiß auch, wie man zu handeln hat, und so legitimiert die mythisch garantierte Ordnung schließlich auch noch die menschlichen Beziehungen und das soziale Handeln. Indem der Mythos die → Orientierung in der Welt ermöglicht, gibt er Sicherheit, und auf diese Funktion beziehen sich viele der poetischen Metaphern, die Philosophen über den Mythos fanden, etwa Schellings Ausdruck, im Mythos sei der Mensch »wie geborgen in einer unzugänglichen Burg«, oder Hegels Bild vom Mythos als dem »gesicherten Asyl«. Wenn aber alles seine bestimmte Stelle, seine Funktion und seine besonderen Zuständigkeiten hat, dann begrenzt es sich auch gegenseitig; denn die Macht des einen findet ihre Schranke an der Macht des anderen. Dadurch vermag der Mythos die → Angst vor dem bedrängenden Unbegreiflichen zu bannen, weshalb er »das Urschema der Entängstigung des Menschen vor allen ihm unbegreiflichen Gewalten« ist, wie Hans Blumenberg bemerkt. Diese doppelte Leistung mythischer Weltdeutung, Sicherheit zu geben und

Freiheit von Angst zu garantieren, macht ihre besondere Attraktivität und ihren Zauber aus, weswegen Max Weber die
Ersetzung mythischer Kräfte durch rational berechenbare
Gründe und Wirkungen mit einem gewissen Recht als »Entzauberung« bezeichnete.

Die Sicherheit, die der Mythos mit seiner festen Ordnung
bietet, wird freilich mit dem Verlust der → Autonomie des
Einzelnen erkauft; denn der Mythos bindet ihn in vorgegebene
soziale Beziehungen und ritualisierte Verhaltensweisen ein, so
dass der Mensch seine Selbständigkeit erst mit der Loslösung
vom Ordnungsschema des Mythos und damit vom Mythos
selbst gewinnt. Mit der Umsetzung dieser Erkenntnis beginnt
die Aufklärung, die alle mythischen Weltbilder und Handlungsmuster, die bisher Orientierung ermöglichten, hinfällig
machte. Das ist aber ein Verlust, den die Aufklärung nicht nur
nicht ersetzen kann, sie setzt vielmehr mit ihren begrifflichen
Erklärungen und instrumentellem Handeln auch noch einen
Prozess in Gang, in dem »jede bestimmte theoretische Ansicht
der vernichtenden Kritik verfällt, nur ein Glaube zu sein«, wie
es in der »Dialektik der Aufklärung« heißt, und so kehren mit
der Aufklärung die durch den Mythos zunächst verdrängte
Orientierungslosigkeit und Angst wieder, und zwar stärker als
zuvor, was den Gewinn größeren Autonomie des Subjekts sogleich wieder auffrisst. Die Sehnsucht nach der Sicherheit, die
der Mythos gab, aber auch das Bedürfnis nach seiner sinnlichen Form, werden so zu Antrieben, ihn wiederzubeleben oder
wenigstens seine Leiche aufzuschminken.

Das war die Stunde der Romantik und ihres Versuchs, die
Rolle des Mythos nun der Poesie zuzuweisen, was insofern
nahelag, als sie sich desselben Mediums bildlicher Sprache
bedient. Das »Älteste Systemprogramm des deutschen Idealismus« vom Ende des 18. Jahrhunderts, über dessen Verfasser
– Hegel oder Schelling – zwar immer noch keine Einigkeit
besteht, das aber gewiss unter dem Einfluss Hölderlins geschrieben wurde, fordert eine poetische, »sinnliche Religion«
und »eine neue Mythologie«, die freilich »im Dienste der
Ideen« stehen und »eine Mythologie der Vernunft« sein müsse,
wodurch »Aufgeklärte und Unaufgeklärte sich die Hand reichen« könnten, wie der Verfasser in humanem Überschwang,

aber wider alle Vernunft behauptet. Die Entwicklung einer solchen Mythologie der Vernunft wird der Philosophie zugewiesen, die zu diesem Zweck aber selbst mythologisch werden müsse, »um die Philosophen sinnlich zu machen. Dann herrscht ewige Einheit unter uns.« Herrschte aber in Deutschland nicht seit langem die Unsitte, die besten Köpfe zu diffamieren oder zu vergessen, hätten schon die Romantiker Carl Gustav Jochmanns Reflexionen über »eine fortschreitende Civilisation« beherzigen können, die er in seiner kleinen Schrift »Die Rückschritte der Poesie« formulierte, in der unter anderem der Satz steht: »Wenn ein Thucydides geschrieben hat, singt weiter kein Homer.« Das ist nicht nur eine eindeutige Absage an alle Versuche, Mythen, poetisch oder nicht. wiederbeleben zu wollen, das erklärt vielmehr auch Jochmanns Verdikt: »Unsere Civilisation ist von gestern.«

Wie Recht er damit hat, und was es mit einer mythischen Einheit auf sich hat, die zum Beispiel im Namen eines politischen Mythos gefordert und behauptet wird, ohne dass man sich dabei um rationale Diskurse und vernünftige Gründe schert, kann man in Alfred Rosenbergs »Mythos des 20. Jahrhunderts« (1930) nachlesen, in dem einige der theoretischen Grundlagen für die nationalsozialistischen Ideologie entwickelt werden, etwa der »altneue« – wie Rosenberg mit Recht schreibt – »Mythos des Blutes« als »erlebter Mythos der nordischen Rassenseele«, der »alle Richtungen des Ich, des Volkes, überhaupt einer Gemeinschaft« zusammenfassen soll. Wie sehr diese Gemeinschaft es erfordert, aller Autonomie des Einzelnen eine Absage zu erteilen, hat man erlebt, und spätestens diese Erfahrung sollte der Überzeugung, der Mythos banne den Schrecken, indem er Geschichten über ihn erzähle, den Boden entziehen; denn manche Mythen erzeugen erst den Schrecken, den sie bannen sollen.

Die Aufklärung untergräbt zwar die schlichten Positivitäten des Mythos, aber sie untergräbt damit auch ihre eigenen Grundlagen; denn der Mythos ist und bleibt ihr Ursprung, dem sie nicht durch schlichte Negation entkommen kann. Angesichts dieses Dilemmas heißt es in der »Dialektik der Aufklärung«: »Rücksichtslos gegen sich selbst hat die Aufklärung noch den letzten Rest ihres eigenen Selbstbewusstseins ausgebrannt. Nur solches Denken ist hart genug, die Mythen zu zerbrechen, das sich selbst Gewalt antut.«Aufklärung ist damit der stets nur *misslingende* Versuch, den mythischen Mächten zu entkommen, weshalb Horkheimer und Adorno vom Rückschlag der Aufklärung in den Mythos sprachen. Diese pessimistische Sicht erklärt sich nur zum Teil aus der Situation der Zeit und den besonderen Umständen, in denen die »Dialektik der Aufklärung« entstand; denn an der Befürchtung, Vernunft und Aufklärung könnten jederzeit »in Positivismus, den Mythos dessen, was der Fall ist« umschlagen, haben Horkheimer und Adorno auch später noch festgehalten.

Jürgen Habermas protestierte in seinem Aufsatz »Die Verschlingung von Mythos und Aufklärung« gegen eine solche »hemmungslose Vernunftskepsis«, die noch nicht einmal die Gründe erwogen habe, die an dieser Skepsis selber hätten zweifeln lassen. Affirmative Theorie und skeptische Kritik seien nicht reinlich zu scheiden, sondern unlösbar miteinander »verschränkt«, und nur in dieser Verschränkung bildeten sich Überzeugungen und zugleich die Möglichkeit der kritischen Überprüfung solcher Überzeugungen, weshalb Habermas folgert, wenn etwas »den Bann des mythischen Denkens doch noch lösen (könne), ohne des Lichts der im Mythos auch aufbewahrten semantischen Potentiale verlustig zu gehen,« dann sei dies nur das Bewusstsein, dass »sich Überzeugungen in einem Medium bilden und bewähren, das nicht ›rein‹ ist, nicht nach Art der platonischen Ideen der Welt der Erscheinungen enthoben ist.« Mythische Potentiale stecken vor allem in der Art, wie wir die grundlegenden Lebensverhältnisse erfahren, und in der Tat mögen wir über die Liebe oder den Tod, über die Nacht oder die Natur *denken*, was wir wollen, wir *erleben* sie immer noch so bild- und mythengesättigt, wie wir wider besseres Wissen die Sonne immer noch auf- und untergehen sehen.

Esoterik

In Robert Musils Roman »Der Mann ohne Eigenschaften« erklärt der Held der Geschichte, das sei »heute die Wahrheit: der Mensch hat zwei Daseins-, Bewusstseins- und Denkzustände«, eine Aussage, die er wenig später inhaltlich präzisiert: »Ich glaube vielleicht«, sagt er nämlich, »dass die Menschen in einiger Zeit einesteils sehr intelligent, andernteils Mystiker sein werden.Vielleicht geschieht es, dass sich unsere Moral schon heute in diese zwei Bestandteile zerlegt. Ich könnte auch sagen: in Mathematik und Mystik.« Wie ein zeitgenössischer Beleg zu dieser These erscheint da die Haltung Ludwig Wittgensteins, der einerseits ein Vertreter des logischen Positivismus und der sprachanalytischen Schule ist, andererseits aber in seinem »Tractatus« vom »Unaussprechlichen« schrieb, über das sich rational und mit den Mitteln der Wissenschaft nicht reden lasse, das sich vielmehr nur *zeige*, wobei er in den Briefen an Engelmann zu der besonderen Art, wie es sich zeige, anmerkte: »Das Unaussprechliche ist, – unaussprechlich – in dem Ausgesprochenen *enthalten*.« Deswegen nennt es Wittgenstein auch »das Mystische«.

Diese Spaltung in zwei Bewusstseinszustände ist heute ein fast normales Phänomen geworden; denn viele Menschen führen zwar ein Leben, das von wissenschaftlich-analytischer und technisch-mechanistischer Rationalität geprägt ist, fühlen sich aber durch diese Art Leben, das dennoch niemand missen wollte, nicht befriedigt und sehnen sich nach ein wenig mehr Wärme und Geborgenheit, als die rationale Erklärung der Welt vermittelt, weshalb sie mystischen und esoterischen Lehren anhängen, die zu jener Rationalität in einem merkwürdigen Gegensatz stehen. Unter dem Begriff des Esoterischen werden dabei so verschiedene Dinge zusammengefasst, dass man manchmal glauben könnte, sie verbände keine andere Gemeinsamkeit, als diejenige, die das Wort selber ausdrückt, das aus dem Griechischen kommt und »nach innen« oder »drinnen« bedeutet. Es bezeichnet eine wesentliche, wenn auch formale Eigenschaft solcher Lehren, nämlich ihre Ausrichtung auf Eingeweihte oder Erwählte und geschlossene Zirkel, die sich durch ein geheimes Wissens von anderen Menschen unterscheiden, weswegen sie in der Regel der Sub- und Gegenkultur angehören und dort zwar von sich reden machen, aber nicht sehr daran interessiert sind, andere zu missionieren.

Dennoch verbindet die unterschiedlichen esoterischen Theorien mehr miteinander, als es zunächst den Anschein hat. Alle wollen sie zum Beispiel eine Antwort geben auf die Frage nach dem → Sinn des Lebens, die von der Wissenschaft mit ihrer analytischen und rationalen Methode nicht oder nicht zureichend beantwortet werden kann. Also sucht man den Sinn *hinter* den Erscheinungen und *jenseits* des geschäftigen Betriebs des Alltags, und das deutet schon darauf hin, dass es dabei nicht so sehr um eine begründbare Wahrheit als vielmehr um »letzte« Wahrheiten gehen soll. Das begriffliche und symbolische Material für die emotionale Unterfutterung des gewöhnlichen Lebens schöpft man dabei aus einem Fundus von Vorstellungen, die zum kleineren Teil aus exotischen Kulten und Kulturen stammen, zum größeren aber aus der späten Antike, in der sich astrologische Spekulationen, hermetische Lehren und Elemente aus der neuplatonischen Philosophie, dem Christentum oder der Gnosis und aus noch manch anderer Theorie zu einer bunten religiös-philosophischen Gemengelage verbanden. Aus dem Konglomerat dieser schon im Altertum nicht unumstrittenen Theorien brechen sich die heutigen Esoteriker beliebige Teile heraus, die sie dann zu unbezweifelbaren Wahrheiten erklären, wobei selbst noch die heterogensten Elemente miteinander vermischt werden. Diese geschichtlichen Zusammenhänge sind sicher vielen Anhängern esoterischer Lehren nicht bewusst, werden sie wohl auch nur insoweit interessieren, als das hohe Alter und die Dunkelheit mancher dieser Theorien sie umso ehrwürdiger machen. Spätestens dies zeigt dann, dass solche Anhängerschaft Züge des → Wahns und des Wahnhaften tragen kann.

Esoterische Texte der Gegenwart enthalten daher viele altbekannte Theorien über den Menschen und die Welt als grundlegende Ansichten des »New Age« (Neues Zeitalter), der »Theosophie«, der »Bioenergetik«, der »Internationalen Gesellschaft für Krishna-Bewusstsein«, der »Divine Light Mission« oder der »Transzendentalen Meditation« und wie sie sonst noch heißen. Da wird dann von Urprinzipien der Wirklichkeit gesprochen, die alte Unterscheidung von Körper, Geist und Seele wiederaufgelegt oder die Vorstellung erneuert, dass die Außenwelt nichts als Täuschung sei, und dass die Welt, die Materie und der Körper böse seien, weshalb man sich aus ihnen befreien müsse. Auch die Ansichten über die Ziele des

Menschen klingen sehr vertraut, etwa der Gedanke, dass der Mensch nach Vollkommenheit streben, die weltlichen Polaritäten überwinden und ein kosmisches Bewusstsein gewinnen solle, damit er schließlich die Einheit mit dem Seinsgrund erreichen könne. Reinkarnationslehren sind so beliebt wie die These, dass die Menschen ein vorgezeichnetes Schicksal haben, aber zum göttlichen Licht aufsteigen könnten. Diese Lehren versprechen, dass mit der Befolgung ihrer unterschiedlichen und sich einander widersprechenden Lebensanweisungen eine neue Zeit anbreche, in der der Hunger in der Welt, die Umweltzerstörung, der Krieg, das Ungleichgewicht im Geschlechterverhältnis und das → Böse endgültig überwunden seien.

Die esoterischen Lehren mit ihren teilweise bizarren Glaubensinhalten, Riten und Gebräuchen mag man belächeln oder verachten, die Szene nimmt sich selber auch nicht immer ernst. Ein unter dem Pseudonym »Brennendes Feuer« schreibender Insider veröffentlichte ein Gedicht, in dem einer bekennt, er sei »durch tiefe Meditationen gewandert«, habe »des hehren Himalaya edlen Pfad« erklommen und die Welt überwunden, bis schließlich »der Maya Schleier riss« und er sich selbst erkannte:

Leuchtend in den kosmischen Sphären,
ausgespannt von Ewigkeit zu Ewigkeit,
im donnernden Antlitz der Urgrundmitte wohnend
war ich:
Zwitschkikrapuzi, das Oberkawuzi!

Ernst nehmen sollte man aber das Bedürfnis, das so viele Menschen dazu bringt, nach esoterischen Inhalten und Riten zu verlangen; denn offensichtlich stillt unsere moderne Welt mit ihrer rationalen Fundierung nicht unsere emotionalen und seelischen Sehnsüchte, weshalb alle esoterischen Lehren von vornherein auf jeden Anflug von Rationalität verzichten, wodurch sie ihre Wirksamkeit aber nicht schmälern, sondern stärken. Wie massiv dieser emotionale Mangel des rationalen Weltbildes empfunden wird, sieht man nicht zuletzt daran, dass sich die esoterischen Lehren unter dem Deckmantel von Heilsversprechen nicht nur erlauben können, ihre Gegner auf eine Weise zu diffamieren und zu bedrohen, die man sonst nicht akzeptieren würde, sondern dass sich Menschen sogar wirtschaftlich abhängig machen und seelisch ausbeuten lassen.

Was aber vermissen die Menschen bei unserem rationalen wissenschaftlichen Weltbild? Zunächst ist es wohl der Zauber des Geheimnisvollen, den sich alle esoterischen Lehren aus dem → Mythos und seiner narrativen Struktur ausborgen, auch wenn der vergangen und nicht wieder zu beleben ist. Insofern ist die Esoterik ein fauler Zauber, wobei man auch einmal darauf hinweisen muss, dass das wissenschaftliche Weltbild doch auch nicht ohne Zauber und Geheimnis ist; denn dass zum Beispiel die Materie in zwei verschiedenen Gestalten auftritt, die sich gegenseitig ausschließen, nämlich als Welle oder Teilchen, und dass man diesen Gegensatz dennoch in dem quantentheoretischen Begriff der Komplementarität widerspruchsfrei denken und in der Heisenbergschen Unschärfebeziehung ausdrücken kann, das ist an sich nicht weniger geheimnisvoll als mysteriöse Kräfte, die nachts im Tann am Werkeln sind. Allerdings wirken Urschrei, Bach-Blütentherapie, glitzernde Edelsteine auf nackter Haut und dumpfes Trommeln bei Mondenschein sinnlicher als mathematische Zahlenreihen und medizinische Apparate, auch wenn diese etwas erklären und bewirken, jene aber nicht.

Dieser Zauber der Sinnlichkeit wirkt auf uns so stark, weil wir die Welt immer noch mit den Augen unserer Ahnen ansehen und magisch erleben. Wenn wir also einerseits Schwierigkeiten damit haben, ein Lebewesen schlicht als eine Zellorganisation zu verstehen, so finden wir andererseits in der Quelle ganz selbstverständlich das Leben symbolisiert. Diese magische Prägung erklärt auch, weswegen selbst noch Naturwissenschaftler die chemisch genau analysierbare Mischung der Substanzen, aus denen einst das Leben entstanden sein könnte, Ursuppe nennen. Solche Namensgebung hat nichts mit mathematischer Naturwissenschaft zu tun, sondern erinnert eher an esoterische Gepflogenheiten. Da wird einem warm und gemütlich ums Herz, klingt es doch nach Haus und Herd und nach Mutter Natur Mittagstisch, wenn nicht gar nach Mutterbrust.

Es ist aber nicht der Zauber allein, der noch das trockenste Gemüt auf den symbolischen und mythischen Formenschatz zurückgreifen lässt. Dieser enthält vielmehr Deutungsmuster und Sinnangebote, die die wissenschaftlichen ergänzen und in ihrer rationalen Einseitigkeit erweitern, so wie umgekehrt diese jene zu berichtigen und zu klären helfen. Sicher ist jedenfalls, dass weder das rationale Denken für sich allein noch das mythisch geprägte Empfinden unsere Bedürfnisse und Sehnsüchte erfüllen können. Vielleicht brauchen wir beides, »praktische Melioration und unbekanntes Abenteuer«, wie es in »Der Mann ohne Eigenschaften« abschließend heißt, wobei Musil nicht versäumt hinzuzufügen, der Sprecher habe »die ›Vielleicht‹ in seiner Rede« nicht empfunden, sie »erschienen ihm nur natürlich« – wie immer, wenn man sich nicht ganz sicher ist. So bleibt als letztes Wort auch der Esoterik nur der → Glaube.

Gott

Schuld und Leid, Schmerz und Sorge, Angst und Not, das Böse und das Hässliche drücken schwer auf unser Gemüt und machen das Leben manchmal unerträglich. Aus diesem Elend in der Welt und dem Leiden an ihr erwächst das Bedürfnis nach Erlösung von allem Übel. Fragt man aber, an wen man sich denn wenden soll, der diese Erlösung verbürgen könnte, lautet die Antwort immer, dies sei Gott. Für Hinz und Kunz, für den schwäbischen Pietisten wie für den tibetischen Bauer, für den alten Ägypter wie für den modernen Großstädter war und ist Gott die zuständige Stelle für Hoffnung und Zuversicht. Er und nur er allein wirft

> all Angst, Furcht, Sorg und Schmerz
> in's Meerestiefe hin,

wie es in dem Kirchenlied »Nun danket all und bringet Ehr« des frommen Paul Gerhardt heißt. Gegen solch frommes Gerede entbrannte freilich auch schon Gottes Zorn, wie man im Buch »Hiob« nachlesen kann. Da mussten sich nämlich die gottesfürchtigen Freunde Hiobs, die ihn mit Hinweisen auf Gottes Erbarmen, auf seine Tröstungen und seine Gerechtigkeit aufrichten wollten, von Gott selber sagen lassen: »Ihr habt nicht recht von mir geredet.«

Die Frage ist also: Wer oder was ist Gott? Wenn dieser Ausdruck mehr als ein Wort sein soll, müsste man, sonstigem guten Brauch entsprechend, wenigstens eine vorläufige und vielleicht auch unzureichende Bestimmung dessen geben, was man mit diesem Ausdruck meint. Doch statt einer Antwort erhält man gewöhnlich die Gegenfrage, ob man denn nicht an Gott glaube, als sei man mit der Verneinung dieser Frage sogleich entlarvt und eines schweren Charakterfehlers über-führt, womit sich dann auch die Beantwortung der eigenen Frage erledigt hat. Kurz, man wird den Verdacht nicht los, dass Gott eben doch eine begriffliche Leerstelle und ein theore-tisches schwarzes Loch ist. Besonders leicht machen es sich dabei die Theologen; denn die setzen offenbar voraus, jeder wüsste sowieso schon Bescheid, und so beginnen sie ihr Reden über Gott sogleich mit einer exakten Analyse seiner Eigen-schaften. Was aber andere Spekulanten schreiben, ist ärgerlich bis unzumutbar, etwa wenn ein bekanntes Konversationslexi-kon erklärt, Gott sei »das Heilige als Person gefasst«, oder wenn ein nicht weniger bekanntes »Philosophisches Wörter-buch« sogar faselt, Gott sei »der Ur-grund des vielfältigen Seienden, das die Welt ausmacht, ja alles Seienden überhaupt«. Bei Erklärungen solchen Niveaus zuckt man sonst die Achseln; es gibt keinen Grund, sich beim Thema »Gott« anders zu verhalten.

Nun könnte man zwar einwenden, Gott sei sowieso keine Sache der Definition, sondern des → Glaubens. Aber auch dem Glaubenden wäre es nützlich, nicht nur ein Wort zu haben, sondern wenigstens in Umrissen zu wissen, woran er glaubt, zumal die Welt im Namen Gottes so übel zugerichtet wurde und immer noch wird, dass man schon deswegen gern genauer wüsste, was sich hinter diesem Namen denn verbirgt. Wenn man sich aber auf religiöse Erfahrungen beruft und auf geistige Zustände, in denen sich die Einheit mit Gott zwar unmittelbar erfahren, aber nicht sagen lasse, wer oder was Gott sei, dann weiß diese Erfahrung eben nicht, wovon sie redet, weil sie nicht sagen kann, worüber sie spricht. Aber sie sprechen doch alle darüber, die Theologen, die sich schon beruflich dazu berufen fühlen, die Philosophen, die auf ihre klassische Tradition verweisen, und selbst die Laien, die immerhin ihr Interesse ins Feld führen können. Und was sagen sie nicht alles! Versuchen sie doch nicht nur, Gott auf alle möglichen und unmöglichen Arten zu beweisen, was schon kein gutes Licht auf seine Überzeugungskraft wirft, sie hängen ihm vielmehr auch noch alles mögliche an.

Gott existiere nur als Singular, sagen die einen, andere setzen ihn in den Plural und bilden ganze Götterhierarchien. Pantheisten sprechen von einem unpersönlichen Prinzip, etablierte Religionen eher von Gott als einer Person mit menschlichem Gesicht, weshalb es auch männliche und weibliche Götter geben soll. Einigkeit besteht zwar darin, dass Gott in allem mächtiger und größer sein soll als der Mensch – selbst in dessen Fehlern und Lastern wie dem Zorn oder Neid –, weniger selbstverständlich aber ist schon, dass Gott beziehungsweise die Götter ewig sein sollen, erzählen doch viele Mythen von Göttergeburten und von sterbenden Göttern. Gegen solche anthropomorphen Vorstellungen regte sich schon früh die Kritik, und so schrieb der griechische Philosoph Xenophanes von Kolophon in der ersten Hälfte des 5. Jahrhunderts v. Chr., wenn Ochsen und Pferde malen könnten, dann malten sie gewiss ochsen- und pferdeähnliche Götterbilder. Die Vermenschlichung Gottes war deshalb für den späteren Ludwig Feuerbach auch der Beweis dafür, dass der Mensch nur seine Wunschbilder auf Gott übertrage. Ein »witziges französisches Wort«, das Hegel in seiner »Ästhetik« zitierte, drückt dasselbe ein wenig geistvoller aus: Gott, heißt es da, »habe den Menschen nach seinem Bilde geschaffen, aber der Mensch habe es ihm heimgegeben und Gott nach des Menschen Bilde geschaffen.«

Spätestens seit Platon denken wir uns Gott etwas blutleerer, als Geist, als Sein oder als höchstes Gut, was schließlich zur völligen Überhöhung des Gottesbegriffes über die Welt und alle positiven Bestimmungen führte. Jenseits dieser Welt, ort- und zeitlos, blieben Gott schließlich keine Eigenschaften und Namen mehr, man konnte nur noch sagen, was er *nicht* sei, oder dass er das ganz Andere sei. Diese sogenannte negative Theologie ist das Prinzip jeder mystischen Frömmigkeit geblieben, die auf eine inhaltliche Beschreibung Gottes verzichtet, womit sie aber auch gänzlich sprachlos wird. Wenn man ein Resümee aus all diesen Versuchen, über Gott zu reden, ziehen möchte, dann muss man zu dem Ergebnis kommen, dass der Gottesbegriff wohl mehr Fragen aufwirft, als man glaubt, durch ihn lösen zu können.

Es ist nun eines der großen Rätsel um die menschliche Psyche, dass viele sich gar nicht daran stoßen, als Gott etwas denken zu sollen, worüber man schon aus logischen Gründen nicht reden kann. Doch das beweist nicht die Größe ihres Glaubens, weshalb der manchmal schon durch eine einzige private Erschütterung in sich zusammenstürzen kann. Für Richard L. Rubenstein zum Beispiel wurde Auschwitz zur Erfahrung der totalen Abwesenheit Gottes, eines Gottes, der doch Herr der Geschichte sein soll. Nun ist Auschwitz aber – trotz allen Leidens und Entsetzens – angesichts der Transzendenz, der Ewigkeit und Allmacht des Schöpfergottes – wenn man diese Worte ernst nimmt – doch nur ein peripheres Ereignis. Rubenstein aber nahm mit Auschwitz Abschied vom persönlich gedachten Gott und setzte ihn zur abstrakten Quelle des Lebens herab, zu der es natürlich keine persönliche Beziehung mehr geben kann, folglich auch keine Möglichkeit mehr zum Gebet. Vom allmächtigen Gott zum bloßen Lebensquell, und das nur wegen eines einzigen Ereignisses, das nicht in das Bild passt, das sich ein Mensch von Gott gemacht hat, das ist nicht nur ein herber Karriereknick für Gott, das beweist vielmehr auch, dass sich kein fester Glaube auf Vorstellungen gründen lässt, die menschliches Maß haben. Da war Hiobs Glaube aus anderem Holz geschnitzt, und seinen Freunden daher so unverständlich.

Doch wenn der Glaube so heftig erschüttert wird, handelt es sich stets um eine persönliche Erfahrung. Wenn aber die Menschheit Abschied nimmt von Gott, geschieht dies sanfter und im gleichen Maße, wie das Bedürfnis nach → Erlösung nachlässt, was man seit Jahrhunderten beobachten kann. Diese langsam voranschreitende Entwicklung speist sich aus verschiedenen Quellen, deren eine die kritische Reflexion der Philosophie ist, die den Gottesbegriff immer mehr verdünnte, so dass man die Geschichte der neueren Philosophie geradezu als einen anhaltenden Prozess der Kritik und zunehmenden Aufhebung des Gottesbegriffes verstehen kann. Diese Entwicklung findet eine gewisse Parallele in der Herabsetzung der Götter der frühen Griechen zu rein ontologischen Prinzipien in der spätantiken Philosophie. Die gegenwärtige Entwicklung ist freilich grundsätzlicher, da sie durch die Fortschritte der modernen Wissenschaft und Technik verstärkt wird; denn diese erlauben es dem Menschen, die Erlösung von manchem Übel nun in die eigene Hand zu nehmen. Wenn es zum Beispiel die Medizin zwar immer noch nicht vermochte, den Menschen von Krankheit, Alter, Siechtum und Tod zu befreien, so konnte sie doch manche Belastung so weit reduzieren, dass man damit besser leben kann als früher. Um Linderung und Erlösung wenigstens von diesen Übeln muss man nicht mehr flehen, es reicht, zum Arzt zu gehen. Das mag nicht viel sein angesichts der großen Übel, die uns immer noch belasten, aber ein Schritt hinweg von Gott dem Erlöser ist es allemal. Diese Entwicklung vollzieht sich also nicht so dramatisch und mit dem Theaterdonner, den das anfangs zitierte »Philosophische Wörterbuch« konstatiert, wenn es schreibt, Gott sei für den heutigen Menschen »auf eine erschütternde Weise ungewiss geworden und in die Verborgenheit gerückt.« Gott wird vielmehr langsam aus der Welt verabschiedet und von ihr vielleicht einmal vergessen.

Durch die Entgötterung der Welt entstehen aber Sinndefizite, insbesondere bei der Frage nach dem → Sinn des Lebens, der ja bisher immer durch einen Gott oder eine Vielzahl von Göttern verbürgt war. Bei dem Versuch, diese Sinndefizite zu beheben, treten Schwierigkeiten auf, die bislang durch die Probleme verdeckt waren, die der Gottesbegriff selber mit sich brachte. Und so stellen sich die die alten Fragen – woher wir kommen, wohin wir gehen, was das Leben soll und was unsere eigene, gegenüber den Dimensionen von Raum und Zeit und Möglichkeiten doch so nichtige Existenz – neu und schärfer als zuvor. Mit Gott war das Leben schwierig genug, ohne ihn wird es noch ein wenig abenteuerlicher.

Erlösung

Bei Richard Wagners Begräbnis glänzte der Münchener Wagner-Verein mit dem sinnigen Spruch »Erlösung dem Erlöser«, was Friedrich Nietzsche sogleich mit der Formel »Erlösung vom Erlöser« karikierte. Der Ernst bei diesem Witz liegt darin, dass Erlösung ein Begriff ist, über den man sich nicht lustig macht, weil vielen dabei fromm zu Mute wird; denn ohne → Hoffnung auf Erlösung wollen sich die meisten ihr Leben nicht denken. Allzuviel ist ja, von dem man wünscht, befreit zu sein. Verlust und Leid, Krankheit, Schuld und Tod, aber auch die kleinen, täglichen Molesten machen uns das Dasein schwer, und so ist die Sehnsucht nach Erlösung ein Archetyp wenn nicht menschlicher, so doch gewiss europäischer Mentalität und Denkweise geworden. Um so mehr erstaunt es dann, wenn einer diese Sehnsucht schlicht verachtet und wie Nietzsche sogar fordert, man solle das Wort »Erlöser« als »Schimpfwort« ächten und als »Verbrecher-Abzeichen« benutzen. Allzu leicht macht es sich freilich, wer darauf hinweist, Nietzsche sei sowieso nichts heilig gewesen, zumal er sich ausdrücklich als Nihilist verstand. Wider das Recht seiner Kritik ist damit noch nichts eingewendet; denn die Hoffnung auf Erlösung *nötig* zu haben, kann durchaus eine Schwäche und ein Mangel sein.

Die zentrale Bedeutung von Erlösung zeigt sich zunächst daran, dass sie ein Schlüsselbegriff vieler Religionen ist, gleichermaßen wichtig für das Christentum, für den Buddhismus oder für den Hinduismus, so dass man geneigt sein könnte, sie überhaupt für eine religiöse Idee zu halten. Dabei liegt das Besondere des religiösen Begriffes vor allem darin, dass er völlig unkritisch verwendet wird, als verstünde er sich hier von selbst, und das ist vielleicht das Erstaunlichste daran; denn die Erfahrung des Elends menschlicher Existenz, auf deren Folie das Bedürfnis nach Erlösung überhaupt erst verständlich wird, kann auch zu sehr pessimistischen Vorstellungen führen. Wenn dieser Fall auch selten ist, so ist er doch nicht unmöglich, wie das Beispiel griechischer Religiosität zeigt; denn die Griechen kamen ganz ohne den Gedanken an Erlösung aus. Ihre Unterwelt, in der fast alle später landeten, war ein hoffnungsloser, düsterer Ort, und nur die Inseln der Seligen entsprachen in etwa unserem Paradies, waren aber einer kleinen Schar von Auserwählten vorbehalten.

Für unseren Kulturkreis stellt die Bibel zwar nicht die einzige, wohl aber die wirkungsmächtigste Formulierung von Erlösung dar. Dabei versteht das Alte Testament Erlösung noch ganz pragmatisch als Rettung Israels oder einzelner Menschen aus existentiellen Nöten und schwierigen Lebenslagen. Konkret bezieht sie sich auf die Gewissheit der Erlösung aus dem Exil, aus Trübsal, Not und Todesgefahr. Nirgends herrscht hier Euphorie und Erlösungsüberschwang, und im Grunde ist das Wort »Erlösung« oft zu hoch gegriffen, kennt das Alte Testament doch kaum die gewichtigen, manchmal pathetischen Konnotationen, die wir mit diesem Begriff verbinden. Ein einziges Mal erhebt es sich über den Rahmen alltäglicher Misslichkeiten und spricht von der Erlösung von der Sünde. In Psalm 130 heißt es nämlich, der Herrn »wird Israel erlösen aus allen seinen Sünden.« So singulär dieser Satz im Judentum auch ist, so weist er dennoch die Richtung, in der die Idee der Erlösung weitergedacht und in der christlichen Theologie schließlich auf ihre begriffliche Höhe gebracht wurde.

Schon im Neuen Testament ist die Erlösung aus der Sünde zum Kernstück der Erlösungslehre geworden. Meistens geschieht dies nur der Sache nach, doch an einigen Stellen auch explizit, etwa wenn Paulus im Kolosserbrief die Erlösung unmittelbar mit der Sündenvergebung identifiziert und schreibt, der Vater habe uns errettet und uns versetzt »in das Reich seines lieben Sohnes, in dem wir die Erlösung haben, nämlich die Vergebung der Sünden«. Die Erlösung als Vergebung der Sünden und der → Schuld bedeutet die Wiederversöhnung mit Gott, »der uns mit sich selber versöhnt hat durch Christus«. Mit dieser Erlösung aus Sünden und der Versöhnung mit Gott hat man die beiden Themenbereiche, die dann später durch eine erlösungssüchtige Theologie aufgegriffen und zu einer vollständigen christlichen Erlösungstheorie ausgebaut wurden.

Die christliche Erlösung verspricht eine umfassende und dauerhafte Befreiung von allem → Bösen, aus allem Elend und allem → Leid. Damit war aber schon der Endpunkt in der Interpretation dieses Begriffes erreicht; denn mehr als die Erlösung von jedem Übel und aus aller Schuld, noch dazu für alle

Zeit und Ewigkeit, kann man schließlich nicht versprechen. Daher war eine weitere Entwicklung des *Inhalts* dieses Begriffes ausgeschlossen, und jede Änderung konnte sich nur noch auf die *Einstellung* zu ihm beziehen. Dass eine solche Änderung aber eintreten würde, war vorauszusehen; denn je größer eine Hoffnung ist, desto gefährdeter ist sie, und da Glaubensinhalte nur durch die Kraft des → Glaubens bezeugt sind, wachsen und vermindern sie sich mit ihm, weshalb mit dem religiösen Glauben schließlich auch die Sicherheit verging, mit der man auf Erlösung hoffte.

Der Glaube an die Erlösung schwand, doch nicht das Bedürfnis nach ihr, und manchmal scheint es gar, als wachse dieses Bedürfnis im gleichen Maße, wie der Glaube schwindet. Darum wurde der Glaube an eine Erlösung mit dem rational begründeten Wissen von ihr ergänzt oder durch es ersetzt, so dass die Erlösung schließlich zu einem Thema der Philosophie wurde, das ihr an ihrer griechischen Wiege noch nicht gesungen worden war. Höchstens pfiff in ihrer frühen Jugendzeit die neuplatonische Schule diese Melodie; denn deren Stufenmodell der Welt, das nach der einen Seite Emanation ist, also der Ausgang aller Dinge aus dem Einen, ist nach der anderen Erlösung, insofern nämlich alle Wesen den Drang haben, zum Einen als ihrem Ursprung zurückzukehren. Die neuere Philosophie war aber für die Übernahme des religiösen Begriffes der Erlösung insofern gerüstet, als sie seit längerem schon christlich geworden und im Umgang mit religiösen Begriffen geübt war.

Dennoch haben die Philosophen das Thema der Erlösung nicht unkritisch übernommen, einige ihrer besten Köpfe, etwa Kant oder Fichte, haben die christliche Erlösungslehre sogar radikal abgelehnt. Wurde dieses Thema aber aufgegriffen, dann gewöhnlich nicht in genuin christlichem Sinn, meistens wurde es umgedeutet und für die eigenen, durch die Aufklärung verwandelten Zwecke neu interpretiert. Deutlich wird das bei Schopenhauer, der sich von der christlichen Erlösungslehre weit entfernt, wenn er, sie buddhistisch interpretierend, fordert, der Wille zum Leben müsse verneint werden, »wenn Erlösung aus einem Daseyn, wie das unserige ist, erlangt werden soll.« Bei den Philosophen aber, die sich ausdrücklich auf den *christlichen* Erlösungsbegriff beziehen, durchtränkt das Thema der

Erlösung das Denken in der Regel durch und durch. So hat Schelling nicht nur mit dem Satz, Christus sei »für die Menschen zur Erlösung« gestorben, »keine Schwierigkeit«, er versteht vielmehr auch Erlösung in unmittelbarer Übernahme theologischer Positionen als »Wiederversöhnung mit Gott«. Diesen theologischen Ansatz erhob Hegel zum eigentlichen Programm der Philosophie, indem er die Begriffe der Erlösung und Versöhnung nicht nur zum Ausgangs-, sondern auch zum Zielpunkt nahm. Sie sind die Prinzipien, an dem seine ganze Philosophie hängt, und deren Entwicklung einzig der Entfaltung dieser Begriffe dient. So lugt hinter dem Vorhang idealistischer Systematik die Religion hervor und erweist diese Philosophie als verkappte Theologie. Mit Schärfe hat Nietzsche dazu angemerkt: »Man hat nur das Wort ›Tübinger Stift‹ auszusprechen, um zu begreifen, *was* die deutsche Philosophie im Grunde ist – eine *hinterlistige* Theologie.«

Die Erlösung geschieht bei Hegel wie bei der theologischen Spekulation durch Versöhnung, nämlich durch »die versöhnte Rückkehr aus seinem Anderen zu sich selbst«, wobei der Inhalt der sich mit sich vermittelnden Subjektivität das Absolute selber ist. Diese Versöhnung des Absoluten mit sich selbst ist Hegels oberster Begriff für seine ganze Konstruktion von System und Geschichte. Sie ist nicht nur Inhalt und Ziel der Weltgeschichte und teilt diese nach dem Maß ihrer Bewusstwerdung in Epochen ein, sondern ist auch das Prinzip ihrer Erkenntnis; denn die Synthese als Mittel der Erkenntnis versöhnt die Unterschiede der für sich bestehenden Momente des Begriffs. Mit dieser Versöhnung vollzieht sich für Hegel die vernünftige Einsicht in das, was ist, weshalb er auch sagen kann, die vernünftige Einsicht sei »die *Versöhnung* mit der Wirklichkeit«. Darum begnügt sich Hegels Vernunft nicht »mit der kalten Verzweiflung«, die zugibt, dass es in der Welt zwar schlecht zugehe, aber in ihr nichts Besseres zu haben sei, die Erkenntnis verschaffe vielmehr einen »wärmeren Frieden mit ihr«.

Adorno beanstandete dieses Verfahren als »Abbruch der Dialektik«, hat aber selbst, wie ein Nachruf auf seine Frau festhielt, »den Gedanken der Erlösung nicht preisgegeben; die messianische Hoffnung, die Adorno in seinen Schriften ins

Profane zu retten versuchte, haben sie (nämlich Adorno und seine Frau) im Empirischen so wenig wie im Intelligiblen verraten.« Dieser Ausdruck, Adorno habe den Gedanken der Erlösung nicht *verraten*, ist nun selbst verräterisch, belegt er doch, wie sakrosankt der Begriff der Erlösung schon geworden ist, dem die Treue nicht zu halten fast schon als ein Sakrileg erscheint. Wenn aber in Adornos messianischer Hoffnung Hegels Intention einer Metaphysik der Erlösung und Versöhnung bewahrt ist, dann gehört auch Adorno, nicht anders als Ernst Bloch oder Walter Benjamin, um von den ausgeprägt religiösen Denkern ganz zu schweigen, in die lange Reihe der modernen Erlösungsphilosophen.

Gegenwärtig erhebt allerdings eine Philosophie den Anspruch, in Bezug auf die Erlösung erstmals nüchtern zu denken. Die Vertreter dieser sogenannten »anthropofugalen« Philosophie sprechen nämlich von »Erlösungsanmaßungen«, die man nur als »schwere Hypothek für jede situationsgerechte philosophische Analyse« verstehen könne, und fordern als angeblich einzig vernünftige Konsequenz einer ehrlichen Situationsanalyse die Selbstausrottung der Menschheit. Doch die Unwahrheit dieser Theorie entlarvt sich schon mit dem Hinweis auf die »Trostfunktion« dieser Philosophie; denn wer keinen Trost in der Vorstellung von Erlösung finden kann, der will ihn wenigstens im Gedanken an seine Vernichtung finden, worin sich freilich auch nur, wenn auch in der Fratze der Verzweiflung, das Wissen artikuliert, dass »unser angeborener Sinnhunger« nicht gestillt werden kann. Darum ist diese Philosophie selbst nur eine Ausgeburt der Erlösungsucht, an der sich freilich zeigt, wie leicht das Bedürfnis nach Erlösung in Terror- und Vernichtungsphantasien umschlagen kann.

Sehr plausibel ist der philosophische Versuch, die Wirklichkeit zum Ort der Erlösung zu erklären, nicht, vor allem deshalb nicht, weil die »kalte Verzweiflung«, dass die Welt zwar schlecht, doch nichts Besseres in ihr zu haben sei, die Schlussfolgerung fast zwingend nahelegt, dass Besseres gerade dieser Schlechtigkeit wegen denkbar sei. Doch wenn weder Glaube noch Wissen garantieren können, dass sich die Hoffnung auf Erlösung auch erfüllen wird, wird der Gedanke an sie zu einer bloßen Fiktion, und an die Stelle der Wirklichkeit tritt die

Illusion. Solche Illusionen werden mittlerweile für viele Lebenssituationen angeboten; denn jeder Meister der Verführungs-
kunst findet hier ein weites Feld für seine Tätigkeit. Werbung,
künstliche Erlebniswelten, Disneyländer, aber auch die Sekten
der → Esoterik verkaufen gleichermaßen Traumbilder und Illusionen vom → Glück. Heiler und Gurus aller Art, aber auch
ernsthafte Mediziner und Therapeuten nutzen die angeblich
heilende Kraft der Erlösung für ihre Geschäfte. Je stärker dabei
die Spannung zwischen Erwartung und Enttäuschung ist, desto
besser laufen diese Geschäfte, und desto leichter lässt sich das
Bedürfnis nach Erlösung manipulieren und von Machtinter-
essen und zu Gewaltexzessen missbrauchen.

Klassische Felder für solche fiktionalen Erlösungen sind der
Film und, wenn auch mit schwindender Bedeutung, die triviale
Literatur, die sich »Liebe und Leidenschaft« gleichermaßen
zum Lieblingsstoff erkoren, da sich hier die Kategorien der
Erlösung, Erfüllung und Versöhnung besonders gut entfalten
lassen. Die Geschichten haben daher auch stets dieselbe Struktur und gehorchen derselben Dramaturgie: Geschildert wird
der weite, an Konflikten, Verwicklungen und dramatischen
Höhepunkten reiche Weg der Liebenden, der aber unweigerlich
mit der Erfüllung ihrer Liebe, mit dem durch alle Gefähr-
dungen immer schon gewussten und erwarteten Happy-End
schließt. Sinnbild der Erlösung ist die Trauung, mit der die
Story endet, weil sie sonst die Langeweile des Glücks schildern
oder von der Bewährung der Liebe im Eheleben reden müsste.
Dadurch würde sie aber die behauptete Erfüllung der Liebe im
Happy-End dementieren und vom wirklichen Leben sprechen.

Diese Geschichten ermöglichen somit weniger Fluchten aus
einer schlechten Wirklichkeit, als vielmehr in eine schlecht
erfundene, indem sie vorgaukeln, was sich im Leben nie ereignet, nämlich wirkliche Erfüllung und Erlösung. Wer auf sie
hereinfällt, interessiert sich nicht mehr für die Wirklichkeit und
setzt an ihre Stelle eine Illusion, so groß und so verführerisch,
dass die Wirklichkeit unbedeutsam wird. Diese Formen von
Erlösung sind deshalb nur Ersatzformen, bloße Surrogate für
das eigentliche Leben. Indem sie die Erfüllung in die Phantasie
verlegen, propagieren sie das Ende der Notwendigkeit, sich
immer wieder neu zur Welt und zu sich selbst verhalten zu

müssen, und je überzeugender die fiktive Erlösung dargestellt wird, desto leichter findet man sich dann mit der miesen Wirklichkeit und der eigenen unerlösten Existenz ab.

Zwischen der philosophischen Konstruktion und der alltäglichen Fiktion von Erlösung besteht allerdings ein Unterschied, den man nur als einen Fortschritt verstehen kann; denn wo die Philosophie auf halbem Wege stehen blieb, zieht die Fiktion die Konsequenz. Hegel begriff die Wirklichkeit als Ort der Erlösung, so dass noch die unversöhntesten Erscheinungen Momente endgültiger Versöhnung zu sein schienen. Dieser Zumutung verweigert sich die Fiktion und erklärt in großer Nüchternheit einzig sich selbst zum Ort von Erlösung und Versöhnung. Nur auf den ersten Blick sieht dieser Fortschritt wie ein kultureller Niedergang aus; denn die Alltagserlösung begnügt sich zwar mit einer Illusion, zu der es keiner Anstrengung bedarf, während die Religion unter Erlösung eine Hoffnung verstand, die nur im Vollzug des Glaubens zur Wahrheit wurde, und die Philosophie immerhin die Anstrengung des Begriffs forderte, damit man ihre Theorie verstehe. Aber unter der Oberfläche dieses scheinbaren Zerfalls des geistigen Anspruchs vollzog sich doch ein gewaltiger Umschwung. Für den Glauben war die Erlösung ein Versprechen, dessen künftige Einlösung unabdingbar war. Für die Philosophie ist sie sogar schon Wirklichkeit, auch wenn die verwirklichte nicht die Größe der geglaubten erreichen mag. Bei der fiktionalen Erlösung verzichtet man aber von vornherein auf jeden Bezug zur Wirklichkeit. Unerlöste Wirklichkeit und unwirkliche Erlösung stehen hier nebeneinander, ohne aufeinander bezogen zu werden und sich aneinander zu stoßen. Man bedarf zwar noch der Vorstellung von Erlösung, aber nur für den Bereich des Fiktionalen, so dass der nächste Schritt, auch noch darauf und somit auf Erlösung überhaupt zu verzichten, klein zu sein scheint.

Doch in Wahrheit macht dieser Schritt erhebliche Probleme, fehlen doch selbst die einfachsten Vorstellungen und Begriffe, die der Situation *nach* diesem Schritt gerecht werden könnten, da alle, die uns zur Verfügung stehen, im Umfeld der Erlösungsidee groß geworden sind und entsprechende Konnotationen enthalten. Wenn man sich dieser Begriffe also zwangsläufig weiterhin bedient, muss man sich bewusst sein, dass sie in die Irre führen können; denn wer der Erlösung nicht mehr bedarf, für den ändert sich ja nicht die Welt, sondern nur seine Einstellung zu ihr und sein Verhalten in ihr. Sie wird aber weiterhin so unbefriedigend sein, wie sie es immer war, und doch soll diese Situation nun keine Sehnsucht mehr nach Erlösung wecken. Das ist der Punkt der größten Schwierigkeit; denn eine solche Sehnsucht ist für uns die natürlichste Reaktion auf eine unbefriedigende Situation, und nun soll gerade diese Verbindung obsolet sein. Was aber bleibt, ist die unendliche Aufgabe, – gleichermaßen jenseits der Suche nach dem → Sinn des Lebens und der Verzweiflung vor einer angeblichen Sinnlosigkeit – das gegebene Leben zu meistern.

Mit dieser durchaus nicht bescheidenen Aufgabe wird die Aufklärung praktisch; denn die übliche Auffassung, Aufklärung bedeute, sein Vertrauen in die Vernunft zu setzen, greift zu kurz. Ebenso notwendig ist der Wille, sich nicht täuschen zu lassen, nicht durch die Vernunft, aber auch nicht durch die eigenen Bedürfnisse und schon gar nicht durch noch so verführerische, aber eitle Begriffe. Für eine solche Wendung ist es nie zu spät. Die Fiktionalisierung des Begriffes der Erlösung ist schon ein gutes Stück auf diesem Weg.

Eschatologisch

»Das eschatologische Bureau ist meist geschlossen«, befand der evangelische Theologe Ernst Troeltsch mit Blick auf das ausgehende letzte Jahrhundert, doch um die Mitte unseres Jahrhunderts stellte der katholische Theologe Hans Urs von Balthasar fest, dieses Büro mache »seit der Jahrhundertwende Überstunden«. Ganz besonders zugenommen hat der allgemeine Publikumsverkehr im Büro für eschatologische Fragen vor allem in den letzten Jahrzehnten, was man schon an dem Zuwachs an einschlägiger Literatur ablesen kann. Erstaunlich ist dies nicht; denn der Mangel an verbindlicher → Orientierung in unserer Welt und die dadurch zunehmende Verunsicherung der Menschen haben das Interesse an den eschatologischen Problemen wieder geweckt und der systematischen Beschäftigung mit den sogenannten letzten Fragen neuen Auftrieb gegeben. Eschatologisch heißen diese Fragen, weil sie – dem griechischen Wortsinne nach – das Letzte oder Äußerste betreffen, was man von der Welt, vom Menschen und von seinen zukünftigen Aussichten sagen kann.

Unter den letzten Fragen kann man sich freilich manches vorstellen; seit aber der evangelische Theologe Johann Gerhard (1582–1637) die eschatologischen Themen unter dem Titel »Von den jüngsten Dingen im allgemeinen« aufzählte und in eine feste Ordnung brachte, versteht man darunter üblicherweise die sechs Themenbereiche → Tod, Auferstehung, Gericht, Weltvollendung, ewiges Leben und ewiger Tod. Diese Reihenfolge macht theologisch insofern Sinn, als jeder dieser Begriffe die logische Voraussetzung für den folgenden ist, philosophisch ist allerdings schon mit dem Stichwort »Tod« das Ende aller Spekulation erreicht, weil sich die Philosophie auf keinen göttlichen Souffleur berufen und also keine Aussagen darüber machen kann, was jenseits des Todes noch zu erwarten sei. Daher gibt es wohl eine theologische, aber keine philosophische Eschatologie; denn die Philosophie denkt im Rahmen menschlicher Möglichkeiten und nicht von einer letzten → Grenze her, weshalb Kant in seinem Aufsatz »Das Ende aller Dinge« schrieb, dass man hier nur mit Ideen »spiele«, die zwar die Vernunft sich selber schaffe, deren Gegenstände aber »(wenn sie deren haben) ganz über unsern Gesichtskreis hinausliegen«. Daher sei es unsinnig, und es führe zu nichts, über diese Gegenstände »was sie an sich und ihrer Natur nach sind, nachzugrübeln«. Diese Grenze unseres theoretischen Vermögens ändert freilich nichts daran, dass wir ein praktisches Interesse an diesen Fragen haben, weshalb sich auch mancher Philosoph an den Spekulationen beteiligt, wie wir diese Dinge »zu denken haben«.

Das philosophische Interesse an den eschatologischen Themen zeigt sich zum Beispiel daran, dass Ernst Bloch sein philosophisches Hauptwerk »Das Prinzip Hoffnung« mit den Fragen beginnt: »Wer sind wir? Wo kommen wir her? Wohin gehen wir? Was erwarten wir? Was erwartet uns?« Drei dieser fünf Fragen beziehen sich auf den eschatologischen Themenkreis, also auf das, was uns jenseits der Grenze unserer erfahrbaren Welt erwarten mag, was wir erhoffen und was wir –

über Blochs Fragen hinaus – vielleicht sogar befürchten müssen; denn es ist überhaupt nicht ausgemacht, dass die Antwort, die Blochs Titel gibt, schon der rechte Bescheid sei. Bloch stellt zwar diese Fragen, kann aber als Philosoph keine Antwort darauf geben, da keine Vernunft und kein verständiges Denken dazu berechtigt, mehr zu sagen, als man sagen kann. Die Endlichkeit unseres Denkens und die → Vergänglichkeit unserer Existenz verhindern, dass wir von Auferstehung, ewigem Leben oder von einer Weltvollendung irgend etwas wissen. Dennoch haben Philosophen eschatologische Vorstellungen nicht nur reflektiert, sondern auch zum Maß menschlicher Geschichte gemacht, und so schreibt etwa Eric Voegelin in seinen »Autobiographischen Reflexionen«: »Keine Philosophie der Geschichte kann als eine ernsthafte Auseinandersetzung mit den Problemen der Geschichte betrachtet werden, solange sie nicht den grundlegenden eschatologischen Charakter des Prozesses anerkennt.« Mit diesem Dogma verlässt Voegelin aber jede wissenschaftlich gedeckte Methode und propagiert eine auf Offenbarung beruhende Geschichtsmystik. Kant hätte dieses Verfahren als »überschwänglich« moniert.

Man kann zwei verschiedene Haupttypen eschatologischer Erwartung unterscheiden, eine apokalyptisch-zeitliche, die sich mehr auf die Zukunft, und eine transzendent-räumliche, die sich eher auf den Himmel oben bezieht. Faktisch treten beide aber doch mehr oder weniger gemischt auf; denn auch die transzendent orientierte Eschatologie enthält ein Moment Zeitlichkeit, da sie das Heil im Himmel auf die noch nicht abgeschlossene Existenz geschichtlich existierender Menschen bezieht, und die apokalyptisch ausgerichtete Eschatologie enthält ein transzendentes Moment, weil sie das Heil allein durch Gott im Himmel gewährleistet sieht. Untrennbar verbunden sind beide Vorstellungen in der christlichen Theologie, die den Tod und die Auferstehung Jesu als Antizipation der letzten Dinge in der Zeit auslegt.

Gewöhnlich geht man davon aus, dass das eschatologische Denken ein wesentlich jüdisches Element in unserer Kultur darstellt, das der anderen antiken Traditionslinie unserer Kultur, nämlich der griechisch-römischen, fremd sei. Dass dieses Schema aber allzu einfach ist, zeigt sich exemplarisch an dem

Buch »Abendländische Eschatologie« von Jacob Taubes, das eben diese Absicht hat, unser christlich-eschatologisches Denken als genuin jüdischen Beitrag zur abendländischen Kultur darzustellen, aber die abendländische Eschatologie mit Begriffen der griechischen Philosophie, insbesondere mit ontologischen Begriffen aus dem Fundus von Martin Heidegger, beschreibt, was nicht möglich wäre, gäbe es in dieser Philosophie nicht selbst schon eschatologische Elemente. Eschatologisches Denken ist ein menschliches Grundbedürfnis und daher auch von anthropologischen Entscheidungen geprägt, was sich vor allem an den Bildern und Metaphern beweist, mit deren Hilfe man versucht, doch noch etwas Verständliches über das auszusagen, was alle menschliche Erfahrung und jeden menschlichen Zugriff übersteigt. Solche Bilder stellen freilich eine Verlegenheit dar, und so verwundert es nicht, dass sich in der bunten Fülle dieser Bilder eine Vielzahl divergierender und widersprechender Vorstellungen findet.

Eines der bekanntesten dieser Bilder ist die apokalyptische Vorstellung einer künftigen Katastrophe und eines darauf folgenden Weltgerichtes. So erzählt zum Beispiel Platon in seinem Dialog »Politikos« den – von ihm allerdings selbst als »Scherz« bezeichneten – Mythos vom Abschied der Götter. Die Götter sind gegenwärtig »fern« gerückt und werden in Mythos und Kult vergegenwärtigt. Wenn sie aber eines Tages wirklich wiederkehren, werde das im wörtlichen Sinne eine »Katastrophe« sein, eine Umwälzung all dessen, was ist, und eine vollständige Erneuerung – allerdings des Bestehenden, und daher ist Platon ein mäßiger Umstürzler. Radikaler denkt hierin der altpersische Zarathustraglaube, der von einem Feuergericht über die bestehende Welt als Voraussetzung einer erneuerten, aber eben anderen ausgeht. Diese Idee von der zerstörbaren gegenwärtigen und von einer kommenden ganz anderen Welt begründete übrigens auch die Sicherheit, mit der das persische Weltreich, im Unterschied zu den griechischen Stadtstaaten, bestehende Weltverhältnisse radikal umgestaltete. Solche orientalischen Vorstellungen einer kosmischen Katastrophe als Voraussetzung für die Erneuerung der Welt und eines Weltgerichts als des Beginns einer neuen Welt sind die Grundlagen, auf denen die Bibel ihre eigenen eschatologischen Anschauungen entwickelte.

Wenn die Vertrautheit mit biblischen Themen in den letzten Jahren auch erheblich schwand, so blieben diese eschatologischen Vorstellungen doch so weit im kollektiven Gedächtnis, dass jeder wusste, was der amerikanische Präsident Ronald Reagan meinte, als er die Entscheidungsschlacht zwischen dem Kommunismus als dem Reich des Bösen und dem – natürlich durch die USA vertretenen – Reich des Guten imaginierte und dabei auf den biblischen Namen Harmagedon verwies.

Grenze

Politische Ereignisse haben den Begriff der Grenze wieder aktuell gemacht und dadurch die fatale Gewohnheit verfestigt, Grenzen vor allem als politische Phänomene und als räumliche Größen wahrzunehmen. Was Grenze außerdem noch alles ist, wissen wir nicht mehr, und so sind wir uns weder des Umfangs dieses Begriffes noch seiner Vielfalt und Komplexität bewusst. Dabei ist Grenze einer der ersten philosophisch reflektierten Begriffe überhaupt, auch wenn sich die Philosophie nur kurze Zeit damit beschäftigte.

Der griechische Philosoph Anaximander schrieb vor zweieinhalbtausend Jahren: »Grund der seienden Dinge ist das Grenzenlose. Woraus aber das Entstehen ist den seienden Dingen, in das hinein geschieht auch ihr Vergehen nach der Notwendigkeit.« Das sind gewiss nicht die ersten philosophischen Sätze, aber die frühesten, die uns erhalten sind. Wegen der problematischen Überlieferungsgeschichte und wegen der antiken Gewohnheit, Zitate nicht eindeutig zu kennzeichnen, ist anzunehmen, dass die Sätze in dieser Form nicht von Anaximander stammen, doch besteht kein Zweifel, dass sie seinen Grundgedanken wiedergeben. Dieser Grundgedanke besteht darin, dass alles Seiende im Grenzenlosen (griechisch »Apeiron«) seinen Grund habe. Der Grund von allem kann also, wenn auch nur in Form der Verneinung, ohne den Begriff der Grenze gar nicht gedacht werden. Das ist ein großartiger erster Auftritt für einen Begriff und ein Widerschein dieser großen Bedeutung leuchtete weit in die frühe Geschichte der Philosophie hinein, als der Unterschied von »begrenzt« und »unbegrenzt« in der

Nachfolge des Anaximander zu einem viel diskutierten Thema wurde. Diese Diskussionen führten aber zu keinem eindeutigen Begriff von Grenze, sondern zu einer großen Zahl völlig disparater, kaum miteinander zu vergleichender Begriffe, so dass schließlich Aristoteles resigniert feststellen musste, »dass man Grenze in ebenso viel Bedeutungen gebraucht wie Prinzip, ja in noch mehr Bedeutungen«.

Dieses Problem der Vieldeutigkeit beschäftigt uns noch heute, weshalb wir größte Mühe haben, Grenze von anderen, ähnlichen Begriffen abzugrenzen. Im Deutschen verschwimmen die Bedeutungen von Grenze, Schranke oder Ende ebenso wie im Französischen von limite, frontière, borne oder extrémité. Wenn wir von den Schranken des Gerichts oder von Eisenbahnschranken reden, sind wir uns bewusst, dass diese nicht durch die entsprechenden Grenzen zu ersetzen sind, und wenn wir glauben, am Himmel sei die Freiheit grenzenlos, dann sind wir uns gleichfalls bewusst, dass sie deswegen doch nicht schrankenlos sei. Doch diese Gewissenhaftigkeit hat selbst wieder Grenzen, da wir »grenzenlos« und »schrankenlos« in vielen Fällen synonym verwenden oder gar durch endlos ersetzen wie bei den Weiten der Prärie, die für uns so grenzenlos wie endlos sind.

Bar jenes Fachjargons, der das Studium philosophischer Texte oft so mühsam, ihr Verständnis durch den Zwang zur Aufmerksamkeit jedoch leichter macht, schrieb Hegel, »das Ende des Einen ist da, wo ein Anderes anfängt.« Man ist geneigt, ihm zuzustimmen, weil man glaubt, viel mehr wäre dazu nicht zu sagen. Doch so einfach wie die Worte sind, ist der Sinn des Ganzen nicht; denn die Grenze als der logische Ort, an dem das eine endet und das andere beginnt, ist für beide Seiten dieselbe. Es gibt zwischen den Dingen also nicht verschiedene Grenzen (die Grenze des einen und die des anderen, zwischen denen eine Art sachlichen Niemandslandes existierte), vielmehr ist die eine Grenze sowohl Grenze des einen wie des anderen. Dies festzustellen, ist nicht Ausdruck von Pedanterie, wie man im Hinblick auf nur räumliche Grenzen und verführt durch die übliche metaphorische Redeweise glauben könnte, sondern ist ein wesentlicher Aspekt von Grenze; denn dadurch, dass die Grenze nur eine einzige ist, hat sie zwei verschiedene Funktionen: Sie schließt ein, was zur Sache gehört, und sie schließt aus, was nicht zu ihr gehört.

Diese Doppelfunktion der Grenze bestimmt auch den Vorgang des Definierens. Definieren heißt ja nichts anderes als Begrenzen, was wir, eben wegen der Doppelfunktion der Grenze, in zwei Schritten erledigen müssen; denn zunächst wird das, was definiert werden soll, eingegrenzt, indem man angibt, was es mit anderem gemeinsam hat, dann wird es von anderem ab- und aus ihm ausgegrenzt, indem man festlegt, wodurch es sich von ihm unterscheidet. In der klassischen Formulierung der mittelalterlichen Schullogik heißt das, dass man zunächst das genus proximum (die nächsthöhere Gattung) und dann die differentiae specificae (die besonderen Eigenschaften) einer Sache angibt. Ein Schirm ist demnach ein Wetterschutz (Eingrenzen durch Angabe des genus proximum), der zusammenklappbar, und transportabel ist (Ausgrenzen durch Angabe seiner differentiae specificae).

Indem die Grenze das eine vom anderen trennt, schließt sie beide miteinander zusammen. Daher ist das andere ein inneres Moment der intendierten Sache selbst, und man kann von ihm nicht absehen, da es zur Bestimmung des einen notwendig ist. Das hat praktische Konsequenzen. So können sich Menschen ihrer Eigenheit nur dadurch versichern, dass sie sich auf andere beziehen – durch → Ausgrenzen einerseits und durch Integration zu einem → Wir andererseits. Sich nur aus sich selbst heraus bestimmen zu wollen, ist ein widersinniges Verhalten, bei dem man sich manchmal um so stärker auf den anderen bezieht, je mehr man sich gegen ihn abzugrenzen versucht. Trotz dieser eminenten Bedeutung wird diese Gemeinsamkeit gewöhnlich nur als moralisch interessantes Thema angesehen oder als Kuriosität behandelt wie im bürgerlichen Recht, das in einem eigenen Paragraphen mit drei Absätzen (und fast noch in klassischem Versmaß dazu) den banalen Fall vom Grenzbaum regelt; denn »steht auf der Grenze ein Baum, so gebühren die Früchte und, wenn der Baum gefällt wird, auch der Baum den Nachbarn zu gleichen Teilen.« Solange solche Petitessen geregelt werden, während man bei der Bestimmung von Individuen oder Gruppen, Nationen oder Rassen von ihren grenzbedingten Gemeinsamkeiten glaubt absehen zu können, werden die

Versuche zur Selbstbestimmung weiterhin die politischen und psychologischen Auswirkungen haben können, die uns aus der Geschichte wie der unmittelbaren Gegenwart so vertraut und doch so unverständlich sind.

Wegen dieses Zwanges, dass etwas nur durch seine Begrenzung zu einer identifizierbaren Sache wird, ist die Grenze eine innere Bestimmung der begrenzten Sache selbst. Die Grenze gehört damit zur *Qualität* all dessen, was real existiert, und was denkbar ist. Daher hat Kant bei der Einteilung der Kategorien die Limitation in die Klasse der Qualität eingeordnet, wo sie nach der Realität und der Negation die dritte Stelle einnimmt. Später hat Kant einige »artige Betrachtungen«, wie er sich selber ausdrückte, zu dieser Kategorientafel hinzugefügt und angemerkt, dass die dritte Kategorie jeweils aus der Verbindung der ersten mit der zweiten entstehe, so dass die Limitation nichts anderes sei als »Realität mit Negation verbunden«. Die jeweilige Mischung aus Realität und Negation ergibt dabei verschiedene Grade der Empfindung von Objekten der Erfahrung, jede Empfindung hat somit einen Grad der Intensität. Da aber kein Sachverhalt alle Realität oder alle Negation ist, ist Limitation oder Begrenzung eine allen Dingen gemeinsame Qualität, weshalb auch das Leben, das in vielen Hinsichten beschränkt und seiner → Vergänglichkeit wegen begrenzt ist, überall an Grenzen stößt. Existieren heißt daher geradezu, mit Grenzen zu leben.

Grenzen sind veränderlich, doch Veränderungen haben je nach Art der begrenzten Sache unterschiedliche Wirkungen. Ändern sich die Grenzen *extensiver* Größen, verändert sich deren *Quantität*: Sie werden größer oder kleiner. Ändern sich hingegen die Grenzen *intensiver* Größen, verändert sich deren *Qualität*: Ihre Intensität wird gesteigert oder vermindert. Bestimmte Qualitäten aber kann man nicht verändern, ohne dass die Qualität sich ändert. Daher gibt es zwar einen gleitenden qualitativen Übergang von hungrig zu nicht-hungrig, aber keinen zwischen schwanger und nicht-schwanger. Die Möglichkeit der Veränderung intensiver Größen wurde philosophisch allerdings erst reflektiert, als man begann, kontinuierliche Größen, die quantitativ messbar waren, von qualitativen Prinzipien herzuleiten, also extensive Größen in intensiven zu fundieren.

Bezeichnend für diesen Versuch, der am Beginn der Auflösung metaphysischer Weltbilder deren Intention der Einheit der Welt retten wollte, ist der Satz des Philosophen Rudolph Hermann Lotze aus dem letzten Jahrhundert, man müsse anerkennen, »dass aller Extension eine intensive Größe zu Grunde« liege. Das bekannteste philosophische Modell für diesen Zusammenhang hatte aber schon Leibniz mit seinem Begriff der Monade vorgelegt; denn die Monade ist als in sich differenzierte Einheit einer qualitativen Veränderung fähig, und diese Möglichkeit, innere Grenzen zu überschreiten, erlaubt es dann auch, von der Entwicklung einer doch stets mit sich identisch bleibenden Einheit zu sprechen.

Die Griechen schätzten, jedenfalls tendenziell, das Begrenzte höher ein als das Unbegrenzte. Diese Auffassung wird für uns, die wir eher geneigt sind, umgekehrt zu werten, weniger befremdlich, wenn wir bedenken, dass das Begrenzte Maß und Form hat, was für die Griechen positiv besetzte Begriffe waren, während Maß- und Formlosigkeit für sie Ausdruck eines Mangels war. Ausnahmen von dieser Wertung kamen vor, waren aber fast immer Ansicht einer Minderheit. Solche Wertungen, so einseitig sie auch sein mögen, sind aber nicht willkürlich, sondern durch die unterschiedlichen Hinsichten bedingt, unter denen Grenze erfahren werden kann. Sie ist einerseits der Ort, an dem das andere beginnt, das neue Erfahrungen möglich macht und den eigenen Horizont erweitert, und unter diesem Aspekt bedeutet Grenzenlosigkeit einen Mangel. Deutlich wird das in kultureller und politischer Hinsicht, wo sie Konformität, Einheitlichkeit und Langeweile bedeuten kann. Andererseits ist die Grenze auch der Ort, an dem Dinge voneinander getrennt werden, und unter diesem Gesichtspunkt wird Grenzenlosigkeit zum Synonym für menschliche Nähe und Gemeinsamkeit.

Als die antike Beschäftigung mit dem Thema begrenzt und unbegrenzt erlahmte und in die hellenische Gedankenwelt Elemente orientalischer Religiosität eindrangen, veränderte sich die Einschätzung dieser Begriffe. Unbegrenztheit, die mit dem Begriff der Unendlichkeit identifiziert wurde, war nun sogar das Zeichen für die Vollkommenheit Gottes, und so verlor der Grenzbegriff seine ehemals fundamentale Bedeutung. Das Christentum förderte diese Entwicklung kräftig, so dass sich das

Thema ganz auf das Problem von endlich und unendlich verlagerte. Freilich hatten noch die griechischen Kirchenväter die Vorstellung vom Unbegrenzten als einem Mangel im Kopf, als sie den Begriff der vollkommenen Unendlichkeit bekämpften. Doch spätestens mit Augustinus setzte sich dieser für die Zukunft durch. Nunmehr begründete die Endlichkeit der Welt ihre Unvollkommenheit, während die Unendlichkeit Gottes seine Vollkommenheit ausdrückte.

Mit der Neuzeit ging schließlich auch das Interesse am Begriff der Unendlichkeit zurück, ohne dass dadurch das Problem der Grenze endgültig zu den Akten gelegt wurde, das vielmehr unter dem Titel des Infinitesimalbegriffs sogar wieder neu entdeckt wurde. Den von Newton und Leibniz formulierten Begriff der infinitesimalen Größe hat aber zumindest Leibniz nicht im Interesse mathematischer Probleme eingeführt, sondern um den philosophischen Begriff der Realität zu sichern. Doch seit wir uns vom metaphysischen Denken verabschiedeten, wurde das Problem des Infinitesimalen zu einer rein mathematischen Angelegenheit, wodurch das *philosophische* Interesse an der Grenze endgültig unzeitgemäß wurde.

Der verworrenen Geschichte des Grenzbegriffs entspricht unser verworrener Sprachgebrauch – ein wahres Babylon im Grenzbereich. Als einzige, aber auch nur relativ sichere Regel kann gelten, dass wir bei extensiven Größen von Grenzen sprechen, bei intensiven meist jedoch von Schranken. Darum sagt man, etwas sei *begrenzt* haltbar, weil es dabei um die extensive Größe der Zeit geht, während man etwas *beschränkt* brauchbar nennt, weil man dabei an die Qualität seiner Verwendbarkeit denkt. Aus dem gleichen Grunde muss sich der, dessen Lebensstandard sinkt, *einschränken* und nicht *eingrenzen*. Schranke sagt man aber auch dann, wenn etwas zwar eine extensive Größe hat, aber zugleich eine bestimmte Qualität, die für die Sache bedeutender ist als ihre bloß räumliche Größe. Darum tritt man nicht vor die *Grenzen* des Gerichts, sondern vor seine *Schranken*; denn vor diesen Schranken zu stehen oder hinter ihnen, das macht einen qualitativen Unterschied, der wichtiger ist als die räumliche Abgrenzung, die früher durch reale Schranken bei Gericht vorgenommen wurde, so wie es heute noch bei der Eisenbahn der Fall ist. Ein Sonderfall ist die

Grenze, der man sich als Schranke nicht bewusst ist. Darum nennen wir den *beschränkt*, der nicht merkt, wie *begrenzt* er ist, wobei beschränkt und Schranke allerdings nur entfernte Verwandte sind, die kein etymologisch inniges Verhältnis zueinander haben. Erst das jüngere Sprachgefühl verbindet beide seit ungefähr der ersten Hälfte des letzten Jahrhunderts so miteinander, dass wir diese Ehe für natürlich halten. Diese Verknüpfung von Beschränktheit mit geistiger Enge (der bekannte »beschränkte Horizont«) hatte auch Hegel im Sinn, als er schrieb: »Für uns ist der Stein beschränkt, für sich selbst nicht; wir sind über seine Bestimmung hinaus; er ist mit dem, was er ist, unmittelbar identisch.«

Aus dieser nützlichen Regel hinsichtlich Grenze und Schranke lässt sich leider kein allgemeines Gesetz ableiten; denn wir unterscheiden nicht in allen Fällen so eindeutig, zumal das Wort Schranke genauso vieldeutig und schillernd ist wie das Wort Grenze. So kommt es, dass wir bei intensiven Größen doch nicht immer von Schranken sprechen. Bezeichnen diese nämlich einen gewissen Abschluss einer Qualität, dann nennen wir sie wieder Grenzen. Die Grenzen der Leistungsfähigkeit, des Wachstums, der Geduld oder des guten Geschmacks meinen alle einen solchen qualitativen Abschluss einer intensiven Größe. »Bis hierher und nicht weiter«, ist die bekannte Formel für diese Fälle. Wenn wir dabei auch vom Ende der Fahnenstange sprechen, zeigt dies, dass wir im Bereich intensiver Größen sogar Bilder verwenden, die aus der Welt extensiver Größen stammen. Möglich ist das aber nur in metaphorischer Sprache; denn der Ausdruck Ende ist im Unterschied zu Abschluss sonst nur extensiven Größen vorbehalten und bezieht sich vor allem auf Raum und Zeit. Manchmal sprechen wir aber auch bei extensiven Größen von Schranken; denn die Fläche einer Kugel ist für uns beschränkt und nicht begrenzt, wiewohl sie eine rein extensive Größe ist.

Alle Versuche, in diese Wirrnis ein wenig begriffliche Klarheit und logische Ordnung zu bringen, sind unbefriedigend geblieben. Man hat sich dabei in der Regel sowieso nur auf die Ausdrücke Grenze und Schranke beschränkt, aber selbst das bescheidene Ziel verfehlt, wenigstens diese Begriffe zu klären; denn alle Ansätze zu einer sauberen Lösung widersprechen sich nicht nur – wovon man sich leicht überzeugen kann, wenn man zum Beispiel die Ansicht von Leibniz mit der Kants und dessen Theorie wieder mit der Hegels vergleicht –, sie stimmen vielmehr in sich selber nicht. Das ist aber nicht verwunderlich, da sie mit der Vereinheitlichung des Sprachgebrauchs die Sache selbst vergewaltigen.

Die Unklarheiten beim Begriff der Grenze verweisen auf ein grundlegendes Problem der Sprache selbst. Wenn etwa Aristoteles schreibt: »Vollendet ist nichts, was kein Ende hat. Das Ende aber ist eine Grenze«, dann spricht er explizit zwar nur von einer Grenze, die den Abschluss und die Vollendung einer Sache anzeigt, implizit spricht er aber auch vom Ende der Sprache selbst. Deutlich wird das allerdings erst in der späteren Interpretation dieses Sachverhalts durch Schelling, der schreibt: »Das Vollkommene ist das in sich Geendete, und zwar das nach allen Richtungen Geendete, sowohl indem es einen wahren Anfang, als indem es ein vollkommenes Ende hat. Wenn daher die Theologen unter die höchsten Vollkommenheiten Gottes diese setzen, daß er ohne Anfang und Ende sey, so darf dieß nicht als eine absolute Negation verstanden werden. Der wahre Sinn (...) kann nur dieser seyn, daß Gott ohne Anfang seines Anfanges und ohne Ende seines Endes sey, daß sein Anfang selbst nicht angefangen habe, und sein Ende nicht ende, d. h. nicht aufhöre Ende zu seyn, daß jener ein ewiger Anfang, dieses ein ewiges Ende sey.« Ende und Anfang sind hier nur noch Chiffren, kenntlich durch das ihnen diametral entgegengesetzte Epitheton »ewig«, das Anfang und Ende verneint. Hier stößt die Sprache selbst an ihre Grenze und erweist sich als unüberwindbare Schranke gegenüber allen Vorstellungen, die jede mögliche Erfahrung übersteigen.

Sprachliche Eindeutigkeit und sachliche Angemessenheit lassen sich hier nicht mehr vereinen. Will man sich mit Hilfe der Sprache im Dickicht der Welt zurechtzufinden, dann muss sprachliche Klarheit geschaffen und jeder Begriff ins Korsett der Eindeutigkeit gepresst werden. Will man mit der Sprache aber die Mannigfaltigkeit der Welt und ihre Grenzphänomene begreifen, dann hat man an dem Begriff der Grenze mit seinen Abschattungen, Unsauberkeiten und subtilen Widersprüchen ein gutes Beispiel für einen angemessenen sprachlichen Ausdruck der Welt, und damit zeugt dieses Allerweltswort von höchster philosophischer Kompetenz; denn ein Philosoph will sich, wie Nietzsche es formulierte, »den änigmatischen Charakter der Dinge nicht leichten Kaufs nehmen lassen,« auch nicht durch die Sprache, die zwar die Dinge klärt, doch um den Preis, dass sie diese simplifiziert. Ein Philosoph sei vielmehr ein »Freund der Zwischenfarben, Schatten, Nachmittagslichter und endlosen Meere«, und die philosophische Haltung unterscheide sich von der alltäglichen nur durch »einen guten Willen zu unabgeschlossenen Horizonten«. Mit dem Begriff der Grenze blickt man auf solche unabgeschlossenen, wiewohl nicht grenzenlosen Horizonte.

Literatur

Dieses Verzeichnis weiterführender Literatur enthält vor allem neueste Werke, die den gegenwärtigen Stand der Diskussion repräsentieren. Ältere Schriften sind nur aufgenommen, wenn sie entweder wichtige Quellentexte sind, oder wenn sie wesentliche Aspekte eines Begriffes erläutern, die in der neueren Literatur wenig beachtet werden.

Absurd

A. *Camus*: Der Mythos von Sisyphos. Ein Versuch über das Absurde (1956). – *Ders.*: Der Mensch in der Revolte (1953). – R. *Fritsch*: Absurd oder grotesk? Über literarische Darstellung von Entfremdung bei Beckett und Heller (1990). – R. *Görner*: Die Kunst des Absurden. Über ein literarisches Phänomen (1996). – W. F. *Haug*: Jean-Paul Sartre und die Konstruktion des Absurden (1966). – K. *Imm*: Absurd und grotesk. Zum Erzählwerk von Wilhelm Busch und Kurt Schwitters (1994). – J. *Möller*: Absurdes Sein? (1959). – A. *Pieper* (Hg.): Die Gegenwart des Absurden. Studien zu Albert Camus (1994). – B. *Rosenthal*: Die Idee des Absurden. Friedrich Nietzsche und Albert Camus (1977). – C. *Rosset*: Schopenhauer, philosophe de l'absurde (1989). – S. *Schaper*: Ironie und Absurdität als philosophische Standpunkte (1994). – E. *Schmidhäuser*: Vom Verbrechen zur Strafe. Albert Camus »Der Fremde«; ein Weg aus der Absurdität menschlichen Daseins (1992). – Z. *Tauber*: Befreiung und das »Absurde«. Studien zur Emanzipation des Menschen bei Herbert Marcuse (1994).

Alltag

O. *Betz*: Vom Glück des Augenblicks. Den Alltag bewusst erleben (1995). – *Chr. Cantauw* (Hg.): Arbeit, Freizeit, Reisen. Die feinen Unterschiede im Alltag (1995). – *K. Grunwald, F. Ortmann, Th. Rauschenbach, R. Treptow* (Hg.): Alltag, Nicht-Alltägliches und die Lebenswelt. Beiträge zur lebensweltorientierten Sozialpädagogik (1996). – *M. Heidegger*: Sein und Zeit (1963), 4. Kapitel: Zeitlichkeit und Alltäglichkeit, 334–372. – *S. Henze*: Der sabotierte Alltag. Die phänomenologische Komik Karl Valentins (1995). – *W. Jung*: Schauderhaftes Banales. Über Alltag und Literatur (1994). – *D. Kramer, R. Lutz* (Hg.): Reisen und Alltag. Beiträge zur kulturwissenschaftlichen Tourismusforschung (1992). – *H. Lefebvre*: Das Alltagsleben in der modernen Welt (1972). – *S. Neckel*: Die Macht der Unterscheidung. Beutezüge durch den modernen Alltag (1993). – *H. P. Thurn*: Der Mensch im Alltag. Grundrisse einer Anthropologie des Alltagslebens (1980).

Angst

G. *Birtsch, M. Schröder* (Hg.): Angst – ein individuelles und soziales Phänomen (1991). – *H.-J. Braun, A. Schwarz* (Hg.): Angst (1988). – *J. Fischer* (Hg.): Angst und Hoffnung. Grunderfahrungen des Menschen im Horizont von Religion und Theologie (1997). – *H. B. Flöttmann*: Angst. Ursprung und Überwindung (1993). – *H.-D. Gondek*: Angst, Einbildungskraft, Sprache. Ein verbindender Aufriss zwischen Freud, Kant und Lacan (1990). – *H.-W. Hoefert* (Hg.): Angst, Panik, Depression. Ursachen und Behandlungskonzepte aus psychologischer und medizinischer Sicht (1993). – *V. Kast*: Vom Sinn der Angst. Wie Ängste sich festsetzen und wie sie sich verwandeln lassen (1996). – *S. Kierkegaard*: Der Begriff Angst ([1]1844, dt. 1965). – *R. Ochsmann*: Angst vor Tod und Sterben. Beiträge zur Thanato-Psychologie (1993). – *H.-E. Richter*: Umgang mit Angst (1992). – *G. Sartory*: Angststörungen. Theorien, Befunde, Diagnostik und Behandlung (1997). – *Fr. Strian*: Angst und Angstkrankheiten (1995). – *D. Wolf*: Ängste verstehen und überwinden. Gezielte Strategien für ein Leben ohne Angst (19996).

Arbeit

G. Anders: Die Antiquiertheit der Arbeit, in: Die Antiquiertheit des Menschen, Bd. 2 (1986), 91–109. – *G. Friedmann*: Zukunft der Arbeit (1953). – *H. Ganßmann*: Geld und Arbeit. Wirtschaftssoziologische Grundlagen einer Theorie der modernen Gesellschaft (1996). – *R. Hank*: Arbeit – die Religion des 20. Jahrhunderts. Auf dem Weg in die Gesellschaft der Selbständigen (1995). – *E.-H. Hoff*: Arbeit, Freizeit und Persönlichkeit. Wissenschaftliche und alltägliche Vorstellungsmuster (1992). – *H. Hoffmann* (Hg.): Arbeit ohne Sinn? Sinn ohne Arbeit. Über die Zukunft der Arbeitsgesellschaft (1994). – *O. Lange* (Hg.): Richtig oder gerecht? Arbeitserfahrungen und Lebensziele; Herausforderungen für Kirche und Arbeitswelt (1996). – *O. Neuberger*: Arbeit. Begriff – Gestaltung – Motivation – Zufriedenheit (1985). – *A. Sohn-Rethel*: Geistige und körperliche Arbeit. Zur Epistemologie der abendländischen Geschichte (1989). – *D. Schulte* (Hg.): Arbeit der Zukunft (1996).

Auseinandersetzen

H. Girndt (Hg.): Selbstbehauptung und Anerkennung. Spinoza – Kant – Fichte – Hegel (1990). – *A. Honneth*: Kampf um Anerkennung. Zur moralischen Grammatik sozialer Konflikte (1992). – *K.-H. Ilting*: Anerkennung. Zur Rechtfertigung praktischer Sätze, in: G.-G. Grau (Hg.): Probleme der Ethik zur Diskussion gestellt (1972), 83–107. – *R. Reiher* (Hg.): Sprache im Konflikt. Zur Rolle der Sprache in sozialen, politischen und militärischen Auseinandersetzungen (1995). – *L. Siep*: Anerkennung als Prinzip der praktischen Philosophie. Untersuchungen zu Hegels Jenaer Philosophie des Geistes (1979). – *N. Wokart*: Antagonismus der Freiheit. Wider die Verharmlosung eines Begriffs (1992), 105–132. – *W. U. Ziegler*: Anerkennung und Nicht-Anerkennung. Studien zur Struktur zwischenmenschlicher Beziehung aus symbolisch-interaktionistischer, existenzphilosophischer und dialogischer Sicht (1992).

Ausgrenzen

R. *Aegerter, I. Nezel* (Hg.): Sachbuch Rassismus. Informationen über Erscheinungsformen der Ausgrenzung (1996). – W. *Benz*: Feindbild und Vorurteil. Beiträge über Ausgrenzung und Verfolgung (1996). – P. *Bourdieu*: Das Elend der Welt. Zeugnisse und Diagnosen alltäglichen Leidens an der Gesellschaft (1997). – G. *Eifler, O. Saame* (Hg.): Das Fremde – Aneignung und Ausgrenzung. Eine interdisziplinäre Erörterung (1991). – A. *Honneth*: Desintegration. Bruchstücke einer soziologischen Zeitdiagnose (1994). – M. *Kronauer, B. Vogel, Fr. Gerlach*: Im Schatten der Arbeitsgesellschaft. Arbeitslose und die Dynamik sozialer Ausgrenzung (1993). – H. *Mayer*: Außenseiter (1981). – S. *Müller, H.-U. Otto* (Hg.): Fremde und Andere in Deutschland. Nachdenken über das Einverleiben, Einebnen, Ausgrenzen (1995). – T. *Parsons*: Das System moderner Gesellschaften (1972). – Chr. *Türcke*: Ausgrenzung. Die Aktualität eines Begriffs oder: das andere Gesicht der Integration, in: Frankfurter Rundschau, 2. 11. 1996, Nr. 256, ZB 3. – E. *Zwierlein* (Hg.): Handbuch Integration und Ausgrenzung. Behinderte Mitmenschen in der Gesellschaft (1996).

Autonomie

D. M. *Bar-Zvi*: Religiöser Grund menschlicher Autonomie und Freiheit. Die objektiven und subjektiven Bedingungen der Möglichkeit des Werdens der »eigentlichen Person« durch die religiöse »Ich-Du«-Beziehung als Grundlegung einer existentiellen Religionsphilosophie (1989). – G. *Barudio*: Unabhängigkeit, in: Politik als Kultur. Ein Lexikon von Abendland bis Zukunft (1994), 362–365. – R. *Battegay, U. Rauchfleisch* (Hg.): Menschliche Autonomie (1990). – R. *Bittner*: Moralisches Gebot oder Autonomie (1983). – T. *Evers* (Hg.): Autonomie als Verfassungsprinzip? Neue Formen von Protest und Partizipation; auf der Suche nach ihrem staatstheoretischen und verfassungsrechtlichen Ort (1987). – E. *Feil*: Antithetik neuzeitlicher Vernunft. »Autonomie-Heteronomie« und »rational-irrational« (1987). – G. *Gamm, G. Kimmerle* (Hg.): Vorschrift und Autonomie. Zur Zivilisationsgeschichte der Moral (1989). – G. E. *Schörner*: Von der Freiheit des Urteils. Untersuchungen zu Konzepten moralischer Autonomie (1989).

Bewusstsein

V. *Arzt, I. Birmelin*: Haben Tiere ein Bewusstsein? Wenn Affen lügen, wenn Katzen denken und Elefanten traurig sind (1993). – H. *Busche* (Hg.): Bewusstsein und Zeitlichkeit. Ein Problemschnitt durch die Philosophie der Neuzeit (1990). – F. *Crick*: »Was die Seele wirklich ist«. Die naturwissenschaftliche Erforschung des Bewusstseins (1994). – D. C. *Dennett*: Descartes, Potemkin und die Büchse der Pandora. Eine neue Philosophie des menschlichen Bewusstseins (1992). – E. *Franke*: Was ist Bewusstsein? Aspekte einer allgemeinen Theorie koordinierter Funktion cerebraler Neuronen (1996). – V. *Gadenne*: Bewusstsein, Kognition und Gehirn. Einführung in die Psychologie des Bewusstseins (1996). – S. *Krämer* (Hg.): Bewusstsein. Philosophische Beiträge (1996). – M. *Kurthen*: Das Problem des Bewusstseins in der Kognitionswissenschaft (1990). – Th. *Metzinger* (Hg.): Bewusstsein. Beiträge aus der Gegenwartsphilosophie (1995). – H. *Schleichert*: Der Begriff des Bewusstseins. Eine Bedeutungsanalyse (1992). – A. *Seidel*: Bewusstsein als Verhängnis. Fragmente über die Beziehungen von Weltanschauung und Charakter oder über Wesen und Wandel der Ideologien (1927).

Bildung

D. *Baacke, Fr. J. Röll* (Hg.): Weltbilder, Wahrnehmung, Wirklichkeit. Bildung als ästhetischer Lernprozess (1995). – D. *Benner*: Studien zur Theorie der Erziehung und Bildung (1995). –

D. Benner, D. Lenzen (Hg.): Bildung und Erziehung in Europa (1994). – *G. Bollenbeck*: Bildung und Kultur. Glanz und Elend eines deutschen Deutungsmusters (1994). – *H. von Hentig*: Bildung. Ein Essay (1996). – *L. Koch*: Bildung und Negativität. Grundzüge einer negativen Bildungstheorie (1995). – *W. Lenz*: Bildung ohne Aufklärung? Kritische Aufsätze zu Erwachsenenbildung, Universität und Bildungspolitik (1992). – *W. Nieke*: Interkulturelle Erziehung und Bildung. Wertorientierungen im Alltag (1995). – *Fr. Schönweiss*: Bildung als Bedrohung? Zur Grundlegung einer sozialen Pädagogik (1994). – *H. Sünker* (Hg.): Bildung, Gesellschaft, soziale Ungleichheit. Internationale Beiträge zur Bildungssoziologie und Bildungstheorie (1994). – *H.-E. Tenorth*: »Alle alles zu lehren«. Möglichkeiten und Perspektiven allgemeiner Bildung (1994).

Bioethik

G. Altner: Leben in der Hand des Menschen. Die Brisanz des biotechnischen Fortschritts (1998). – *M. Charlesworth*: Leben und sterben lassen. Bioethik in der liberalen Gesellschaft (1997). – *N. Hoerster*: Moralbegründung ohne Metaphysik, Erkenntnis 19 (1983). – *W. Kahlke, S. Reiter-Theil*: Ethik in der Medizin (1996). – *W. R. Köhler*: Zur Geschichte und Struktur der utilitaristischen Ethik (1979). – *P. Koslowski, Ph. Kreuzer, R. Löw* (Hg.): Die Verführung durch das Machbare. Ethische Konflikte in der modernen Medizin und Biologie (1983). – *H. Mohr*: Natur und Moral. Ethik in der Biologie (1987). – *H.-M. Sass* (Hg.): Ethik und öffentliches Gesundheitswesen. Ordnungsethische und ordnungspolitische Einflußfaktoren im öffentlichen Gesundheitswesen (1988). – *Ders*: Medizin und Ethik (Mit einem Anhang »Dokumente zur Ethik in der Medizin«) (1989). – *P. Singer*: Praktische Ethik (1989). – *E. Tugendhat*: »Schlupflöcher der Ethik«. Zu den Euthanasie-Thesen des Australiers Peter Singer und zur Konfrontation zwischen Philosophischem Institut der FU Berlin und Gruppen von Behinderten, taz. 6. 6. 1990.

Das Böse

E. Agazzi: Das Gute, das Böse und die Wissenschaft. Die ethische Dimension der wissenschaftlich-technologischen Unternehmung (1995). – *K. Berger*: Wie kann Gott Leid und Katastrophen zulassen? (1996). – *C. Colpe* (Hg.): Das Böse. Eine historische Phänomenologie des Unerklärlichen (1993). – *S. M. Daecke, C. Bresch* (Hg.): Gut und Böse in der Evolution. Naturwissenschaftler, Philosophen und Theologen im Disput (1995). – *C.-F. Geyer*: Leid und Böses in philosophischen Deutungen (1983). – *A. Görres, K. Rahner*: Das Böse. Wege zu seiner Bewältigung in Psychotherapie und Christentum (1984). – *H. Halter* (Hg.): Wie böse ist das Böse? Psychologische, philosophische und theologische Annäherungen an ein Rätsel (1988). – *H. Häring*: Das Problem des Bösen in der Theologie (1985). – *E. Martens*: Zwischen Gut und Böse. Elementare Fragen angewandter Philosophie (1997). – *R. Safranski*: Das Böse oder Das Drama der Freiheit (1997). – *A. Schuller, W. von Rahden* (Hg.): Die andere Kraft. Zur Renaissance des Bösen (1993). – *H. Schwarz*: Im Fangnetz des Bösen. Sünde – Übel – Schuld (1993). – *M. Viertel* (Hg.): Gott und das Böse (1996). – *Fr. M. Wuketits*: Verdammt zur Unmoral?. Zur Naturgeschichte von Gut und Böse (1993).

Denken

Th. W. Adorno: Negative Dialektik (1966). – *H. Blumenberg*: Höhlenausgänge (1989). – *J. Brockmeier*: »Reines Denken«. Zur Kritik der teleologischen Denkform (1992). – *E. Grassi*: Die unerhörte Metapher (1992). – *M. Heidegger*: Was heißt Denken? (1952). – *E. Martens*: Der Faden der Ariadne. Über kreatives Denken und Handeln (1991). – *K. Oehler*: Die Lehre vom noetischen und dianoetischen Denken bei Platon und Aristoteles. Ein Beitrag zur Erforschung der Geschichte des Bewusstseinsproblems in der Antike (1985). – *A. Pieper*: Selber denken. Anstiftung zum Philosophieren (1997). – *S. J. Schmidt*: Sprache und Denken als sprachphilosophisches Problem von

Locke bis Wittgenstein (1968). – *G. Schöffel*: Denken in Metaphern. Zur Logik sprachlicher Bilder (1987).

Dummheit

Th. Adorno, M. Horkheimer: Zur Genese der Dummheit, in: Gesammelte Schriften 3 (1981), 295–296. – *Erasmus von Rotterdam*: Morias encomion (1511), dt. Vom Lob der Torheit (1962). – *H. Geyer*: Über die Dummheit. Ursachen und Wirkungen der intellektuellen Minderleistungen des Menschen. Ein Essay (1984). – *A. Glucksmann*: Die Macht der Dummheit (1985). – *E. Gürster*: Macht und Geheimnis der Dummheit (1967). – *J. Jegge*: Dummheit ist lernbar. Erfahrungen mit »Schulversagern« (1994). – *K. Josef*: Das Antlitz der Dummheit. Auf den Spuren einer weit verbreiteten Erscheinung (1995). – *A. Kraus*: Vom Wesen und Ursprung der Dummheit (1961). – *K. Landauer*: Intelligenz und Dummheit, in: Das Psychoanalytische Volksbuch (1939). – *R. Musil*: Über die Dummheit (1937). – *N. Rescher*: Warum sind wir nicht klüger? Der evolutionäre Nutzen von Dummheit und Klugheit (1994).

Ekstase

Th. Achelis: Die Ekstase in ihrer kulturellen Bedeutung (1902). – *P. Beck*: Die Ekstase (1923). – *M. Buber*: Ekstatische Konfessionen (o. J.). – *H. Cancik* (Hg.): Rausch, Ekstase, Mystik. Grenzformen religiöser Erfahrungen (1978). – *M. Düe*: Konzentration und Entrückung. Aus der Geschichte des Verhältnisses von ekstatischer Erfahrung und wissenschaftlicher Begriffsbildung (1993). – *Ph. De Félice*: Foules en délire. Extases collectives. Essai sur quelques formes inférieures de la mystique (1947). – *F. D. Goodman*: Ekstase, Besessenheit, Dämonen. Die geheimnisvolle Seite der Religion (1997). – *H. Grabert*: Die ekstatischen Erlebnisse der Mystiker und Psychopathen (1929). – *M. Kelsey*: Trance, Ekstase und Dämonen. Zur Unterscheidung der Geister (1994). – *W. Müller*: Ekstase – Sexualität und Spiritualität (1992). – *M. Onfray*: Philosophie der Ekstase

(1993). – A. *Resch*: Veränderte Bewusstseinszustände. Träume, Trance, Ekstase (1990). – M. *Schmidt*: Ekstase als musikalisches Symbol in den Klavierpoèmes Alexander Skrjabins (1989).

Enttäuschung

W. *Fleischer*: Enttäuschung und Erinnerung. Untersuchungen zur Entstehung des modernen deutschen Romans im letzten Drittel des 18. Jahrhunderts (1983). – P. *Furth*: Phänomenologie der Enttäuschungen. Ideologiekritik nachtotalitär (1991). – S. *Meder*: Schadensersatz als Enttäuschungsverarbeitung. Zur erkenntnistheoretischen Grundlegung eines modernen Schadensbegriffs (1989). – W. *Müller-Funk*: Die Enttäuschungen der Vernunft. Von der Romantik zur Postmoderne; Essays (1990). – J. *Schulze*: Enttäuschung und Wahnwelt. Studien zu Charles Nodiers Erzählungen (1968). – N. *Wokart*: Ent-Täuschungen. Philosophische Signaturen des 20. Jahrhunderts (1991).

Erinnerung

A. *Assmann*, D. *Harth* (Hg.): Mnemosyne. Formen und Funktionen der kulturellen Erinnerung (1993). – R. *Faber*: Erinnern und Darstellen des Unauslöschlichen. Über Jorge Sempruns KZ-Literatur (1995), 25–51. – A. *Grabner-Haider*: Befreiung durch Erinnerung. Trauerarbeit in Kirche und Religion (1990). – H. *Hühn*: Mnemosyne. Zeit und Erinnerung in Hölderlins Denken (1996). – D. *Kiesel*, E. *Karpf* (Hg.): Identität und Erinnerung. Zur Bedeutung der Shoa für die israelische Gesellschaft (1990). – M. *Koch*: Mnemotechnik des Schönen. Studien zur poetischen Erinnerung in Romantik und Sybolismus (1988). – H. J. M. *Nouwen*: Von der geistlichen Kraft der Erinnerung (1984). – I. *Schoberth*: Erinnerung als Praxis des Glaubens (1992). – S. *Specht*: Erinnerung als Veränderung. Über den Zusammenhang von Kunst und Politik bei Th. W. Adorno (1981). – D. *Teichert*: Erfahrung, Erinnerung, Erkenntnis. Untersuchungen zum Wahrheitsbegriff der Hermeneutik

Gadamers (1991). – *E. Weber, Chr. Tholen* (Hg.): Das Verges-sen(e). Anamnesen des Undarstellbaren (1997). – *W. Zacharias* (Hg.): Zeitphänomen Musealisierung. Das Verschwinden der Gegenwart und die Konstruktion der Erinnerung (1990). – *J. Zimmer*: Die Kritik der Erinnerung (1993).

Erlösung

P. Antes, B. Uhde: Das Jenseits der Anderen. Erlösung im Hinduismus, Buddhismus und Islam (o. J.). – *S. Arlt*: Heilung und Erlösung. Eine Untersuchung zur Soteriologie der Gegen-wart (1988). – *A. Bsteh* (Hg.): Erlösung in Christentum und Buddhismus (1982). – *S. Hurwitz*: Psyche und Erlösung. Schrif-ten zur Psychologie und Religion (1983). – *C. Kappes*: Freiheit und Erlösung. Überlegungen zu den Grundlagen der Soterio-logie in den Entwürfen von Hans Urs von Balthasar, Karl Rahner und Jürgen Moltmann (1987). – *H. Kessler*: Reduzierte Erlösung? Zum Erlösungsverständnis der Befreiungstheologie (1987). – *A. Khoury, P. Hünermann* (Hg.): Was ist Erlösung? Die Antwort der Weltreligionen (1985). – *V. Maag*: Erlösung wovon? Erlösung wozu? in: Ders.: Kultur, Kulturkontakt und Religion (1980), 314–328. – *K. Stock* (Hg.): Die Zukunft der Erlösung. Zur neueren Diskussion um die Eschatologie (1994).

Eschatologisch

H. Althaus (Hg.): Apokalyptik und Eschatologie. Sinn und Ziel der Geschichte (1987). – *K. Anglet*: Messianität und Ge-schichte. Walter Benjamins Konstruktion der historischen Dia-lektik und deren Aufhebung ins Eschatologische durch Erik Peterson (1995). – *R. Bultmann*: Geschichte und Eschatologie (1964). – *S. Hjelde*: Das Eschaton und die Eschata. Eine Studie über Sprachgebrauch und Sprachverwirrung in protestanti-scher Theologie von der Orthodoxie bis zur Gegenwart (1987). – *I. Höllhuber*: Philosophie als Prae-Eschatologie (1992). – *W. Jaeschke*: Die Suche nach den eschatologischen Wurzeln der

Geschichtsphilosophie. Eine historische Kritik der Säkularisierungsthese (1976). – *I. Kant*: Das Ende aller Dinge ([1]1794). – *K. Löwith*: Weltgeschichte und Heilsgeschehen. Die theologischen Voraussetzungen der Geschichtsphilosophie (1973). – *K. Stock* (Hg.): Die Zukunft der Erlösung. Zur neueren Diskussion um die Eschatologie (1994). – *J. Taubes*: Abendländische Eschatologie (1991). – *H. G. Ulrich*: Eschatologie und Ethik (1988). – *Chr. Walther*: Eschatologie als Theorie der Freiheit. Einführung in neuzeitliche Gestalten eschatologischen Denkens (1991).

Esoterik

M. Bermann: Die Wiederverzauberung der Welt (1986). – *E. Gruber*: Was ist New Age? (1987). – *E. Gugenberger, R. Schweidlenka* (Hg.): Missbrauchte Sehnsüchte? Esoterische Wege zum Heil; Kritik und Alternativen (1992). – *H. Hemminger* (Hg.): Die Rückkehr der Zauberer. New Age – eine Kritik (1987). – *M. Kehl*: New Age oder Neuer Bund? Christen im Gespräch mit Wendezeit, Esoterik und Okkultismus (1988). – *H.-D. Leuenberger*: Das ist Esoterik. Eine Einführung in esoterisches Denken und in die esoterische Sprache (1987). – *H. E. Miers*: Lexikon des Geheimwissens (1997). – *R. Muller*: Die Neuerschaffung der Welt. Auf dem Weg zu einer globalen Spiritualität (1984). – *E. Runggaldier*: Philosophie der Esoterik (1996). – *H. J. Ruppert*: New Age. Endzeit oder Wendezeit? (1985). – *G. Schiwy*: Der Geist des neuen Zeitalters (1987). – *J. Sudbrack*: Religiös ohne Gott. Quellen und Merkmale gegenwärtiger Esoterik (1987). – *W. Thiede*: Esoterik – die postreligiöse Dauerwelle. Theologische Betrachtungen und Analysen (1995). – *J. Wichmann*: Die Renaissance der Esoterik. Eine kritische Orientierung (1990). – *M. Widl*: Christentum und Esoterik. Darstellung, Auseinandersetzung, Abgrenzung (1995).

Freiheit

A. *Baruzzi*: Die Zukunft der Freiheit (1993). – *W. Fikentscher*: Freiheit als Aufgabe (1997). – *P. Fischer* (Hg.): Freiheit oder Gerechtigkeit. Perspektiven politischer Philosophie (1995). – *A. Keller*: Philosophie der Freiheit (1994). – *Th. Kobusch*: Die Entdeckung der Person. Metaphysik der Freiheit und modernes Menschenbild (1993). – *M. Lutz-Bachmann* (Hg.): Freiheit und Verantwortung. Ethisch handeln in der Krise der Gegenwart (1991). – *Chr. Menke*: Tragödie im Sittlichen. Gerechtigkeit und Freiheit nach Hegel (1996). – *Chr. Miething*: Der Absolutismus der Freiheit. Wider die Selbstzerstörung der Moderne (1994). – *U. Pothast*: Die Unzulänglichkeit der Freiheitsbeweise. Zu einigen Lehrstücken aus der neueren Geschichte von Philosophie und Recht (1980). – *J. Schapp*: Freiheit, Moral und Recht. Grundzüge einer Philosophie des Rechts (1994). – *Fr. W. J. Schelling*: Philosophische Untersuchungen über das Wesen der menschlichen Freiheit (¹1809). – *H. Seidl*: Sittengesetz und Freiheit. Erörterungen zur allgemeinen Ethik (1992). – *U. Steinvorth*: Freiheitstheorien in der Philosophie der Neuzeit (1994). – *L. Valla*: De libero arbitrio (¹1473, dt. 1987). – *B. Willms*: Die totale Freiheit (1967). – *N. Wokart*: Antagonismus der Freiheit. Wider die Verharmlosung eines Begriffs (1992).

Freizeit

Th. W. Adorno: Freizeit, in: Kulturkritik und Gesellschaft II (1977), 645–655. – *S. Agricola, A. Haag, M. Stoffers* (Hg.): Freizeitwirtschaft. Märkte und Konsumwelten (1990). – *Chr. Cantauw* (Hg.): Arbeit, Freizeit, Reisen. Die feinen Unterschiede im Alltag (1995). – *R. Eckert, Th. Drieseberg, H. Willems*: Sinnwelt Freizeit. Jugendliche zwischen Märkten und Verbänden (1990). – *H. A. Hartmann* (Hg.): Freizeit in der Erlebnisgesellschaft. Amüsemant zwischen Selbstverwirklichung und Kommerz (1996). – *E.-H. Hoff*: Arbeit, Freizeit und Persönlichkeit. Wissenschaftliche und alltägliche Vorstellungsmuster (1992). – *J. Krippendorf*: Die Ferienmenschen. Für ein neues Verständnis von Freizeit und Reisen (1984). – *W. Nahr-*

stedt: Die Wiederentdeckung der Muße. Freizeit und Bildung in der 35-Stunden-Gesellschaft (1989). – *H.-G. Vester*: Zeitalter der Freizeit. Eine soziologische Bestandsaufnahme (1988).

Geld

H. Brinkmann: Moral und Geld. Vom Untergang der Moral durch das Geld; ein geschichtsphilosophischer Versuch (1994). – *M. Friedmann*: Geld regiert die Welt. Neue Provokationen vom Vordenker der modernen Wirtschaftspolitik (1992). – *W. Harsch*: Die psychoanalytische Geldtheorie (1995). – *H. Hesse* (Hg.): Geld und Moral (1994). – *H.-J. Jarchow*: Theorie und Politik des Geldes (1978). – *E. Lauer*: Literarischer Monetarismus. Studien zur Homologie von Sinn und Geld bei Goethe, Goux, Sohn-Rethel, Simmel und Luhmann (1994). – *Leonhard-Ragaz-Istitut* (Hg.): Unter der Herrschaft von Geld und Zins. Weltwirtschaftliche Entwicklungen und christliches Handeln (1989). – *R. Merkelbach*: Die Bedeutung des Geldes für die Geschichte der griechisch-römischen Welt (1992). – *M. North*: Das Geld und seine Geschichte. Vom Mittelalter bis zur Gegenwart (1994). – *W. Schelkle, M. Nitsch* (Hg.): Rätsel Geld. Annäherungen aus ökonomischer, soziologischer und historischer Sicht (1995). – *G. Simmel*: Philosophie des Geldes (1900). – *F. Wagner*: Geld oder Gott? Zur Geldbestimmtheit der kulturellen und religiösen Lebenswelt (1985).

Gerechtigkeit

H. Bedford-Strohm: Vorrang für die Armen. Auf dem Weg zu einer theologischen Theorie der Gerechtigkeit (1993). – *M. Brumlik, H. Brunkhorst* (Hg.): Gemeinschaft und Gerechtigkeit (1995). – *J. Derrida*: Gesetzesherrschaft. Der »mystische« Grund der Autorität (1991). – *P. Fischer* (Hg.): Freiheit oder Gerechtigkeit. Perspektiven politischer Philosophie (1995). – *W. Goldschmidt* (Hg.): Naturrecht, Menschenrecht und politische Gerechtigkeit (1994). – *O. Höffe*: Politische Gerechtigkeit. Grundlegung einer kritischen Philosophie von Recht und Staat

(1994). – *W. Kersting*: Recht, Gerechtigkeit und demokratische Tugend. Abhandlungen zur praktischen Philosophie der Gegenwart (1997). – *W. Lienemann*: Gerechtigkeit (1995). – *H.-P. Müller* (Hg.): Soziale Ungleichheit und soziale Gerechtigkeit (1995). – *J. Rawls*: Eine Theorie der Gerechtigkeit (1988). – *Ders.*: Die Idee des politischen Liberalismus. Aufsätze 1978–1989 (1992). – *H.-P. Schwintowski*: Recht und Gerechtigkeit. Eine Einführung in Grundfragen des Rechts (1996). – *M. Walzer*: Sphären der Gerechtigkeit. Ein Plädoyer für Pluralität und Gleichheit (1992). – *W. Wolbert*: Vom Nutzen der Gerechtigkeit. Zur Diskussion um Utilitarismus und teleologische Theorie (1992).

Gerücht

R. W. Brednich: Die Spinne in der Yucca-Palme. Sagenhafte Geschichten von heute (1990). – *F. Dröge*: Der zerredete Widerstand. Soziologie und Publizistik des Gerüchts im 2. Weltkrieg (1970). – *A. Frage*: Lauffeuer in Paris. Die Stimme des Volkes im 18.Jahrhundert (1993). – *P. Holenstein, N. Schindler*: Geschwätzgeschichte(n). Ein kulturhistorisches Plädoyer für die Rehabilitierung der unkontrollierten Rede, in: R. van Dülmen (Hg.): Dynamik der Tradition (1992), 41–108. – *J.-N. Kapferer*: Gerüchte. Das älteste Massenmedium der Welt (1996). – *E. Lauf*: Gerücht und Klatsch. Die Diffusion der »abgerissenen Hand« (1990). – *M. Menzel*: Klatsch, Gerücht und Wirklichkeit bei Nathaniel Hawthorne (1996). – *B. Müller-Ullrich*: Medien-Märchen. Gesinnungstäter im Journalismus (1996). – *U. Raulff*: Clio in den Dünsten. Über Geschichte und Gerüchte, in: B. Loewenstein: Geschichte und Psychologie. Annäherungsversuche (1992), 99–114. – *W. Schöne*: Das Gerücht (1936). – *Werkstatt Geschichte 15*: Politik des Gerüchts (1997).

Gewalt

H. Arendt: Macht und Gewalt (1970). – *M. Bissinger* (Hg.): Gewalt – ja oder nein (1987). – *Chr. Butterwegge*: Rechtsextremismus, Rassismus und Gewalt. Erklärungsmodelle in der Diskussion (1996). – *Evangelische Akademie Baden* (Hg.): Brauchen wir einen Sündenbock? Gewalt als gesellschaftliche Herausforderung (1993). – *R. Faber, H. Funke, G. Schoenberner* (Hg.): Rechtsextremismus. Ideologie und Gewalt (1995). – *P. Gay*: Kult der Gewalt. Aggression im bürgerlichen Zeitalter (1996). – *R. Girard*: Das Heilige und die Gewalt (1987). – *W. Helsper* (Hg.): Pädagogik und Gewalt. Möglichkeiten und Grenzen pädagogischen Handelns (1995). – *G. Nissen* (Hg.): Aggressivität und Gewalt. Prävention und Therapie (1995). – *U. Rauchfleisch*: Allgegenwart von Gewalt (1992). – *M. Rock*: Widerstand gegen die Staatsgewalt (1966). – *W. Seppmann*: Dialektik der Entzivilisierung. Krise, Irrationalismus und Gewalt (1995). – *W. Sofsky*: Traktat über die Gewalt (1996). – *G. Sorel*: Über die Gewalt (1969). – *H. Thiersch, J. Wertheimer, K. Grunwald* (Hg.): »... überall, in den Köpfen und Fäusten.« Auf der Suche nach Ursachen und Konsequenzen von Gewalt (1994). – *Chr. Türcke*: Gewalt und Tabu. Philosophische Grenzgänge (1992). – *W. Vogt* (Hg.): Gewalt und Konfliktbearbeitung (1997).

Glaube

M. Dieterich (Hg.): Wenn der Glaube krank macht. Psychische Störungen und religiöse Ursachen (1991). – *G. Falkenberg* (Hg.): Wissen, Wahrnehmen, Glauben. Epistemische Ausdrücke und propositionale Einstellungen (1989). – *F. Feuerbach*: Das Wesen des Christentums (¹1841). – *H. von Hentig*: Glaube. Fluchten aus der Aufklärung (1992). – *A. Huneke*: Wittgenstein über »Ich glaube«-Äußerungen und den Begriff des Glaubens. Interpretation von Philosophische Untersuchungen II.x (1991). – *K. Jaspers*: Der philosophische Glaube angesichts der Offenbarung (1962). – *Fr. von Kutschera*: Vernunft und Glaube (1990). – *H. G. Ruß*: Religiöser Glaube und modernes Denken. Religion im Spannungsfeld von Naturwissenschaft und Philosophie (1996). – *H. v. Sprockhoff*: Naturwissenschaft und christlicher Glaube – ein Widerspruch? (1992). – *K. Wuttig*: Glaube – Zweifel – Wissen. Modale und nichtmodale epistemische Logik; eine logisch-philosophische Studie (1991).

Glück

A. Bellebaum (Hg.): Glück und Zufriedenheit. Ein Symposion (1992). – *J. Drescher*: Glück und Lebenssinn. Eine religionsphilosophische Untersuchung (1991). – *P. Engelhardt* (Hg.): Glück und geglücktes Leben. Philosophische und theologische Untersuchung zur Bestimmung des Lebensziels (1985). – *M. Forschner*: Über das Glück des Menschen. Aristoteles, Epikur, Stoa, Thomas von Aquin, Kant (1994). – *M. und S. Greiffenhagen*: Das Glück. Realitäten eines Traums (1988). – *G. Höhler*: Das Glück. Analyse einer Sehnsucht (1981). – *G. Honnefelder*: Glück. Erkundigungen (1992). – *H. Kleber*: Glück als Lebensziel. Untersuchungen zur Philosophie des Glücks bei Thomas von Aquin (1988). – *H. Kössler* (Hg.): Über das Glück. Vier Vorträge (1992). – *L. Schwienhorst-Schönberger*: »Nicht im Menschen gründet das Glück« (Koh 2,24). Kohelet im Spannungsfeld jüdischer Weisheit und hellenistischer Philosophie (1994). – *M. Seel*: Versuch über die Form des Glücks. Studien zur Ethik (1995).

Gott

K. Frielingsdorf: Der wahre Gott ist anders. Von krankmachenden zu heilenden Gottesbildern (1997). – *D. Funke*: Gott und das Unbewusste. Glaube und Tiefenpsychologie (1995). – *H. Irsigler, G. Ruppert* (Hg.): Ein Gott, der Leiden schafft? Leidenserfahrungen im 20. Jahrhundert und die Frage nach Gott (1995). – *K. Krüger*: Der Gottes-Begriff der spekulativen Theologie (1970). – *R. Lay*: Das Ende der Neuzeit. Menschsein in einer Welt ohne Götter (1996). – *M. Mayer, M. Hentschel*

(Hg.): Lévinas. Zur Möglichkeit einer prophetischen Philosophie (1990). – *J. Miles*: Gott. Eine Biographie (1997). – *M. Motté*: Auf der Suche nach dem verlorenen Gott. Religion in der Literatur der Gegenwart (1997). – *H. Mynarek*: Das Gericht der Philosophen. Ernst Bloch, Erich Fromm, Karl Jaspers über Gott, Religion, Christentum, Kirche (1997). – *G. Schiwy*: Abschied vom allmächtigen Gott (1995). – *W. Weischedel*: Der Gott der Philosophen. Grundlegung einer Philosophischen Theologie im Zeitalter des Nihilismus (1975).

Grenze

M. Bauer, Th. Rahn (Hg.): Die Grenze. Begriff und Inszenierung (1997). – *E. Cremers*: Grenze und Horizont. Protosoziologische Reflexionen zu einer Phänomenologie und Soziologie sozialer Grenzen (1989). – *R. Faber, B. Naumann* (Hg.): Literatur der Grenze – Theorie der Grenze (1995). – *G. Greshake*: Wenn Leid mein Leben lähmt. Leiden – Preis der Liebe? (1992), II. Mit Grenzen leben, 65–89. – *A. Koschorke*: Die Geschichte des Horizonts. Grenze und Grenzüberschreitung in literarischen Landschaftsbildern (1990). – *Ruprecht-Karls-Universität Heidelberg* (Hg.): Grenzen erkennen – Grenzen setzen? Vorträge im Sommersemester 1994 (1995). – *B. Verschaffel, M. Verminck, H. Parret* (Hg.): Linie, Grenze, Horizont (1993). – *E. U. von Weizsäcker* (Hg.): Grenzen-los? Jedes System braucht Grenzen – aber wie durchlässig müssen diese sein? (1997). – *D. Wenz*: Die Grenzen in den Köpfen. Deutschland, Frankreich und andere Probeläufe am Rhein (1992).

Grenzsituation

V. Arens: Grenzsituationen. Mit Kindern über Sterben und Tod sprechen (1994). – *R. Battegay*: Grenzsituationen (1981). – *W. M. Buhr*: Hans Erich Nossack: die Grenzsituation als Schlüssel zum Verständnis seines Werkes. Studien zur Grenzsituation und Grenzüberschreitung in Prosa, Künstlerverständnis und Biographie Hans Erich Nossacks (1994). – *L.*

Gabriel: Die Philosophie der Grenzsituation bei Karl Jaspers. Universitas 6 (1951), 609–614. – *N. Huber, H. Schoch* (Hg.): Grenzsituationen menschlichen Lebens. Hilfen für behinderte Menschen – ethische Anfragen und Perspektiven (1986). – *K. Jaspers*: Psychologie der Weltanschauungen (1971), 229–280. – *Ders.*: Philosophie 2 (1956), 201–254. – *Th. Leyener*: Konkrete Kontingenz. Zur Theorie einer wachstumsorientierten seelsorglichen Begleitung der Kontingenzerfahrung in Grenzsituationen (1988). – *U. Wirtz, J. Zöbeli*: Hunger nach Sinn. Menschen in Grenzsituationen – Grenzen der Psychotherapie (1995).

Hoffnung

E. Bloch: Das Prinzip Hoffnung (1959). – *E. Braun*: Grundrisse einer besseren Welt. Beiträge zur politischen Philosophie der Hoffnung (1997). – *A. Edmaier*: Horizonte der Hoffnung (1968). – *H. Fahrenbach*: Wesen und Sinn der Hoffnung (1956). – *J. Fischer* (Hg.): Angst und Hoffnung. Grunderfahrungen des Menschen im Horizont von Religion und Theologie (1997). – *H. Kimmerle*: Die Zukunftsbedeutung der Hoffnung (1966). – *J. Moltmann*: Theologie der Hoffnung (1964). – *K. Rohrbacher*: »Das Hoffen lernen«. Ernst Blochs Beiträge zur Pädagogik (1988). – *R. Schäffler*: Was dürfen wir hoffen? Die katholische Theologie der Hoffnung zwischen Blochs utopischem Denken und der reformatorischen Rechtfertigungslehre (1979). – *W. Schneiders*: Hoffnung auf Vernunft. Aufklärungsphilosophie in Deutschland (1990). – *Th. Söding*: Die Trias Glaube, Hoffnung, Liebe bei Paulus. Eine exegetische Studie (1992). – *C. P. Thiede* (Hg.): Zu hoffen wider die Hoffnung. Endzeiterwartungen und menschliches Leid in der neueren Literatur (1996).

Informationsgesellschaft

M. Giesecke: Sinnenwandel, Sprachwandel, Kulturwandel. Studien zur Vorgeschichte der Informationsgesellschaft (1998). – *G. Großklaus*: Medien-Zeit, Medien-Raum. Zum Wandel der raumzeitlichen Wahrnehmung in der Moderne (1995). – W. *Hoffmann-Riem, Th. Vesting* (Hg.): Perspektiven der Informationsgesellschaft (1995). – *B. Mettler-v. Meibom* (Hg.): Einsamkeit in der Mediengesellschaft (1996). – *H. K. Rupp, W. Hecker* (Hg.): Auf dem Weg zur Telekratie? Perspektiven der Mediengesellschaft (1997). – *A. von Schoeler* (Hg.): Informationsgesellschaft oder Überwachungsstaat? Strategien zur Wahrung der Freiheitsrechte im Computerzeitalter (1986). – *P. Winterhoff-Spurk, K. Hilpert* (Hg.): Medien und Ethik. Interdisziplinäre Vortragsreihe an der Universität des Saarlandes im Sommersemester 1994 (1995). – *M. Zach*: Die manipulierte Öffentlichkeit. Politik und Medien im Beziehungsdickicht (1995).

Krieg

C. von Clausewitz: Vom Kriege (1832–34). – *C. Colpe*: Der »Heilige Krieg«. Benennung und Wirklichkeit, Begründung und Widerstreit (1994). – *J. Düllfer, K. Holl* (Hg.): Bereit zum Krieg. Kriegsmentalität im wilhelminischen Deutschland 1890–1914; Beiträge zur historischen Friedensforschung (1986). – *B. Ehrenreich*: Blutrituale. Ursprung und Geschichte der Lust am Krieg (1997). – *E. Krippendorff*: Staat und Krieg. Die historische Logik politischer Unvernunft (1985). – *J. Langenbach*: Über Krieg (1983). – *V. Mortensen* (Hg.): Krieg, Konfession, Konziliarität. Was heißt »gerechter Krieg« in CA XVI heute? (1993). – *A. Noth*: Heiliger Krieg und Heiliger Kampf in Islam und Christentum (1966). – *J. Rüpke*: Religion und Krieg. Zur Verhältnisbestimmung religiöser und politischer Systeme einer Gesellschaft, in: R. Faber (Hg.): Politische Religion, religiöse Politik (1997), 309–328. – *M. Scheler*: Der Genius des Krieges und der deutsche Krieg (1915). – *R. Steinmetz*: Die Philosophie des Krieges (1907).

Kunst

Th. Adorno: Ästhetische Theorie (1970). – *H. Friesen*: Die philosophische Ästhetik der postmodernen Kunst (1995). – *A. Gethmann-Siefert*: Ist die Kunst tot und zu Ende? Überlegungen zu Hegels Ästhetik (1994). – *H. A. Hartmann* (Hg.): Moral des schönen Scheins. Beiträge zur ethischen Reflexion über Kunst und Ästhetik (1993). – *A. Horn*: Kunst und Freiheit. Eine kritische Interpretation der Hegelschen Ästhetik (1969). – *L. Kofler*: Abstrakte Kunst und absurde Literatur (1970). – *D. Lenzen* (Hg.): Kunst und Pädagogik. Erziehungswissenschaft auf dem Weg zur Ästhetik? (1990). – *W. Notter*: Die Ästhetik der Kritischen Theorie (1986). – *W. Scheel* (Hg.): Kunst und Ästhetik. Erkundungen in Geschichte und Gegenwart (1997). *B. Scheer*: Einführung in die philosophische Ästhetik (1997). – *N. Schneider*: Geschichte der Ästhetik von der Aufklärung bis zur Postmoderne. Eine paradigmatische Einführung (1997). – *H. R. Schweizer*: Ästhetik als Philosophie der sinnlichen Erkenntnis. Eine Interpretation der »Aesthetica« A. G. Baumgartens mit teilweiser Wiedergabe des lat. Textes und dtsch. Übersetzung (1973). – *O. K. Werkmeister*: Ende der Ästhetik (1971). – *C. Zelle*: Die doppelte Ästhetik der Moderne. Revisionen des Schönen von Boileau bis Nietzsche (1995).

Langeweile

A. Bellebaum: Langeweile, Überdruss und Lebenssinn. Eine geistesgeschichtliche und kultursoziologische Untersuchung (1990). – *M. Csikszentmihalyi*: Das Flow-Erlebnis. Jenseits von Angst und Langeweile; im Tun aufgehen (1987). – *M. Doehlemann*: Langeweile? Deutung eines verbreiteten Phänomens (1991). – *M. Kathmann*: Liebe, Langeweile, Automaten und politische Bedeutung in Georg Büchners Lustspiel »Leonce und Lena« (1996). – *U. Hofstaetter*: Langeweile bei Heinrich Heine (1991). – *B. Hübner*: Der de-projizierte Mensch. Meta-physik der Langeweile (1991). – *W. J. Revers*: Die Psychologie der Langeweile (1949). – *Chr. Schwarz*: Langeweile und Identität.

Eine Studie zur Entstehung und Krise des romantischen Selbst-
gefühls (1993). – *L. Völker*: Langeweile. Untersuchungen zur
Vorgeschichte eines literarischen Motivs (1975). – *L. Walther*:
Untersuchungen zur existentiellen Langeweile in sieben ausge-
wählten Romanen der amerikanischen Literatur (1995). – *D.
Wellershoff*: Langeweile und unbestimmtes Warten, in: H.
Gnüg (Hg.): Literarische Utopieentwürfe (1982), 15–21.

Leid

P. Gordan (Hg.): Leid – Schuld – Versöhnung (1990). – *G.
Greshake*: Wenn Leid mein Leben lähmt. Leiden – Preis der
Liebe? (1992). – *J. Imbach*: Dass der Mensch ganz sei. Vom
Leid, vom Heil und vom ewigen Leben in Judentum, Christen-
tum und Islam (1991). – *H. Irsigler, G. Ruppert* (Hg.): Ein
Gott, der Leiden schafft? Leidenserfahrungen im 20. Jahr-
hundert und die Frage nach Gott (1995). – *H.-G. Janssen*: Gott
– Freiheit – Leid. Das Theodizeeproblem in der Philosophie der
Neuzeit (1989). – *G. Langenhorst* (Hg.): Hiobs Schrei in die
Gegenwart. Ein literarisches Lesebuch zur Frage nach Gott im
Leid (1995). – *W. Oelmüller* (Hg.): Leiden (1986). – *U.-N.
Riede*: Die Macht des Abnormen als Wurzel der Kultur. Der
Beitrag des Leidens zum Menschenbild (1995). – *N. Scholl*:
Warum denn ich? Hoffnung im Leiden (1990). – *L. Schrader*:
Leiden und Gerechtigkeit. Studien zu Theologie und Text-
geschichte des Sirachbuches (1994). – *Thomas-Morus-Akade-
mie Bensberg* (Hg.): Das Leiden bewältigen. Die Suche nach
dem Sinn des Leidens in der Perspektive des Glaubens (1990).

Lüge

W. Böhme (Hg.): Lügen wir alle? Zeitkritische Überlegungen
(1985). – *Chr. von Braun*: Nicht ich. Logik, Lüge, Libido
(1990). – *G. Falkenberg*: Lügen. Grundzüge einer Theorie
sprachlicher Täuschung (1982). – *G. Geismann, H. Oberer*
(Hg.): Kant und das Recht der Lüge (1986). – *L. Gustafsson*:
Sprache und Lüge. Drei sprachphilosophische Extremisten:

Friedrich Nietzsche, Alexander Bryan Johnson, Fritz Mauthner (1980). – *G. Heller*: Lügen wie gedruckt. Über den ganz alltäglichen Journalismus (1997). – *I. Kant*: Über ein vermeintes Recht aus Menschenliebe zu lügen ([1]1797). – *T. Kuran*: Leben in Lüge. Präferenzverfälschungen und ihre gesellschaftlichen Folgen (1997). – *K. Ludwig*: Augenzeugen lügen nicht. Journalistenberichte: Anspruch und Wirklichkeit (1992). – *G. Müller*: Die Wahrhaftigkeitspflicht und die Problematik der Lüge (1962). – *Fr. Nietzsche*: Über Wahrheit und Lüge im außermoralischen Sinn (1873). – *A. Plack*: Ohne Lüge leben. Zur Situation des Einzelnen in der Gesellschaft (1976). – *J.-Fr. Revel*: Die Herrschaft der Lüge. Wie Medien und Politiker die Öffentlichkeit manipulieren (1990). – *O. Schwencke* (Hg.): Kunst und Lüge (1990). – *V. Sommer*: Lob der Lüge. Täuschung und Selbstbetrug bei Tier und Mensch (1992).

Meinung

Th. Adorno: Meinung Wahn Gesellschaft, in: Eingriffe. Neun kritische Modelle; Gesammelte Schriften, Bd. 10,2 (1977), 573–594. – *P. Hahne*: Die Macht der Manipulation. Über Menschen, Medien und Meinungsmacher (1992). – *H. Hörmann*: Meinen und Verstehen. Grundzüge einer psychologischen Semantik (1976). – *E. Linnemann*: Wissenschaft oder Meinung? Anfragen und Alternativen (1986). – *W. Neuber*: Verbreitung von Meinungen durch die Massenmedien (1993). – *P. Ptassek*: Macht und Meinung. Die rhetorische Konstitution der politischen Welt (1992). – *E. Rolf*: Sagen und Meinen. Paul Grices Theorie der Konversations-Implikaturen (1994). – *H. Schambeck*: Staat, Öffentlichkeit und öffentliche Meinung (1992). – *R. Trometer*: Warum sind Befragte »meinungslos«? Kognitive und kommunikative Prozesse im Interview (1996).

Melancholie

U. Benzenhöfer (Hg.): Melancholie in Literatur und Kunst (1990). – *J. Glatzel*: Melancholie und Wahnsinn. Beiträge zur

Psychopathologie und ihren Grenzgebieten (1990). – *L. Heidbrink* (Hg.): Entzauberte Zeit. Der melancholische Geist der Moderne (1997). – *R. Klibansky, E. Panofsky, Fr. Saxl*: Saturn und Melancholie. Studien zur Geschichte der Naturphilosophie und Medizin, der Religion und der Kunst (1994). – *D. Lenzen* (Hg.): Melancholie als Lebensform. Über den Umgang mit kulturellen Verlusten (1989). – *H.-J. Schings*: Melancholie und Aufklärung. Melancholiker und und ihre Kritiker in Erfahrungsseelenkunde und Literatur im 18. Jahrhundert (1977). – *A. Schwarz*: Melancholie. Figuren und Orte einer Stimmung (1996). – *M. Theunissen*: Vorentwürfe von Moderne. Antike Melancholie und die Acedia des Mittelalters (1996). – *L. Völker*: Muse Melancholie – Therapeutikum Poesie. Studien zum Melancholie-Problem in der deutschen Lyrik von Hölty bis Benn (1978). – *Ders.* (Hg.): »Komm heilige Melancholie«. Eine Anthologie deutscher Melancholie-Gedichte (1983).

Menschenrechte

S. Batzli, F. Kissling, R. Zihlmann (Hg.): Menschenbilder, Menschenrechte. Islam und Okzident: Kulturen im Konflikt (1994). – *J. Delbrück, D. Rauschning, W. Rudolf, Th. Schweisfurth* (Hg.): Neuntes deutsch-polnisches Juristen-Kolloquium. Der internationale und nationale Schutz der Menschenrechte (1992). – *Chr. Duparc*: Die Europäische Gemeinschaft und die Menschenrechte (1993). – *Hanns-Seidel-Stiftung* (Hg.): Politische Studien. Die universale Geltung der Menschenrechte (1995). – *J. Hoffmann* (Hg.): Universale Menschenrechte im Widerspruch der Kulturen (1994). – *W. Kerber* (Hg.): Menschenrechte und kulturelle Identität (1991). – *S. König*: Zur Begründung der Menschenrechte. Hobbes – Locke – Kant (1994). – *W. Schweidler*: Geistesmacht und Menschenrecht. Der Universalanspruch der Menschenrechte und das Problem der Ersten Philosophie (1994).

Menschenwürde

A. *Balthasar*: Arbeit, Arbeitslosigkeit, Menschenwürde. Ökonomisch-theologische Perspektiven (1994). – *Th. Brose, M. Lutz-Bachmann* (Hg.): Umstrittene Menschenwürde. Beiträge zur ethischen Debatte der Gegenwart (1994). – *U. Eibach*: Medizin und Menschenwürde. Ethische Probleme in der Medizin aus christlicher Sicht (1993). – *T. Geddert-Steinacher*: Menschenwürde als Verfassungsbegriff. Aspekte der Rechtsprechung des Bundesverfassungsgerichts zu Art. 1 Abs. 1 Grundgesetz (1990). – *H. Hofmann*: Die versprochene Menschenwürde (1993). – *W. Huber*: Die tägliche Gewalt. Gegen den Ausverkauf der Menschenwürde (1993). – *V. Neumann*: Menschenwürde und Existenzminimum (1995). – *E. Schockenhoff*: Naturrecht und Menschenwürde. Universale Ethik in einer geschichtlichen Welt (1996). – *W. Wolbert*: Der Mensch als Mittel und Zweck. Die Idee der Menschenwürde in normativer Ethik und Metaethik (1987).

Mode

Th. W. Adorno: Zeitlose Mode. Zum Jazz, in: Gesammelte Schriften, Bd. 10. (1977), 123–137. – *Ders.*: Résumé über Kulturindustrie, in: ebd., 337–345. – *J. Amtmann*: Mode und Moral. Ästhetik und soziale Normen der bürgerlichen Gesellschaft im Spiegel der literarischen Darstellung der Kleidermode des 19. Jahrhunderts (1993). – *R. Barthes*: Die Sprache de Mode (1985). – *B. Brock, H. U. Reck* (Hg.): Stilwandel als Kulturtechnik, Kampfprinzip, Lebensform oder Systemstrategie in Werbung, Design, Architektur, Mode (1986). – *M. Curtius, W. D. Hund*: Mode und Gesellschaft. Zur Strategie der Konsumindustrie (1971). – *H. Giffhorn*: Mode-Verhalten (1974). – *I. Loschek*: Mode. Verführung und Notwendigkeit; Struktur und Strategie der Aussehensveränderungen (1991). – *G. Simmel*: Die Mode, in: Philosophische Kultur. Über das Abenteuer, die Geschlechter und die Krise der Moderne; gesammelte Essais (1983), 26–51. – *C. M. Sommer, Th. Wind*: Die Mode. Wie das Ich sich darstellt (1991).

Möglich

A. *Ayren*: Über den Konjunktiv (1992). – *H. Beck*: Möglichkeit und Notwendigkeit. Eine Entfaltung der ontologischen Modalitätenlehre im Ausgang von Nicolai Hartmann (1961). – *E. Bloch*: Zur Ontologie des Noch-Nicht-Seins (1961). – *H.-J. Braun* (Hg.): Utopien – die Möglichkeit des Unmöglichen (1987). – *N. Hartmann*: Möglichkeit und Wirklichkeit (1938). – *F. Jacob*: Das Spiel der Möglichkeiten. Von der offenen Geschichte des Lebens (1984). – *E. Köhler*: Der literarische Zufall, das Mögliche und die Notwendigkeit (1973). – *M. Luserke*: Wirklichkeit und Möglichkeit. Modaltheoretische Untersuchung zum Werk Robert Musils (1987). – *Th Pekar*: Ordnung und Möglichkeit. Robert Musils Möglichkeitssinn als Poetologisches Prinzip (1990). – *E. Schaper* (Hg.): Bedingungen der Möglichkeit.»Transcendental arguments« und transzendentales Denken (1984). – *H. Schepers*: Möglichkeit und Kontingenz. Zur Geschichte der philosophischen Terminologie vor Leibniz (1963). – *U. Wolf*: Möglichkeit und Notwendigkeit bei Aristoteles und heute (1979).

Mythos

H. Blumenberg: Arbeit am Mythos (1979). – *K. H. Bohrer* (Hg.): Mythos und Moderne. Begriff und Bild einer Rekonstruktion (1983). – *E. Cassirer*: Philosophie der symbolischen Formen, Bd. 2, Das mythische Denken (1925). – *C.-Fr. Geyer*: Mythos. Formen, Beispiele, Deutungen (1996). – *A. Grabner-Haider*: Strukturen des Mythos. Theorie einer Lebenswelt (1993). – *G. von Graevenitz*: Mythos. Zur Geschichte einer Denkgewohnheit (1987). – *K. Heinrich*: Parmenides und Jona. Vier Studien über das Verhältnis von Philosophie und Mythologie (1982). – *A. Horstmann*: Der Mythosbegriff vom frühen Christentum bis zur Gegenwart, in: Archiv für Begriffsgeschichte 23 (1979). – *K. Hübner*: Die Wahrheit des Mythos (1985). – *Chr. Jamme*: Einführung in die Philosophie des Mythos (1991). – *H. Poser* (Hg.): Philosophie und Mythos. Ein Kolloquium (1979). – *E. Rudolph* (Hg.): Mythos zwischen

Philosophie und Theologie (1994). – R. *Schlesier* (Hg.): Faszination des Mythos. Studien zu antiken und modernen Interpretationen (1985).

Neid

S. R. *Dunde*: Andere haben es gut. Der notwendige Neid (1989). – H. *Herrmann*: Die sieben Todsünden der Kirche (1978). – V. *Kast*: Neid und Eifersucht. Die Herausforderung durch unangenehme Gefühle (1996). – W. *Krüger*: Der alltägliche Neid und seine kreative Überwindung. Mit Streifzügen durch die Kulturgeschichte (1989). – P. *Kutter*: Liebe, Hass, Neid, Eifersucht. Eine Psychoanalyse der Leidenschaften (1994). – P.-M. *Pflüger* (Hg.): Neid – Eifersucht – Rivalität (1982). – Th. *Rakoczy*: Böser Blick, Macht des Auges und Neid der Götter. Eine Untersuchung zur Kraft des Blickes in der griechischen Literatur (1996). – J. *Rattner*: Charakterstudien. Angst, Neid, Eifersucht, Trauer, Lüge und Hochstapelei, Schüchternheit und Scham (1996). – W. *Rost*, A. *Schulz*: Rivalität. Über Konkurrenz, Neid und Eifersucht (1994). – H. *Schoeck*: Der Neid. Eine Theorie der Gesellschaft (1980).

Neugier

H. *Blumenberg*: Der Prozess der theoretischen Neugierde (1980). – D. *Elschenbroich* (Hg.): Anleitung zur Neugier. Grundlagen japanischer Erziehung (1996). – M. *Heidegger*: Sein und Zeit (1963), § 36. Die Neugier, 170–173. – B. *Meier*: Kultur der Neugier. Forschung und Entwicklung in Deutschland im internationalen Vergleich (1994). – E. P. *Meijering*: Calvin. Wider die Neugierde; ein Beitrag zum Vergleich zwischen reformatorischem und patristischem Denken (1980). – O. B. *Roegele*: Neugier als Laster und Tugend (1982). – H.-G. *Voss* (Hg.): Neugierforschung. Grundlagen, Theorien, Anwendungen (1981).

Orientierung

P. L. Berger, Th. Luckmann: Modernität, Pluralismus und Sinnkrise. Die Orientierung des modernen Menschen (1995). – *U. Engler* (Hg.): Orientierungswissenschaften versus Verfügunswissen. Die Rolle der Geisteswissenschaften in einer technologisch orientierten Gesellschaft (1995). – *Fr. Hermanni, V. Steenblock* (Hg.): Philosophische Orientierung (1995). – *P. Koslowski* (Hg.): Orientierung durch Philosophie. Ein Lehrbuch nach Teilgebieten (1991). – *Kulturdezernat der Stadt Oldenburg* (Hg.): Orientierung in bedrohlicher Zeit. Eine Vortragsreihe der Stadt Oldenburg (1994). – *H. Küng* (Hg.): Ja zum Weltethos. Perspektiven für die Suche nach Orientierung (1995). – *K.-P. Rösler*: Metaphysik und Orientierung. (1992). – *G. Scholtz*: Zwischen Wissenschaftsanspruch und Orientierungsbedürfnis. Zu Grundlage und Wandel der Geisteswissenschaften (1991). – *K. Ulmer*: Philosophie der modernen Lebenswelt (1972), II. Teil: Die Weltorientierung und die Grundordnung von Gesellschaft und politischer Welt, 104–247. – *J.-P. Wils* (Hg.): Orientierung durch Ethik? Eine Zwischenbilanz (1993).

Querdenker

M. Erbe (Hg.): Querdenken. Dissens und Toleranz im Wandel der Geschichte; Festschrift zum 65. Geburtstag von Hans R. Guggisberg (1996). – *P. Goergen*: Seitensprünge. Literaten als religiöse Querdenker (1995). – *M. Hecht*: Unbequem ist stets genehm. Die Konjunktur der Querdenker (1997). – *D. Klumpp*: Erneuerung braucht Querdenken. Diskursanstösse in der Informations- und Kommunikationstechnik. Mit einer fachlichen Einleitung von H. Zemanek und einem Nachwort von J. Mittelstrass (1994). – *Modelle Band 6*: Jesus von Nazareth – ein Querdenker Gottes. Arme habt ihr allzeit bei euch (1994).

Schuld

U. Baumann, K.-J. Kuschel: Wie kann denn ein Mensch schuldig werden? Literarische und theologische Perspektiven von Schuld (1990). – K. Finsterbusch, H. A. Müller (Hg.): Das kann ich Dir nie verzeihen! Oder Schuld erkennen – Schuld vergeben? Beiträge zum Umgang mit Schuld aus theologischer und psychoanalytischer Sicht (1996). – P. Gordan (Hg.): Leid – Schuld – Versöhnung (1990). – H. von Hentig: »... der werfe den ersten Stein«. Schuld und Vergebung in unserer Welt (1992). – W. Huber (Hg.): Schuld und Versöhnung in politischer Perspektive. Dietrich-Bonhoeffer-Vorlesungen in Berlin (1996). – J. Imbach (Hg.): Nachdenken über Schuld. Texte von zeitgenössischen Schriftstellern (1989). – A. Köpcke-Duttler (Hg.): Schuld – Strafe – Versöhnung. Ein interdisziplinäres Gespräch (1990). – D. Krauß: Schuld im Strafrecht. Zurechnung der Tat oder Abrechnung mit dem Täter (1994). – P. Lapide: Von Kain bis Judas. Ungewohnte Einsichten zu Sünde und Schuld (1994). – Fr. Nietzsche: Zur Genealogie der Moral (¹1887), 2. Abh. »Schuld«, »schlechtes Gewissen« und Verwandtes. – R. Riess (Hg.): Abschied von der Schuld? Zur Anthropologie und Theologie von Schuldbekenntnis, Opfer und Versöhnung (1996).

Sehen

D. Bremer: Hinweise zum griechischen Ursprung und zur europäischen Geschichte der Lichtmetaphysik, in: Archiv für Begriffsgeschichte 17 (1973), 7–35. – A. Dihle: Vom sonnenhaften Auge (1983). – L. Fleck: Schauen, sehen, wissen, in: L. Schäfer, Th. Schnelle (Hg.): Erfahrung und Tatsache (1983), 147–174. – V. Gerhardt (Hg.): Sehen und Denken. Philosophische Betrachtungen zur modernen Skulptur (1990). – Th. Kleinspehn: Der flüchtige Blick. Sehen und Identität in der Kultur der Neuzeit (1989). – R. Röhler: Sehen und Erkennen. Psychophysik des Gesichtssinnes (1995). – D. Schnoor: Sehen lernen in der Fernsehgesellschaft. Das pädagogische Prinzip Anschaulichkeit im Zeitalter technischer Bilder (1992). – G.

Simon: Der Blick, das Sein und die Erscheinung in der antiken Optik. Anhang: Die Wissenschaft vom Sehen und die Darstellung des Sichtbaren. Der Blick der antiken Optik (1992). – *K. Weisrock*: Götterblick und Zaubermacht. Auge, Blick und Wahrnehmung in Aufklärung und Romantik (1990). – *H. Wenzel*: Hören und Sehen, Schrift und Bild. Kultur und Gedächtnis im Mittelalter (1995).

Selbstmord

Th. Bronisch: Der Suizid. Ursachen – Warnsignale – Prävention (1995). – *G. Casanova*: Über den Selbstmord und die Philosophen (1994). – *Ch. Christe*: Suizid im Alter. Dimensionen eines ignorierten Problems (1989). – *G. Dietze* (Hg.): Todeszeichen. Freitod in Selbstzeugnissen (1981). – *E. Durkheim*: Der Selbstmord (1983). – *H. Erlinghagen*: Selbstmord und Lebenssinn im Atomzeitalter (1994). – *H. M. Kuitert*: Das falsche Urteil über den Suizid. Gibt es eine Pflicht zu leben? (1986). – *Chr. Lindner-Braun*: Soziologie des Selbstmords (1990). – *G. Mecke*: Der tödliche Pfeil des Eros. Anstiftung zum Selbstmord in Antike und Gegenwart (1995). – *G. Minois*: Geschichte des Selbstmords (1996). – *H. Pohlmeier*: Depression und Selbstmord (1995). – *H. Schierholz* (Hg.): Suizid und Suizidgefährdung bei Kindern und Jugendlichen. Aspekte von Prävention und Intervention (1995). – *G. Siegmund*: Sein oder Nichtsein. Das Problem des Selbstmords (1961). – *G. Signori* (Hg.): Trauer, Verzweiflung und Anfechtung. Selbstmord und Selbstmordversuche in mittelalterlichen und frühneuzeitlichen Gesellschaften (1994). – *R. Willemsen* (Hg.): Der Selbstmord in Berichten, Briefen, Manifesten, Dokumenten und literarischen Texten (1989).

Sinn des Lebens

P. L. Berger: Sehnsucht nach Sinn. Glauben in einer Zeit der Leichtgläubigkeit (1994). – *V. Gerhardt*: Über den Sinn des Lebens, in: V. Caysa, K. D. Eichler (Hg.): Praxis – Vernunft –

Gemeinschaft (1994), 371–386. – *B. Grom, J. Schmidt*: Auf der Suche nach dem Sinn des Lebens (1988). – *M. Jost*: Sehn-Sucht, Sinn (1994). – *G. Meggle, Ch. Vehige* (Hg.): Über den Sinn des Lebens (1996). – *J. Möller*: Sinn des Lebens – Sinn der Geschichte. Grundzüge einer Geschichtsphilosophie (1992). – *H. G. Pöhlmann*: Worin besteht der Sinn des Lebens? (1985). – *H. Reiner*: Der Sinn unseres Daseins (1960). – *R. Schröder*: Gibt es einen Sinn des Lebens? (1988). – *P. Tiedemann*: Über den Sinn des Lebens. Die perspektivische Lebensform (1993). – *G. Todoroff*: Und woher kommt Gott? Ursache und Sinn allen Seins (1996). – *R. Walter* (Hg.): Leben ist mehr. Das Lebens-wissen der Religionen und die Frage nach dem Sinn des Lebens (1995).

Solidarität

W. Bien (Hg.): Eigeninteresse oder Solidarität. Beziehungen in modernen Mehrgenerationenfamilien (1994). – *E. Denninger*: Rechtsperson und Solidarität (1967). – *W. Greive* (Hg.): Rivali-tät – Solidarität. Neue Paradigmen für ein Verständnis des Menschen? (1992). – *Fr. Hengsbach, M. Möhring-Hesse* (Hg.): Eure Armut kotzt uns an. Solidaritat in der Krise (1995). – *A. Honneth*: Kampf um Anerkennung. Zur moralischen Gramma-tik sozialer Konflikte (1992). – *Th. Kleine*: Solidarität als Pro-zess. Überlegungen zur Ermöglichung sozialen Handelns aus individueller und gesellschaftlicher Sicht (1992). – *O. v. Nell-Breuning*: Baugesetze der Gesellschaft. Solidarität und Sub-sidiarität (1990). – *R. Rorty*: Kontingenz, Ironie und Solidari-tät (1989). – *Ders.*: Solidarität oder Objektivität? Drei philo-sophische Essays (1988). – *J. Schmelter*: Solidarität. Die Ent-wicklungsgeschichte eines sozialethischen Schlüsselbegriffs (1991). – *G. Wildmann*: Personalismus, Solidarismus und Ge-sellschaft (1961). – *P. M. Zulehner* (Hg.): Solidarität. Option für die Modernisierungsverlierer; eine Studie des Ludwig-Boltz-mann-Instituts für Werteforschung (Solidarität und Religion) und der Arbeitsstelle für Kirchliche Sozialforschung (1996).

Sterben

Th. Ammann-Ferrari: Sterben im Spital, in: Schweizerische Ärztezeitung 64 (1983), 1668–1674. – *E. Bernat* (Hg.): Ethik und Recht an der Grenze zwischen Leben und Tod (1993). – *E. Birkenstock:* Heißt philosophieren sterben lernen? Antworten der Existenzphilosophie: Kierkegaard, Heidegger, Sartre, Rosenzweig (1997). – *R. Buchmann:* Was wir für Sterbende tun können (1990). – *N. Elias:* Über die Einsamkeit der Sterbenden (1982). – *K. Feldmann:* Sterben und Tod. Sozialwissenschaftliche Theorien und Forschungsergebnisse (1997). – *S. Höfer:* Sterben in Deutschland. Die Hospizbewegung, betrachtet im Rahmen des gesellschaftlichen Umgangs mit Sterben, Leid und Tod (1996). – *B. Knupp* (Hg.): Sterben und Tod in der Medizin (1996). – *E. Kübler-Ross:* Interviews mit Sterbenden (1989). – *O. Ochsmann:* Angst vor Tod und Sterben. Beiträge zur Thanato-Psychologie (1993). – *Chr. Sattler:* Selbstbestimmt sterben. Sterbehilfe zwischen Macht, Mammon und Menschlichkeit (1996). – *R. Schmidt-Rost:* Sterben, Tod, Trauer. Vom Umgang mit der Grenze des Lebens in der modernen Gesellschaft (1995). – *P. Sporken* (Hg.): Was Sterbende brauchen (1982). – *E. Wiesenhütter:* Selbsterfahrung im Sterben. Blick nach drüben (1977).

Tod

Ph. Ariès: Geschichte des Todes (1980). – *Z. Baumann:* Tod, Unsterblichkeit und andere Lebensstrategien (1994). – *G. Condrau:* Der Mensch und sein Tod. Certa moriendi condicio (1991). – *H. Ebeling* (Hg.): Der Tod in der Moderne (1995). – *L. Feuerbach:* Gedanken über Tod und Unsterblichkeit ([1]1830). – *S. Kierkegaard:* Die Krankheit zum Tode ([1]1849). – *D. C. Kurtz, J. Boardman:* Thanatos. Tod und Jenseits bei den Griechen (1985). – *J. Lotz:* Der Tod als Vollendung (1976). – *R. Marten:* Der menschliche Tod. Eine philosophische Revision (1987). – *E. Matouschek:* Gewandelte Auffassungen über Sterben und Tod (1991). – *A. Metzger:* Freiheit und Tod (1955). – *A. Nassehi, G. Weber:* Tod, Modernität und Gesellschaft. Entwurf einer Theorie der Todesverdrängung (1989). – R. *Ochs-mann*: Angst vor Tod und Sterben. Beiträge zur Thanato-Psychologie (1993). – *J. Schwartländer* (Hg.): Der Mensch und sein Tod (1976). – G. *Scherer*: Das Problem des Todes in der Philosophie (1988). – D. *Sternberger*: Über den Tod (1981). – *J. Wittkowski*: Psychologie des Todes (1990).

Toleranz

J. Blattner: Toleranz als Strukturprinzip. Ethische und psychologische Studien zu einer christlichen Kultur der Beziehung (1985). – *I. Fetscher*: Toleranz. Von der Unentbehrlichkeit einer kleinen Tugend für die Demokratie; historische Rückblicke und aktuelle Probleme (1990). – *H. R. Guggisberg*: Religiöse Toleranz. Dokumente zur Geschichte einer Forderung (1984). – *K. Hilpert, J. Werbick* (Hg.): Mit den Anderen leben. Wege zur Toleranz (1995). – *H.-J. Lauth, M. Mols, W. Weidenfeld* (Hg.): Zur Relevanz theoretischer Diskurse. Überlegungen zu Zivilgesellschaft, Toleranz, Grundbedürfnissen, Normanwendung und sozialen Gerechtigkeitsutopien (1992). – *T. Rendtorff* (Hg.): Glaube und Toleranz. Das theologische Erbe der Aufklärung (1982). – *U. Schultz* (Hg.): Toleranz. Die Krise der demokratischen Tugend und sechzehn Vorschläge zu ihrer Überwindung (1974). – *G. Schweizer*: Ungläubig sind immer die anderen. Weltreligionen zwischen Toleranz und Fanatismus (1990). – *R. P. Wolff, B. Moore, H. Marcuse*: Kritik der reinen Toleranz (1966).

Unterhaltung

G. Anders: Unterhaltung – die Tendenzkunst der Macht, in: Die Antiquiertheit des Menschen, Bd. 2 (1986), 136–139. – *P. Bourdieu*: Die feinen Unterschiede. Zur Kritik der gesellschaftlichen Urteilskraft (1982). – *H. Heckmann* (Hg.): Angst vor Unterhaltung? Über einige Merkwürdigkeiten unseres Literaturverständnisses (1986). – *H. Lüdtke*: Expressive Ungleichheit. Zur Soziologie der Lebensstile (1989). – *D. Petzold, E.*

Späth (Hg.): Unterhaltung. Sozial- und literaturwissenschaftliche Beiträge zu ihren Formen und Funktionen (1994). – *N. Postman*: Wir amüsieren uns zu Tode. Urteilsbildung im Zeitalter der Unterhaltungsindustrie (1985). – *Chr. Türcke*: Unterhaltung, in: Frankfurter Rundschau, 12. Sept. 1997, 10. – *H.-R. Vetter* (Hg.): Muster moderner Lebensführung. Ansätze und Perspektiven (1991).

Verantwortung

K. Bayertz (Hg.): Verantwortung. Prinzip oder Problem? (1995). – *M. Braunleder*: Selbstbestimmung, Verantwortung und die Frage nach dem sittlich Guten. Zum Begriff einer skeptischen Ethik (1990). – *H. Jonas*: Das Prinzip Verantwortung (1979). – *Ders.*: Technik, Medizin und Ethik. Zur Praxis des Prinzips Verantwortung (1985). – *A. Etzioni*: Die Verantwortungsgesellschaft. Individualismus und Moral in der heutigen Demokratie (1997). – *H. Lenk*: Prometheisches Philosophieren zwischen Praxis und Paradox. Zur Verantwortung aktuellen Denkens (1991). – *M. Lutz-Bachmann* (Hg.): Freiheit und Verantwortung. Ethisch handeln in der Krise der Gegenwart (1991). – *G. Picht*: Wahrheit, Vernunft, Verantwortung (1969). – *J. Reiter*: Menschliche Würde und christliche Verantwortung. Be-denkliches zu Technik, Ethik, Politik (1989). – *J. Römelt*: Theologie der Verantwortung. Zur theologischen Auseinandersetzung mit einem philosophischen Prinzip (1991). – *E. Spranger*: Erziehung zum Verantwortungsbewußtsein, in: Geist der Erziehung. Hg. G. Bräuer, A. Flitner (1969). – *W. Weischedel*: Das Wesen der Verantwortung (1933). – *J. C. Wolf*: Utilitarismus, Pragmatismus und kollektive Verantwortung (1993).

Vergänglichkeit

Abhedananda: Vergänglichkeit und ewiges Leben. Mysterium des Sterbens (1980). – *A. Brall*: Vergangenheit und Vergänglichkeit. Zur Zeiterfahrung und Zeitdeutung im Werk Annettes von Droste-Hülshoff (1975). – *Chr. Brüning*: Mitten im Leben vom Tod umfangen. Ps 102 als Vergänglichkeitsklage und Vertrauenslied (1992). – *Fr. E. Collin*: Der grosse Ernst des thätigen Christenthums aller vergänglichen Welt- Spiel- und Tanz-Lust entgegen (1719). – *K.-H. Hartmann* (Hg.): Lob der Vergänglichkeit. Gedichte, Geschichten, Gedanken (1993). – *U. Kirsch*: Blaise Pascals »Pensées« (1656–1662). Systematische »Gedanken« über Tod, Vergänglichkeit und Glück (1989). – *E. Kunt*: Im Angesicht des Todes. Nachdenken über die Vergänglichkeit (1990). – *W. Weymann-Weyhe*: Leben in der Vergänglichkeit. Über die Sinnfrage, die Erfahrung des Anderen und den Tod (1991). – *G. Wirz*: Tod und Vergänglichkeit. Ein Beitrag zur Geisteshaltung der Ägypter von Ptahhotep bis Antef (1982).

Wahn

B. Bachmann: Wahn und Wirklichkeit. Der Diskurs des Wahnsinns am Beispiel von Elias Canettis Roman »Die Blendung« (1994). – *W. v. Bayer*: Wähnen und Wahn (1979). – *U. Bermbach*: Der Wahn des Gesamtkunstwerks. Richard Wagners politisch-ästhetische Utopie (1994). – *C. Chr. Bry*: Verkappte Religionen. Kritik des kollektiven Wahns (1988). – *K. Conrad*: Die beginnende Schizophrenie. Versuch einer Gestaltanalyse des Wahns (1992). – *M. Foucault*: Wahnsinn und Gesellschaft. Eine Geschichte des Wahns im Zeitalter der Vernunft (1995). – *J. Glatzel*: Melancholie und Wahnsinn. Beiträge zur Psychopathologie und ihren Grenzgebieten (1990). – *G. Hellerich*: Die Lebenswelt Wahnsinniger. Eine sozialphänomenologische Untersuchung psychischer Devianz (1990). – *H.-J. Luderer*: Himmelhoch jauzend, zum Tode betrübt. Depression und Manie; Ursachen und Behandlung (1994). – *D. Matejovski*: Das Motiv des Wahnsinns in der mittelalterlichen Dichtung (1996). – *J. Pieper*: »Göttlicher Wahnsinn«. Eine Platon-Interpretation (1989). – *M. Spitzer*: Was ist Wahn? Untersuchungen zum Wahnproblem (1989).

Warten

S. Beckett: Warten auf Godot (1971). – *M. Blanchot*: Warten
Vergessen (1964). – *R. Damsch-Wiehager*: Richard Oelze »Er-
wartung«. Die ungewisse Gegenwart des Kommenden (1993).
– *L. Haenlein*: Der Denk-Gestus des aktiven Wartens im Sinn-
Vakuum der Moderne. Zur Konstitution und Tragweite des
Realitätskonzeptes Siegfried Kracauers in spezieller Rücksicht
auf Walter Benjamin (1984). – *S. Kracauer*: Die Wartenden, in:
Ders.: Das Ornament der Masse. Essays (1977), 106–119. –
A. W. Logue: Der Lohn des Wartens. Über die Psychologie der
Geduld (1996). – *L. Pikulit*: Warten, Erwartung. Eine Lebens-
form in End- und Übergangszeiten; an Beispielen aus der Gei-
stesgeschichte, Literatur und Kunst (1997). – *R. Stäblein* (Hg.):
Geduld. Die Kunst des Wartens (1994). – *B. Wiens*: Arbeitszeit,
Wartezeit, Lebenszeit. Subjektive Wertlehre, Totalität und Le-
bensschwung als Geburtshelfer der Soziologie (1996).

Wir

E. Angehrn, B. Baertschi (Hg.): Gemeinschaft und Freiheit
(1995). – *M. Brumlik, H. Brunkhorst* (Hg.): Gemeinschaft und
Gerechtigkeit (1995). – *H. Cancik*: »Wir sind jetzt eins«. Rhetorik und Mystik in einer Rede Hitlers, in: *G. Kehrer* (Hg.):
Zur Religionsgeschichte der Bundesrepublik Deutschland
(1980). – *A. Etzioni*: Die Entdeckung des Gemeinwesens. Ab-
sprüche, Verantwortlichkeiten und das Programm des Kom-
munitarismus (1995). – *N. Hartmann*: Das Problem des geistigen Seins. 2. Teil: Der objektive Geist (1933). – *J. Kopper*:
Dialektik der Gemeinschaft (1960). – *A. Rühle-Gerstel*: Der
Weg zum Wir (1980). – *W. A. Siebel*: Gemeinschaft und Menschenrecht. Einführung in die anthropologische Soziologie
(1993). – *M. Theunissen*: Selbstverwirklichung und Allgemein-
heit. Zur Kritik des gegenwärtigen Bewusstseins (1982). – *J.
Vogl* (Hg.): Gemeinschaften. Positionen zu einer Philosophie
des Politischen (1994).

Witz

O. F. *Best*: Der Witz als Erkenntniskraft und Formprinzip (1989). – A. *Blum*: Humor und Witz. Eine psychologische Untersuchung (1980). – K. *Fischer*: Über den Witz. Ein philosophischer Essay (1996). – S. *Freud*: Der Witz und seine Beziehung zum Unbewussten (1905). – G. *Gabriel*: Ästhetischer »Witz« und logischer »Scharfsinn«. Zum Verhältnis von wissenschaftlicher und ästhetischer Weltauffassung (1996). – J. *Gehrs*: Komische Philosophie – Philosophische Komik. Philosophische Komödien und satirische Kritik der Philosophie im 19. Jahrhunderts (1995). – K. *Hansen*: Das kleine Nein im grossen Ja. Witz und Politik in der Bundesrepublik (1990). – W. *Kuhlmann* (Hg.): Witz, Humor und Komik im Volksmärchen (1993). – H. *Metz-Göckel*: Witzstrukturen. Gestalttheoretische Beiträge zur Witztechnik (1989). – N. *Neumann*: Vom Schwank zum Witz. Zum Wandel der Pointe seit dem 16. Jahrhundert (1986). – P. *Wenzel*: Von der Struktur des Witzes zum Witz der Struktur. Untersuchungen zur Pointierung in Witz und Kurzgeschichte (1989).

Zeitgeist

E. *Böhler*: Psychologie des Zeitgeistes (1973). – H. W. *Giessen*: Zeitgeist populär. Seine Darstellung in deutschsprachigen postmodernen Songtexten (bis 1989) (1992). – W. *Künneth*: Wider den Strom. »Christsein« in der Begegnung mit dem Zeitgeist; eine biblisch-theologische Studie (1989). – B. *Rüthers*: Immer auf der Höhe des Zeitgeistes? Wissenschaft im Wandel der politischen Systeme am Beispiel der Jurisprudenz (1993). – M. *Salewski, J. Stölken-Fitschen* (Hg.): Moderne Zeiten. Technik und Zeitgeist im 19. und 20. Jahrhundert (1994). – E. H. *Schallenberger* (Hg.): Religion und Zeitgeist im 20. Jahrhundert (1982). – A. *Schildt*: Moderne Zeiten. Freizeit, Massenmedien und »Zeitgeist« in der Bundesrepublik der 50er Jahre (1995). – J. H. *Schoeps*: Was ist und was will die Geistesgeschichte. Über Theorie und Praxis der Zeitgeistforschung (1970). – K. *Steinbuch*: Kollektive Dummheit. Streitschrift gegen den Zeitgeist (1992). – *P. Stöcklein*: Einspruch gegen den Zeitgeist. Begegnungen und Reflexionen aus den Jahren 1930 bis 1990 (1992). – *H. Suter*: Aktuelle Reizworte. Konservative Werte im Irrgarten des Zeitgeistes (1989). – *Th. Würtenberger*: Zeitgeist und Recht (1991).

Zivilcourage

E. Bodzenta: Von Armut bis Zivilcourage. Soziologische und andere Essays (1987). – *W. Bühlmann*: Zivilcourage in der Kirche (1992). – *N. Frank*: Zivilcourage. Volkskrankheit Feigheit, in: Stern, Heft Nr. 50 (1996), 75–84. – *J. Gauck*: Wahrnehmen – Aushalten – Widerstehen. Zivilcourage; Erwägungen zu einem schwierigen Begriff in einem schwierigen Jahrhundert (1995). – *J. F. Kennedy*: Zivilcourage (1980). – *D. Lünse, J. Rohwedder, V. Baisch*: Zivilcourage. Anleitung zum kreativen Umgang mit Konflikten und Gewalt (1995). – *A. Machinek* (Hg.): Dann wird Gehorsam zum Verbrechen. Die Göttinger Sieben; ein Konflikt um Obrigkeitswillkür und Zivilcourage (1989). – *K. Singer*: Zivilcourage wagen. Wie man lernt, sich einzumischen (1992).

Zorn

R. Albertz: Zorn über das Unrecht. Vom Glauben, der verändern will (1996). – *W. Brettschneider*: Zorn und Trauer. Aspekte deutscher Gegenwartsliteratur (1979). – *Th. Chorherr* (Hg.): Heiliger Zorn. Der Streit in der Kirche (1989). – *M. Hättich*: Zornige Bürger. Vom Sinn und Unsinn des Demonstrierens (1984). – *C. Huberinus*: Vom Zorn und der Gütte Gottes (1540). – *M. Oberhaus*: Gregor von Nazians, Gegen den Zorn: Carmen 1,2,25 (1991). – *Seneca*: Über den Zorn, in: Philosophische Schriften, lateinisch und deutsch, 1. Band (1989). – *H.-J. Thilo*: Zwischen Zärtlichkeit und Zorn (1992).

Zufriedenheit

Fr. B. Balck: Zufriedenheit in der Zweierbeziehung. Eine empirische Untersuchung zu Konfliktstrategien und zum Konfliktverhalten zufriedener und unzufriedener Freundes- und Ehepaare (1982). – A. Bellebaum (Hg.): Glück und Zufriedenheit. Ein Symposion (1992). – S. C. Grunert: Zufriedenheit und Glück. Zwei Indikatoren des subjektiven Wohlbefindens (1989). – P. M. Hohmann: Kontrolle und Zufriedenheit in Beziehungen. Zur Struktur und Bedeutung subjektiver Kontrolle in der Partnerschaft (1988). – S. Huber: Zum psychologischen Konstrukt der »Zufriedenheit«. Messansätze und Modellanalysen (1983). – O. Neuberger: Arbeit. Begriff – Gestaltung – Motivation – Zufriedenheit (1985).

Norbert Wokart
Antagonismus der Freiheit
Wider die Verharmlosung eines Begriffs
Bibliothek Metzler, 7
1992. 155 Seiten, englisch broschiert
ISBN 3-476 00823-1

Unter Freiheit versteht man gewöhnlich Autonomie, also die Fähigkeit des Menschen, sich selbst zu bestimmen. Daher scheint die wichtigste Frage zu sein, wie man diese wertvolle Eigenschaft erreichen und bewahren könne, als sei dies die erste und von vornherein eine sinnvolle Frage.

Sie ist aber weder erwerb- noch verlierbar, und was wir Unfreiheit nennen, ist dann nicht mehr der Gegensatz zur Freiheit, sondern eine bestimmte Art ihrer Realisierung. Jeder Versuch, »Unfreiheit« zu verhindern, berührt daher die Freiheit selbst. In diesem Antagonismus drückt sich nicht nur die Selbstgefährdung des Menschen durch seine Freiheit aus, er erklärt auch, weshalb wir Freiheit zu einer bloßen Eigenschaft herabsetzen und dadurch verharmlosen, daß wir ihr destruktives Potential aus ihr heraus in die Unfreiheit verlagern.

VERLAG J.B. METZLER

Christoph Helferich
Geschichte der Philosophie
Von den Anfängen bis zur
Gegenwart und Östliches Denken
Mit einem Beitrag von Peter Christian Lang
2., überarbeitete und erweiterte Auflage.
1992. 572 Seiten, 192 Abb., geb.,
ISBN 3- 476-00775-8

Christoph Helferich schildert die philosophischen Auseinandersetzungen von den Anfängen bis in die unmittelbare Gegenwart und erklärt sie aus den Zeitumständen der jeweiligen Denker. Auch bei der Beschreibung der philosophischen Positionen der Vergangenheit verliert er nie deren problemorientierte Aktualität für die heutige philosophische Verständigung aus den Augen. Der Schwerpunkt des Bandes liegt auf der Philosophie der Neuzeit und des 20. Jahrhunderts. In einem für die zweite Auflage ergänzten Kapitel stellt Peter Christian Lang die wichtigsten Etappen der philosophischen Entwicklung von 1970 bis 1990 dar und konzentriert sich dabei auf die Ethik-Debatte und die Ästhetik der Postmoderne. Ein Ausblick auf die Philosophie Indiens, Chinas und Japans eröffnet schließlich ein weltphilosophisches Spektrum.

»Ein brauchbares Werk, das Lust auf die Philosophie macht, weil es den Zugang zu ihr erleichtert.«
Basler Zeitung

VERLAG J.B. METZLER

Printed in the United States
By Bookmasters